O Modelo **TOYOTA** de **LIDERANÇA LEAN**

Como conquistar e manter a excelência pelo desenvolvimento de lideranças

L727m   Liker, Jeffrey K.
             O Modelo Toyota de Liderança Lean : como conquistar e manter a excelência pelo desenvolvimento de lideranças / Jeffrey K. Liker, Gary L. Convis ; tradução: Raul Rubenich ; revisão técnica: Altair Flamarion Klippel ; consultoria e supervisão: Junico Antunes. – Porto Alegre : Bookman, 2013.
             xliv, 252 p. : il. ; 23 cm.

            ISBN 978-85-8260-015-3

             1. Administração – Liderança – Modelo Toyota. 2. Gestão de pessoas – Modelo Toyota. 3. Liderança Lean. I. Convis, Gary L. II. Título.

                                                     CDU 658.3

Catalogação na publicação: Ana Paula M. Magnus – CRB 10/2052

JEFFREY K. LIKER
GARY L. CONVIS

O Modelo
TOYOTA de
LIDERANÇA LEAN

Como conquistar e manter a excelência
pelo desenvolvimento de lideranças

Tradução
Raul Rubenich

Revisão técnica
Altair Flamarion Klippel
Doutor em Engenharia pelo PPGEMM/UFRGS
Sócio-consultor da Produttare Consultores Associados

Consultoria e supervisão
Junico Antunes
Doutor em Administração de Empresas pelo PPGA/UFRGS
Professor do Centro de Ciências Econômicas da Unisinos
Diretor da Produttare Consultores Associados

2013

Obra originalmente publicada sob o título
The Toyota Way to Lean Leadership
ISBN 0071780785/978007178078-0

Original edition copyright © 2012, The McGraw-Hill Companies,Inc., New York, New York 10020. All rights reserved.
Portuguese language translation copyright © 2013, Bookman Companhia Editora Ltda., a Division of Grupo A Educação S.A.
All rights reserved.

Gerente editorial: *Arysinha Jacques Affonso*

Colaboraram nesta edição:
Editora: *Viviane R. Nepomuceno*
Assistente editorial: *Caroline L. Silva*
Capa: *Maurício Pamplona*
Preparação: *André Luis de Godoy Vieira*
Editoração e leitura final: *Know-How Editorial*

Reservados todos os direitos de publicação, em língua portuguesa, à Bookman Companhia Editora, uma empresa do Grupo A Educação S.A.
Av. Jerônimo de Ornelas, 670 – Santana
90040-340 – Porto Alegre – RS
Fone: (51) 3027-7000 Fax: (51) 3027-7070

É proibida a duplicação ou reprodução deste volume, no todo ou em parte, sob quaisquer formas ou por quaisquer meios (eletrônico, mecânico, gravação, fotocópia, distribuição na Web e outros), sem permissão expressa da Editora.

Unidade São Paulo
Av. Embaixador Macedo Soares, 10.735 – Pavilhão 5 – Cond. Espace Center
Vila Anastácio – 05095-035 – São Paulo – SP
Fone: (11) 3665-1100 Fax: (11) 3667-1333

SAC 0800 703-3444 – www.grupoa.com.br

IMPRESSO NO BRASIL
PRINTED IN BRAZIL

Os autores

Jeffrey K. Liker, Ph.D., é professor de engenharia industrial* e operacional na University of Michigan e presidente da Liker Lean Advisors. É autor do *best-seller* internacional *O Modelo Toyota: 14 Princípios de Gestão do Maior Fabricante do Mundo*** (traduzido para 26 idiomas, 700 mil exemplares vendidos) e de seis outros livros sobre a Toyota: com David Meier, *O Modelo Toyota: Manual de Aplicação*; com Jim Morgan, *Sistema Toyota de Desenvolvimento de Produto*; com David Meier, *O Talento Toyota: O Modelo Toyota Aplicado ao Desenvolvimento de Pessoas*; e com Michael Hoseus, *A Cultura Toyota: A Alma do Modelo Toyota*.

Seus dois livros mais recentes, publicados pela McGraw-Hill em 2011, são *O Modelo Toyota de Melhoria Contínua* (com detalhados estudos de casos de transformação em diferentes indústrias) e *A Crise da Toyota: Como a Toyota Enfrentou o Desafio dos Recalls e da Recessão para Ressurgir mais Forte* (sobre a maneira como a Toyota se adaptou e está se refazendo com a recessão e a crise do *recall*). Seus artigos e livros já lhe renderam nove Shingo Prizes for Research Excellence, e *O Modelo Toyota* recebeu o 2005 Institute of Industrial Engineers Book of the Year Award e também o 2007 Sloan Industry Studies Book of the Year.

---

* N. de R.T.: Em português, é usado, também, o termo engenharia de produção.
** N. de E.: No Brasil, os livros citados são publicados pela Bookman Editora.

Jeffrey Liker realiza frequentes conferências e presta consultoria. É bacharel em Engenharia Industrial pela Northeastern University e Ph.D. em Sociologia pela University of Massachusetts.

Gary L. Convis é ex-diretor e membro do conselho de administração da Dana Holding Corporation, fornecedora global de peças de automóveis e veículos comerciais e veículos "fora da estrada". Depois disso, tornou-se assessor especial do CEO da Dana, presta consultorias e faz apresentações para executivos comprometidos com a transformação para a excelência operacional dessas indústrias.

Convis trabalhou mais de quatro décadas na Toyota, na General Motors Corporation e na Ford Motor Company. Em 1984, foi escolhido para comandar a NUMMI, *joint venture* entre a GM e a Toyota. Tornou-se o primeiro norte-americano a presidir a maior fábrica da Toyota fora do Japão, a Toyota Motor Manufacturing Kentucky (TMMK), em 2001. Em 2003, foi o primeiro executivo norte-americano da área da produção escolhido pela Toyota Motor Corporation (TMC) como diretor executivo da TMC, bem como vice-presidente executivo da Toyota Motor Engineering and Manufacturing North America Inc. Anteriormente, havia passado mais de 20 anos em várias funções com a GM e a Ford Motor Company.

Convis é membro do conselho de administração da Cooper-Standard Automotive Inc. e do Compass Automotive Group Inc. É graduado em matemática, com especialização em física, pela Michigan State University.

Ao meu filho Jesse, de quem o profundo insight *e os sábios conselhos deram forma ao tema deste livro.*
– Jeff Liker

À minha esposa, Deborah, meu maior apoio ao longo da nossa maravilhosa jornada conjunta.
– Gary Convis

Agradecimentos

A gênese deste livro foi o evento em que Jeff apresentou um resumo de *O Modelo Toyota* na sede da Toyota em Erlanger, Kentucky. Gary, um dos presentes, aproximou-se de Jeff após a sessão, elogiou-o pelo livro e lhe disse: "Dentro de três anos deixarei meu posto aqui e gostaria de escrever um livro sobre o que aprendi em minha trajetória na NUMMI e na Toyota. Você estaria disposto a fazer esse livro comigo?". Jeff sentiu-se honrado, embora cético, levando em conta o imenso número de grandes ideias que acabam não sendo postas em prática; mas, quase no mesmo dia, três anos depois, Gary voltou a contatá-lo para perguntar: "Começo agora minha licença de três anos como consultor sênior em tempo parcial. Você ainda quer fazer aquele livro?". E aqui estamos.

Naturalmente, a grande questão que se apresentava era: qual seria o tema do livro? Uma autobiografia e uma crônica de como Gary aprendeu a se tornar um líder Toyota com o passar do tempo, contando sua história como a de tantos outros CEOs aposentados, repletas de observações de sabedoria? Deveria ser uma análise sócio-histórica da Toyota ao longo de um período de 25 anos, começando com o lançamento da NUMMI? Uma combinação dos dois temas? Para ser honesto, foi Jesse, o filho de Jeff, que deu a dica. Ele havia lido o primeiro esboço do capítulo de introdução, fazendo detalhados (a maioria negativos) comentários, e por volta da página 20 escreveu: "Aleluia! Nem consigo acreditar. Finalmente alguma coisa a respeito de liderança! Isso é que é livro! Finalmente estou aprendendo alguma coisa que não seja a história da Toyota. Quero um pouco mais disso!". Seguindo a generosa sugestão de Jesse de que o livro deveria "ensinar alguma coisa útil" (grande humorista esse sujeito...), decidimos concentrar o livro no tema da liderança.

Quando fizemos várias perguntas a nós mesmos, ficou claro que a liderança, ou sua ausência, era a principal causa do fracasso de tantas companhias que tentaram copiar o sistema Toyota de gestão, e a razão pela qual a Toyota se mostrara tão elástica e adaptável durante tantas décadas. Isso mudou nosso pensamento sobre o livro e as entrevistas que precisaríamos realizar. Liderança e desenvolvimento de lideranças tornaram-se, desde então, o foco das entrevistas que fizemos nas fábricas e gabinetes da Toyota. A essa altura, Gary, membro do conselho de administração, tornou-se o CEO da Dana, uma empresa norte-americana do setor de componentes automobilísticos que lutava para emergir da falência (Capítulo 11 da lei de falência). A experiência de trabalhar com uma equipe que reverteu os destinos da empresa sob sua liderança, as pessoas excepcionais que eles recrutaram e algumas decisões muito penosas a respeito de quem poderia ou não transformar-se em um líder eficiente proporcionaram uma visão totalmente diferente sobre o desenvolvimento de pessoas com capacidade de liderar uma companhia, uma fábrica ou um grupo de trabalho na busca da excelência operacional.

Nosso foco na excelência operacional tem origem em uma ideia simples que parece flutuar diante dos olhares de grande parte dos analistas de mercados de valores: uma companhia precisa ser grande naquilo que faz em cada um de seus níveis e em toda a organização! Simplesmente adotar decisões transacionais a respeito de quais empresas comprar ou vender, em quais linhas de produtos investir, quantas pessoas contratar ou demitir, quais partes das operações deveriam ser terceirizadas para países com mão de obra mais barata e quem deveria ser o próximo CEO *superstar* não é o suficiente para atingir essa grandeza. A excelência deve permear cada setor da organização, penetrando profundamente na própria cultura.

No entanto, a excelência operacional precisa estar ligada a uma estratégia. Como fazer isso foi o que Gary aprendeu com a Toyota, e é isso que ele pretende compartilhar. Assim, estamos trabalhando com o conhecimento coletivo de incontáveis pessoas que nos ensinaram e foram nossos "padrinhos", exemplos com os quais aprendemos e, mais do que tudo, que nos inspiraram. Relacionaremos algumas dessas pessoas aqui para agradecer a todas elas por suas lições de vida, mas infelizmente teremos de deixar outras tantas de fora. Para cada modelo dado no livro de alguém fazendo um notável trabalho de liderança, existem milhares de outros exemplos que poderíamos ter usado.

Em primeiro lugar, existem pessoas que exerceram uma profunda influência sobre o treinamento de Gary, levando-o a pensar de acordo com o Modelo Toyota, muitas das quais também ensinaram Jeff a respeito da profunda filosofia subjacente ao sistema Toyota de gestão. São elas:

- Shoichiro Toyoda, ex-presidente e atual presidente honorário da TMC. Sua visão e confiança no futuro da Toyota foram a força condutora da expansão global de excepcional sucesso da empresa, começando com a NUMMI em 1984. A liderança de Shoichiro Toyoda durante os últimos 30 anos foi a mais influente sobre cada um dos líderes da companhia e continua a garantir que os futuros líderes possam entender profundamente o Modelo Toyota e administrá-lo.
- Eiji Toyoda, ex-presidente e presidente honorário. Pode-se afirmar com toda a honestidade que a *joint venture* com a GM na NUMMI nunca teria sido possível sem o pleno apoio e comprometimento de Eiji. O sucesso da NUMMI deu à Toyota o entendimento e a confiança para avançar na América do Norte por seus próprios meios. A Toyota investiu bilhões de dólares nos Estados Unidos e no Canadá, proporcionando milhares de excelentes empregos às populações locais e concretizando verdadeiras parcerias com as comunidades.
- Tatsuro Toyoda, ex-presidente e consultor sênior da Toyota Motor Corporation (TMC). Tatsuro liderou pessoalmente a equipe da NUMMI na condição de seu primeiro presidente, ilustrando a importância atribuída pela Toyota ao sucesso da NUMMI. Presentes em um homem de semelhante estatura, seu carisma e afeição pessoais renderam-lhe o apoio de todos os envolvidos com a NUMMI.
- Fujio Cho, ex-presidente executivo e mais tarde presidente do conselho da TMC. Discípulo de Taiichi Ono e *expert* no Sistema Toyota de Produção, sua liderança paciente e amistosa deu início à expansão da companhia na América do Norte em Georgetown, Kentucky.
- Kaneyoshi Kusunoki, ex-VPE da TMC encarregado da engenharia e produção globais. Seu profundo conhecimento técnico dos processos e equipamentos de produção da Toyota, combinados com uma notável visão, guiaram os estratégicos investimentos da Toyota em sua expansão fora do Japão.
- Kosuke Ikebuchi, ex-VPE de produção e logística globais da TMC, e vice-presidente e líder da equipe inicial da NUMMI (outro discípulo de Taiichi Ono). Ensinou a Gary o real significado da liderança no Modelo Toyota.
- Toshiaki "Tag" Taguchi, ex-presidente e CEO da Toyota Motor North America. A personalidade sincera, educada e agradável de Tag promoveu liderança na América do Norte, onde centenas de apoiadores na companhia e em seu entorno juntaram-se à Toyota como parte integrante da vida norte-americana.

- Takeshi Uchiyamada, VPE da TMC e engenheiro-chefe do modelo original do Prius. Ele demonstrou como os engenheiros da Toyota batalham continuamente para melhorar a tecnologia do transporte no futuro. Mediante sua liderança, a tecnologia híbrida do Prius tornou-se o sistema automotor ecologicamente sustentável mais importante do seu século.
- Atsushi "Art" Niimi, VPE da TMC para produção e compras globais. Art ensinou a Gary a importância do planejamento estratégico global e do alinhamento de todas as funções relacionadas para concretizar a Visão Global Toyota 2010 na América do Norte.
- Yoshimi "Yoshi" Inaba, presidente da Toyota Motor North America e chefe do conselho e CEO da Toyota Motor Sales. Exercendo uma liderança especial na Toyota Motor Sales na América do Norte, Yoshimi conquistou ao mesmo tempo o respeito e a admiração dos revendedores Toyota, e, mais tarde, em Nova York e em Washington D. C., transformou-se na imagem da Toyota para investidores, analistas e políticos nacionais.
- Réal "Ray" Tanguay, VPE da Toyota Motor Engineering & Manufacturing America, VPS da Toyota Motor North America, e o primeiro canadense a tornar-se diretor executivo sênior da TMC. Um líder decidido, que aplicou soluções técnicas e sociais inovadoras à produção, Ray trabalhou em parceria com Gary durante mais de 20 anos, a fim de ajudar a aumentar a capacidade de produção da Toyota na América do Norte para mais de 2 milhões de veículos de alta qualidade por ano. Como chefe da Toyota Motor Manufacturing Canada (TMMC), sua liderança foi essencial para a decisão da Toyota de produzir o Lexus na TMMC (o único local de produção do Lexus, atualmente, fora do Japão).
- Steve St. Angelo, VPE da Toyota Motor Engineering & Manufacturing, e diretor da North American Quality Task Force. Mais que qualquer outro das centenas de executivos da GM que trabalharam na NUMMI, Steve internalizou o Modelo Toyota e progrediu até se tornar líder sênior de produção norte-americana e diretor de qualidade na América do Norte.
- Bill Childs, ex-VP de administração e recursos humanos da NUMMI. Bill implementou com toda a sua sagacidade o Modelo Toyota a fim de gerenciar com sucesso todos os funcionários e exercer uma verdadeira parceria com os representantes do UAW (o sindicato dos trabalhadores automobilísticos), o que aplainou o caminho para transformar a NUMMI na líder em produtividade e qualidade na GM logo depois de seu lançamento.
- Dennis Cuneo, ex-VP sênior da Toyota Motor North America (um advogado que aprendeu em toda a sua profundidade o STP). Dennis compartilhou sua

fonte de experiência na NUMMI e outros pontos, e foi fundamental na contratação de Gary como gerente geral da NUMMI.
- Jesse Wingard, ex-presidente e ex-diretor de produção da NUMMI. Primeiro parceiro que Gary levou para a NUMMI, Jesse demonstrou continuamente sua extraordinária liderança e estabeleceu pessoalmente o exemplo a ser seguido por tantos outros.
- Gary Twisselman, ex-diretor de produção da NUMMI. Como renomado ex--engenheiro da Ford, com profunda experiência em engenharia de processos e manutenção, Twisselman foi o líder inspirador que estabeleceu o padrão para os engenheiros da NUMMI, e cujo invejável envolvimento com o pessoal da manutenção manteve o complexo equipamento da NUMMI operando em um nível dificilmente alcançável na América do Norte.
- Beth Nunez, ex-assistente administrativa de Gary e Jesse na NUMMI. Como cada executivo nessa indústria sabe muito bem, não se pode subestimar a importância de contar com um grande apoio que lhe proporcione a tranquilidade para manter-se concentrado no trabalho mais urgente; felizmente, durante 14 anos, Beth foi essa pessoa indispensável.
- Masamoto "Matt" Amezawa, ex-presidente e presidente do conselho da Toyota Motor Manufacturing Kentucky (TMMK). Matt foi o "padrinho" de Gary durante seus primeiros anos na TMMK depois de deixar a NUMMI para ali se tornar VPE e, mais tarde, presidente. Por meio do seu profundo conhecimento pessoal do Sistema Toyota de Produção, Gary envolveu-se no aprendizado prático à medida que eles desenvolviam as capacidades de gerência no chão de fábrica de muitos fornecedores da Toyota e no âmbito da TMMK.
- Pete Gritton, ex-VP de administração e recursos humanos da TMMK. Pete demonstrou, na prática diária, toda a importância das comunicações, da honestidade e da transparência entre chefia e subordinados a fim de conquistar a confiança da força de trabalho.
- Cheryl Jones, ex-VP de produção da TMMK. Cheryl jamais enfrentou um desafio que não conseguisse superar. Com menos de 50 quilos de transbordante energia, Cheryl começou na Toyota após vários anos trabalhando em um supermercado local. Por suas impressionantes capacidades de liderança, superou cada um dos desafios que lhe foram apresentados e com isso se tornou a executiva de mais elevada posição na Toyota Manufacturing North America.
- Don Jackson, ex-VP de produção na TMMK. Tendo desenvolvido fortes habilidades de resolução de problemas e gerenciamento de projetos em Controle de Qualidade, a liderança de Don na administração de alguns dos mais desafiadores projetos da Toyota na TMMK tornou-se inestimável.

- Wil James, presidente da TMMK. Ao longo de mais de 20 anos de funções e responsabilidades desafiadoras, o maravilhoso caráter e a forte liderança de Wil fizeram dele o candidato natural a ser o primeiro presidente afro-americano de uma fábrica Toyota.
- Pat D'Eramo, ex-VP de produção da TMMK. Pat, que escolheu a Toyota depois de uma carreira de sucesso na General Motors, enfrentou resistência como um "estrangeiro" por muitos dos integrantes da equipe. Sua energia inesgotável, notável capacidade de comunicação, honestidade e dedicação no acompanhamento da solução de problemas rapidamente acabaram com essa resistência.
- Barry Sharpe, ex-gerente geral da TMMK. Como Pat, Ben entrou na Toyota vindo da Ford e abriu seu caminho na comunidade mediante sério autodesenvolvimento, o que o levou a ser definido como padrão de "liderança prestativa" na TMMK.
- Mark Reich, ex-gerente geral da TSSC. Mark forneceu *insights* fundamentais em termos de *hoshin kanri*.
- Latondra Newton, vice-presidente de planejamento estratégico e diversidade da Toyota Motor North America, proporcionou valioso *insight* sobre o desenvolvimento de pessoal na própria Toyota.
- Vahid Javid (V. J.), especialista em engenharia técnica na TMMK. V. J. demonstrou a força do autodesenvolvimento e do desenvolvimento de outros à medida que foi se transformando de "especialista técnico" em líder de grupos de trabalho, agregando níveis de inovação de classe mundial à fábrica de carrocerias da TMMK.
- Yuri Rodriguez, ex-gerente de qualidade na TMMK. Yuri trabalhou progressivamente suas habilidades de liderança *kaizen* até transformá-las em um dos níveis mais altos na fábrica.
- Jacky Ammerman, ex-assessora do presidente da TMMK. Uma "garota do interior" que começou na equipe de produção no chão de fábrica, Jacky desenvolveu suas habilidades até se tornar uma das valiosas integrantes da base de apoio de Gary. Gary até hoje fala na satisfação de ter sido escolhido por ela como parceiro de trabalho!

Em segundo lugar, temos uma enorme lista de pessoas da Dana Corporation que desempenharam um papel fundamental ao ajudar essa grande empresa norte-americana a superar uma experiência de quase-morte para trilhar o caminho em direção a um futuro saudável, construído sobre os alicerces da excelência operacional. Gary gostaria de agradecer a cada uma delas pessoalmente. Eis algumas das principais:

- John Devine, ex-presidente do conselho da Dana Holding Corp. Como antigo diretor financeiro da Ford e vice-presidente da GM, com uma sólida rede de executivos e profunda sabedoria empresarial, John foi o parceiro perfeito para oferecer a Gary a flexibilidade de, como CEO, focar a reconstrução da capacidade global de produção da Dana com base em sua experiência na Toyota.
- Robert Marcin, ex-presidente administrativo e diretor de relações humanas da Dana. Bob promoveu a liderança experiente indispensável à medida que a Grande Recessão forçava significativa reestruturação e drástica redução de pessoal em um ritmo jamais antecipado.
- James Yost, VPE e diretor financeiro. Liderou o desafio de reconstruir a organização financeira global, renegociando as dívidas da Dana e construindo relações positivas com investidores e analistas financeiros para ajudá-lo a entender o valor real da Dana.
- Jacqui Dedo, VP de compras, planejamento estratégico e desenvolvimento de negócios. A liderança de Jacqui na rápida organização das complexas empresas globais da Dana para compras e desenvolvimento de negócios foi essencial para dar suporte às urgentes melhorias necessárias. Além disso, ela frequentemente lançava mão de sua vasta rede de contatos na indústria automobilística para construir o apoio de que a Dana tanto precisava.
- Martin Bryant, ex-presidente de área de equipamentos leves. Marty foi a contratação mais importante de Gary na Dana. Ex-executivo da Toyota, seu brilho como líder tornou-se ainda maior com a crescente expansão dos negócios de cuja administração ele foi encarregado. Como presidente da área de estruturas, melhorou de tal forma o desempenho que apenas essa área agregou vários milhões quando foi vendida. A Dana consolidou seis setores em dois, e, a cada um dos passos, quando John Devine perguntava quem poderia ser o líder, a resposta era sempre a mesma: Marty Bryant.
- Mark Wallace, presidente da linha de planos, pós-mercado e operações globais. Quando Marty Bryant recomendou a contratação de Mark Wallace (ex--chefe do próprio Marty) para comandar as operações globais, dizendo que "Mark é duas vezes mais capaz do que eu", Gary duvidou. Contudo, como essa dupla dinâmica frequentemente provou, eles eram, ambos, extraordinários líderes que estavam sempre à vontade em qualquer situação, do chão de fábrica às reuniões do conselho de administração.
- George Constand, diretor de operações técnicas. Ao procurar um líder que pudesse assumir a difícil tarefa de consolidar e orientar os vários centros de *design* e engenharia da Dana, ao mesmo tempo desenvolvendo novas tecnolo-

gias para satisfazer as necessidades dos clientes, a Dana foi muito feliz ao constatar que ele já estava em seus quadros: era George em pessoa.

- Marc Levin, chefe do departamento jurídico. Como o único líder no comitê executivo com muitos anos de experiência de trabalho para a Dana, o profundo entendimento e sensato julgamento de Marc o transformaram em um ativo valiosíssimo, capaz de conduzir a Dana através dos mares revoltos da saída do Capítulo 11 (lei da falência) e do progresso para muito além.
- Brandt McKee, executivo da Centerbridge. Os imensos investimentos da Centerbridge na Dana foram significativamente reforçados quando a empresa "emprestou" Brandt para trabalhar em tempo integral com a equipe de operações da Dana. Sua excepcional liderança na assessoria ao desenvolvimento da excelência operacional e respectiva implementação em 113 fábricas em 26 países foi vital para a reconstrução da Dana.
- Dave Gibson, VP de excelência operacional, ex-executivo da Toyota e *expert* na implementação do STP no chão de fábrica. O método de David de ensinar os líderes de operações globais da Dana a "aprender fazendo" foi tão eficiente que a equipe economizou centenas de milhões de dólares em custos operacionais e de estoques.
- Ed Kopkowski, VP de excelência operacional. Depois de décadas de experiências em companhias tradicionais norte-americanas liderando programas Lean Seis Sigma e várias operações, Ed continuou seu autodesenvolvimento para liderar a estruturação e o treinamento do Sistema de Operações Dana conforme o Modelo Toyota.
- Sandy Miller, assistente administrativa do CEO. Gary jamais conheceu uma assistente mais competente, humana e eficiente. Todos na Dana pediam a Sandy para fazer cada vez mais coisas, e ela sempre dava conta dos pedidos com o maior profissionalismo.

Existem certamente indivíduos que tiveram um relacionamento especial com cada um de nós e com este livro. Akio Toyoda, presidente da Toyota Motor Corporation, demonstrou continuamente seu compromisso em desenvolver líderes para trabalhar conforme o Modelo Toyota. Quando estiveram juntos na NUMMI, ensinou a Gary que as pessoas mais importantes são sempre aquelas no *gemba* (onde o trabalho é realizado); e Akio concordou em escrever o "Prefácio" deste livro. Mais importante, comandou a Toyota durante um dos períodos mais difíceis de sua história com humildade, e sempre mantendo seu profundo comprometimento com os princípios básicos do Modelo Toyota. Isso corre em suas veias!

Tim Ogden e Laura Starita foram nossos editores, e muito mais que isso. Como na expressão "pegue o tigre pela cauda", não tínhamos a menor ideia do que iríamos enfrentar quando a Sona Partners nos foi recomendada. Pensávamos estar contratando editores para fazer nosso trabalho e dar fluxo aos pensamentos, e eles, pelo contrário, tornaram-se os nossos mais ferozes críticos, questionando cada suposição, e finalmente transformando as complexidades que escrevíamos em uma prosa simples, capaz de transmitir uma mensagem, acrescentando conceitos próprios para explicar "o que realmente queríamos dizer". Michael Balle e Karen Marten, ambos autores de livros sobre o sistema Lean, também nos prestaram assistência editorial de inestimável valor.

Temos de agradecer a todas as pessoas que um dia trabalharam na NUMMI. Foi ali que Gary adquiriu experiência e aprendeu os fundamentos da liderança Toyota, e onde a Toyota aprendeu a desenvolver sua cultura única nos Estados Unidos. Eles estabeleceram o padrão para milhares de organizações que visitaram a fábrica de olhos arregalados, vendo uma força de trabalho verdadeiramente comprometida, e ajudaram a General Motors a transformar suas próprias operações em níveis cada vez mais elevados de excelência. Enquanto escrevíamos o livro, em meio à Grande Recessão, a General Motors retirou-se da NUMMI, e então a Toyota decidiu deixar de produzir veículos naquela fábrica. Foi um dia trágico na história da produção Lean. Felizmente, como um enorme carvalho que gera uma muda, a NUMMI foi ocupada pela Tesla, que, assim o esperamos, deverá produzir ali novos níveis de veículos ecologicamente sustentáveis para o mundo.

Por último, mas não menos importante, fomos ambos abençoados por contar com grandes famílias que nos amam, apoiam, inspiram e nos complementam. Deborah, Emma e Jesse estiveram sempre prontos para ajudar Jeff. Deborah, Kolisa, Chad, Kevin, David e Alicia apoiaram constantemente Gary enquanto ele fazia malabarismos para dar conta de um emprego em tempo integral. Por trás de cada escritor há sempre uma família que compensa sua falta de atenção e contribuições à vida diária e o ajuda a manter a sanidade.

Apresentação à edição brasileira

O Sistema Toyota de Produção (STP), originalmente construído no Japão pela Toyota Motor Company a partir da década de 1940, constitui-se em um modelo de gestão de sucesso consolidado no âmbito da empresa, tanto em sua matriz como em suas filiais distribuídas em diversos países – O Modelo Toyota. O sucesso deste modelo é tão expressivo, que seus conceitos, técnicas e ferramentas são estudados e implantados em organizações dos mais distintos segmentos industriais nos quatro cantos do mundo, bem como no segmento de serviços.

No entanto, o resultado constatado na maioria das organizações é que após um período inicial de euforia em função dos resultados obtidos no curto prazo nas primeiras etapas da implantação, segue-se um período de descrédito e desestímulo devido à não manutenção dos métodos e dos respectivos resultados ao longo do tempo. Qual é o segredo que diferencia os resultados obtidos pela implantação do Modelo Toyota nas diferentes organizações? Por que os seus resultados se sustentam e melhoram constantemente algumas organizações enquanto inúmeras outras abandonam o projeto de implantação em seu ambiente fabril ou implantam o modelo apenas parcialmente? A resposta encontra-se na forma como são gerenciados os seus ativos mais importantes: as pessoas.

Os ativos de uma organização podem ser considerados como de dois tipos distintos, porém inter-relacionados: os ativos de capital e os de conhecimento.

O ativo de capital é aquele direcionado pelo mercado na realização de investimentos diretos feitos pelos acionistas ou proprietários. Ele está relacionado com a capacidade da organização de adquirir tecnologia de processos, equipamentos e instalações. Essa capacidade possibilita à organização melhorar sua produção a partir de uma perspectiva de curto prazo. Já o ativo do conhecimento é constituído com a agregação do conhecimento e crescimento intelectual dos colaboradores da organização. Esse ativo está relacionado diretamente às pessoas e com sua capacidade de adquirir e desenvolver conhecimento por meio de treinamentos, que, ao melhorá-las, também melhora os métodos utilizados, o que tende a ocorrer em uma perspectiva de médio e longo prazo.

A busca de um modelo de gestão voltado para a implantação eficaz de melhorias contínuas, como é o caso do Modelo Toyota, implica, necessariamente, a mudança comportamental de todos os colaboradores da organização por meio da agregação de conhecimento, ou seja, por um aumento significativo e sistemático do seu ativo do conhecimento.

Ao desenvolver uma cultura voltada para o crescimento contínuo do ativo do conhecimento, tende-se a gerar uma organização de aprendizagem, habilitando seus colaboradores para a assimilação de novas tecnologias e novos métodos de gestão, bem como para ascender na hierarquia dessa organização, assumindo funções de liderança.

Um dos fundamentos do Modelo Toyota é o *genchi genbutsu*, ou "vá lá e verifique". Isto significa que as decisões devem ser tomadas, sempre que possível, no *gemba* ou local de trabalho, por aqueles que têm efetivo conhecimento do que acontece e quais são as possíveis soluções para um dado problema. Esta prática assegura que os líderes mais importantes da organização ascendam do *gemba* a posições executivas, na medida em que estes profissionais tendem a adquirir uma percepção real dos problemas de toda a organização. O resultado é a geração contínua de ativos do conhecimento da organização fortemente sustentado pela realidade no ambiente fabril e da empresa (*gemba*).

Os líderes e o modelo de liderança cultivado pela Toyota são os fundamentos do bem-sucedido envolvimento e comprometimento dos colaboradores de todos os níveis hierárquicos. O STP bem implantado e que gera efetivos resultados econômico-financeiros é uma consequência direta desse tipo de envolvimento e comprometimento profissionais. Os líderes da Toyota batalham pela implantação de melhorias contínuas no *gemba*. Para concretizá-las, é necessário que todos, da alta gerência administrativa aos líderes de pequenos grupos de trabalho no ambiente fabril, trabalhem em conjunto e com foco no desenvolvimento diário de mais e mais ativo de conhecimento.

Jeffrey Liker (autor de outros livros com foco no Modelo Toyota, como *O Modelo Toyota*; *O Modelo Toyota: Manual de Aplicação*; *O Talento Toyota*; *A Cultura Toyota: A Alma do Modelo Toyota* e *O Modelo Toyota de Melhoria Contínua*) e Gary L. Convis abordam neste livro o processo para o desenvolvimento de lideranças Lean.

No Capítulo 1, é apresentada uma visão geral dos valores que norteiam a Toyota e o modelo de desenvolvimento de liderança que evoluiu a partir desses valores. No Capítulo 2, é mostrado o desenvolvimento de Gary Convis como líder Toyota e da Toyota nos Estados Unidos, com destaque para a sua atuação na recuperação da NUMMI, primeira montadora de larga escala da Toyota nos Estados Unidos. O Capítulo 3 aborda a Toyota Motor Manufacturing Kentucky, descrevendo como a liderança de Gary Covins e de outros norte-americanos por ele formados conseguiram recuperar economicamente a fábrica em cena.

No Capítulo 4, é explicitado de que forma o autodesenvolvimento dos líderes da Toyota levou à melhoria contínua da companhia nos Estados Unidos, pela prática do *kaizen* diário. No Capítulo 5, é discutido o processo pelo qual a Toyota administra a sua direção, alinha objetivos e controla desvios em relação a esses objetivos – o *hoshin kanri*.

Após a aposentadoria de Gary Convis na Toyota, ele foi contratado como CEO pela Dana Corporation, um dos fornecedores da Toyota. No Capítulo 6, é mostrado como a aprendizagem obtida na Toyota auxiliou Gary a recuperar a Dana Corporation, uma tradicional empresa norte-americana que se encontrava em crise. É importante ressaltar que as unidades da Dana Corporation no Brasil, que atuam no estilo de liderança proposto neste livro, constituem-se em exemplos relevantes da eficácia da implantação do Modelo Toyota no Brasil.

Finalmente, no Capítulo 7 são apresentados conselhos para as empresas que pretendem aprender com o Modelo Toyota, mostrando que a Toyota é única por sua combinação com o investimento nas pessoas e o foco na realização de melhorias contínuas de longo prazo.

A leitura de *O Modelo Toyota de Liderança Lean* possibilita àqueles que desejam implantar e, principalmente, consolidar o Modelo Toyota entender como atuar para o desenvolvimento de lideranças e o aumento do ativo do conhecimento em suas empresas.

Desejamos a todos uma boa leitura e a aplicação nas empresas brasileiras dos conceitos aqui aprendidos!

Junico Antunes
Altair Flamarion Klippel

Prefácio

É bastante complicado, para estranhos, entender o quanto o Modelo Toyota é valioso em nossa empresa, e os desafios inerentes à formação e ao desenvolvimento de líderes que saibam viver de acordo com os nossos valores. Trata-se de uma jornada constante a de encontrar novos e melhores meios para desenvolver líderes Toyota. Por esse motivo, fico extremamente envaidecido com a decisão de Gary Convis e Jeffrey Liker de lançar este livro. Conheci Gary quando era um grande líder na NUMMI, e tive a oportunidade de trabalhar com ele. Foi um período de aprendizado intensivo para a Toyota quanto à melhor maneira de estimular pessoas vindas de fora a assimilar nossa cultura. Liker dedicou-se ao entendimento aprofundado do nosso modelo visto de fora. Fiquei realmente impressionado ao ler seus livros, sobretudo com a exatidão com que explica nossa maneira de pensar.

Em uma palestra que ministrei pouco depois de ser promovido à presidência da empresa, em 2009, comprometi-me a estar sempre o mais próximo possível do *gemba*. Quando os clientes guiam nossos carros, o *gemba* é a forma como estão utilizando nossos produtos e tudo aquilo que funciona bem para eles e também que lhes causa dificuldades. Na condição de líder da companhia, eu devo ser o modelo para a atitude que espero dos outros. Ir ao *gemba* significa observar em primeira mão a maneira como nossos produtos estão sendo projetados, construídos, utilizados, e quais são os problemas que enfrentamos. E problemas sempre existem, porque nunca fomos perfeitos. A única forma de realmente entender os problemas é estar no *gemba*.

Isso me transporta ao papel da liderança na Toyota, que é o ponto central deste livro. Na Toyota, sempre investimos pesadamente no desenvolvimento de líderes que consigam entender e vivenciar os princípios e valores da companhia. Queremos que nosso DNA esteja codificado em cada líder e cada integrante de nossas equipes em todos os níveis da companhia. Esperamos grandeza dos nossos colaboradores. Esperamos que aceitem e superem desafios que possam, à primeira vista, parecer esmagadores. A grandeza das pessoas só se revela quando são comandadas por grandes líderes. Estamos todos sempre crescendo e aprendendo, e precisamos de instrutores e *coaches* que nos guiem nessa jornada. Dizemos, na Toyota, que cada líder é um instrutor que vai formando a próxima geração de líderes. Essa é a tarefa mais importante desses instrutores.

A grande ironia é que o respeito pelas pessoas exige que as pessoas sintam o desconforto da crítica do *feedback*. Sempre que membros das equipes compartilham conosco os resultados de suas atividades de melhoria, insistimos em exigir delas "em primeiro lugar, as más notícias; quais são os problemas que vocês estão enfrentando?". Se não repassarmos às pessoas um *feedback* acurado com base em situações reais, elas não terão como crescer e nós não as estaremos respeitando. O papel de um líder não é colocar seus liderados em posições nas quais fracassarão, mas, pelo contrário, situá-los em posições desafiadoras em que precisarão trabalhar arduamente para ser bem-sucedidos e, mesmo assim, sentir e entender que poderiam ter sido ainda melhores. Nosso objetivo em relação a *cada* integrante da equipe Toyota, do trabalhador no chão de fábrica aos nossos principais executivos, é que trabalhe com vistas a um contínuo aperfeiçoamento pessoal. Todos precisamos de um *sensei* para nos guiar ao próximo nível de realizações. Eu mesmo continuo contando com muitos *sensei* que sempre me fazem aprender alguma coisa.

A explicação que Gary e Liker fornecem sobre como nós desenvolvemos líderes constitui outra oportunidade para que nós, da Toyota, continuemos a refletir e a aprender. Espero que o livro deles ofereça algumas ideias que tenham valor para você, pessoalmente, e para a sua empresa.

Akio Toyoda
Presidente da Toyota Motor Corporation

Prólogo

A Toyota como modelo em uma época de intensos desafios

Este livro trata da formação de lideranças Lean e usa abertamente a Toyota como o modelo por excelência desse tipo de liderança. Acreditamos que a maior lacuna em capacidades no movimento Lean, e a raiz do fracasso de muitos de seus programas, residam na liderança. Como você poderá constatar ao longo deste livro, a liderança Lean é bastante diferente dos modelos tradicionais de liderança e dos estilos gerenciais em vigor nas empresas ocidentais (norte-americanas ou europeias) – e, a bem da verdade, na maioria das companhias japonesas.

Ao começarmos este livro, em 2008, olhar para a Toyota como exemplo claro de excelência em liderança seria algo incontestável. A companhia apresentara lucros durante mais de 50 anos consecutivos e emergira da obscuridade para a condição de maior montadora de veículos motorizados do mundo. Mais ainda: para muitas organizações, o Modelo Toyota havia se transformado em padrão e guia de excelência. No final de 2009, contudo, um observador externo não poderia ser acusado de má-fé se afirmasse ter chegado a hora de analisar a Toyota como um estudo de caso de fracasso de liderança, em vez de um modelo a ser seguido. Enquanto concluíamos a preparação deste livro para sua publicação no final de 2011, a Toyota ainda se recuperava do terceiro grande golpe que experimentara em menos de cinco anos – o terremoto e o *tsunami* que se abateram sobre o Japão –, sem ter chegado a restaurar a aura de "invencível" de que desfrutara nos idos de 2007.

De fato, as notícias que circulavam sobre a empresa, especialmente no começo de 2010, teriam levado muitas pessoas a concluir que a Toyota havia perdido o rumo. Milhões de automóveis incluídos em *recalls*, queixas sobre carros ingovernáveis, rumores persistentes sobre a ocultação ou negação de defeitos muito sérios, confissões de culpa e pedidos de perdão por parte de executivos seniores – tudo apontava para uma empresa que se prestaria mais à condição de exemplo a ser evitado que à de inspiração para qualquer empreendimento.

Dada a existência deste livro, provavelmente não lhe surpreenderá saber que, para nós, a Toyota continua a ser uma fonte de inspiração, apesar dos pesares. Não obstante, entendemos também que houve algumas sérias falhas de liderança e desenvolvimento de lideranças na organização. Na verdade, pensamos que alguns departamentos da companhia simplesmente não conseguiram seguir os princípios do Modelo Toyota em algumas de suas ações e atitudes, como ficou patente com a crise do *recall*. Esses fracassos não significam, contudo, que não é mais possível aprender com a Toyota importantes lições sobre como formar líderes Lean. Em verdade, significam que sempre teremos algo mais a aprender. A conclusão a que chegou a empresa em seus esforços para refletir e tirar lições das várias crises, esforços esses comandados por Akio Toyoda, não foi a de que existiam lacunas sérias no Modelo Toyota, mas, em especial, que estavam ocorrendo falhas na sua implementação e observância. A solução recomendada para tais problemas não foi uma mudança fundamental, mas uma atenção renovada aos fundamentos. Em outras palavras, a companhia precisava (como sempre) voltar aos alicerces do Modelo Toyota.

Como ensina o Modelo Toyota, há sempre muita coisa a ser aprendida com cada fracasso – mas apenas quando os verdadeiros fracassos e suas principais causas são identificados e compreendidos. E, baseados em nossos mais de 50 anos conjuntos de história de trabalho e/ou estudos dedicados à Toyota, bem como em nossos extensivos contatos internos na empresa e em outras pesquisas que realizamos, constatamos que os verdadeiros problemas enfrentados pela organização na tríplice crise compreendida entre 2007 e 2011 eram muito diferentes daqueles percebidos pela mídia em geral. Uma visão aguda dos problemas e das respostas finais da companhia às crises que desafiaram a admiração pelo Modelo Toyota nos levou a crer que este é um modelo de liderança Lean tão bom quanto sempre foi, e que talvez tenha sido até mesmo melhorado em alguns aspectos.

Assim, antes de nos lançarmos ao livro propriamente dito, vamos "abrir os olhos" para essa visão.[1]

A grande recessão

A recessão atingiu a indústria automobilística antes de se abater sobre a maior parte das demais indústrias. Nos meses que antecederam 2008, os preços das matérias-

-primas, especialmente do aço, haviam alcançado níveis até então inimagináveis. Para piorar as coisas, no começo do verão daquele ano (no hemisfério norte), também os preços do petróleo dispararam, atingindo os níveis mais elevados da história do setor. Foi um choque de proporções suficientes para fazer despencar as vendas de carros populares e dos enormes utilitários esportivos (SUV) acostumados a consumir vultosas quantidades de uma gasolina que, de uma hora para outra, tornara-se caríssima. Perder 40% ou mais das vendas tornou-se ocorrência comum na indústria automobilística, e a Toyota não foi exceção.

Enfrentar uma crise causada por forças econômicas genéricas não era novidade para a Toyota. Na verdade, o Sistema Toyota de Produção (STP) adquirira notoriedade no Japão justamente durante a crise do petróleo de 1973, quando, diante do naufrágio das vendas internas e das exportações japonesas, a companhia conseguiu recuperar sua lucratividade muito mais rapidamente que as demais empresas do país. Por quê? Seus esforços para eliminar a superprodução e os estoques por meio da produção *just-in-time* ao longo da rede de abastecimento permitiram-lhe adaptar-se rapidamente ao crescimento da demanda por Toyotas de baixo consumo nos Estados Unidos. Esse sucesso radical desencadeou um movimento no sentido de implementar o STP em toda a indústria automobilística japonesa e, com o tempo, no mundo inteiro.

A recessão de 2008 foi diferente. Durante vários anos, as picapes e os utilitários SUV da Toyota apresentaram vendas muito superiores à sua capacidade instalada de produção. Assim, para adaptar-se à forte demanda, a empresa permitiu que os estoques desses veículos aumentassem, chegando inclusive a ampliar sua capacidade de produção de picapes ao instalar uma nova montadora em San Antonio, Texas, nos Estados Unidos, dedicada exclusivamente à fabricação dos modelos Tundra. Quando a bolha do preço do petróleo estourou, causando a regressão da demanda, os problemas de excesso de estoques e supercapacidade produtiva evidenciaram-se de forma assustadora. A Toyota adotou a difícil decisão de interromper toda a produção da Tundra e do SUV Sequoia durante três meses, a fim de forçar um reequilíbrio dos níveis dos estoques.

Ainda que a superprodução que levou a esse choque de realidade revelasse algumas deficiências no seguimento do Modelo Toyota, na resposta à recessão a companhia mostrou que não havia abandonado os princípios que o norteavam. Ainda que as fábricas mencionadas tenham sido desativadas por três meses, os integrantes de suas equipes não foram demitidos durante o tempo ocioso.[2] Muito pelo contrário, a companhia investiu no desenvolvimento de seu pessoal, lançando mão de programas de treinamento e atividades *kaizen*. A grande necessidade desse treinamento tornou patente o fato de que, durante os anos de crescimento estrondoso, a empresa não fizera os investimentos indispensáveis para desenvolver novos atores em sua equipe. O treinamento e o *kaizen* na Toyota estenderam-se por muitos meses, no mundo inteiro, enquanto a recessão global se expandia e a demanda por todos os tipos de veículos caía vertiginosamente.

A decisão da Toyota em investir nos integrantes da equipe, em vez de demitir multidões de trabalhadores – medida adotada por praticamente todas as outras grandes empresas automobilísticas durante a recessão –, baseou-se em outro princípio do Modelo Toyota: a autoconfiança. Prevendo uma fase de rápido crescimento após a Segunda Guerra Mundial, a Toyota permitiu-se assumir vultosas dívidas com investidores financeiros. Mas, não tendo o crescimento se mostrado tão célere quanto o planejado, a companhia quase foi à falência. Como resultado, seu fundador, Kiichiro Toyoda, viu-se obrigado pelos credores a demitir trabalhadores, depois de ele próprio ter renunciado ao comando da empresa. O perigo de depender do financiamento de terceiros não poderia ter ficado mais patente do que nessa ocasião. Desde então, a companhia passou a juntar dinheiro mantendo-se econômica mesmo na bonança, para preservar sua independência em tempos de tempestade. Foi isso que aconteceu durante a Grande Recessão. A empresa possuía imensas reservas de capital e dívidas muito modestas. Logo, pôde investir nos membros da equipe e absorver imensos prejuízos de curto prazo, seguindo na construção de seu caminho para o futuro, enquanto as demais companhias eram, em sua maioria, obrigadas a concentrar esforços na simples tentativa de sobreviver ao presente. Isso não significa que não tenha havido redução de custos, mas, sim, que essa redução foi notadamente diferente daquelas histórias que se tornaram comuns durante a recessão. Os executivos cortaram em primeiro lugar seus próprios ganhos – tanto salários como gratificações – e reduziram as mordomias, antes de pedir sacrifícios aos trabalhadores. No fim das contas, não houve demissões involuntárias na Toyota Engineering and Manufacturing, de propriedade exclusiva da Toyota, mas as horas extras, gratificações e contratos temporários foram eliminados.

Como resultado dessas ações voltadas para o futuro, a companhia conseguiu sobreviver à recessão em termos surpreendentemente positivos, voltando a apresentar lucratividade muito cedo, com as fábricas operando em níveis ainda mais elevados de qualidade, produtividade e segurança do que antes do início da recessão. Sobreveio então a crise do *recall*, com todos os seus estragos.

A crise do *recall*

Não haveria um ponto mais indicado para começar esta história que o horrível acidente ocorrido com um Lexus dirigido por um agente da California Highway Patrol (polícia rodoviária) em San Diego, nos Estados Unidos, durante suas férias, em agosto de 2009. Ao contrário do que sucede com a grande maioria das batidas de automóveis, o que aconteceu nesse trágico acidente, que custou a vida de quatro pessoas, foi registrado por meio de um telefonema para o operador do 911, o número de emergência da polícia norte-americana. O carro em questão havia sido cedido por uma revenda Lexus (a família deixara o veículo de sua propriedade na concessionária, para manutenção de rotina). Viajando por uma autoestrada suburbana, o motorista a certa altura perdeu o controle da velocidade do automóvel, que não apenas não diminuiu, como acelerou até ultrapassar 110 milhas/hora (177 km/hora), apesar de todas as desesperadas tentativas do motorista para controlar a situação. Um dos passageiros do veículo ligou para o 911 em busca de socorro, enquanto o carro fugia completamente ao controle. Antes, porém, que se encontrasse uma solução para o problema, o carro colidiu com um utilitário esportivo, voou por sobre um dique e se espatifou por completo, matando todos os quatro passageiros e logo incendiando-se. De imediato, surgiram nos meios de comunicação as mais variadas especulações, que destacavam, quase todas, que a causa da tragédia teria sido uma interferência eletromagnética que, ao desestabilizar os controles computadorizados do veículo, acelerara até deixá-lo totalmente incontrolável.

Isso desencadeou investigações por parte da mídia, da National Highway Traffic Safety Administration (NHTSA, a agência governamental que regulamenta a segurança nas rodovias dos Estados Unidos), do Congresso daquele país e, por fim, da NASA, contratada pela NHTSA. O jornal *Los Angeles Times* montou uma equipe especial de repórteres e pesquisadores (cujo objetivo maior, presumivelmente, era um Prêmio Pulitzer) para investigar a Toyota e expor os sérios problemas eletrônicos que levavam a algo chamado "aceleração repentina não intencional" (SUA – *sudden unintended acceleration*) nos automóveis da fabricante, problemas esses que a companhia estaria ocultando por decisão superior. Tal situação serve para ilustrar como os fatos podem ser confundidos, levando a rumores que crescem feito bolas de neve e mesmo a ataques maliciosos destinados a satisfazer aos interesses de indivíduos e organizações.

A esta altura, ao menos algumas pessoas já devem ter lido o relatório da polícia de San Diego, ou resumos dele, concluído em outubro de 2009 e postado na internet dois meses após o acidente e três meses antes de a crise atingir seu ponto culminante, relatório esse que viria a atrair algum interesse especial da mídia quando já era tarde demais. A competente e minuciosa investigação policial demonstrou, sem qualquer sombra de dúvida, que a causa real do trágico acidente fora uma falha humana – cometida na concessionária que emprestara o carro. O carro saíra dali com um tapete antialagamento grande demais – na verdade, pertencente a um SUV –, que mal coube no compartimento do motorista e que não foi corretamente preso aos clipes destinados a mantê-lo fixo no lugar – violando, assim, completamente, procedimentos operacionais padronizados. O resultado, previsível, foi o trancamento do pedal do acelerador. Não havia defeito no carro original: o defeito havia sido criado pela concessionária que preparara o automóvel. A NHTSA, a Toyota e sua subsidiária Exponent investigaram todos os supostos casos de SUA, constatando que nenhum decorrera de problemas eletrônicos, mas, sim, de erro humano – o motorista pisando no pedal do acelerador e pensando que pisava no pedal do freio. Para provar a verdade dos fatos a um Congresso ainda cético, a NHTSA chegou a contratar a NASA para realizar uma investigação independente, cujos resultados foram divulgados um ano após o ápice da crise do *recall*. Em fevereiro de 2011, passado um ano do terremoto, o então secretário (ministro) dos Transportes, Ray LaHood, resumiu os resultados da investigação em uma coletiva de imprensa: "O veredito é definitivo. Não há qualquer causa derivada de problemas eletrônicos para casos de aceleração repentina de excesso de velocidade com os produtos da Toyota. Ponto final".

Nesse momento, poderiam todos ir para casa e simplesmente esquecer que esse ataque infundado à Toyota alguma vez aconteceu, certo? Claro que a Toyota jamais poderia se contentar com isso. Os erros que cometera foram igualmente revelados nesse processo; por exemplo, um pedal preguiçoso, incapaz de retornar à posição ideal em alguns carros (12 casos confirmados nos Estados Unidos, entre mais de 2 milhões de unidades vendidas); freios do Prius com *software* ajustado de tal forma que o sistema ABS era acionado em ocasiões inesperadas, criando uma sensação estranha e possivelmente induzindo o motorista a aplicar pressão insuficiente; e o controle de tração de um SUV Lexus que não se mostrou sensível o bastante para um teste de direção da *Consumer Reports* que consistia em fazer uma curva acentuada a 118 km/hora e retirar subitamente o pé do acelerador sem aplicar os freios. Felizmente, nenhum desses problemas causou acidentes de que se tivesse tido conhecimento, mas, mesmo assim, eram erros.

Recall após *recall* levavam a crer que a Toyota estava passando por muitos e repentinos problemas de qualidade e segurança. Boa parte disso se devia à reação da própria Toyota. Depois de tomar conhecimento da profundidade da crise, a empresa começou a fazer *recalls* a torto e a direito, às vezes antes mesmo de ter tido tempo de investigar se havia mesmo algum problema a ser investigado. Por exemplo, o Lexus criticado pela *Consumer Reports* entrou em *recall* no mesmo dia da publicação do artigo. Um exame mais acurado comprovou que essa epidemia de *recalls* ocorreu apenas nos EUA, e que todas as outras companhias da indústria contraíram a doença em 2010, quando 600 casos separados de *recall* foram registrados pela NHTSA, o maior número desde o ano de 2004.[3] A Toyota respondia por uma pequena porcentagem desse total em termos do número de diferentes *recalls*, embora fosse farta sua participação em termos do número de veículos recolhidos para revisão, especialmente em função dos 2,3 milhões de automóveis que utilizavam aquele pedal de acelerador que, em circunstâncias raras, tendia a fugir ao controle.

Em termos gerais, é possível argumentar que a Toyota não apresentou um número incomum de reais problemas técnicos induzindo a esses *recalls* em massa; no entanto, a empresa foi vítima de um *tsunami* político causado por uma multiplicidade de interesses em jogo: deputados e senadores (norte-americanos) em busca de reeleição, uma mídia desesperada por reverter a queda de prestígio e receitas que sofrera durante a Grande Recessão, advogados especialistas em litígios cujos alvos norte-americanos se encontravam à beira ou próximos da falência e "especialistas" contratados por esses advogados como elementos comprobatórios de suas teses. Apesar de todas essas especulações sobre crescentes problemas de qualidade decorrentes do foco exagerado no crescimento e na lucratividade durante a década de 2000, no outono de 2009 (no hemisfério norte) a Toyota havia conquistado mais prêmios de qualidade e segurança que qualquer outro grande fabricante de automóveis. As pesquisas de qualidade caíram significativamente na primavera de 2010, quando a Toyota ainda era manchete constante em função dos *recalls*, mas eis que, no outono, com a mídia moderando seu ímpeto punitivo, soube-se que eram da Toyota os veículos líderes em 10 das 17 categorias da *Consumer Reports*, sendo igualmente da companhia a liderança entre todos os fabricantes listados nos prêmios J.D. Power relativos à durabilidade de três anos e a veículos que duravam mais de 200 mil milhas (320 mil km). A Toyota granjeara mais prêmios que todos os outros fabricantes, inclusive os cobiçados lauréis *Polk*, *Kiplinger's*, do Insurance Institute for Highway Safety, e *Motorist Choice*. Em meados de 2010, a companhia havia reconquistado sua liderança como a principal empresa dos EUA em vendas no varejo, com o Camry ostentando novamente a condição de mais vendido entre os automóveis de passageiros. Obviamente, se os seus carros estavam com problemas, a recuperação foi notável – transcorrida em questão de meses. No entanto, o sucesso teve curta duração, interrompido quando o pior terremoto da história do Japão, seguido por um *tsunami*, praticamente paralisou os embarques de peças provenientes do norte do país, a região mais atingida, suspendendo ou retardando a maior parte da produção da Toyota durante meses.

O grande terremoto da costa leste e o *tsunami* no Japão

Justamente quando as vendas e a lucratividade da Toyota mostravam franca recuperação e a companhia reassumia a luta pela liderança da elite da indústria, o terremoto e o *tsunami* de 2011 atingiram o Japão, naquele que se revelou o pior desastre natural da história do país.

A Toyota e seus fornecedores diretos foram atingidos apenas parcialmente, uma vez que a maior parte de suas principais operações está localizada nas imediações de Nagoya, na região central do país. No norte, a companhia tinha uma nova fábrica produzindo o Yaris, um carro compacto vendido em todo o mundo, mas os danos foram escassos e as operações logo voltaram a funcionar. Outra fábrica na região norte, produtora de baterias para veículos híbridos, conseguiu realinhar com agilidade as operações e revalidar equipamentos, e a produção dos carros híbridos foi retomada duas semanas depois do desastre.

No entanto, como a Toyota logo constataria, grande parte da matéria-prima de que seus fornecedores dependiam procedia da região nordeste, perto do epicentro do desastre. O principal problema para a Toyota foi descobrir que sabia muito pouco a respeito das companhias afetadas que eram fornecedoras dos seus principais fornecedores e, portanto, não estavam sob a administração direta do grupo. Assim, a empresa tratou de trabalhar com seus fornecedores, fez algumas visitas diretas e elaborou um mapa de todos os fornecedores afetados pelo desastre. Constatou, dessa forma, que havia 500 peças que não teriam condições de serem adquiridas logo após o terremoto de 11 de março.

A Toyota imediatamente despachou equipes de engenheiros com vendedores de equipamentos para a região norte, a fim de resolver, um por um, os problemas dos fornecedores. Isso significava remover destroços, realinhar máquinas, repará-las – qualquer que fosse o custo. Em abril, a lista de peças indisponíveis havia sido reduzida para 150 itens. No começo de maio, esse número passou para 30.

Além disso, a Toyota forneceu grande ajuda às áreas afetadas – por exemplo, levando carros-tanque com água potável e inúmeros outros suprimentos às vítimas. Funcionários, agentes e fornecedores norte-americanos da companhia doaram coletivamente mais de US$ 7 milhões às pessoas afetadas pelo *tsunami* no Japão.

Depois da recessão, da crise do *recall* e desse desastre natural, seria normal imaginar que os cofres da Toyota estivessem vazios, e que a empresa logo adotaria a velha receita ocidental das demissões. Mas a Toyota, com seus bolsos muito fundos ainda abarrotados, continuou a levar suas equipes para o trabalho, mesmo em instalações que não dispunham das peças necessárias para fazer sequer um automóvel, e deu prosseguimento intensivo ao *kaizen* e aos programas de treinamento, tudo isso enquanto investia em uma das maiores revisões de suas linhas de produtos, por meio de intensiva P&D. Além disso, membros das equipes nas fábricas da Toyota nos Estados Unidos também aproveitaram o tempo ocioso, mas remunerado, decorrente do desastre no Japão para ajudar a melhorar as condições de vida de comunidades de todos os EUA. Integrantes das equipes da fábrica de motores no Alabama, por exemplo, dedicaram mais de 10 mil horas de trabalho voluntário a comunidades recentemente atingidas por tornados, apresentando-se como voluntários em 73 projetos em realização em oito condados do estado. Equipes japonesas retribuíram então o favor, doando mais de US$ 300 mil aos programas de ajuda às vítimas dos tornados nos Estados Unidos.

Com os disciplinados e heroicos esforços da Toyota e de seus fornecedores exclusivos, a companhia conseguiu recolocar em produção plena a maioria dos seus carros no começo de junho, e a totalidade em setembro – quase a metade do tempo originalmente previsto. Com uma enxurrada de novos modelos (cerca de 80% de todos os modelos seriam renovados nos próximos anos), a companhia preparava-se para retomar seu ritmo habitual. A renovada crise financeira de agosto de 2011 não ajudou nessa causa, mas, àquela altura, parecia inevitável que em poucos anos a economia apresentaria uma recuperação suficiente para sustentar um nível de vendas capaz de reconduzir a Toyota a uma lucratividade significativa e à restauração de suas finanças.

Houve falhas de liderança?

A partir dos mais variados ângulos, podemos enxergar as três crises mencionadas como demonstrações da incrível capacidade de recuperação da Toyota e como uma afirmação da força do Modelo Toyota. Mas o próprio Modelo Toyota determina que quaisquer problemas sejam vistos como oportunidades para refletir e fortalecer a empresa. Houve, então, profundas reflexões e uma grande quantidade de *kaizens* na companhia.

No caso da Grande Recessão, a Toyota sentiu-se desconfortável com os imensos estoques acumulados – a superprodução, o principal daqueles que a empresa define como os sete desperdícios dos processos. Ela havia detectado indícios do aumento dos preços do petróleo e acreditou que deveria ter reconhecido que as vendas dos carros de grande porte estavam ameaçadas. Mesmo assim, continuou produzindo-os até a crise atingir o mercado: como resultado, percebeu que possuía excessos de estoques e capacidade ociosa de produção até então inimagináveis.

A crise dos *recalls* foi outro caso que a Toyota poderia ter simplesmente abafado como fruto de muitos grupos com interesses especiais lançando-se simultaneamente ao ataque em função de pequenos problemas, e criando o mito da existência de um problema colossal nos sistemas eletrônicos dos veículos. Afinal, os relatórios da NHTSA e da NASA já haviam absolvido a companhia de quaisquer problemas sérios de segurança. No entanto, quando a Toyota, como de costume, pôs-se a refletir profundamente sobre a crise, descobriu, ela mesma, alguns problemas sérios. Não acreditamos que tais problemas tenham sido a causa dos *recalls*, mas levaram realmente a falhas em questões como a elaboração de uma reação rápida e apropriada à crise crescente, especialmente em relação às preocupações dos clientes. Hoje, está claro que nenhum dos *recalls* teve qualquer coisa a ver com o que se desenvolvia nas unidades de produção da Toyota, ou com o Sistema Toyota de Produção. Houve alguns erros de projeto originados no P&D, mas o total de erros foi escasso; em cada caso, a Toyota determinou que os freios dos carros funcionavam nas distâncias normais, e as decisões de projeto que levaram a cerca de uma dezena de diferentes *recalls* estenderam-se ao longo de grande parte da década. Alguns erros por ano em um produto com mais de 30 mil peças e centenas de modelos distribuídos globalmente é algo que ninguém, em sã consciência, classificaria como uma epidemia de problemas de qualidade. Mas a Toyota ainda assim pretendia aproveitar essa oportunidade para refletir e melhorar. Inúmeros executivos consultados a esse respeito apresentaram as seguintes conclusões:

1. O tempo decorrido entre a manifestação de preocupação por parte do cliente e a resposta da Toyota com uma alteração de projeto ou um *recall* foi excessivo.
2. O tempo que a companhia levou para reagir às queixas da NHTSA e aos ataques da mídia também foi excessivo.
3. Acima de tudo, a Toyota deixou de ouvir com a devida seriedade as opiniões dos clientes acerca desses problemas, como sua preocupação com o fato de que o controle adaptador de velocidade acelerava seus carros, deixando-os sem controle.

Um dos fundamentos do Modelo Toyota, e, por isso mesmo, da prática Lean, é expresso no imperativo *genchi genbutsu*, ou "vá lá e verifique". O princípio significa que as decisões devem ser tomadas, sempre que possível, por aqueles que, no local de trabalho, tenham íntimo conhecimento do que acontece e de quais dentre as possíveis soluções para esse ou aquele problema darão resultado. Mesmo a líderes que ascendem do chão de fábrica a posições executivas é enfatizada a necessidade de passarem algum tempo no *gemba* – local de trabalho, ou chão de fábrica –, a fim de adquirirem uma percepção realista da situação.

Um dos erros mais claros cometidos pela Toyota durante a crise foi ter delegado decisões cruciais a líderes que não tinham proximidade com o *gemba*. Os líderes que de fato estavam mais envolvidos com a situação e compreendiam melhor a questão dos supostos problemas de qualidade e segurança eram os executivos norte-americanos dos setores de Engenharia, Vendas, Comunicações e Relações Governamentais. Ainda assim, decisões sobre questões fundamentais – por exemplo, definir que informação deveria ser liberada a respeito das queixas relativas a acelerações repentinas e incontroláveis – estavam sendo tomadas por executivos e engenheiros japoneses muito afastados do cenário dos problemas. O Modelo Toyota destaca que quanto mais longe do *gemba* as decisões são tomadas, mais inadequadas elas serão – enunciado claramente comprovado nesse caso.

Outro princípio central do Modelo Toyota preconiza que sempre se vá à raiz de um problema. Nos casos dos pedais imobilizados e dos tapetes para qualquer clima, pode-se dizer que a Toyota fez um belo trabalho ao encontrar a causa dos problemas técnicos, mas os principais problemas estavam na comunicação e no processo decisório. De acordo com o Modelo Toyota, não basta dizer que as pessoas erradas estavam tomando decisões fundamentais: é preciso perguntar por que as pessoas erradas estavam tomando essas decisões. É aí que as falhas no desenvolvimento de lideranças acabam se revelando.

Embora a Toyota há muito tempo alimentasse o objetivo de tornar suas operações regionais mais autossuficientes e menos dependentes da matriz japonesa em especialização, pessoal e suporte, a empresa não logrou atingir essa meta. Assim, quando a crise se desencadeou, as pesquisas e decisões de engenharia ainda eram realizadas basicamente no Japão. Mas, como os engenheiros japoneses estavam muito afastados do palco dos acontecimentos, ignoravam em grande medida o que ocorria na mídia norte-americana e os sentimentos desse público. Como veremos mais adiante neste livro, esse tipo de atitude não é compatível com os princípios e práticas que a Toyota procura incutir em seus líderes.

O que tudo isso significa é que a Toyota não desenvolveu líderes suficientes, ou nos quais tivesse confiança suficiente, na operação da América do Norte, para permitir que as decisões e a solução dos problemas fossem realizadas o mais perto possível do *gemba*, como deveriam. Já se argumentou que a raiz do problema estava no fato de que a Toyota havia crescido rápido demais na década de 1990, mas, em uma entrevista pessoal com o presidente Akio Toyoda, ele refinou esse diagnóstico: "O problema consistiu em que o ritmo do crescimento foi mais acelerado que o ritmo do desenvolvimento do recurso humano. (...) Não falo do ritmo do crescimento propriamente dito, mas da relação entre o ritmo do crescimento e o ritmo do [desenvolvimento pessoal]".

Akio Toyoda valeu-se de todos os seus poderes como presidente para direcionar a energia da crise do *recall* para a melhoria contínua, em vez de se preocupar em encontrar e apontar culpados. Como ele destacou em uma entrevista a Liker:

> Quando enfrentei a mídia [dos Estados Unidos] em fevereiro, pela primeira vez por causa do recall, fui atacado impiedosamente, a ponto de me sentir transformado naquele saco de areia em que os boxeadores treinam seus murros. (...) Decidi então que jamais apontaria um dedo acusador contra quem quer que fosse. E, durante as audiências no Congresso, não estava tão preocupado em explicar ou convencer os congressistas. (...) Estava pensando, em primeiro lugar, nos nossos revendedores, nos nossos clientes e nos nossos colegas da Toyota norte-americana. (...) Com isso, em vez de buscar parecer agressivo demais, ou me mostrar arrogante, o que tentei mesmo foi conversar com essas pessoas.

Akio Toyoda e os demais encarregados dos assuntos externos da Toyota transmitiram às suas equipes espalhadas pelo mundo a mensagem de que a companhia assumiria a culpa pelos problemas causados aos clientes e se empenharia em descobrir o que poderia fazer para melhorar como empresa. Essa melhoria contínua precisaria concentrar-se não só no projeto e nos processos fundamentais dos produtos: deveria incluir o desenvolvimento dos recursos humanos. Afinal, a cultura de qualidade e segurança da Toyota fora a responsável pelo "isolamento da marca" que mantivera os clientes leais ao longo da crise do *recall*, e esse foco teria de ser redobrado. Embora a crise do *recall* tenha sido exacerbada por certa incapacidade da companhia em seguir seus próprios princípios, acreditamos que, no fim das contas, sua reação à crise ilustrou o Modelo Toyota no que ele tem de melhor (veja o *case* "Resposta da Toyota à crise do *recall*").

Claro que a Toyota não poderia buscar internamente a culpa pelo terremoto. No entanto, refletindo mais uma vez com a profundidade habitual, a empresa aprendeu outra importante lição. No ano de 1997, um imenso incêndio destruíra a única fábrica do mundo que produzia válvulas pneumáticas, peça fundamental em todos os sistemas de frenagem. A Toyota pôde recuperar-se quase que de imediato, com escassa perda de produção, graças à ajuda de 36 fornecedores, por sua vez amparados por outros 150 produtores terceirizados. A lição foi que, tratando-se de uma peça importante, deve-se sempre ter no mínimo dois fornecedores em pelo menos duas áreas geográficas. Mas eis que chegamos a 2011, e a mesma situação ocorreu, apenas de uma forma levemente diferente. Agora, o problema consistiu no fato de que as fontes dos fornecedores estavam invisíveis para a Toyota. Alguns dos fornecedores do conglomerado, por sua vez, contavam com apenas uma ou duas fontes na mesma área geográfica. A Toyota precisou investigar a fundo sua cadeia de suprimentos para garantir que um único desastre natural não provocasse a interrupção global da produção.

Uma lição ainda maior, no entanto, foi comprovar o benefício do trabalho conjunto de equipes por meio de divisões e de regiões. No mundo inteiro, cada região precisou verificar diariamente a condição das peças disponíveis e tomar decisões sobre as prioridades da produção de veículos. No Japão, inicialmente a produção de híbridos foi colocada como prioritária, dada a expectativa de que esses carros logo se tornassem os mais vendidos. Foram mantidas reuniões diárias para discutir a situação com cada região do mundo. A comunicação diária e a cooperação necessária para enfrentar esse colossal desafio testaram a companhia e fortaleceram a cooperação global.

Reação da Toyota à crise do *recall*

É nossa convicção que, depois de não ter conseguido reconhecer e reagir adequadamente aos problemas surgidos nos primeiros estágios da crise do *recall*, já em fevereiro de 2010, a companhia deu início a uma verdadeira trajetória Modelo Toyota, sob a liderança de Akio Toyoda. Em vez de se lançar à ofensiva, a

Toyota admitiu que precisava melhorar e prometeu uma reforma interna. Da perspectiva das relações públicas, foram adotados os seguintes princípios:

- Nunca culpar os clientes, o governo ou os parceiros, como concessionárias ou fornecedores.
- Desculpar-se com os clientes por qualquer prejuízo ou inconveniência que tenham sofrido em função da crise.
- Não apresentar ao público respostas que pareçam defensivas.
- Trabalhar diligentemente para identificar e resolver todo e qualquer problema real.
- Permitir, aberta e imediatamente, que todos os problemas sejam revelados e verificados.
- Enfatizar os passos positivos que a companhia adote para melhorar.

Ainda que esses princípios tenham orientado as comunicações públicas da Toyota, é óbvio que persistiam questões mais profundas relacionadas à rapidez e à efetividade com que a empresa respondeu aos clientes que notificavam problemas, e inclusive questões internas relativas à forma como a organização de engenharia se comunicava com os integrantes das equipes na América do Norte e à maneira como as diferentes regiões compartilhavam seus problemas.

Os passos dados pela companhia em reação à crise do *recall* pareceram bem apropriados para abordar tais problemas. O foco central era simplificar as respostas às queixas dos clientes. Em termos de projeto organizacional, a Toyota constatou a necessidade de mecanismos de ligação que levassem rapidamente a informação mais adequada aos setores certos da organização, bem como de um maior nível de empoderamento local, a fim de que os problemas pudessem passar a ser resolvidos no âmbito da região em que surgiam.

A Toyota tomou as providências indispensáveis para garantir que todas as questões de qualidade e segurança pudessem ser abordadas e solucionadas com agilidade em suas respectivas regiões, perto do problema, garantindo que o *genchi genbutsu* fosse possível. A companhia criou as novas funções de gerente de controle da qualidade e executivo regional de segurança de produtos para cada região do mundo. Os gerentes de controle da qualidade gozam de *status* de gerente executivo (um nível abaixo da diretoria) e, por isso, detêm grande carga de autoridade e poder. Dispõem também, sempre que necessário, de linhas diretas de comunicação com Akio Toyoda e o conselho de administração, para garantir que seja atribuída a atenção devida às questões mais emergentes. Vale notar que essas são iniciativas globais. Ainda que o problema estivesse basicamente limitado aos Estados Unidos, sua origem era global, e, por isso, a questão também precisava de uma resposta global.

Como a maior parte das queixas dos clientes precisava ser resolvida por meio de projetos de engenharia, a Toyota estabeleceu uma nova divisão de qualidade de inovação, que se reporta diretamente ao vice-presidente de P&D. Essa divisão tem por função otimizar o processo de resposta às queixas dos clientes mediante mudanças de projeto. Muitas outras mudanças foram efetuadas na Engenharia, como aumentar a quantidade de subgerentes que atuassem como mentores e desenvolvessem e aperfeiçoassem os jovens engenheiros; agregar quatro semanas ao processo de desenvolvimento para ressaltar a qualidade a partir da visão dos clientes; aumentar as viagens de visita dos integrantes da área de engenharia aos revendedores, a fim de compreenderem os problemas dos compradores etc.

Para ajudar a acelerar as reações aos problemas, a Toyota North America criou as Equipes de Resposta Rápida às Análises do Mercado (SMART – *swift market analysis response teams*), subordinadas ao gerente de controle da qualidade. Nos Estados Unidos, essas equipes incluem cerca de 200 engenheiros e técnicos especialmente treinados, espalhados pelo país, cujo objetivo é chegar a qualquer ponto do território nacional no prazo máximo de 24 horas, para estudar as queixas dos clientes. Sua primeira tarefa consistia exclusivamente em examinar as queixas relativas à aceleração repentina não intencional (SUA – *sudden unintended acceleration*), mas as incumbências cresceram e passaram a abranger quaisquer questões relacionadas com a segurança. Durante o ano de 2010, esses profissionais investigaram mais de seis mil casos em detalhes, estudando o carro e entrevistando o motorista, sem que fossem encontrados quaisquer problemas técnicos além dos erros que levaram ao *recall* dos carpetes e pedais.

Segundo o parecer das equipes, os clientes não compreendiam bem algumas funções dos veículos que se tornaram mais complexas com o tempo. Por exemplo, uma opção de luxo de alguns modelos é o controle adaptável de velocidade, que desacelera automaticamente o carro quando o veículo à frente reduz a velocidade. Se este torna a acelerar, o controle automático faz o veículo de trás acelerar também, de acordo com a velocidade determinada pelo motorista. Para algumas pessoas, essa função se assemelha à SUA. O simples fato de explicar exaustivamente aos compradores como funciona o sistema pode resolver as queixas nesse sentido.

Além disso, muitas mudanças foram feitas para ampliar a autonomia regional, especialmente na América do Norte, e para melhor integrar os diferentes setores da companhia. Por exemplo, antes da crise do *recall*, Yoshimi Inaba fora retirado de sua aposentadoria e nomeado gerente executivo de operações da Toyota Motor North America, com a responsabilidade de promover uma melhor integração entre os setores de Vendas, Engenharia e Produção da empresa. Era um processo de longo prazo, destinado a chegar à verdadeira raiz do problema.

Então, o que as crises da Toyota têm a nos ensinar sobre a liderança Lean?

Em nossa opinião, são duas as principais lições sobre a liderança Lean que podemos extrair dos confrontos internos na Toyota durante essa tríplice crise. A primeira delas diz respeito à importância da liderança na produção Lean. Não há dúvida de que a adesão da Toyota aos princípios da produção Lean continua sólida como sempre. O Sistema Toyota de Produção ainda é superior a todos os seus concorrentes em termos de eficiência e qualidade. No entanto, a condição de líder mundial em matéria de processos Lean não evitou que esses problemas ocorressem, nem ajudou a resolvê-los. Tudo porque não eram propriamente problemas do processo Lean, mas de liderança. Com efeito, eram uma dura comprovação de que nem todo o investimento do mundo em processos Lean ajudará a concretizar os resultados esperados se não vier acompanhado por uma liderança verdadeiramente Lean pela organização, inclusive nos departamentos de apoio da organização.

Em segundo lugar, as crises foram um lembrete de que o Verdadeiro Norte jamais poderá ser alcançado – e também de que nenhum líder Lean poderá descansar sobre seus louros, acreditando que todos os problemas foram resolvidos e todo o desperdício, eliminado. Na frase inimitável de Taiichi Ohno, "o desperdício sempre existe". É óbvio que os problemas enfrentados pela Toyota não foram questões de desperdício e ineficiência no seu sentido mais clássico. Mas, ainda assim, envolveram desperdício. O excesso de produção, quando a recessão se manifestou, foi um desperdício fundamental e imperdoável. Na crise do *recall*, a Toyota desperdiçou boa parte da reputação duramente conquistada por sua qualidade, segurança e preocupação com os clientes. Sem dúvida fora um desperdício delegar decisões a engenheiros e executivos que estavam longe do *gemba*. Apesar das lições promovidas pelo grande incêndio de 1997, a empresa voltou a enfrentar problema semelhante em sua cadeia de fornecedores em 2011, sem sequer saber. Em outras palavras, apesar de mais de 40 anos de fenomenal sucesso na construção de uma empresa global, ainda havia desperdício a ser eliminado. Uma das tarefas fundamentais do líder Lean é ajudar todos os que gravitam em torno dele a reconhecer que existe um Verdadeiro Norte – e que este ainda não foi alcançado. Sempre surgirão problemas; sempre persistirá o desperdício; sempre haverá melhorias a serem feitas. Nesse sentido, cada dia deve ser enfrentado como se fosse o prenúncio de uma grave crise.

Parte da definição do caminho para o Verdadeiro Norte é a visão de 10 anos da empresa, atualizada no início de cada década. A Visão Global 2020 fora em grande parte definida antes da eclosão da crise do *recall*, evidenciando a integração dos ciclos de produção e dos ciclos da natureza, bem como enfatizando a produção verde e os carros ecológicos. Esse foco não foi perdido, mas, na esteira da crise do *recall*, Akio Toyoda se deu conta de quão escasso era o envolvimento dos líderes no exterior com aquela que era uma visão criada principalmente por executivos japoneses. Por isso, ele convocou os diretores executivos de todas as regiões de fora do Japão e lhes pediu que reconsiderassem essa visão. O resultado foi uma resposta mais satisfatória aos problemas revelados na crise do *recall*, uma resposta voltada, em primeiro lugar, para a satisfação dos clientes, a produção de carros sempre melhores, a criação de uma base estável de negócios e o cumprimento dos valores Toyota – tudo isso com o objetivo de obter um crescimento sustentável. Um resumo fundamental desse reposicionamento é expresso na máxima "Premiado com um sorriso por superar suas expectativas".[4] Eis os três temas principais dessa visão:

- A Toyota liderará o caminho para o futuro da mobilidade, enriquecendo vidas em todo o mundo com os meios mais seguros e responsáveis de transportar pessoas.
- Mediante nosso compromisso com a qualidade, a inovação constante e o respeito pelo planeta, pretendemos superar expectativas e ser recompensados com um sorriso.
- Enfrentaremos metas desafiadoras mobilizando o talento e a paixão das pessoas, que acreditam sempre haver uma maneira melhor de fazer as coisas.

As mudanças que a Toyota empreendeu ou está iniciando certamente consumirão o restante da década. A companhia precisará valer-se de todo o seu talento e prática em liderança Lean para concretizá-las. Isso porque, enquanto a Toyota perdia seu fulgurante "halo" de superioridade, os concorrentes nos Estados Unidos e em outros países continuavam a se fortalecer, criando um desafio competitivo ainda maior. Podemos todos aprender observando as tentativas da empresa para reconquistar sua vantagem competitiva por meio da realização de uma verdadeira mudança cultural em uma complexa organização global.

Enquanto isso, para empresas que empreendem sua jornada e lutam para definir a liderança Lean ou uma forma de concretizá-la, a Toyota continua sendo o modelo a seguir. Apesar das questões (muitas vezes) mal interpretadas que conduziram aos problemas recentes, especialmente os *recalls* e suas consequências, a Toyota vem desenvolvendo líderes Lean com sucesso há mais de 60 anos – e muito mais, se voltarmos à velha fábrica de teares automáticos. A maioria dos setores da Toyota, incluindo todo o setor de produção, não teve qualquer responsabilidade pela crise do *recall* – aliás, pouco antes dessa crise de reputação, todos operavam a um nível de capacidade extraordinário para os padrões históricos da empresa. Há muito a aprender com essa excelente companhia, celeiro de lideranças excepcionais em todos os níveis. E há ainda mais a aprender com os princípios do Verdadeiro Norte desenvolvidos pela empresa, tenham ou não sido cumpridos por seus líderes. Para todos aqueles seriamente dedicados à concretização da jornada Lean, acreditamos que temos importantes *insights* a oferecer sobre o que sua liderança deveria ser e o que você pode fazer para desenvolver líderes verdadeiramente Lean.

Sumário

Introdução
As raízes da liderança global da Toyota no mundo das organizações 1

    O fracasso da solução rápida Lean 3
    Legado de inigualável liderança 5
    Focos do Lean 6
    Mais que um exercício de RSI 8
    Visões de mundo diferentes 9
    A função do líder 14
    A Toyota como modelo 15
    Os desafios da Toyota: pontos fracos sempre existem.................... 17
    O que vem a seguir 19

Capítulo 1
Liderando no Modelo Toyota: a jornada de uma vida 21

    O que é a liderança Modelo Toyota? 21
    Comparando a liderança tradicional com a liderança Toyota 25
    A liderança Toyota está em contínuo desenvolvimento 28

Liderança Toyota e desenvolvimento de lideranças.................................... 30
Valores centrais 30
Modelo de desenvolvimento da liderança Toyota 34
É possível para terceiros aprender com a liderança Toyota?................. 38

Capítulo 2
Autodesenvolvimento: identificando e orientando sabiamente líderes em desenvolvimento no *gemba* 41
O autodesenvolvimento começa com o aprendizado 44
Shu ha ri e liderança... 52
Shu ha ri e a história do desenvolvimento de um jovem líder no *gemba* 54
Como o *shu ha ri* permite e ajuda a identificar o autodesenvolvimento 56
Selecionando líderes externos com potencial ao longo do crescimento
   da Toyota na América do Norte 72
Conclusão 75

Capítulo 3
Orientar e desenvolver outros... 79
O STP cria desafios para forçar o desenvolvimento do trabalhador............ 80
Solução de problemas pelo A3 dá visibilidade ao processo de pensamento .. 84
Às vezes o treinamento de liderança precisa ser estruturado 88
Aprendendo a gerenciar vertical e horizontalmente: líderes tipo T 90
Sólido compromisso com o desenvolvimento de líderes 95
Desenvolvendo líderes pelo Modelo Toyota 101
Esclarecendo as expectativas e responsabilidades mediante gestão visual .. 103
Conclusão... 105

Capítulo 4
***Kaizen* diário: desenvolvimento contínuo a partir da base
da hierarquia funcional... 109**
Melhor entendimento do *kaizen* 111
Minomi – uma revolução em pequenos passos no fluxo de materiais 113
Kaizen e liderança 119
Sustentação do *kaizen*: agregando energia e desenvolvendo líderes........... 125
Conclusão 130

Capítulo 5

Hoshin kanri: alinhar visão, metas e planos para a melhoria contínua 135

    Hoshin kanri: Gestão por Objetivos com outro nome? 138
    Processo *hoshin kanri* 141
    Traduzindo a Visão Global 2010 para a América do Norte 151
    Catch-ball para o consenso sobre metas concretas em todos os níveis 153
    Fazendo e conferindo por meio do acompanhamento visual 156
    Hoshin kanri em ação 163
    Conclusão 168

Capítulo 6

Liderança no Modelo Toyota fez a Dana Corporation dar a volta por cima .. 171

    Situação da Dana e estabelecimento de prioridades 172
    Formalizando a implementação do Sistema de Operações Dana 196
    Conclusão 205

Capítulo 7

Aprendendo com o Modelo Toyota de Liderança 211

    Você pretende mesmo ser excelente? 213
    Será realmente tão diferente a liderança Lean no Modelo Toyota? 215
    A liderança Lean é a força que permite à Toyota adaptar-se às grandes mudanças no ambiente 224
    Começando a jornada 229

Notas 235

Índice 243

Introdução

As raízes da liderança global da Toyota no mundo das organizações

> *A alta gerência administrativa é simplesmente um porta-bandeira quando se tomam decisões. E se torna completamente dispensável, a menos que os demais sigam a bandeira.*
> – Eiji Toyoda, ex-presidente da Toyota.

Partindo de suas origens humildes, no distrito arrozeiro japonês da prefeitura de Aichi, quase 80 anos atrás, a Toyota Motor Company transformou-se na maior fabricante de automóveis do mundo. A história da Toyota é fantástica sob qualquer ponto de vista, mas particularmente notável em vista da volatilidade que abalou a indústria mundial, e em especial a indústria automobilística, nos últimos 30 anos, além dos tremendos desafios da Grande Recessão, da crise do *recall* e do terremoto que atingiu recentemente a costa leste do Japão.

A mais impressionante das suas estatísticas talvez seja a mais simples de todas: a Toyota apresentou lucros ano após ano de 1950 até 2008, sequência que só viria a ser quebrada quando a companhia viu-se assolada pela combinação da recessão global com o pico dos preços do petróleo, em 2008. Mas eis que, passado apenas um ano, e já às vésperas da crise do *recall*, a Toyota mostrou-se novamente lucrativa. Essa consistente lucratividade é algo totalmente insólito nos mais altos escalões da indústria automobilística global, em que ciclos de lucros e perdas, com imensas ondas de demissões seguidas quase que de imediato por novas contratações em massa, constituem a norma aceita e reconhecida. Aprofundando-nos um pouco mais na história, os dados vão se mostrando ainda mais impressionantes. Por exemplo, o lucro da Toyota por veículo em 2007 foi mais de 80% superior ao da Honda, a companhia com o segundo melhor resultado, enquanto as empresas que registraram lucros negativos, como a GM e a Ford, sequer figuraram nesse rol. Em 2008, pela décima primeira vez em 12 anos, o Camry foi o carro mais vendido nos Estados Unidos. O Lexus também foi a marca de luxo mais vendida durante a maior parte dos anos decorridos desde o seu lançamento, em 1989. E a Toyota, passados alguns meses do auge da crise do *recall* – o maior desafio à reputação da companhia no curso de sua história –, voltou a ocupar o primeiro lugar entre as marcas de automóveis mais vendidos nos Estados Unidos.

Mais importante ainda para a Toyota é seu histórico de qualidade, mesmo no final da década de 2000 a 2010, quando os críticos não paravam de falar da queda da qualidade nos seus produtos: a Toyota (ou suas marcas Scion e Lexus) ficou em primeiro lugar em 6 das 10 categorias da pesquisa de qualidade *Consumer Reports 2009*, e a J.D. Power tem constantemente classificado os modelos Toyota entre os cinco primeiros de maior qualidade inicial (relativa aos primeiros três meses de propriedade) em quase todas as categorias de disputa. Outros fabricantes de automóveis têm conseguido, é justo que se diga, reduzir essa distância em matéria de qualidade, mas, depois de algumas décadas dedicando-se principalmente a essa meta, eles ainda não conseguiram chegar perto da líder. Mais uma vez, apenas alguns meses depois da crise do *recall*, a Toyota recuperou seu fôlego e, no outono de 2010, ocupava a liderança em 10 das 17 categorias listadas nos *rankings* de qualidade da *Consumer Reports*. No começo de 2011, a J.D. Power divulgou um *ranking* de confiabilidade dos automóveis referente aos primeiros três anos de propriedade (em nossa opinião, uma medida bem mais importante que a qualidade inicial), e as marcas Toyota/Lexus conquistaram sete primeiros lugares em segmentos de veículos, marca superior à de qualquer outro fabricante. Vale notar que a marca Lincoln, da Ford, havia ocupado o primeiro lugar em todas as categorias relativas a três anos de confiabilidade. Contudo, em junho de 2011, as manchetes anunciavam: "Os Indicadores da Ford Vacilam, Toyota se Recupera em Pesquisa de Qualidade Inicial".[1] Os problemas da Ford para cada 100 veículos vendidos saltaram de abaixo da média da indústria, de 107, para uma média de 116, e seu lugar no *ranking* geral despencou da quinta posição, no ano anterior, para a vigésima terceira. Ao mesmo tempo, o Lexus superou todas as marcas, e a marca Toyota, que, em função da crise do *recall* de 2010, havia caído abaixo da média da indústria pela primeira vez na história do estudo, subiu para o sétimo lugar, com 101 problemas para cada 100 veículos. Apesar desses números, a concorrência passara a ser mais feroz, e a ampla vantagem tradicionalmente gozada pela Toyota no quesito qualidade havia declinado a níveis precários, e por isso não se pode, a esta altura, falar em descansar sobre os louros na Toyota. Ainda assim, no longo prazo, a empresa tem conseguido melhorar continuamente seu desempenho em todas as métricas possíveis: qualidade, custo por veículo, lucro por veículo, vendas de veículos, valor residual dos veículos, inovação, lançamentos de novos modelos – e a lista não para de aumentar.

O fracasso da solução rápida Lean

Outras companhias, atuantes em setores que vão da manufatura à assistência à saúde e aos serviços governamentais, procuraram desde sempre desvendar o segredo da Toyota. A "produção Lean", o sistema de gestão de processos derivado do Sistema Toyota de Produção (STP), é hoje um movimento global, a exemplo do movimento pela qualidade total que tomou corpo na década de 1980. O Seis Sigma (*Six Sygma*), metodologia de qualidade derivada do Gerenciamento pelo qualidade total da Motorola e tornada famosa pela GE e pela AlliedSignal, transformou-se em "Seis Sigma Lean", inspirada pelo sucesso da Toyota.

Uma espécie de necessidade pelos conceitos e "ferramentas" para a implementação do Lean tem impulsionado a venda de, literalmente, milhões de livros centrados na Toyota e nos métodos Lean (mais de um milhão deles de responsabilidade de Jeff e seus coautores, para ficar só neste exemplo). Empresas de consultoria e entidades sem fins lucrativos realizam seminários sobre ferramentas para a eliminação do desperdício, um dos princípios-chave da filosofia STP/Lean. Empresas do mundo inteiro ostentam os resultados que obtiveram com base em seus programas Lean. Mas, apesar de todos os projetos Lean implementados ao longo das últimas duas décadas, nenhuma empresa em qualquer setor industrial do mundo conseguiu atingir, em sua área da atuação, o mesmo nível de excelência operacional da Toyota. O que estaria faltando a essas empresas?

Cada organização possui um conjunto de processos aos quais recorre para oferecer a seus clientes um produto, informações ou serviços; quando conseguimos dar consistência a esses processos – isto é, reduzir a variabilidade e diminuir o tempo de entrega (*lead time*) –, conseguimos nos aproximar do ideal de dar aos clientes o que eles desejam, na quantidade que desejam e quando desejam. Assim, treinar alguns *experts* pelo Seis Sigma Lean para tirar proveito dessas ferramentas e acabar com a variabilidade e o desperdício que prolongam o tempo de entrega nos tornará mais bem-sucedidos, tanto para nossos clientes quanto para nossos negócios. O que poderia ser mais simples?

Infelizmente, décadas de tentativas mostraram que esse método não funciona – não ao menos de uma forma sustentável a longo prazo. Medimos o processo e seus resultados com precisão, utilizando o Seis Sigma, e desenvolvemos a solução ótima. Quando "enxugamos o processo", mudando para lotes menores, avançando passo a passo em conjunto e eliminando os maus passos, os principais indicadores de desempenho "enlouquecem", mostrando melhorias que nunca imaginaríamos possíveis. É aí que chegam as más notícias. À medida que o tempo passa, os processos parecem adquirir vida própria e degradam-se, com a variabilidade e o desperdício tornando a crescer.[2] Como um mestre do sistema Lean na Toyota definiu: "É como arrancar as ervas daninhas, mas deixar as raízes". Então, qual seria a solução? Existem mesmo ferramentas de sustentabilidade? Precisamos recrutar ainda mais veteranos do Seis Sigma Lean e aumentar o treinamento nas primeiras etapas do processo? Será que precisamos de executivos seniores mais rígidos que estabeleçam metas agressivas e obriguem permanentemente os gerentes a produzir resultados, ou algo mais? Todos esses remédios já foram testados e funcionaram durante algum tempo, mas nenhum deles conseguiu até agora produzir a excelência sustentada que desejamos.

A conclusão geral a que chegaram muitos praticantes do Lean e do Seis Sigma é que a sustentabilidade das melhorias requer uma combinação de comprometimento pleno do primeiro escalão com uma cultura de melhoria contínua. Precisamos mudar a cultura para que deixe de ser aquela em que as pessoas limitam-se a cumprir suas funções para fazer seus resultados parecerem bons (um foco vertical) e passe a ter gente focada horizontalmente no cliente e na melhoria das correntes de valor que entregam valor por meio das diversas funções. Por exemplo, o Prêmio Shingo, que durante mais de uma década foi concedido a fábricas que seguiam os princípios do Sistema Toyota de Produção, foi mais tarde remodelado para agregar módulos de avaliação de liderança e cultura indispensáveis para conduzir essa estranha mistura que dá sustentação ao Lean. A mudança foi implementada depois que, ao acompanhar o desempenho de ganhadores anteriores do prêmio, constatou-se que poucos deles mantinham a excelência Lean que parecera evidente quando a comissão de avaliação original visitou suas fábricas.

É óbvio que mudar uma cultura não é tão fácil quanto instituir um programa de treinamento ou comunicação. Culturas evoluem lentamente, e conseguir transformá-las é algo que exige ainda mais tempo e paciência. A cultura da Toyota começou com seu fundador, Sakichi Toyoda, conhecido hoje como o "rei dos inventores japoneses" e o pai da revolução industrial japonesa. As inovações que promoveu ao desenvolver teares automáticos, no final dos anos 1880, transformaram-se no DNA da Toyota, que evoluiu e cresceu de geração em geração. No Japão, ela evoluiu com extrema naturalidade, graças à transmissão direta de conhecimentos de mestres para aprendizes. Ao globalizar-se, a empresa teve de se adaptar a culturas diferentes, contratando líderes com experiência em culturas de outras empresas. Houve, logicamente, altos e baixos nesse processo, mas a Toyota jamais deixou de investir pesadamente para desenvolver o seu DNA onde quer que se estabelecesse. Sua experiência no desenvolvimento da liderança Toyota nos Estados Unidos, seu maior e mais lucrativo mercado fora do Japão, é particularmente instrutiva como um estudo de caso de desenvolvimento da liderança Lean. Em alguns aspectos, esse foi o maior desafio até hoje enfrentado pela Toyota, em função das profundas diferenças culturais existentes entre Japão e Estados Unidos, expressas particularmente no embate entre o forte coletivismo e o pensamento de longo prazo, típicos dos japoneses, e o individualismo radical e o pensamento de curto prazo reinantes entre os norte-americanos.[3] Apesar de tudo isso, a Toyota conseguiu desenvolver suas lideranças e sua cultura na América do Norte, especialmente em suas fábricas de automóveis e demais veículos. Para melhor compreender tal cultura e a forma como ela evoluiu, vale começar pelos primórdios da empresa que a desenvolveu.

Legado de inigualável liderança

Apesar do renome global atingido, as origens da Toyota são muito humildes. A Tecelagem Automática Toyoda, fundada por Sakichi Toyoda, começou a operar no Japão na virada do século XIX para o XX, tendo em vista a venda de teares automáticos. Toyoda inventara seu tear movido pela frustração com o tempo que sua mãe e sua avó gastavam para tecer diariamente as roupas que suplementavam a renda da família, dado que o pai, carpinteiro, alcançava rendimentos muito modestos.

Em 1896, Sakichi começou com a rudimentar automação de um tear de madeira, utilizando pedais e a gravidade para movimentar os fios das agulhas para a frente e para trás e, assim, eliminar boa parte do trabalho manual exigido pela tarefa. Mais tarde, ele utilizaria a tecnologia de motor a vapor para automatizar o tear de madeira. Com o tempo, os teares evoluíram e passaram a ser fabricados em aço, e, com a nova automação, teciam com rapidez espantosa; no entanto, problemas de qualidade surgiam sempre que um fio se rompia. Para evitar o prejuízo decorrente desse tipo de defeito, Toyoda desenvolveu um dispositivo que conseguia parar automaticamente o tear sempre que um fio se rompia. O Tear Automático Tipo G, de 1924, foi uma invenção revolucionária que incluía muitas funções novas, entre as quais a reposição automática dos fios e a mudança automática de lançadeira sem interrupção da operação, sendo considerada a melhor invenção mundial da época. Com efeito, a Platt Brothers, da Inglaterra, empresa líder na indústria de teares, pagou um milhão de ienes pelos direitos do tear Tipo G – montante que mais tarde seria utilizado como capital para fundar a Toyota Motor Company.

Dois princípios fundamentais do Sistema Toyota de Produção foram criados no processo de melhoria contínua do tear de Sakichi: parar sempre que surgir um problema e destacar condições fora do padrão para que os erros não sejam transmitidos ao estágio seguinte da produção. Mas não foi apenas o Sistema Toyota de Produção que começou nos arrozais do Japão. A abordagem Toyota de liderança também teve origem ali. Toyoda era um grande admirador do livro *Self Help*,[4] de Samuel Smiles, que documentava a maneira como pessoas extremamente bem-sucedidas, inclusive grandes inventores, faziam descobertas revolucionárias não apenas como resultado de uma inspiração brilhante, mas com trabalho duro, foco intenso, tentativa e erro, perseverança e mãos na massa. Mais do que tudo, Toyoda dava valor ao conhecimento prático e à necessidade de enfrentar desafios cada vez maiores. Embora essa escala fosse obviamente diferente, a Toyota jamais enfrentou desafios mais extremos do que aqueles com que lidou durante a época de Sakichi, fossem eles desenvolver os primeiros teares a partir do zero, sem capital algum, ou sobreviver à Segunda Guerra Mundial.

Mais de uma centena de modelos de teares e dezenas de patentes mais tarde, Sakichi colocou seu filho Kiichiro no comando de uma nova divisão da companhia, dedicada ao desenvolvimento de tecnologias para a emergente indústria automobilística. Kiichiro iniciou a companhia automobilística na década de 1930, sob severas restrições de recursos. Só para se manter no negócio, ele precisou encontrar meios de eliminar todos os insumos e movimentos desnecessários. Seus esforços redundaram no desenvolvimento do conceito fundamental da produção *just-in-time*: "eliminar o desperdício de todos os processos de trabalho". Na prática, isso significava que peças e materiais precisavam estar disponíveis nas quantidades exatas necessárias, *sempre que* fossem necessárias – a empresa ainda inexperiente não podia se permitir qualquer outra coisa. O *insight* de Kiichiro possibilitou à Toyota Motor Company transformar-se em uma grande fabricante de veículos comerciais no Japão e acumular capital com a crescente demanda de caminhões e outros tipos de veículos durante a "Guerra do Pacífico" (Segunda Guerra Mundial).

A maneira como a Toyota passou de ator local desconhecido no exterior a líder mundial em apenas algumas décadas está enraizada nessa história. Na indústria têxtil, Sakichi Toyoda certamente não era um principiante; foi um conhecedor que aprendeu vendo como seus familiares teciam, trabalhando com tecelagem ele mesmo e entendendo, nos mais íntimos detalhes, onde poderiam ser descobertas oportunidades para a eficiência. Kiichiro desenvolveu a Toyota Motor Corporation viajando aos Estados Unidos e à Europa para pesquisar a indústria automobilística e, depois, aprimorando o conhecimento adquirido – inicialmente, para desenvolver seu próprio motor a gasolina.[5]

O sucesso da Toyota, em resumo, não tem suas origens na aplicação de uma metodologia padrão "Lean" para a produção, tampouco pode ser encontrado em qualquer equivalente do Seis Sigma implantado internamente. Em vez disso, esse sucesso tem raízes em seus líderes. Mais especificamente, ele pode ser encontrado na abordagem que um líder Toyota adota, vendo no autodesenvolvimento e no treinamento de outros o único caminho possível não apenas para encontrar a solução certa do problema em pauta, mas especialmente para melhorar o desempenho de forma constante e consistente, dia após dia.

Focos do Lean

Poucas empresas veem essa conexão entre a liderança Toyota e os excepcionais resultados da companhia. Observam a forma metódica como a Toyota aborda tudo o que faz e logo chegam à conclusão de que o sistema técnico é a solução. Acontece que imitar os sistemas técnicos da Toyota sem entender sua fonte – o motor que move o sistema, pode-se dizer – tem se mostrado um exercício quase sempre inútil. Embora sejam comuns, e impressionantes, os ganhos obtidos com a adoção de alguma versão do STP ou do Lean quase nunca são sustentáveis. Por quê? Porque ferramentas e eventos "relâmpagos" não forjam a liderança necessária para orientar e sustentar uma considerável mudança de processo no âmbito da cultura existente em cada empresa.

Com isso não queremos dizer que o "Lean" não funcione. Pelo contrário, milhares de empresas têm obtido benefícios a partir de projetos Lean. Esses benefícios podem ser significativos, como no caso de um dos maiores bancos da Bélgica que, ao implantar um programa Lean, registrou uma redução de um terço na força de trabalho em uma de suas maiores divisões. Ainda assim, tais sucessos são descritos mais precisamente como "melhorias pontuais", sem vínculo com um conjunto mais amplo de metas de negócios. A abordagem pontual padrão consiste em implementar, em caráter experimental, um processo em um foco da companhia. No caso do Lean, o foco pode ver o *lead time* da produção diminuir de cinco para três dias, ou os custos de produção serem reduzidos em 20%. Todos exaltam essas melhorias e então se voltam para o próximo projeto Lean.

Com o passar do tempo, torna-se evidente que não há como transferir facilmente essas melhorias pontuais para outros setores da organização. Pior ainda, elas não são sequer autossustentáveis. Sem a constante vigilância e dedicação de gerentes e funcionários, sem liderança, o retrocesso é comum e rápido, com aqueles três dias passando a quatro, e logo a quatro e meio. O retrocesso é análogo aos meses de disciplina, dieta e renúncia de que uma pessoa precisa para perder 9 ou 10 quilos, que tão facilmente são recuperados em uma semana de férias cheia de coquetéis extravagantes e algumas delícias cremosas em um bom *spa* tropical.

Como a maioria das pessoas que embarcam em dietas, grande parte das companhias que se tornam Lean ilude-se pensando que o esforço para a mudança é um exercício temporário; basta a companhia comer menos e fazer mais exercícios *por um determinado período*. O que elas não entendem é que, para permanecer Lean, a empresa, como qualquer pessoa, precisa viver o Lean... para sempre. Trata-se, literalmente, de recompor o metabolismo da organização, até mesmo reestruturar o seu DNA. Isso não pode ser feito simplesmente mudando um processo, implementando uma metodologia ou comandando um programa de mudanças. Uma mudança sistêmica real precisa acontecer no coração da companhia, em seus funcionários. E, o que é ainda mais necessário, precisa ser incorporada pelos líderes da empresa. Adotar o Modelo Toyota de liderança e estilo de trabalho é como empenhar-se em uma mudança de estilo de vida, jamais em uma dieta agressiva.

Os líderes e o modelo de liderança cultivado pela Toyota são os indutores fundamentais do bem-sucedido engajamento dos integrantes das equipes por toda a organização. O Sistema Toyota de Produção é a consequência desse engajamento, não a causa. Os líderes Toyota batalham pela implementação de melhorias contínuas em cada aspecto do negócio, e atingi-las exige que todos, da alta gerência aos chefes de pequenos grupos de trabalho no chão de fábrica, trabalhem em conjunto. Isso requer uma liderança consistente por um período prolongado, em cada divisão e em cada posição gerencial, de alto a baixo, na estrutura organizacional. Em outras palavras, esse é o tipo de liderança que jamais será proporcionado por uns poucos expoentes dotados de extraordinária habilidade ou carisma irresistível. Não se trata certamente do tipo de liderança que você pode comprar e simplesmente ligar na tomada. Esse tipo de liderança é precisamente o que permitiu à Toyota superar muitos obstáculos significativos em uma indústria dinâmica e competitiva. Foi assim que a empresa desenvolveu a próxima geração de líderes para dar sustentação à sua expansão global. E foi assim que lidou com a necessidade de sobreviver durante a crise econômica iniciada em 2008.

Mais que um exercício de RSI

A mentalidade RSI (Retorno Sobre o Investimento) é, talvez, a maior barreira à construção de uma cultura viável de melhoria contínua com que nos deparamos ao longo de nossos estudos. *Por que estou fazendo isso? Porque os custos disso serão pagos dentro de dois anos, quem sabe mesmo um ano, ou até um semestre. Mostre-me exemplos de organizações como a minha que conseguiram implementar o sistema Lean e constataram qual era o seu RSI. Qual foi o RSI daquele evento* kaizen? *Quanto tempo levarei para conseguir um RSI a partir da introdução de um módulo de treinamento Lean?*

Não nos entendam mal. Não criticamos a redução dos custos; na verdade, a redução dos custos tem sido um dos principais focos do STP desde sua criação por Taiichi Ohno. Em função do terremoto de 2011 na costa leste do Japão, quando a Toyota não contava com peças suficientes para sustentar suas vendas e, simultaneamente, o iene atingia cotações recordes em relação ao dólar, a Toyota empreendeu mais um de seus grandes programas de redução de custos. Nessa oportunidade, a empresa calculou que, se conseguisse reduzir os custos japoneses da produção em até 20% em dois anos, teria condições de recuperar a lucratividade mesmo com a cotação de um dólar valendo 80 ienes.

Os problemas surgem quando a redução de custos a curto prazo se torna uma obsessão, superando qualquer investimento no futuro que não tenha um RSI imediato e calculável – como realizar treinamento, criar um robusto sistema Lean, desenvolver líderes excepcionais e financiar P&D de longo prazo com base em uma estratégia deliberada de longo prazo. O conceito de um sistema implica a presença de partes inter-relacionadas, todas elas necessárias para que o sistema possa brilhar. Se você espera um RSI de cada atividade individual, desde a identificação de pontos potenciais de melhoria da qualidade à implementação de uma célula de produção; do conceito de puxar a produção; de implementar o trabalho padronizado e de treinar fortemente toda e qualquer pessoa da célula de produção, você acabará focalizando apenas as partes com RSI, e o processo desabará sobre si mesmo. Concentrar-se no RSI a cada passo dado é como a pessoa que vive pensando na gratificação imediata e não se dispõe a fazer nenhum investimento em seu futuro – por exemplo, estudar com afinco e ter sucesso na faculdade, para mais tarde poder trabalhar e construir o caminho para uma carreira de sucesso.

Veremos, no Capítulo 6, de que forma Gary e a equipe com que trabalhou na Dana conseguiram reduzir radicalmente seus custos e ao mesmo tempo investir fortemente no desenvolvimento da futura cultura que a Dana precisaria implantar para tornar-se uma empresa reconhecida por sua excelência. Reduzir custos a curto prazo é possível, mas simplesmente examinar uma planilha de custos e cortar itens que possam reduzi-los de forma imediata, como se fosse um *menu*, não levará à construção de um sistema Lean e de uma cultura de melhoria contínua.

Visões de mundo diferentes

Superficialmente, uma boa liderança pode parecer exatamente isto: uma boa liderança. No entanto, examinando a questão um pouco mais a fundo, logo fica claro que o foco da Toyota em desenvolver pessoas e buscar a melhoria contínua não poderia ser mais diferente dos tradicionais princípios sob os quais a maioria das empresas ocidentais opera. O paradigma subjacente de liderança ocidental tem suas raízes no positivismo e no gerenciamento científico de Frederick Winslow Taylor. Na visão de Taylor, organizações são como máquinas. Se você instalar a bomba correta de recalque aqui, fizer a correta sincronização ali e obtiver a mistura correta de gás e petróleo, os resultados serão fantásticos!

Se a sua visão de mundo enxerga as organizações como máquinas, é provável que você veja as pessoas em termos das funções que desempenham. Na prática, isso se traduz em uma estrutura hierárquica, na qual especialistas com formação superior decidem como a empresa deve operar e como cada processo deve ser projetado; os gerentes tomam providências para que esses projetos sejam seguidos ao pé da letra, guiados por metas e métricas; e os trabalhadores fazem o trabalho pesado, sem espaço para apresentar sugestões de melhorias. Em um mundo como esse, os trabalhadores são vistos como autômatos descerebrados e os gerentes como burocratas que fazem cumprir as regras, sem variação. Os especialistas, e somente eles, são incentivados a pensar.

Essa é a visão universal. Ela se tornou de tal forma a norma soberana nos ambientes de trabalho que as pessoas já nem sequer a enxergam, da mesma forma que os peixes não enxergam a água. É, agora, simplesmente "administração" e se reflete nas cinco perguntas mais comuns que conferencistas e participantes de *workshops* inevitavelmente nos fazem sempre que somos convidados a falar em público sobre a Toyota. Essas perguntas imediatamente sinalizam a tentativa daqueles que questionam de enquadrar a Toyota em uma moldura de gestão tradicional, em que os processos pertencem e são controlados por uma pessoa e executados por outras.

Para qualquer pessoa que pretenda aprender alguma coisa sobre a Toyota, enxergar a companhia por estas lentes tradicionais é um erro muito grande. Em poucas palavras, a Toyota não é uma empresa tradicional. Ela não faz nada da mesma forma que a maioria das outras companhias (mesmo outras empresas japonesas) faz. Para entender um pouco mais o significado dessa afirmação, preste atenção a estas cinco perguntas mais comuns a respeito da Toyota, às suposições por trás de cada uma delas e à forma como a Toyota realmente vê as coisas.

Questão 1: Métricas Lean e sistemas de recompensa

O que a Toyota mede para garantir que as pessoas sigam os processos corretos e atinjam os resultados certos?

- *Visão tradicional:* A única forma de os gerentes motivarem as pessoas é controlá-las externamente. O uso de métricas, aliado a sistemas de recompensa baseados nessas métricas, permite controlar os trabalhadores. Portanto, qualquer empresa que utilizar as mesmas métricas e recompensas da Toyota atingirá os mesmos resultados.
- *Visão da Toyota:* A Toyota, na verdade, evita condicionar recompensas específicas a métricas específicas, temendo que, com isso, as pessoas venham a focalizar estritamente aquilo que é mensurado e a ignorar outras partes do trabalho. A empresa não se preocupa apenas em saber se os resultados serão atingidos, mas também com o pensamento que fundamenta os planos do grupo para atingir esses resultados. A companhia teme também que incentivos baseados em métricas venham a incentivar um comportamento individualista em detrimento da postura de equipe.

Com efeito, a filosofia Toyota apoia-se nas ciências sociais. Experimentos psicológicos mostram que pagar as pessoas para fazer determinada tarefa que elas já estejam dispostas a fazer (seja porque a apreciam ou porque desejam se aperfeiçoar nessa função) pode eliminar a motivação intrínseca.[6] Assim, logo que essa motivação intrínseca ficar para trás, a empresa terá de oferecer recompensas constantes, se quiser continuar a ver um "bom comportamento".

Isso não quer dizer que a Toyota nunca utilize métricas e não disponha de um sistema de recompensa. Ambos os componentes estão presentes. Mas as métricas que emprega devem ser vistas mais como ferramentas que ajudam os trabalhadores a avaliar seu próprio desempenho em relação às metas estipuladas do que como instrumentos para os gerentes controlá-los. Devem ser compreendidas e dominadas pelas pessoas que realizam o trabalho, as quais, por sua vez, devem ter o respaldo de um líder capaz de inspirá-las não apenas a "atingir os resultados", mas a dar o próximo passo rumo à perfeição (chamado de "Verdadeiro Norte" pela Toyota). Os incentivos, por sua vez, estão ligados basicamente ao desempenho geral das fábricas e da empresa como um todo, com apenas uma pequena parte deles destinada a metas individuais.

Questão 2: Fracasso das tentativas das companhias automotivas norte-americanas em imitar a Toyota

Caso a GM, a Ford e a Chrysler fossem convidadas a visitar as fábricas da Toyota para ver, na prática, como opera a empresa japonesa, por que não poderiam copiar com sucesso sua abordagem e obter os mesmos resultados?

- *Visão tradicional:* O sucesso da Toyota baseia-se em um conjunto de ações imitáveis que podem ser transferidas, uma a uma, para outros ambientes.
- *Visão da Toyota:* A indústria automobilística norte-americana, pelo menos no passado, caracterizava-se por organizações fragmentadas, em que cada parte trabalhava independentemente para maximizar suas metas focadas e preservar os ganhos passados. Para a Toyota, uma empresa é como um sistema total, ou um organismo, com dois modos: ou ele cresce mediante a melhoria diária, ou se deteriora; não há meio-termo. Por exemplo, a Toyota vê nas companhias norte-americanas um descompasso fundamental entre trabalho e gestão (algo que Gary, no mínimo, pode atestar em primeira mão). Implementar alguns dos métodos Toyota em um ambiente assim fragmentado produziria benefícios limitados. A prova está na prática: a GM mantinha uma *joint venture* de partes iguais com a Toyota na Califórnia, a chamada NUMMI (New United Motor Manufacturing, Inc.). Como era a Toyota que geria a planta, a GM teve a oportunidade de estudar de perto o Modelo Toyota durante alguns anos. Visitantes da GM chegavam a fotografar cada metro quadrado da NUMMI, com a intenção de copiar tudo o que fosse possível. Mas todos sabemos qual foi o fim dessa história.

A causa raiz do referido descompasso entre trabalho e administração está, uma vez mais, na adesão da gestão à filosofia de Frederick Taylor. Com efeito, enquanto a administração buscava maximizar a produção dos trabalhadores lançando mão de regras impostas e sistemas de controle, o sindicato dos trabalhadores recorria a regras e políticas inflexíveis para limitar os poderes da administração. A menos que sejam construídas relações efetivas entre os trabalhadores e a administração, relações baseadas na confiança e na cooperação para a concretização de metas comuns, as tentativas de copiar a Toyota sempre resultarão infrutíferas.

Questão 3: Aplicação da metodologia Lean em qualquer ambiente

Eu produzo substratos gasosos, duplicados, licorosos, com inspeção executada por microscópios eletrônicos (por exemplo). Você teria *benchmarks* Lean para uma empresa, ou processo, como os meus?

- *Visão tradicional:* A implementação do Lean impõe encontrar um modelo de melhor prática e copiá-lo. Se pudermos encontrar uma organização exatamente como a nossa que tenha "se tornado Lean" e esteja obtendo bons resultados, também poderemos conseguir resultados iguais ou superiores, se a observarmos e copiarmos aquilo que vemos.

- *Visão da Toyota:* Cada organização precisa identificar e resolver seus próprios desafios com base nas variáveis dos seus processos, local, pessoal e quaisquer outros fatores exclusivos. Isso se aplica tanto no plano interno, entre as fábricas que compõem a Toyota, quanto no plano externo, entre a Toyota e qualquer outra companhia. De fato, a Toyota não apenas não acredita que outros devam copiar seus processos ao pé da letra, como não acredita sequer que suas fábricas devam copiar processos integrais umas das outras. Observar processos que funcionam em outros contextos pode ser útil como forma de estimular ideias, mas não produzirá resultados correspondentes, a menos que uma dessas práticas resolva um problema real e seja adaptada, ou aprimorada de forma ideal, pelos grupos de trabalho, a fim de se adequar a um contexto específico.

Questão 4: As práticas Toyota de gestão de recursos humanos

É possível descrever as políticas de recursos humanos da Toyota (seu sistema de avaliação de desempenho, o número de níveis hierárquicos, o tamanho das salas de reuniões, suas políticas de gratificação) para que seja possível copiá-las?

- *Visão tradicional:* A essa altura, este tema já deveria estar claro: as empresas tradicionais veem as práticas de RH como independentes de contextos e passíveis de imitação.

- *Visão da Toyota:* Não existe uma forma eficaz de alinhar e motivar pessoas dentro da mesma empresa, muito menos por meio de organizações completamente diferentes entre si. A abordagem da Toyota consiste em criar sistemas e políticas de recursos humanos que garantam equidade e confiança entre os trabalhadores, de modo a criar um ambiente em que cada um dos integrantes da equipe se disponha não apenas a descobrir e revelar os problemas existentes, mas principalmente a empenhar-se em sua solução.[7]

Questão 5: A questão japonesa

O Modelo Toyota está tão especificamente imbuído da cultura japonesa que suas lições não podem ser aplicadas fora do Japão ou da empresa?

- *Visão tradicional:* Das cinco questões, esta última pelo menos reconhece o papel integral desempenhado por um sistema humano como cultura. A questão é importante na medida em que reconhece que cada contexto é diferente. Contudo, ela reduz radicalmente a natureza da diferença da Toyota ao caráter de ser japonesa. A suposição é de que as melhores práticas Toyota funcionam de uma forma mecanizada que é específica do ambiente japonês, como se a companhia fosse uma espécie de planta exótica que só consegue se reproduzir e crescer em solo japonês.
- *Visão da Toyota:* A Toyota aprecia a influência da cultura sobre a organização, mas tem uma visão muito mais rica e profunda daquilo que significa cultura. Supõe que nada funcionará de maneira exatamente igual entre diversas fábricas, mesmo no Japão. Cada sistema social local tem suas características específicas. É função dos líderes desse sistema local, e dos subsistemas ao longo da organização, incentivar os membros das equipes a ajustar e adaptar os novos procedimentos à situação local. A Toyota se recusa a sacrificar princípios fundamentais, como o respeito pelos indivíduos, a necessidade de promover melhorias contínuas e a importância de observar diretamente as condições de trabalho. Mas, além desses princípios, as políticas de RH precisam ser adotadas com flexibilidade, e os líderes que as administram devem sempre ter completo entendimento de seus propósitos.

Todas essas questões, as suposições que as fundamentam e a verdadeira filosofia vigente na Toyota deixam claro que os fundadores e atuais líderes da empresa japonesa simplesmente não veem sua organização, e nenhuma outra, como uma máquina. Vale lembrar que a Toyota teve seu berço em uma comunidade agrícola muito pobre. Ver as organizações como simples máquinas que operam em um ambiente em que fortunas surgem tão facilmente quanto desaparecem, dependendo de variáveis dinâmicas – trabalhadores, clima, insumos e circunstâncias sociopolíticas –, seria uma contradição à toda experiência conhecida. Na verdade, os fundadores da

Toyota viam as organizações como entidades complexas, dinâmicas e tão imprevisíveis quanto as pessoas que nelas atuam.

As consequências dessa visão obedecem a um padrão lógico. Se o mundo é imprevisível, então a empresa terá de se adaptar a ele – sempre. Ser adaptável implica que todos os níveis hierárquicos e departamentos sejam adaptáveis, da produção à engenharia e da engenharia às vendas, passando pelos processos mais simples e básicos. E quem poderá adaptar um processo melhor que o trabalhador que o executa todos os dias? Certamente, não será o especialista que o projetou mas nunca precisou utilizá-lo. Tampouco o gerente que se limita a seguir o roteiro ditado pelo especialista. A adaptabilidade exige que todos, em todos os níveis e em cada departamento da organização, conheçam a fundo os processos departamentais e sejam capazes de perceber as mudanças e responder adequadamente. Para isso, as pessoas precisam ser treinadas e autorizadas a pensar – todas elas, o tempo todo.

A função do líder

A essa altura, muitos leitores estarão se perguntando o que exatamente o treinamento e o empoderamento de todos os membros das equipes, no âmbito de suas respectivas funções e responsabilidades, têm a ver com liderança. A resposta da Toyota: *tudo*. Senão, vejamos: uma das consequências da abordagem Lean, com seu incansável foco na eliminação do desperdício, é que a companhia tem uma ideia muito clara de quais aspectos do negócio agregam valor direto ao cliente final e quais não. A pessoa que trabalha todos os dias na linha de montagem produzindo veículos agrega, de forma direta, considerável valor ao cliente; já o gerente da fábrica nada agrega, a não ser indiretamente. Talvez como no caso de um técnico de equipe esportiva, a missão de um líder Toyota é preparar sua equipe para "vencer", isto é, agregar valor ao cliente. O líder não "joga", mas treina e apoia a equipe. Mantém seus integrantes focados no Verdadeiro Norte – o objetivo final.

Mas não se engane: a Toyota não é uma organização nivelada, igualitária ao extremo, nem muito menos anárquica. O gerente de fábrica ainda *é* o líder. A Toyota sabe que somente líderes excepcionais conseguem canalizar com eficiência os esforços conjuntos dos membros das equipes e grupos de trabalho para o atingimento de metas sempre mais ambiciosas. Na verdade, os primeiros três capítulos deste livro estarão voltados aos meios pelos quais a Toyota desenvolve e cultiva esses líderes – meios que, fundamentalmente, se resumem a incentivar e possibilitar seu autodesenvolvimento e capacitá-los a formar outros líderes. Mas, além disso, em um sistema em que os trabalhadores fornecem a maior parte do valor, a função do líder Toyota é possibilitar as condições adequadas para a transformação desse trabalho de valor agregado em algo concreto.

Assim, se existe uma receita para o sucesso da Toyota, ela está na disposição de investir o tempo e o dinheiro que forem necessários para desenvolver todos os componentes da organização, bem como em acreditar e demonstrar na prática que os funcionários são o recurso mais precioso da empresa. A função do líder nesse contexto é estar aberto ao tipo de autodesenvolvimento necessário para cultivar suas próprias qualidades de liderança, desenvolver os subordinados de modo a que possam progredir e melhorar, eliminar obstáculos e estabelecer desafios e objetivos de forma tal que as equipes de todos os níveis da organização consigam contribuir para a melhoria contínua e o atingimento dos objetivos de longo prazo da Toyota.

A Toyota como modelo

Quando a Toyota inaugurou sua primeira fábrica nos Estados Unidos, um dos seus maiores problemas foi o difícil processo de encontrar e contratar norte-americanos dotados das qualidades que lhes permitiriam internalizar a visão da companhia sobre o que era um líder. No Japão, a Toyota formava líderes entre seus próprios quadros, identificando funcionários com potencial de liderança já nos primeiros estágios de suas carreiras e fazendo-os passar pelos desafios que lhes possibilitariam crescer profissionalmente, desenvolver novas qualificações e progredir na organização. A empresa os testava em inúmeras situações, a fim de conhecer seus pontos fortes e fracos, treiná-los e selecionar aqueles que comprovadamente se mostrassem mais capacitados a ocupar posições de mais alto nível. Nunca antes a Toyota tivera de procurar e contratar fora de seus quadros funcionários com as habilidades e a mentalidade inerentes aos profissionais que já haviam trabalhado durante décadas para a empresa.

Era consenso que os norte-americanos que fossem contratados para cargos de gestão na Toyota da América do Norte deveriam ser dotados de integridade, energia e entusiasmo. Além desses atributos fundamentais, precisariam ter mente aberta: com efeito, a Toyota estava atrás de pessoas dispostas a questionar certos princípios básicos sobre como gerenciar e estabelecer prioridades, e sobre a importância dos clientes. Esses líderes precisariam ser pessoas comprovadamente dispostas a aprender. Quando a Toyota contratou os serviços de Gary L. Convis, em 1983, viu nele todos esses atributos. Os "coordenadores" enviados do Japão para treinar e imbuir os norte-americanos desse espírito acreditavam que poderiam ensinar o Modelo Toyota a Gary.

Para compreender a mensagem central deste livro, os leitores também precisarão manter a mente aberta e questionar suas suposições. Muitas coisas que a Toyota faz simplesmente não têm sentido à luz do tradicional paradigma ocidental de gestão. Recentemente, Jeff Liker, ao descrever em detalhes algumas das práticas da Toyota a um colega, ficou surpreso com o fato de seu interlocutor não parecer impressionado, como se aquilo tudo fosse prática comum nas empresas que conhecia. Não resistindo à dúvida, Jeff perguntou ao colega se já havia trabalhado em uma grande empresa, considerando que a falta de uma experiência assim poderia explicar aquela indiferença. "Na verdade, trabalhei em diversas grandes empresas", foi a resposta. "Não é que eu não esteja surpreso: a verdade é que não acredito no que você está dizendo. Simplesmente não consigo imaginar que uma grande empresa funcione dessa forma." De fato, o modelo de liderança e as operações da Toyota muitas vezes provocam descrença, soando aos mais céticos como uma mitologia fabricada.

Obviamente, esse colega não foi a primeira pessoa a sugerir que os métodos e abordagens da Toyota não passam de mera fachada. Os próprios autores, apesar das décadas dedicadas ao estudo profundo da Toyota (Gary, trabalhando na empresa durante 20 anos; Jeff, estudando-a na condição de professor de engenharia e como autor de vários livros sobre a companhia), tiveram suas dúvidas. Seja como for, essas décadas nos deram a oportunidade de ver repetidas vezes a Toyota e seus líderes, da linha de montagem ao conselho de administração, honrarem seus valores, sobretudo ao admitir que a empresa jamais poderá atingir a perfeição, devendo sempre lutar pela melhoria. Esse ceticismo é uma das razões que nos fizeram compor este livro basicamente como uma narrativa. Nosso objetivo não é apenas contar a você como a Toyota modela seus líderes e como esses líderes, por sua vez, modelam a Toyota, estimulando-a constantemente à perfeição, ao Verdadeiro Norte, mas mostrar esse modelo e convencê-lo de que ele é realmente possível. As histórias que relataremos são incidentes isolados, mas refletem a forma como a Toyota opera no seu dia a dia.

Nada disso significa que empresas com métodos mais tradicionais não possam seguir o mesmo caminho para o desenvolvimento de lideranças trilhado pela Toyota. No Japão, a Toyota teve a possibilidade de desenvolver-se em um campo novo e fértil no qual os trabalhadores podiam ser formados e aprimorados, mas não contou com essa condição na América do Norte nem em qualquer outro país onde estabeleceu suas operações. Ao iniciar sua *joint venture* com a General Motors na Califórnia, o quadro de funcionários que contratou estava impregnado do antagonismo característico do ambiente dessa indústria nas décadas de 1970 e 1980. Foi preciso trabalhar duro para transformar o tradicional modelo de gestão e trabalho, liderança à distância e todos os outros aspectos do tradicional pensamento de liderança, assim como muitos leitores deste livro que pretendem imitar o sucesso da Toyota terão de fazer. Apesar de tudo, a empresa conseguiu prosperar, e acreditamos que outras organizações também conseguirão. Mas, para isso, precisarão começar, como a Toyota, comprometidas com o desenvolvimento e a formação de líderes, não apenas com processos, e ter paciência. Precisarão adotar uma visão de longo prazo. A Toyota conquistou seu sucesso atual mantendo-se fiel a uma cultura de liderança de quase um século. Quando a Toyota decide formar um líder, ela está assumindo um compromisso de várias décadas, e não simplesmente pensando em fazer a pessoa passar por um curso de treinamento de seis semanas ou financiar-lhe um MBA executivo de dois anos em tempo parcial. O processo de formação de líderes norte-americanos para a Toyota iniciou em 1957, com a fundação da Toyota Motor Sales (que importava e vendia veículos Toyota nos Estados Unidos), e, na visão da empresa, ainda não está concluído.

A história da Toyota nos Estados Unidos pode servir de inspiração e oferecer um mapa do caminho para a excelência. O aspecto exato desse destino, obviamente, dependerá de cada instituição. Nenhuma empresa deveria ter como objetivo tornar-se um clone da Toyota, visto que cada organização possui qualidades internas e peculiaridades culturais que lhes são próprias. Contudo, o caminho da Toyota e o desenvolvimento das pessoas que lá fizeram sua história de sucesso oferecem importantes lições a qualquer empresa empenhada na busca da excelência.

Os desafios da Toyota: pontos fracos sempre existem

A essa altura, pode parecer ao leitor que estamos procurando descrever a "empresa perfeita". No entanto, é essencial compreender que, da perspectiva da Toyota, isso não poderia estar mais longe da verdade. Parte da liderança da companhia está em sua capacidade de apontar o Verdadeiro Norte (o estado ideal de tudo, desde processos de produção sem desperdício até objetivos organizacionais de longo prazo) e encontrar as lacunas entre ele e a situação real – o que sugere implicitamente que esse estado ideal jamais será atingido. Nunca é possível eliminar por inteiro o desperdício de um processo, a qualidade perfeita é algo que jamais se atinge, e o desempenho da Toyota como organização sempre poderá ser melhorado. Uma das primeiras lembranças de Gary Convis ao entrar para a Toyota foi ter sido levado, com outros novos contratados, a uma das linhas de produção da principal fábrica da Toyota no Japão. Ali, ele e os outros *trainees* foram solicitados a participar de um *kaizen* para aperfeiçoar um processo em uma das melhores fábricas da companhia. A lição mais importante dessa experiência foi que mesmo a fábrica que servia de modelo para toda a organização não era suficientemente boa; ela poderia ser sempre melhorada.

É comum ouvir de executivos seniores da Toyota declarações que sem dúvida soariam como confissão de fracasso se proferidas em outras empresas. Por exemplo, no começo de 2009 (antes da crise do *recall*), Akio Toyoda, logo após ser nomeado presidente da companhia, anunciou uma retomada do foco nos "fundamentos", destacando que o crescimento acelerado levara a empresa a desviar os olhos da produção de alta qualidade. Tomada isoladamente, essa frase talvez leve a pensar que a Toyota enfrentava crescentes problemas de qualidade e despencava nos *rankings* de qualidade. Mas, na verdade, um plano de qualidade que Gavy Convis havia lançado nos Estados Unidos, e que reduziu as reclamações sobre defeitos de fábrica em mais de 60%, acabara de ser concluído.

Quando começamos este livro no início de 2008, a Toyota experimentava o mais acelerado surto de crescimento de sua história, e já previa outro ano de lucros recordes. No final do mesmo ano, lutava para se manter firme em meio a uma recessão global e registrava seu primeiro déficit operacional em 50 anos. Imediatamente após essa crise, sobreveio a crise do *recall*, que ameaçou a aura da reputação da Toyota como detentora da melhor qualidade da indústria. Como conseguiria a empresa reagir à escalada dos prejuízos e, em seguida, a um ataque público a seus valores fundamentais?

Sua resposta foi agir como sempre agira: continuar fiel aos valores da companhia. Manter o respeito pelas pessoas e o foco na melhoria, a fim de superar as dificuldades enfrentadas com o mínimo possível de danos e, se possível, emergir da tormenta ainda mais forte do que antes.

Essa resposta só foi possível porque a empresa havia desenvolvido lideranças fortes que acreditavam piamente que a mudança é uma constante e que apenas pessoas altamente qualificadas conseguem adaptar-se a ela. Os líderes não são seres que surgem de repente, do nada, para conduzir a empresa pela recessão. Eles sempre estiveram ali, desenvolvendo-se e evoluindo ao longo de décadas. A Toyota mostrou seu respeito característico pelas pessoas no auge da crise. Não houve demissões involuntárias dos membros das equipes. A comunicação foi constante e consistente. A empresa valeu-se das habilidades de todos os seus membros para reduzir custos, aumentar a qualidade e melhorar a capacidade de produção. Com efeito, a Toyota ofereceu uma grande lição sobre como conviver com a prosperidade e enfrentar a crise.

Uma baixa da crise econômica foi a NUMMI, a *joint venture* de partes iguais da Toyota com a General Motors, e um dos mais importantes modelos de aprendizagem tanto para os japoneses quanto para os norte-americanos. Na primavera (hemisfério norte) de 2009, a GM foi à falência e, como parte de sua reorganização, decidiu eliminar a NUMMI de seu portfólio. A Toyota tentou convencer a GM a continuar com o empreendimento, oferecendo-se para construir uma versão da camioneta Tacoma como veículo GM; quando a proposta foi rejeitada, buscou outro sócio, oferecendo-se para construir uma versão do seu popular veículo híbrido por outra companhia, mas as empresas das quais tentou se aproximar não concordaram com a proposta. Poderia a Toyota ter apostado na compra dos 50% da participação da GM em um momento em que dispunha de excesso de capacidade na América do Norte mesmo sem a NUMMI? Após angustiantes debates em seu conselho de administração, todos enfim chegaram à conclusão de que a empresa deveria retirar-se da *joint venture* e deixar a NUMMI fechar. Em certo sentido, a companhia não estava decidindo fechar uma fábrica Toyota, mas, sim, retirando-se de uma *joint venture* depois de a GM ter feito o mesmo. Em outro sentido, porém, a Toyota decepcionou inúmeros integrantes de sua equipe, e todos sentiram essa grande perda. Foi uma tragédia humana, e ela nos lembra que a Toyota está muito longe da perfeição, e muito longe de ser imune a um ambiente punitivo.

O que vem a seguir

Nosso propósito neste livro é ajudar empresas que levam a sério a excelência operacional a compreender o processo paciente e profundo exigido para o desenvolvimento de lideranças Lean. Para tanto, contaremos histórias sobre a forma como a Toyota formou e desenvolveu seus líderes norte-americanos. Começaremos, no Capítulo 1, apresentando uma visão geral dos valores que norteiam a Toyota em todas as suas operações e o modelo de desenvolvimento de liderança que evoluiu a partir desses valores. O capítulo mostrará também como um tradicional líder Toyota japonês testou esse modelo, e como o modelo ajudou a Toyota a definir o que buscar em seus líderes norte-americanos.

O Capítulo 2 acompanhará o desenvolvimento paralelo de Gary Convis como líder Toyota e da Toyota nos Estados Unidos. Em 1984, a Toyota iniciou sua primeira montadora de larga escala na América do Norte, a NUMMI. O empreendimento foi estabelecido em uma antiga fábrica da GM, onde a Toyota enfrentou o desafio de transformar um ambiente marcado pelo antagonismo nas relações patrões-trabalhadores na melhor fábrica de automóveis da América do Norte, com um clima de relações de trabalho baseado na confiança mútua. Gary foi contratado junto à Ford, onde trabalhava até então, para a função de diretor de fábrica da NUMMI; foi ali que, treinado e apoiado por líderes da Toyota, ele iniciou seu processo de "autodesenvolvimento".

No Capítulo 3, seremos transferidos para a Toyota Motor Manufacturing Kentucky, onde Gary tornou-se vice-presidente executivo e, depois, o primeiro presidente norte-americano da organização. Muita gente que visitou a fábrica na época encontrou notável eficiência e equipes de trabalho sempre sorridentes, embora a planta não fosse completamente saudável. Na verdade, o nível das habilidades do Sistema Toyota de Produção que a fábrica apresentava à época era o pior da história, em mais um exemplo de que a Toyota está muito longe da perfeição. Descreveremos como a liderança de Gary e a de outros norte-americanos por ele formados conseguiram recuperar a fábrica e recolocá-la em níveis capazes de provocar orgulho na Toyota.

O Capítulo 4 explica de que forma o autodesenvolvimento dos líderes e o desenvolvimento de outros igualmente capacitados levaram à melhoria contínua na América do Norte, conhecida na Toyota como *kaizen*. A Toyota acredita que a melhoria não poderá ser contínua se for deixada aos cuidados de um pequeno número de especialistas em aprimoramento de processos trabalhando para a alta gerência. A melhoria contínua só é possível se os membros das equipes em toda a organização se dispuserem a comparar continuamente seu progresso em relação às metas estipuladas e a adotar medidas corretivas sempre que necessárias para enfrentar os problemas. A melhoria contínua começa no nível do grupo de trabalho, no qual é realizado o trabalho de valor agregado. Na Toyota, ele se encontra no nível das equipes de trabalho, cujos líderes facilitam o *kaizen* diário.

O *kaizen* diário, executado em cada unidade e em cada processo, contribui para o atingimento dos objetivos organizacionais globais por meio do *hoshin kanri*, que será o tema do Capítulo 5. O *hoshin kanri* é o processo pelo qual a Toyota administra a direção da companhia, alinha objetivos e controla desvios em relação a esses objetivos. O sistema de alinhamento começa com uma visão do negócio estabelecida pela alta gerência da empresa. Essa visão é então transmitida a cada nível da organização, de modo a que todos tenham objetivos e responsabilidades pessoais e saibam como essas ações sustentam a visão da alta gerência.

No Capítulo 6, acompanhamos Gary pela Dana Corporation, fornecedor automotivo que o contratou como CEO depois que ele se aposentou da Toyota, em 2007. A Dana oferece uma lição exemplar sobre como as práticas expostas nos capítulos anteriores podem funcionar mesmo fora do guarda-chuva da Toyota. A Dana enfrentava desafios extremos quando Gary assumiu seu comando. Recém havia superado um estado falimentar (o chamado Capítulo 11 da lei de falências nos Estados Unidos) e começava a firmar-se por seus próprios meios quando a recessão se abateu sobre a economia. Gary precisou lançar mão de tudo o que havia aprendido na Toyota, bem como da ajuda de seus ex-colegas e também de profissionais calejados fora da empresa japonesa, para reestruturar radicalmente a Dana, de modo que ela tivesse condições de sobreviver à crise e ele conseguisse salvar o máximo possível dos negócios, ao mesmo tempo em que ajudava a companhia a se fortalecer. Foi, certamente, o grande desafio da vida de Gary, e algo que ilustra como a liderança no Modelo Toyota pode beneficiar uma empresa tradicional norte-americana em crise.

O capítulo final explora como outras empresas podem aprender com a abordagem da Toyota e desenvolver líderes Lean capazes de apoiar e aprimorar continuamente seus processos, de modo a proporcionar o melhor valor para os clientes. Apresentaremos alguns exemplos de líderes de fora da Toyota que tiveram sucesso e nos levam a perguntar até que ponto é realista fazer isso em uma empresa com uma cultura profundamente arraigada, baseada em suposições radicalmente contrárias ao Modelo Toyota.

Ao final de cada capítulo, permitimo-nos fazer uma pausa para oferecer conselhos diretos a empresas que pretendam aprender com o Modelo Toyota. Com efeito, a abordagem Toyota é relevante para qualquer companhia interessada em obter uma vantagem competitiva sustentável e de longo prazo. A Toyota é única por sua combinação de profundo investimento nas pessoas e foco em melhorias contínuas de longo prazo, o qual concretiza formando e desenvolvendo líderes em uma cultura empenhada em aprender e a adaptar-se às mudanças. Graças a esse aprendizado, as pessoas passam a ser vistas pelo seu valor, e esse valor as transforma em parceiros de longo prazo em um negócio habituado a lançar produtos excelentes e desejados pelos clientes. Se você quiser saber como a Toyota faz isso, siga em frente e tenha uma boa leitura.

Capítulo 1

Liderando no Modelo Toyota: a jornada de uma vida

> *Genchi genbutsu (ir ao local de trabalho e verificar a situação real) significa imaginar o que você observa em seu próprio trabalho, não o problema de outra pessoa, e se esforçar para melhorá-lo. Títulos de cargos não têm importância. No final das contas, as pessoas que conhecem o gemba (onde é feito o trabalho concreto) são as mais respeitadas.*
> – Akio Toyoda, presidente, Toyota Motor Corporation, 2009

A maior dificuldade enfrentada por um livro sobre liderança talvez consista em definir o que é *liderança*. Para utilizar o famoso ditado, talvez não possamos definir liderança, mas é algo que reconhecemos sempre que a vemos. Assim, em vez de perder tempo buscando uma definição semântica de *liderança* para dar o pontapé inicial deste livro, permitam que lhes contemos duas histórias sobre liderança que demonstram o que ela é e o que ela não é na Toyota.

O que é a liderança Modelo Toyota?

Em 1970, sob a direção do lendário executivo de pesquisa e desenvolvimento da Toyota Masayuki Kato, um jovem chefe de seção da divisão de vendas no exterior chamado Akira Yokoi foi indicado para assumir a incipiente operação da Toyota na Indonésia. O gerente anterior ficara doente, e Yokoi foi inesperadamente convocado a assumir suas tarefas. À época, a Indonésia mal havia emergido de uma guerra civil, com uma economia profundamente abalada. A Toyota assumira com o país o compromisso de ajudá-lo a reconstruir-se e industrializar-se. As ordens que Yokoi recebeu de Kato não incluíam metas específicas em termos de vendas ou lucros, apenas a determinação de "fazer sempre o melhor para a Indonésia".

Yokoi começou sua missão na Indonésia viajando pelo país a fim de "sentir a situação do momento", como descreveria em suas memórias.[1] E ele se sentiu profundamente desanimado ao se deparar com a precariedade das estradas e o estado de destruição das pontes: na maioria dos rios que encontrou, a travessia era feita em balsas. A viagem de 240 km de Yokoi levou 14 horas. Não havia pelo caminho qualquer loja aberta, muito menos restaurantes; as pessoas que encontrou usavam farrapos. Era nesse ambiente que ele teria a missão de vender automóveis.

O desafio de Yokoi era ainda maior em função da política industrial vigente na Indonésia. O governo exigia que a produção fosse inteiramente nacional, e não apenas a montagem final de *kits* enviados do Japão. Yokoi e sua equipe conseguiram construir uma fábrica, onde lançaram quatro modelos: camionetas grandes e Land Cruisers para uso na construção, a *van* Hi-Ace para as áreas rurais e o Corolla para os clientes urbanos (relativamente) abastados.

Tudo parecia transcorrer muito bem até 15 de janeiro de 1974, quando uma onda de motins explodiu em Jacarta, a capital do país, principalmente entre os mais pobres. Os revoltosos trataram a Toyota como qualquer outra empresa internacional atuante na Indonésia: como objeto de ira. De fato, a sede da Toyota em Jacarta foi incendiada. Refletindo profundamente sobre os acontecimentos, Yokoi chegou à conclusão de que o problema não estava na natureza do povo indonésio nem no fracasso do governo em conter os motins; mas no fato de que a Toyota não havia estabelecido um vínculo verdadeiro com a maior parte daquela população. "A Toyota precisa promover uma atitude de compreensão de nossas atividades entre os mais pobres", escreveu ele então. Mais do que compreendê-las, os pobres, que constituíam a maioria da população, precisavam enxergar os benefícios tangíveis da presença da Toyota, a fim de que essa percepção pudesse mudar. Yokoi convenceu-se de que a Toyota tinha que fabricar um produto para os pobres. É óbvio que um projeto dessa natureza enfrentaria enormes desafios, sendo o maior deles saber como projetar um carro cuja venda gerasse lucro, mas a um preço suficientemente baixo para atrair a, como diríamos hoje, base da pirâmide.[2]

Vender aos pobres significava produzir carros de custo extremamente reduzido, o que a política industrial indonésia tornava impossível. O país, como a maioria das nações em desenvolvimento naquela época, cobrava altíssimos impostos sobre os produtos industriais importados, acreditando equivocadamente que isso ajudaria a desenvolver a indústria local. Para as peças do Corolla, por exemplo, eram cobradas taxas de até 125%. A Toyota poderia produzir os automóveis internamente, mas os impostos tornavam impossível para Yokoy importar do Japão peças e suprimentos indispensáveis para os carros a um preço acessível. Yokoy percebeu que precisava urgentemente de um legislador em Jacarta que pudesse agir em defesa dos interesses da Toyota. Felizmente, em missões anteriores na Tailândia e na Malásia, ele havia aprendido a importância de desenvolver relações diretas com legisladores, e desde o início tratou de cultivar boas relações com o ministro da Indústria, responsável, no governo local, pela política automobilística. O ministro estava disposto a ajudar e garantiu que poderia obter a aprovação da isenção de impostos sobre as importações se a Toyota construísse um automóvel com 70% de conteúdo nacional que custasse um terço do valor de um Corolla.

Com essa proposta, que poderia mais parecer um pesadelo, Yokoi retornou ao Japão para "vender" a ideia, mas enfrentou enorme resistência, principalmente em função do escasso volume das vendas projetadas. Um líder da Toyota que simpatizou com a ideia sugeriu a Yokoi desenvolver um modelo de multiplataforma, de modo que um carro, uma *van* e uma camioneta pudessem ser produzidos nela, o que aumentaria o volume de fabricação a um custo razoável: com essa alternativa, a produção provavelmente poderia ser lucrativa. A partir desse ponto de partida, Yokoi passou a procurar outras ideias voltadas à redução dos custos. Por exemplo, estudou a produção de matrizes e aprendeu que os custos dos carros de linhas retas são menores que os dos automóveis com linhas curvas; assim, insistiu na necessidade de desenvolver um projeto de carro com a primeira característica. Mas, mesmo isso não seria suficiente, e ele finalmente chegou ao pensamento radical de remover o vidro das portas traseiras, substituindo-o por coberturas de vinil claro. Com base em tudo isso, seus cálculos finais mostraram que o projeto poderia ser viável.

Assim, a próxima tarefa era "vender" suas ideias na Toyota do Japão. Muitos executivos se opuseram à produção do que consideravam um veículo muito abaixo dos padrões Toyota. Temendo que o projeto viesse a "prejudicar a marca", o setor de engenharia da empresa se recusou a fornecer motores ou transmissões. Yokoi recorreu então ao executivo que era seu protetor, Kato, em busca de apoio, e conseguiu. Kato, que acompanhara de perto os passos de Yokoi na Indonésia por meio de contatos regulares e reuniões em Tóquio, conseguiu obter consenso no Japão para o fornecimento dos componentes necessários. O Kijang foi lançado no mercado em 1977. Começando com volumes de produção baixos e pouco lucrativos, com o tempo esse modelo se transformaria no veículo mais vendido na Indonésia, abrindo caminho para que a Toyota se tornasse o principal participante estrangeiro nesse mercado. O modelo foi apelidado de "carro do povo", e um milhão de unidades foram vendidas ao longo de 25 anos.

Quase na mesma época do projeto de Yokoi na Indonésia, um jovem gerente de produção da Ford Motor Company, Gary Convis, enfrentava os problemas de qualidade que eram endêmicos na indústria automobilística norte-americana durante a década de 1970. Ascendendo meteoricamente nos escalões do Controle de Qualidade, Convis fora indicado para resolver problemas de qualidade de um Lincoln de duas portas que estava para ser lançado.

Um exemplo desses problemas consistia em que um grande painel interno entre o porta-malas e os assentos traseiros era conectado ao exterior de aço do carro com um velcro que nem sempre estava no lugar certo. Como resultado dessa incompatibilidade, o painel interno frequentemente vinha solto. Para consertar o problema depois que os carros deixavam a linha de montagem, os assentos traseiros tinham de ser removidos, a elegante cobertura do painel retirada, e o velcro reinstalado no local adequado (o que era extremamente difícil de fazer logo após a fabricação do carro). No total, resolver o problema do painel interno consumia meia hora para cada lado. Com centenas de carros saindo da linha de produção diariamente, muitos deles com problemas no painel interno, não se pode dizer que a quantidade de tempo e esforço dedicada a seu reparo fosse insignificante.

Atualmente, pode ser difícil recordar como era a indústria automobilística norte-americana nas décadas de 1960 e 1970. A qualidade era terrível. As relações gerência-mão de obra caracterizavam-se pela desconfiança mútua. Já na década de 1980, a visão da administração em relação aos trabalhadores na GM e na Ford era de que se tratava de um bando de preguiçosos que não vacilariam ante a menor oportunidade de beneficiar-se em prejuízo da companhia. Os gerentes vigiavam os trabalhadores nas linhas de montagem como se fossem gaviões, esperavam sempre o pior e aplicavam pressão constante nas linhas de produção mesmo que fosse apenas para a fabricação de peças simples. Os trabalhadores, por sua vez, não contavam com nenhum incentivo para dar o melhor de si, fosse pelos seus chefes, fosse pela companhia; a atmosfera punitiva eliminava qualquer motivação pessoal que pudessem ter para melhorar seu desempenho ou comprometer-se com um trabalho de alta qualidade. Mesmo as ameaças de punição não tinham sentido, uma vez que as regras impostas pelos sindicatos com base nessa permanente desconfiança mútua faziam de qualquer tentativa de disciplinar os trabalhadores uma missão impossível. E depois, por piores que fossem os problemas de qualidade e os erros cometidos, a gerência jamais interromperia uma linha de montagem, pois a única métrica que importava era o número de carros produzidos.

Gary Convis investigou e constatou que a fonte do problema com o painel interno do Lincoln estava na área de acabamento. Ele revisou os detalhes da instalação do velcro e passou a exigir que os trabalhadores encarregados daquela parte do serviço fossem adequadamente treinados e, também, que as ferramentas apropriadas estivessem sempre à sua disposição. Anunciou então que quaisquer outros defeitos que partissem daquela área levariam à paralisação da linha de produção – uma ameaça que poucas pessoas, se é que alguma, levaram a sério.

Após uma semana, Convis mostrou que sua ameaça era para ser levada a sério, ao interromper a linha de produção tão logo foram constatados novos erros com os velcros. Ao tomar conhecimento da decisão, o responsável pela linha de produção correu ao escritório de Convis e gritou: "por que diabo você interrompeu a linha?". Convis explicou a situação e reafirmou que a linha permaneceria parada até que o problema fosse resolvido. O responsável pela produção reagiu com indignação, chutando um cesto de lixo que atravessou a janela de Convis, deixando o local enfurecido. Foram necessários 45 minutos para resolver o problema e recolocar a linha de produção em funcionamento. No final das contas, Convis venceu a batalha com o responsável pela produção, e quase todo o trabalho de conserto desse problema foi eliminado. Como resultado, o departamento de controle de qualidade ganhou mais poder na fábrica.

Essas duas histórias poderiam parecer uma demonstração de liderança. Yokoi se dispôs a enfrentar um terrível desafio e, por meio da inovação, da construção de relacionamentos, da persuasão e da força de vontade, superou todos os obstáculos. No segundo exemplo, Convis lutou pelo que era "certo", enfrentando tremendas pressões institucionais. Na verdade, no vocabulário Lean, ele "puxou a corda *andon*" e parou a linha de produção. Muitos leitores envolvidos com a implementação de conceitos Lean e de qualidade nas suas empresas poderão imediatamente identificar-se com Gary Convis, lembrando situações semelhantes pelas quais tenham passado. Por isso, talvez cause surpresa o fato de que, na Toyota, essas duas histórias seriam vistas de forma bastante diferente. Enquanto a de Yokoi seria considerada ilustrativa da liderança Toyota, a de Convis seria vista como um desastre – na verdade, um fracasso em matéria de liderança.

Comparando a liderança tradicional com a liderança Toyota

Em todo caso, um líder Toyota não culparia Convis pelo desastre contido nessa história. De fato, foram experiências como essa na Ford, e anteriormente na GM, que levaram à contratação de Convis pela NUMMI (New United Motor Manufacturing, Inc., uma *joint venture* da Toyota com a General Motors na Califórnia). Mas a "liderança" de Convis nessa circunstância ilustra o abismo entre aquilo que tradicionalmente tem sido considerado liderança em empresas ocidentais e o que é considerado liderança na Toyota.

Resumimos essas diferenças na Tabela 1.1, com base nos quatro estágios de desenvolvimento de líderes Toyota explicados mais adiante neste mesmo capítulo. Os líderes Toyota precisam desenvolver-se até determinado nível, antes de assumirem a responsabilidade pelo desenvolvimento de outros no Modelo Toyota e liderar a organização na concretização de objetivos. Em suma, a abordagem tradicional utiliza o modelo "ou vai, ou racha" ao selecionar ou contratar líderes seniores renomados para tomar as decisões certas e, mediante ações heroicas, obter grandes resultados ou sair de cena. A abordagem Toyota consiste em criar um ambiente desafiador, mas estimulante, que incentiva a formação de líderes dentro de seus próprios quadros, líderes esses que seguem os valores Toyota para orientar a melhoria contínua em todos os níveis.

Os norte-americanos tendem a entender a liderança como um empreendimento puramente individual. Usamos a palavra líder em referência a pessoas que se destacam na multidão em função de sua personalidade, carisma, e, às vezes, até da megalomania. Os exemplos de líderes encontrados em literatura popular e de administração tendem a ser os de um homem ou mulher heroicos que vão contra a maré, o do visionário isolado ou o do orador capaz de inflamar plateias inteiras, com milhares de pessoas seguindo, ou dispostas a seguir, suas diretrizes.

Refletindo sobre os anos que passamos trabalhando na Toyota ou estudando-a, verificamos que essa propensão para a liderança individual é, em boa medida, responsável pelas disputas e até mesmo pelos fracassos estrondosos que muitas empresas enfrentam quando tentam adotar as práticas Toyota ou métodos similares para instituir uma abordagem Lean, ou de alta qualidade, em seu trabalho. Nessas empresas, um executivo sênior normalmente decreta a adoção de um sistema Lean, contrata uma equipe de consultoria para ajudar a organização a redesenhar certos processos e treinar alguns expoentes internos na metodologia Lean ou Seis Sigma, e espera que isso produza os resultados pretendidos. Muitos dos trabalhadores, a essa altura, devem ficar pensando: "quem era aquele mascarado do Seis Sigma Lean?", enquanto os consultores, cumpridos os seus contratos, saem em busca de outras missões.

Na Toyota, a percepção da liderança é muito diferente. A liderança é pessoal, mas ao mesmo tempo ocorre dentro de um sistema. O fracasso de liderança que um líder Toyota enxergaria na história de Convis na Ford seria tanto dos níveis superiores quanto dos níveis inferiores de Convis na estrutura organizacional. A Toyota esperaria que a liderança na solução do problema partisse dos líderes locais e dos trabalhadores no setor de montagem abaixo dele. Assumiria que a alta gerência da liderança não apenas priorizaria a qualidade, mas também, e mais importante, esperaria que todos os grupos de trabalho encontrassem e lidassem com as causas de eventuais problemas de qualidade sem que para tanto um gerente tivesse de fazer o papel de herói.

Tabela 1.1 Modelos de liderança convencional × modelo de liderança da Toyota

Elemento de liderança	Desenvolvimento de liderança	Liderança convencional	Modelo de liderança da Toyota
Estágio 1. Autodesenvolvimento (Aprender os valores do Verdadeiro Norte mediante repetidos ciclos de imersão)			
Capacidade	Capacidade e potencial de liderança	Carisma que faz a pessoa ser seguida	Líderes naturais "veem" possibilidades de melhoria em si próprios e em outros e se harmonizam instintivamente com os valores Toyota
Processo	Aprendizado e crescimento	Aprender com um "padrinho" e/ou copiar um estilo de sucesso predominante no "clube dos chefões"	Ir ao *gemba* (onde o trabalho é feito) para compreender a situação real em profundidade e assumir objetivos cada vez mais desafiadores, sob a orientação de um "padrinho"

Estágio 2: Treinar e desenvolver outra pessoas (ajudar os outros a se desenvolverem)			
Capacidade	Desenvolver a próxima geração de líderes	Orientados por resultados: foco preciso em resultados específicos e condução dos subordinados com recompensas e punições, para ajudá-los a atingir esses resultados	Orientados por processos: aprender a ver pontos fortes e fracos nos outros, a criar situações propícias ao crescimento e a intervir o mínimo possível em momentos de ensino, a fim de obter o máximo impacto. Desenvolva as pessoas na direção certa e os resultados aparecerão
Processo	Treinar e desenvolver outros	Patrocinadores escolhem sucessores similares, formam "favoritos" ou contratam estranhos com reputação de "herói"	Assumir a responsabilidade de ajudar as pessoas a evoluírem durante o ciclo de aprendizagem para o autodesenvolvimento
Estágio 3: Apoiar *kaizen* diário (padrões, objetivos, gestão visual, *kaizen* diário)			
Capacidade	Atingimento de metas	Guiar para quantificar desempenho de negócios (unidades ou processos) e confiar a responsabilidade a indivíduos-chave	Aprender a promover o aprendizado de liderança vários níveis abaixo, mediante padrões, objetivos e gestão visual
Processo	Possibilitar melhorias de processos e atingir objetivos	Tornar as pessoas responsáveis por métricas mediante um sistema de recompensas e punições	Presença do líder no *gemba* para identificar lacunas no Verdadeiro Norte e em indicadores visuais de gestão. Treinar outros para assumir a responsabilidade de preencher as lacunas

Estágio 4: Criar visão e alinhar objetivos (alinhamento vertical e horizontal com o Verdadeiro Norte)			
Capacidade	Desenvolver uma visão e um plano	Criar e vender uma visão radical e um planejamento mensurável	Participar de um projeto colaborativo a fim de obter concordância e alinhar os objetivos e os meios para concretizá-los (*hoshin kanri*)
Processo	Estabelecer e alinhar objetivos e os planos para seu atingimento	Guiar os objetivos com métricas; agressiva responsabilização de todos os níveis em relação às métricas. Identificar desempenhos positivos e negativos e recompensá-los apropriadamente	Iniciar e sustentar a melhoria contínua por meio da gestão visual dos objetivos; priorizar a solução de problemas e o desenvolvimento de pessoas

Convis precisou de vários anos na Toyota para superar o estilo de liderança "cavaleiro solitário". De fato, o sistema da empresa japonesa exige que todos os líderes – do chão de fábrica à diretoria – assumam a responsabilidade de conduzi-la sempre rumo à perfeição. Líderes que prosperam mediante ações e feitos individuais não só não terão êxito na Toyota, como poderão estremecer o sistema inteiro ao abalar profundamente as lideranças em potencial. Isso não significa que os indivíduos tenham de se subordinar à ação coletiva; basta lembrar que a existência do carro Kijang na Indonésia deveu-se em grande parte à liderança individual de Yokoi. Ninguém na Toyota sugeriria que líderes não passam de engrenagens substituíveis. A liderança na Toyota é pessoal, mas é também institucional, e se estende do líder do grupo no chão de fábrica até o presidente da companhia; espera-se que ambos permanentemente se aperfeiçoem e aprimorem suas habilidades pessoais, ao mesmo tempo em que comandam seus respectivos setores de modo a construir consenso e desenvolver aqueles que os acompanham. Em outras palavras, a liderança institucional funciona somente quando há uma forte liderança individual e uma filosofia comum a todos os escalões da empresa – do mais alto ao mais modesto.

A liderança Toyota está em contínuo desenvolvimento

Durante o processo de pesquisa e elaboração deste livro, teve início a Grande Recessão, e a indústria automobilística global viu-se diante daquele que talvez tenha sido o mais difícil e angustiante ciclo de negócios de toda a sua história. Com a recessão ainda em curso, a Toyota enfrentou o maior desafio à sua reputação tão arduamente conquistada, com a crise do *recall* na América do Norte. E conforme ficava claro que as acusações sobre a produção de carros descontrolados com sistemas computadorizados que assumiam o controle dos veículos não passavam de falácia, o maior terremoto da história do país atingiu o Japão, provocando, entre outros graves problemas, uma enorme escassez de peças automotivas. Os desafios enfrentados pela Toyota certamente atraíram enorme atenção da mídia durante aqueles tempos turbulentos. Por um lado, diversas empresas procuravam meios de reduzir custos, melhorar a produtividade e aumentar a qualidade – tarefas em que a Toyota possui reconhecida competência. Por outro lado, no pior ano da recessão (entre 2008 e 2009), a Toyota anunciou seu primeiro exercício com prejuízos em mais de 50 anos, e no ano seguinte teve de pedir encarecidas desculpas por causar preocupação entre seus clientes devido à crise do *recall*. Muita gente chegou a se perguntar se o Modelo Toyota continuaria ocupando sua posição de excelência nesta nova era.

Pelo que vimos e vivemos ao longo de todos esses anos, e também por aquilo que pudemos observar na Toyota desde o começo dessas crises em série, acreditamos que a resposta a essa pergunta é um sonoro "sim": a Toyota continuará sobressaindo e superando seus pares na capacidade de alinhar-se às novas realidades. A razão que nos leva a ser tão categóricos ao manifestar essa convicção está na liderança Toyota – não especificamente na liderança do presidente Akio Toyoda (a quem respeitamos profundamente, baseados em nossas experiências pessoais com ele), mas no *sistema* de liderança presente em cada um dos níveis gerenciais da empresa. Essa liderança profunda vem sendo meticulosamente construída, a um custo que para outros poderia parecer exorbitante, ao longo de muitas décadas no Japão e nos Estados Unidos. Dado o difícil ambiente econômico do presente e do futuro próximo, o custo de desenvolver um nível tão profundo de capacidade de liderança passou a ser um investimento indispensável que muitas empresas retrospectivamente gostariam de ter feito.

O ponto aqui em pauta tem dois lados. Em primeiro lugar, a perspectiva Toyota sobre liderança e sobre como desenvolver líderes não oferece soluções rápidas. A empresa desenvolve líderes lenta e cuidadosamente, ao longo de muitos anos, porque acredita que o caminho lento e constante é a única forma de conquistar a corrida pela liderança (e, naturalmente, ela conta com inúmeras experiências que respaldam essa convicção). Em segundo lugar, ainda que não existam soluções rápidas a serem recolhidas da Toyota, o que existe são importantes lições a serem aprendidas, as quais poderão começar a render frutos no curto prazo e, se seguidas, renderão frutos muito maiores no longo prazo. Por exemplo, o desenvolvimento de líderes possibilitou à Toyota reagir à crise econômica com agilidade e investimentos de longo prazo no treinamento de funcionários – investimentos que seriam impensáveis para a maioria das empresas – e então se recuperar da crise do *recall* e, depois, da crise do terremoto com incrível rapidez.[3]

Liderança Toyota e desenvolvimento de lideranças

Dito isso, qual a abordagem Toyota de liderança e desenvolvimento de lideranças? O primeiro ponto que precisa ser compreendido a respeito da abordagem Toyota é o absoluto comprometimento da empresa com seus valores centrais. Por isso mesmo, a liderança que ali se forma começa pelo entendimento e pela vivência desses valores. Pode-se dizer, sem nenhum exagero, que aqueles incapazes de seguir esses valores centrais jamais se tornarão líderes Toyota. O processo de promoção considera não apenas *quais* os resultados obtidos, mas, em igual medida, *como* são obtidos (isto é, por meios de acordo com os valores centrais da empresa).

O que pode não ter ficado claro na história de Yokoi é o fato de que sua missão na Indonésia tinha como propósito tanto o seu autodesenvolvimento quanto a resolução do problema da Toyota local. Yokoi progrediu a ponto de tornar-se o principal executivo de vendas no exterior e figura central na expansão global da empresa. Cada vez que superava um desafio semelhante ao que enfrentara na Indonésia, mais responsabilidade lhe era dada para enfrentar desafios ainda maiores. Ao longo dessa série de desafios de liderança planejados, mas flexíveis, ele progrediu até o ponto de ajudar a transformar a Toyota em uma empresa globalizada. Ao contrário de Convis, que enfrentava um sistema quebrado na Ford, Yokoi crescia no âmbito de um sistema pronto para apoiá-lo, com a orientação de mestres permitindo-lhe atingir metas aparentemente impossíveis. A cada passo dado, Yokoi não apenas resolvia com êxito as tarefas que tinha diante de si, como compreendia mais a fundo os valores do Modelo Toyota que orientavam cada uma de suas ações.

Valores centrais

Os cinco valores centrais da Toyota foram originalmente documentados e publicados em caráter interno no ano de 2001, em um documento intitulado *O Modelo Toyota 2001*. Pode parecer estranho afirmar que tais valores tenham estado presentes na empresa desde seus primórdios, quando só foram publicados muito recentemente. A verdade é que a Toyota no Japão nunca julgou necessário colocá-los no papel. De muitas formas, esses valores são derivados da cultura e religião japonesas. Ao longo da história da Toyota no Japão, seus valores eram simplesmente compreendidos e assimilados por meio de cuidadoso treinamento de cada líder à medida que progredia na empresa. Foi apenas quando a Toyota se expandiu mundo afora, e precisou operar em outras culturas, que sua administração começou a analisar o que de fato a tornava única. E foi ao trabalhar com líderes norte-americanos para construir um moderno empreendimento global que a empresa conseguiu identificar e codificar os aspectos que definem a liderança Toyota.

Não menos incorreto seria deduzir que a Toyota impôs rigidamente esses valores japoneses a seus funcionários nos Estados Unidos ou em qualquer outro país. Tais valores são os mesmos onde quer que a Toyota opere, mas a forma como são vivenciados é adaptada ao contexto local. O trabalho de equipe, por exemplo, é o mesmo, mas o modo como as equipes operam depende da cultura e dos costumes locais. Por exemplo, na Toyota norte-americana os incentivos individuais são maiores do que no Japão, assim como seu reconhecimento ao cumprimento dos objetivos individuais e coletivos. Igualmente importante, a Toyota incorpora as melhores lições que aprende pelo mundo e as transmite a todas as unidades da empresa, inclusive no Japão. Exemplo disso é o esforço que tem feito para preparar mais mulheres para postos administrativos, baseada naquilo que aprendeu sobre o respeito às pessoas e a igualdade dos gêneros no contexto norte-americano.

Os cinco valores que definem o Modelo Toyota são: espírito de desafio, *kaizen*, *genchi genbutsu*, trabalho de equipe e respeito.[4]

Espírito de desafio

Foi movido pelo espírito de desafio que Sakichi Toyoda, fundador da Toyota, inventou seu primeiro tear automático para facilitar o trabalho das tecelãs da comunidade que gastavam os dedos até ficarem em carne viva. Seu filho Kiichiro, desafiado pelo pai a fazer algo que beneficiasse a sociedade, lançou a Toyota Motor Corporation. A exemplo dos dois familiares fundadores, a expectativa sobre cada líder da Toyota era não só se sobressair em sua função, mas também enfrentar os desafios a fim de adquirir uma visão ousada com energia e entusiasmo. Como *O Modelo Toyota 2001* definiu, "aceitamos desafios com espírito criativo e com a coragem de realizar nossos sonhos sem perder o rumo ou a energia". Alguém poderia argumentar que o espírito de desafio é o valor central que estimula líderes e liderados na Toyota a lutar pela perfeição. Como veremos, é precisamente assumindo desafios cada vez maiores e refletindo sobre cada passo dado que os líderes Toyota se desenvolvem.

Mentalidade *kaizen*

Hoje famoso, o conceito de *kaizen* significa a determinação de aprimorar o desempenho constantemente. Na raiz do *kaizen*, reside a ideia de que nada é perfeito e tudo pode ser melhorado. Trata-se de um pensamento fundamental para a empresa, na medida em que cada líder é ensinado a lembrar que o processo nunca é perfeito e que a empresa jamais atinge a "solução Lean" perfeita. Não importa quantas vezes tenha sido melhorado, cada estágio da linha de produção é repleto de desperdícios; mesmo que hoje fosse perfeito, amanhã as condições serão outras, e mais desperdícios aparecerão. Da mesma forma, cada aspecto da empresa pode ser aperfeiçoado – do desenvolvimento de produtos ao modo como são vendidos, do armazenamento e embarque das peças de reposição ao desempenho de cada equipe ligada à companhia. A crise do *recall* não revelou nenhum problema sério de qualidade ou segurança, mas, analisada cuidadosamente, trouxe à tona deficiências na capacidade de reagir às preocupações dos clientes com eficiência e presteza.

Esse valor e essa forma de pensar costumam levar a uma má compreensão da Toyota na mídia popular. É frequente ler nos jornais declarações atribuídas a dirigentes da Toyota a respeito da importância de "retomar os fundamentos" ou da urgente necessidade de melhorar a qualidade. Tais afirmações normalmente são interpretadas como se partissem de uma empresa tradicional, isto é, como admissões de falhas e de que a organização está no caminho errado. No entanto, ser dotado da mentalidade *kaizen* significa que essas declarações tanto podem ser feitas depois que um grave problema de qualidade é descoberto quanto após a conclusão de uma bem-sucedida campanha de qualidade que reduziu os erros cometidos pela metade. De fato, ao longo deste livro você encontrará histórias sobre iniciativas bem-sucedidas seguidas imediatamente por uma profunda reflexão destinada a identificar deficiências remanescentes e, assim, criar um programa para melhorar ainda mais a qualidade.

Genchi genbutsu, ou vá e veja para entender profundamente

Pode parecer que verificar algum problema no local em que ocorre, em primeira mão, seja mais uma questão prática – ainda que raramente posta em prática na maioria das empresas – do que um valor. O valor do *genchi genbutsu* reside menos no ver de perto o problema e mais na filosofia que fundamenta as decisões dos líderes. A Toyota espera que seus líderes conheçam *in loco*, pessoalmente, todos os problemas que lhes caiba resolver; do contrário, encontrar a causa raiz que os originou e identificar uma solução baseada em fatos resultam-se tarefas impossíveis. Partindo dos fatos, os encarregados das decisões podem compreender a situação real com mais presteza e evitar debates improdutivos com seus pares a respeito de propostas de soluções que não tenham como foco o verdadeiro problema. Como você pode deduzir da declaração de Akyo Toyoda na abertura deste capítulo, o significado de *genchi genbutsu* é ainda mais profundo: reflete uma filosofia de intenso respeito pelo trabalho de valor agregado da empresa. Aqueles que compreendem a importância desse trabalho e contribuem com ele são justamente os que são respeitados e progridem na organização.

Trabalho de equipe

A maioria dos grandes líderes não vacilaria em afirmar que o trabalho de equipe é fundamental para o sucesso de qualquer empreendimento, mas dizer isso é muito mais fácil do que pôr em prática. Experimente examinar a fundo a maioria das áreas da atividade humana, seja uma empresa ou uma equipe de esportes, e você encontrará pessoas que falam muito em trabalho de equipe, mas que estão mais interessadas em suas realizações individuais. Na Toyota, a visão de que o sucesso individual só é possível dentro da equipe e que as equipes se beneficiam do crescimento pessoal dos indivíduos é constantemente ressaltada e praticada em toda a cadeia de comando. Essa crença profunda está incorporada ao processo de promoções (fortemente baseado no comportamento de equipe) e aos incentivos ao desempenho (em que os incentivos individuais são um pequeno componente, predominando os incentivos de natureza coletiva, baseados no desempenho da unidade ou da empresa).

Respeito

De várias formas, este é o mais fundamental dos valores centrais e o propósito original da empresa. O respeito às pessoas começa pela vontade sincera de contribuir para a sociedade oferecendo-lhe os melhores produtos e serviços possíveis. Isso se estende ao respeito pela comunidade, pelos clientes, pelos trabalhadores e por todos os parceiros de negócios. O respeito às pessoas talvez tenha sido o mais fundamental dos valores que orientaram a atuação de Yokoi na Indonésia. As ordens que recebeu de Kato não incluíam metas específicas em termos de vendas ou lucros, apenas a determinação de "fazer o que fosse melhor para a Indonésia". Tal respeito ficou evidente na forma como os integrantes das equipes foram tratados durante a recessão. Nenhum funcionário regular foi demitido; pelo contrário, vultosos investimentos foram feitos no seu desenvolvimento, os quais se mantiveram mesmo quando a produção viu-se reduzida durante a crise do *recall* e por fim interrompida depois que a Toyota, em consequência do terremoto no Japão, deixou de receber peças fundamentais. Quando altos executivos do Japão visitavam fábricas nos Estados Unidos que estavam operando muito abaixo de sua capacidade, a primeira pergunta que faziam não dizia respeito à lucratividade: perguntavam "Como está o moral dos membros das equipes?". Com efeito, é o respeito pelas pessoas que leva a Toyota a produzir veículos no lugar em que serão vendidos e a assumir importantes compromissos com o bem-estar social e econômico das comunidades e países onde atuam. Foi esse mesmo respeito que possibilitou realizar maciços investimentos em tecnologias ecologicamente corretas, exemplificadas no Prius.

Modelo de desenvolvimento da liderança Toyota

Todos esses valores constituem os alicerces da liderança Toyota, mas não é a simples adesão a eles que faz um líder. A Toyota dispõe de um método sistemático para identificar e desenvolver líderes ao longo de suas carreiras, embora esse processo nunca tenha sido formalmente codificado (ao contrário de seus valores centrais). Com base em tudo o que vimos e vivenciamos na Toyota, criamos um modelo de múltiplos estágios de liderança que julgamos captar com precisão a abordagem de liderança da empresa – o que significa ser um líder na Toyota e como desenvolver líderes (ver Figura 1.1).

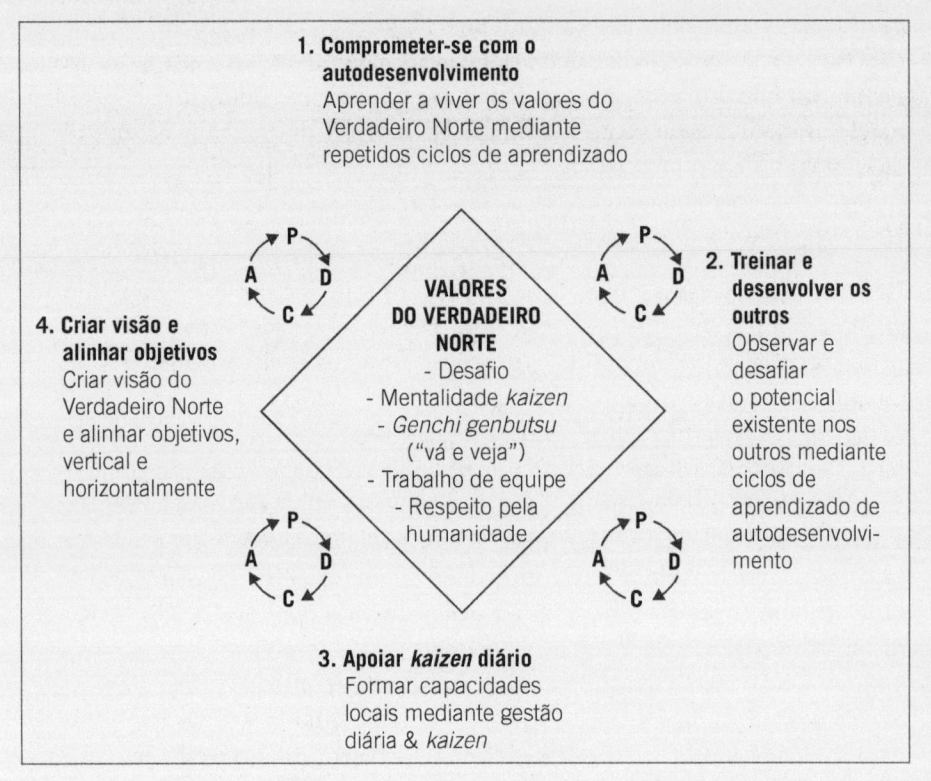

1. Comprometer-se com o autodesenvolvimento
Aprender a viver os valores do Verdadeiro Norte mediante repetidos ciclos de aprendizado

VALORES DO VERDADEIRO NORTE
- Desafio
- Mentalidade *kaizen*
- *Genchi genbutsu* ("vá e veja")
- Trabalho de equipe
- Respeito pela humanidade

2. Treinar e desenvolver os outros
Observar e desafiar o potencial existente nos outros mediante ciclos de aprendizado de autodesenvolvimento

3. Apoiar *kaizen* diário
Formar capacidades locais mediante gestão diária & *kaizen*

4. Criar visão e alinhar objetivos
Criar visão do Verdadeiro Norte e alinhar objetivos, vertical e horizontalmente

Figura 1.1 Modelo "Diamante" de desenvolvimento de liderança Lean.

A realidade não é tão linear quanto o modelo sugere; definitivamente, ela é mais cíclica, repetindo-se inúmeras vezes ao longo da carreira de uma pessoa. No entanto, parece haver uma sequência lógica do autodesenvolvimento à integração plena de toda a organização com vistas ao alinhamento de objetivos. Isso se aplica tanto a líderes individuais quanto, em sentido mais amplo, às organizações como um todo (por exemplo, a Toyota North America). Assim, por exemplo, os primeiros dois estágios do modelo – autodesenvolvimento e desenvolvimento de terceiros – são direcionados principalmente para os níveis individual e de grupo. Espera-se dos líderes Toyota que realizem ambos simultaneamente (aperfeiçoando suas próprias qualidades e orientando seus subordinados), embora, é claro, certa dose de autodesenvolvimento seja necessária antes que alguém possa começar a guiar o desenvolvimento de outrem. A natureza cíclica desse processo significa que um líder que comandou uma equipe no atingimento de objetivos alinhados no início de sua carreira continuará focado em seu autodesenvolvimento à medida que assumir funções mais avançadas na empresa. Cada líder avançará ao longo desses estágios muitas vezes durante a carreira. Somente quando os líderes de cada nível da organização tiverem passado por esses estágios várias vezes poderemos dizer que a organização atingiu determinado estágio. É necessário, portanto, certo grau de desenvolvimento pessoal e de terceiros para que a organização possa funcionar como um todo coeso com uma cultura comum, sem contar que existe ainda um processo de maturação em nível organizacional. Por exemplo, determinada fábrica pode contar com a liderança necessária para se mostrar excelente no suporte ao *kaizen* diário sem contar ainda com uma liderança capaz de integrar-se por inteiro ao alinhamento dos objetivos e dos meios.

A seguir, descreveremos resumidamente cada estágio do modelo. Os capítulos subsequentes completarão os detalhes de cada um desses estágios.

Autodesenvolvimento

O primeiro estágio do desenvolvimento de lideranças na Toyota é o autodesenvolvimento. A Toyota acredita que a característica principal que distingue líderes potenciais de outros é o autodesenvolvimento – líderes que buscam ativamente melhorar a si próprios e suas habilidades. No entanto, para que um líder, ou líder em potencial, possa se autodesenvolver, ele precisa ter a oportunidade de fazer isso, e também contar com o apoio de outros. Líderes não se autodesenvolvem sozinhos. Logo, é preciso encontrar os desafios adequados a seu autodesenvolvimento, dar espaço para que amadureça e orientá-lo (mediante *coaching*) nos momentos certos do processo.

Desenvolvendo outros

O segundo estágio do desenvolvimento de lideranças consiste em assumir a tarefa de desenvolver outros líderes. Muito se diz que a melhor maneira de aprender uma coisa é ensinando-a. A Toyota leva a sério essa visão e espera que todos os seus líderes se empenhem ativamente em orientar (*coach*) e desenvolver não apenas os melhores, mas todos os integrantes de suas equipes. De fato, sempre se diz na Toyota que a melhor medida do sucesso de um líder são as realizações daqueles que passaram por sua orientação.

Apoiando o *kaizen* diário

Ainda que os dois primeiros estágios tratem principalmente de liderança individual, o terceiro é mais voltado para a liderança institucional – a manutenção de grupos de pessoas centradas e focadas naquilo que a Toyota chama de *Verdadeiro Norte*. O Verdadeiro Norte baseia-se nos valores do Modelo Toyota, que oferece uma visão estável do rumo que a companhia deve seguir, e não é negociável – não muda de acordo com objetivos específicos estabelecidos de ano a ano. Assim, nesse estágio os líderes se certificam de que suas equipes são capazes de realizar o *kaizen* de manutenção (lidar com as mudanças diárias, com os altos e baixos da vida real, a fim de manter cada processo funcionando de acordo com seu padrão atual) e o *kaizen* de melhoria (fazer avançar cada processo de seu padrão atual para um nível mais elevado de desempenho).[5] A chave desse estágio não é o líder impor o *kaizen* de cima para baixo, mas possibilitar, incentivar e ensinar o *kaizen* de baixo para cima. Para lembrar a experiência de Convis com o lançamento do modelo Lincoln, é a diferença entre sua decisão de interromper a linha de produção na Ford para forçar as pessoas a fazer algo que não queriam e a Toyota criar um ambiente em que cada grupo de trabalho assume a meta da melhoria por iniciativa própria.

Criando visão e alinhando objetivos

O quarto estágio envolve o alinhamento de todos os esforços *kaizen* – o que você poderia entender como perspectiva menor –, a fim de garantir que os objetivos da perspectiva maior sejam alcançados. Em outras palavras, o quarto estágio é onde o de baixo para cima encontra o de cima para baixo. Para muitos que tentam seguir a liderança Toyota, ainda é difícil compreender o dinamismo de seu *kaizen*. A cada hora, todos os dias, todos os processos da empresa são reformados e ajustados para se aproximar do Verdadeiro Norte, a perfeição. Embora isso esteja no âmago da capacidade da Toyota de se destacar em relação à concorrência em qualidade e produtividade, sem orientação e canalização de esforços o *kaizen* poderia levar tudo ao caos: dois processos interligados poderiam realizar o *kaizen*, que acabaria levando-os em direções contrárias. Pior, os recursos da companhia poderiam estar excessivamente focados em objetivos errados. Nesse estágio do desenvolvimento, o líder e a organização estão ativamente envolvidos naquilo que em japonês é chamado de *hoshin kanri* – o processo de estabelecer metas de consenso para melhorias de longo prazo e decidir a melhor alocação dos esforços e recursos para atingir essas metas.

Como veremos, isso vai muito além do processo de atingimento de "objetivos em cascata", comum em muitas empresas que utilizam a gestão por objetivos. Todas as companhias têm planos, objetivos e alvos, mas é raro que seus líderes consigam romper com essa tríade e alinhar seus esforços diários de modo que cada grupo de trabalho compreenda e se encarregue de sua parte nos objetivos maiores e tenha um plano claramente definido para alcançá-los. Na verdade, em muitas empresas o que acontece é que a administração não necessariamente conhece ou se preocupa com a forma como esses objetivos são atingidos, desde que os resultados apareçam. Por exemplo, simplesmente cortar cabeças é uma prática aceitável, mesmo que, a longo prazo, isso acabe reduzindo a capacidade da organização. É essa a diferença entre ter objetivos e alvos predefinidos que as pessoas lutam para concretizar e participar ativamente da transformação desses objetivos em alvos concretos para melhoria e nas habilidades necessárias para garantir o sucesso. Essa última parte é incrivelmente difícil de realizar, exigindo líderes e organizações que tenham se especializado nos primeiros três estágios. Como veremos no Capítulo 5, a Toyota sempre teve aspectos do *hoshin kanri* presentes desde o lançamento de suas primeiras fábricas na América do Norte, mas não teve a maturidade de estendê-los a cada grupo de trabalho no chão de fábrica durante 20 anos.

Resultado: adaptando-se às mudanças no ambiente

Só depois de evoluírem a um nível superior os líderes se mostram capazes de adaptar-se às frequentes e importantes mudanças impostas pelo ambiente. De fato, durante décadas os líderes da Toyota norte-americana foram protegidos das mudanças radicais em curso no ambiente da indústria automobilística da América do Norte realizadas pelos líderes da companhia no Japão. Sempre que necessário, podiam recorrer à liderança de coordenadores executivos do Japão e às decisões adotadas na sede japonesa. Foram protegidos até mesmo operacionalmente, graças à duplicação da capacidade de produção no Japão. Até por volta do ano 2008, a maioria dos carros de grande porte fabricados nos Estados Unidos era também fabricada no Japão, de modo que mudanças radicais na demanda eram cobertas pelas fábricas japonesas, que podiam fabricar múltiplos modelos (até seis) na mesma linha de produção, bem como mudar rapidamente a combinação dos modelos e a velocidade da produção. Isso possibilitava às unidades norte-americanas operar em combinações e velocidades de produção relativamente equilibradas.

A Grande Recessão acabou se revelando, de certa forma, uma bênção inesperada, ao permitir que os funcionários da Toyota norte-americana pudessem cumprir esse importante estágio de adaptar-se flexivelmente a grandes mudanças no ambiente e, com isso, chegar a um nível mais elevado de autoconfiança.[6] Ter atravessado, e amadurecido nesse período, os primeiros estágios ao longo de um período de 20 anos permitiu à Toyota na América do Norte assumir a responsabilidade de se orientar em meio aos distúrbios da Grande Recessão e preparar-se para lidar com os rápidos altos e baixos do mercado que seguramente caracterizarão o século XXI. Indivíduos e organizações capazes de liderar em meio a grandes mudanças ambientais precisam de menos tempo e atenção, o que libera os líderes mais capazes para lidar mais diretamente com as pessoas e grupos que precisam de *coaching* mais intenso.

Após deixar a Toyota, Convis ajudou a liderar um tradicional fornecedor da indústria automobilística norte-americana, o grupo Dana, em meio a uma transformação visceral para ajudá-la a sobreviver depois de escapar da falência. Líderes de toda a empresa tiveram de comandar uma transformação radical antes que pudessem receber o intenso treinamento em liderança Lean oferecido pela Toyota. Ainda assim, e apesar das circunstâncias, Convis e os parceiros que ele havia trazido de fora conseguiram, valendo-se de suas experiências em liderança Lean, comandar a virada e, ao mesmo tempo, estabelecer os alicerces da excelência operacional na Dana. O Capítulo 6 conta essa história e, de várias formas, reflete sobre uma situação mais comum enfrentada por empresas ocidentais em crise.

É possível para terceiros aprender com a liderança Toyota?

Compare as expectativas relacionadas à liderança Toyota com os modelos de liderança promovidos por outras empresas, e logo você perceberá um padrão característico. A maioria das companhias espera que seus melhores líderes comandem grandes mudanças, que apresentem resultados rápidos e importantes, sem antes terem sido amadurecidas ao longo dos quatro estágios do nosso modelo (ver Figura 1.1). Os que atingem os resultados obtêm todos os benefícios, e os que fracassam são substituídos – muitas vezes por "sangue novo" trazido de fora da empresa. Na verdade, nas empresas norte-americanas há quase uma expectativa de que apenas estranhos podem liderar mudanças de rumo quando a companhia enfrenta uma crise de grandes proporções. O sucesso da Toyota é obtido a partir da adaptação a cada grande desafio do mundo dos negócios – sempre liderado por alguém com décadas de experiência na própria organização. Vale lembrar que, em sua história quase centenária, a Toyota jamais empossou um presidente que não tivesse construído toda sua carreira na empresa.

Durante a maior parte de sua história no Japão, a Toyota tem formado líderes mediante um processo que consiste em desenvolver os trabalhadores ao longo de toda a sua carreira, do aprendizado à liderança. Como quase todas as culturas organizacionais, a da Toyota evoluiu de forma natural, influenciada inicialmente por seus primeiros líderes e sucessores imediatos. A segunda geração de líderes Toyota tinha íntima familiaridade com os princípios dos fundadores, já que os haviam aprendido diretamente deles. E como todas as atividades de engenharia e produção estavam concentradas no Japão, a empresa não havia necessitado, até então, formalizar sua abordagem liderança-desenvolvimento ou adaptá-la em função de diferenças culturais.

Os que têm familiaridade com religiões asiáticas, como o taoísmo, o budismo e o confucianismo, certamente reconhecerão paralelos muito próximos com o Modelo Toyota. Conceitos de uma missão que consiste em servir à sociedade, pregar e incentivar o respeito pelas pessoas, buscar continuamente a perfeição, refletir profundamente sobre o que você já atingiu e o que poderá melhorar, procurar sempre pontos fracos que levem à solução de problemas e à consequente melhoria, assumir a responsabilidade pelo seu próprio desenvolvimento e pelo desenvolvimento de outros – todos esses são elementos centrais dessas filosofias asiáticas. Contudo, a Toyota foi também pesadamente influenciada pelo Ocidente. Se o Japão é uma nação de tomadores de empréstimos, a Toyota vem tomando emprestados principalmente esteroides. Ao longo da evolução da empresa, seus líderes estiveram constantemente à espreita de novas ideias, mas jamais se dispunham simplesmente a copiar ferramentas ou programas genéricos. Problemas levam a soluções, e toda ideia nova sempre foi cuidadosamente testada, aperfeiçoada e enquadrada no sistema em evolução do STP e do Modelo Toyota. Os escritos de Henry Ford, os ensinamentos de W. Edwards Deming e o programa militar norte-americano do Treinamento na Indústria (TWI – *Training Within Industry*) são exemplos de influências importantíssimas para o desenvolvimento da Toyota. Mas esta selecionou partes de cada um deles para integrar ao seu modelo, por exemplo, o PDCA de Deming, o treinamento nas instruções de trabalho a partir do TWI e os conceitos de Henry Ford sobre fluxo e eliminação do desperdício. Essas lições foram todas integradas em um sistema e cultura comuns que não precisaram sequer ser escritos, já que estavam profundamente arraigados na liderança.

Mais tarde, com a globalização, a Toyota também precisou contratar líderes de fora de seus quadros e desenvolvê-los rapidamente, ao mesmo tempo em que geria uma operação altamente eficiente e bem-sucedida. Esta é, em essência, a história da Toyota na América do Norte. O evento fundamental para o início dessa globalização ocorreu em 1984, quando, em uma parceria de partes iguais com a General Motors, a Toyota lançou a *joint venture* NUMMI (New United Motors Manufacturing Incorporated), na Califórnia.

O lançamento da fábrica da NUMMI foi um marco na história da Toyota. De fato, a NUMMI foi sua primeira tentativa de implementar o Sistema Toyota de Produção (STP)[7] nos Estados Unidos na escala de uma fábrica de montagem integral. A primeira tentativa da empresa de transferir sua cultura organizacional, seu estilo de liderança e abordagem, para executivos norte-americanos. Convis foi o primeiro diretor executivo da NUMMI, e precisou reaprender muito do que pensava ter aprendido na GM e na Ford sobre o que era ser um líder. O processo de estudar, ajustar e desenvolver líderes Toyota norte-americanos foi vivido por Convis e estudado extensivamente por Jeff Liker – com efeito, foram os *insights* desses projetos da

Toyota ao longo dos últimos 25 anos que nos permitiram elaborar um modelo de liderança Toyota.

As experiências da Toyota no desenvolvimento bem-sucedido de líderes nos Estados Unidos e em outros países e culturas do mundo alimentam a esperança de que outras companhias também possam fazer o mesmo. Não esperamos que cada empresa ensine seus líderes a agir conforme os preceitos da cultura japonesa. Mesmo Gary Convis admite que o lento e paciente processo de desenvolvimento de líderes Toyota, mediante questionamento e orientação indireta, não é seu estilo pessoal – seu estilo mistura uma abordagem norte-americana mais categórica com a abordagem japonesa. Contudo, Convis pôde internalizar profundamente os valores centrais do Modelo Toyota, especialmente o profundo respeito pelas pessoas e a crença no incrível poder do *kaizen*. Investir a longo prazo em líderes altamente capacitados que se aperfeiçoam para viver a filosofia organizacional é algo que qualquer empresa pode fazer, desde que seus executivos seniores estejam comprometidos com a excelência.

Os quatro capítulos seguintes percorrem cada um dos estágios do Modelo Toyota de liderança, ao utilizarem principalmente histórias que contam como a Toyota desenvolveu capacidade de liderança nos Estados Unidos desde o lançamento da NUMMI, em 1984, até o presente. Depois, deixamos a Toyota um pouco de lado e analisamos como Convis e outros utilizaram a liderança no Modelo Toyota para recolocar uma empresa norte-americana em profundas dificuldades, a Dana, em uma rota positiva para a excelência operacional. Isso permitirá considerar o que outras empresas com histórias e culturas amplamente diferentes podem aprender com a forma como a Toyota desenvolve seus líderes.

A mais fundamental das lições é não tentar copiar a cultura Toyota nem utilizar uma abordagem igual ao desenvolvimento de lideranças, pois isso seria exatamente o contrário do que estabelece o Modelo Toyota – a cultura da Toyota evoluiu sem copiar nenhuma outra. Tampouco é possível "implementar" uma nova cultura, como se poderia fazer com uma peça ou *software*. As lições mais abrangentes e mais importantes residem em compreender o valor de uma filosofia de liderança sólida e coerente, investir pesada e deliberadamente no cultivo de uma cultura e no desenvolvimento de líderes, e ter formas nas quais os líderes sejam intensamente concentrados no autodesenvolvimento e no desenvolvimento de outros, para garantir a melhoria contínua de todos os processos. Temos visto muitas organizações com deficiências em todas essas áreas, por isso esperamos inspirar uma nova forma de pensar a respeito do desenvolvimento de lideranças.

Capítulo 2

Autodesenvolvimento: identificando e orientando sabiamente líderes em desenvolvimento no *gemba*

> *Só aquele ser humano que é absolutamente sincero tem condições de desenvolver plenamente a sua natureza. Sendo capaz de dar pleno desenvolvimento à sua natureza, ele se torna capaz de oferecer pleno desenvolvimento à natureza de outros seres humanos.*
>
> – Extraído de *A doutrina do meio*, de Zisi, neto de Confúcio

Líderes nascem prontos ou são criados? Essa questão da dúvida entre natureza e formação tem sido acaloradamente debatida na literatura sobre liderança há pelo menos um século. Indagada se a liderança é inata ou aprendida, a resposta da Toyota é um duplo e sonoro sim. Sim, líderes *nascem* líderes – ou, para colocar em outros termos, algumas pessoas simplesmente não têm capacidade ou pretensões de liderança, e nem todo o treinamento do mundo, seja em que forma for, poderá mudar essa situação. E, sim, líderes precisam *aprender* a ser líderes. Escolher indivíduos com potencial de liderança e dizer a eles "é assim que um líder deve ser; por favor, aja como um líder a partir de agora" é pura perda de tempo. A única forma de se tornar um líder Toyota é aprender o estilo Toyota de liderança ao longo de um processo contínuo, interminável. Espelhando-se na dedicação da Toyota à melhoria contínua de seus produtos, mesmo os líderes mais destacados na empresa estão constantemente aprendendo e reaprendendo a ser um líder Toyota. Quando era presidente da companhia, Katsuaki Watanabe costumava dizer em suas palestras para jovens executivos Toyota: "Não considero que tenha um entendimento perfeito [do Modelo Toyota] mesmo hoje, e trabalho na companhia há 43 anos".

Confúcio via o autodesenvolvimento como uma questão de prática sincera e dedicada. Em sua descrição da verdadeira busca da moralidade, lemos:[1]

Aquele que alcança a sinceridade procura o que é bom e a isso se alia firmemente. Isso envolve amplo aprendizado, pesquisa extensiva, reflexão cuidadosa, discriminação clara e prática diligente. Ao enfrentar alguma coisa que não tenha estudado (...) ou que, embora estudada, não tenha sido entendida, o importante é não desistir (...). Havendo alguma coisa que não tenha praticado, ou em cuja prática não tenha sido diligente, o homem não pode desistir. Se outro indivíduo tiver sucesso por meio do esforço, será preciso envidar uma centena de esforços. Se outro indivíduo conseguir sucesso com 10 esforços, será preciso chegar a mil esforços. Deixe que o homem trabalhe dessa forma e, por mais estúpido que seja, ele certamente chegará a ser inteligente; ainda que fraco, certamente se tornará forte.

A moralidade, para Confúcio, começa com a "cultura do eu". Trata-se de uma "busca constante para tornar-se inteiramente humano".[2] Note-se que o filósofo definiu a "condição humana" como algo que é preciso lutar para atingir. Nascemos animais e precisamos trabalhar ao longo da vida para nos tornarmos cada vez mais humanos. Essa busca comporta dimensões tanto verticais quanto horizontais que, em conjunto, formam um caminho unificado, coerente. A dimensão vertical refere-se ao autodesenvolvimento por meio do intensivo estudo autônomo e da prática deliberada, voltados à construção de uma base ética e moral. A dimensão horizontal diz respeito à necessidade de cultivar relações harmoniosas e respeitosas, começando no âmbito da família e então as ampliando para o nível da comunidade, do estado, da comunidade internacional e, finalmente, do mundo inteiro e do cosmos. Isso acontece por meio da educação, com o apoio de pessoas experientes que chegaram a um estágio de desenvolvimento superior e têm a responsabilidade moral de ensinar os cidadãos mais jovens que desejem aprender. Os "professores" continuam a ter professores responsáveis por seu aprendizado, assim como os estudantes precisam ser responsáveis por seu próprio estudo. Não nos proclamamos especialistas em confucianismo nem em qualquer das outras complexas influências religiosas e culturais presentes no Japão. Contudo, podemos ver notáveis similaridades entre os ensinamentos de Confúcio e o Modelo Toyota. Por exemplo:

- Vida inteira dedicada à busca do autodesenvolvimento, para que você tenha condições de prestar serviços à sociedade.
- Luta pela perfeição, reconhecendo-se que os humanos jamais são perfeitos.
- Abertura ao autodesenvolvimento e ao ensino continuado.
- Prática enraizada em um profundo entendimento da realidade.
- Atitude de autocrítica, com reflexões diárias sobre seus pontos fracos e sobre aquilo em que você pode melhorar.

- Profundo respeito por pessoas mais experientes que investiram em seu próprio desenvolvimento e têm algo a ensinar.
- Conceito da "responsabilidade", inclusive a responsabilidade por desenvolver os outros da mesma forma que você se desenvolve.

O renomado livro *Fora de série* (*Outliers*),[3] de Malcolm Gladwell, também busca dissipar o mito do gênio individual que, mediante puro talento natural, ascende ao topo da profissão e se torna rico e famoso. Por exemplo, ele cita um estudo do professor Lewis Terman, de Stanford, que pediu a professores da Califórnia para identificarem os melhores e mais brilhantes alunos em suas aulas; ele então submeteu esses 250 mil indicados a testes sucessivos de Q.I. e identificou 1.470 alunos com Q.I. variando entre 140 a 200. Esperando sinais extraordinários desse grupo pelo simples fato de possuírem quocientes intelectuais elevados, passou a acompanhá-los durante muitos anos. Infelizmente, porém, teve de rejeitar suas hipóteses quando constatou que o sucesso de seus objetos de pesquisa não era diferente daquele observado em uma amostragem aleatória da população. Gladwell tem uma teoria diferente: a natureza é parte da história, mas precisa ser combinada com circunstâncias que permitam prática deliberada (durante um mínimo de 10 mil horas), trabalho duro e oportunidade. Cita uma série de pessoas famosas (p. ex., os Beatles, Bill Gates, Steve Jobs) que por acaso encontraram oportunidades extraordinárias de pôr em prática suas habilidades durante muito mais tempo que seus contemporâneos e então tiveram a sorte de estar no lugar certo, na hora certa, para explorar essas capacidades. Por exemplo, Gates e Jobs casualmente nasceram em uma época em que suas extraordinárias habilidades computacionais coincidiram com o fato de chegarem à idade profissional no momento em que emergia o computador pessoal. O autor admite a existência de fatores como talento e inteligência naturais, mas sustenta que eles precisam ser combinados com estar em um ambiente apropriado, que motive o trabalho intenso, com um foco concentrado e respaldo para aprender. Ele enfatiza igualmente o papel fundamental da cultura em moldar o modo como abordamos oportunidades para o autodesenvolvimento e adotamos os riscos necessários para nos colocarmos em posições que nos permitam conquistar o sucesso em proporções anormais.

De acordo com esses princípios, na Toyota o primeiro passo no desenvolvimento de lideranças é identificar pessoas com potencial para se tornarem líderes Toyota. O desejo, até mesmo a paixão, pelo autodesenvolvimento é o traço em que a Toyota se baseia para identificar líderes em potencial. O foco no autodesenvolvimento como indicador de liderança estende-se dos membros de equipes no *gemba* aos mais altos níveis da organização. Somente aqueles que mostram impulso e capacidade para o autodesenvolvimento são promovidos ao próximo nível da liderança. E a Toyota oferece extraordinárias oportunidades para o desenvolvimento desse talento aos indivíduos que demonstram esse impulso interno. Mas a empresa não confia apenas no acaso, isto é, em pessoas que casualmente estejam no lugar certo, na hora certa. Ela cria situações específicas para desafiar as pessoas e orientá-las, de modo a produzir rotineiramente indivíduos e líderes extraordinários.

Não há como enfatizar o bastante até onde vai o limite em que a Toyota *admite* o autodesenvolvimento, uma vez que ele é extraordinariamente diferente da prática norte-americana tradicional, que enfatiza treinamento e desenvolvimento diretos e controlados. Nem é o autodesenvolvimento na Toyota análogo à abordagem "nade ou afunde", em que a empresa joga aqueles com potencial na parte mais funda da piscina e promove aqueles que conseguem manter a cabeça acima do nível da água. Baseados em nossa experiência com muitas empresas, podemos dizer que a única coisa que se aprende com a abordagem "nade ou afunde" é quem está mais disposto a afundar seus pares e subordinados. Embora algumas empresas exaltem o fato de terem uma cultura competitiva, as duas últimas décadas mostraram repetidas vezes os perigos de culturas organizacionais que permitem a ascensão não apenas dos talentosos, mas também de sociopatas que conseguem escalar rapidamente a escala hierárquica.

Para que o sistema funcionasse, a Toyota precisou dar a seus líderes e líderes potenciais espaço para o autodesenvolvimento, mantendo-os, ao mesmo tempo, suficientemente próximos, para que pudesse identificá-los e orientá-los adequadamente, a fim de se autodesenvolverem em consonância com os valores Toyota.

O autodesenvolvimento começa com o aprendizado

De que forma, então, a Toyota cria as condições que permitem às pessoas desenvolverem a si próprias e à empresa acompanhá-las de perto, a fim de identificar aquelas que cumprirão seus valores e se tornarão líderes Toyota? A empresa utiliza testes de atitude para avaliar preliminarmente os novos contratados,[4] mas não acredita que testes formais sejam úteis para determinar quem tem potencial de liderança. Originária de uma cultura agrícola, a Toyota sabe que você só pode identificar trabalhadores dedicados vendo-os agir em muitas condições desafiadoras. É coerente então deduzir que você só pode julgar lideranças pela observação direta pela maneira como as pessoas exercem essa liderança em situações desafiadoras. É claro, as pessoas só podem fazer aquilo que aprenderam a fazer, e por isso precisam de mestres que intervenham no seu desenvolvimento.

Ciclos de aprendizagem repetidos

O processo de identificação de lideranças na Toyota começa com o trabalhador mais novato recebendo treinamento de um *sensei* (que significa tanto *mestre* quanto *instrutor*). Pelos padrões norte-americanos, a Toyota faz investimentos notáveis no desenvolvimento de seus funcionários. Todos os aprendizes recebem a oportunidade de tomar a iniciativa sob a orientação de um *sensei*, cujo papel é providenciar desafios, oportunidades estruturadas e *coaching*, de modo que o *trainee* tenha a oportunidade de aprender fazendo. Cabe ao estudante, porém, elevar o nível desses desafios. Em muitos casos, o *sensei* é o supervisor imediato do estudante – e um supervisor dois níveis acima dele.

Para entender o estilo Toyota de ensinar e aprender, é mais útil pensar sobre aprender um esporte, ou um instrumento musical, do que sobre aprender modelos de liderança em um auditório com PowerPoint ou em um programa de MBA. Ninguém esperaria tornar-se um virtuose do violino ou do violoncelo assistindo a um vídeo de Itzhak Perlman ou de Yo-Yo Ma. É preciso começar com um instrutor que lhe passe exercícios selecionados, os quais você deverá ter a iniciativa de repetir e continuar repetindo até conseguir executar peças completas. O instrutor não seguirá você por todos os lados nem irá forçá-lo a continuar praticando. Por sua vez, um mestre instrutor que esteja tentando desenvolver um protegido sente-se responsável por seu sucesso ou fracasso. Assim, o estudante não é inteiramente abandonado a seus próprios recursos.

Responsabilidade é um termo de grande importância no vocabulário da Toyota, tanto para o estudante quanto para o instrutor. O aluno tem a responsabilidade de concretizar seus objetivos: é responsável por entregar resultados da maneira certa, refletir sinceramente sobre o *feedback* transmitido por seu *sensei*, assumir pessoalmente eventuais fracassos e lutar pelo autodesenvolvimento. O instrutor, por seu turno, é responsável pelo desenvolvimento do *trainee*, já que, no final, se o estudante fracassar, o fracasso será também do seu mestre, a quem caberá refletir sobre as causas desse insucesso. Trata-se verdadeiramente de um aprendizado colaborativo entre instrutor e aluno, pautado pela responsabilidade conjunta.

É muito comum as empresas esperarem que aprendamos a ser líderes por meio de um escasso curso de treinamento. A suposição que as leva a isso é que, se os líderes em treinamento entenderem os conceitos intelectualmente, suas ações espelharão esse entendimento. Infelizmente, na maioria das vezes não há uma ligação direta entre o que conceitualizamos e o que fazemos. Por exemplo, nem todo o entendimento intelectual do mundo conseguirá automaticamente fazer de alguém um grande tenista, músico ou cozinheiro. Um conjunto de habilidades básicas precisa ser aprendido por meio da repetição e por aquilo que hoje se conhece como "prática profunda". O muito citado número de 10 mil horas de prática nos leva a pensar na direção certa.[5]

Uma das mais claras instruções sobre como praticar um instrumento musical vem de um acampamento de verão para crianças consideradas talentos promissores, a escola Meadowmount, localizada no estado de Nova York, Estados Unidos.

A instituição adota três regras simples, lógicas, que acreditamos que se apliquem ao aprendizado de qualquer habilidade:

- Pratique mais lentamente, depois mais lentamente, e depois *ainda mais* lentamente. A regra de ouro é: se alguém que passar casualmente por ali reconhecer a canção, ela não está sendo praticada da forma correta. Os circuitos de habilidade não "se importam" com a rapidez com que você avança; o que interessa é "acioná-la" corretamente – a mesma regra seguida pelos tenistas treinados em Spartak, a academia de Moscou formadora de vários tenistas russos que conquistaram renome mundial.
- Divida a habilidade em fatias, e então passe a reconstruí-la. Os jovens talentosos de Meadowmount recortam suas partituras em tiras, aprendem cada uma delas e só então reconstituem a peça na íntegra. Esse ato de reconstrução (que, segundo reza a lenda, foi a maneira como o adolescente Benjamin Franklin aprendeu a escrever seus ensaios) funciona porque espelha exatamente e reforça os circuitos de habilidades desejados, que são, afinal de contas, conexões literais em nossos cérebros.
- Localize os erros. Os talentos de Meadowmount praticam o que chamam de "discernimento": localizar o erro e usá-lo para chegar às notas corretas – o fundamento da prática profunda.

Naturalmente, aplicar conselhos como esses à liderança exige compreender as habilidades fundamentais requeridas para a liderança. A seguir, apresentamos uma seleção de algumas das mais importantes capacitações para a liderança Toyota.

- Observação ativa e isenta de preconceitos do trabalho da organização.
- Capacidade de ouvir, para saber o que as pessoas estão realmente dizendo.
- Pensamento sistêmico.
- Conhecer os pontos fortes e fracos de cada pessoa.
- Definir os problemas com clareza e identificar sua(s) causa(s).
- Planejamento.
- Identificar criativamente contramedidas para as verdadeiras causas.
- Transformar planos em ações com responsabilidade clara.
- Dedicar tempo e energia à reflexão profunda, a fim de identificar novas oportunidades de melhoria.
- Motivar e incentivar pessoas de toda a organização (sem autoridade direta) para a concretização de objetivos comuns.
- Ter a capacidade de falar aos outros a respeito de todos os pontos anteriormente elencados.

Você pode tomar qualquer uma dessas complexas habilidades, dividi-las em partes, praticá-las sem pressa, obter *feedback* sobre os erros, adotar medidas para corrigi-los mediante mais prática e continuar até ter atingido algum nível de competência. Como em qualquer habilidade complexa, é possível continuar refinando essas habilidades durante décadas, com um professor capacitado, em vez de gastar uma ou duas semanas em um seminário de liderança. Uma explicação detalhada de como a Toyota realiza treinamento em tarefas manuais relativamente repetitivas utilizando o método do "treinamento da instrução do trabalho" encontra-se em *O Talento Toyota*, e o processo se adapta admiravelmente bem às regras de Meadowmount.[6] É claro que a liderança constitui um dom que não pode ser dividido em passos de dois segundos, cada qual praticado repetidas vezes. Os comportamentos são complexos demais. Mas pense no conceito de aprender com o passar do tempo, treinando, recebendo *feedback*, tentando de novo e repetindo o ciclo incontáveis vezes; isso certamente pode ser aplicado a qualquer uma das habilidades de liderança.

O ciclo *shu ha ri* de aprendizado

Os princípios básicos do aprendizado Toyota podem ser relacionados aos ensinamentos do zen-budismo,[7] mas não são uma exclusividade da companhia. O pesquisador e autor Mike Rother encontra paralelos entre os métodos de ensinamento da Toyota e o conceito japonês de *kata*.[8] *Kata*, que significa literalmente "forma", é a base do ensinamento de muitas artes japonesas, entre elas o *karate*, o *kabuki* ou a cerimônia do chá, e constitui a forma como as pessoas aprendem a desempenhar uma tarefa altamente detalhada e ritualizada. Nos primeiros estágios, o aluno aprende os fundamentos pela repetição de habilidades individuais que vão sendo gradualmente interligadas no todo. No começo, ele precisa copiar exatamente o que o instrutor faz, sem questionamentos ou variações. À medida que essas rotinas se tornam uma segunda natureza, o estudante está apto a encontrar suas próprias adaptações, a fim de melhorar naquilo que lhe foi ensinado – suas próprias interpretações.

O centro do *kata* é o círculo de aprendizado em camadas, cada qual chamado, em japonês, de *shu ha ri*. Esses três termos se referem a três estágios de aprendizado para o estudante e a três níveis de envolvimento para o professor: *shu* significa "proteger", *ha* corresponde a "romper os laços" e *ri* é traduzido como "liberdade para criar".

Na fase do *shu*, o aluno é cuidadosamente observado pelo instrutor, que em certo sentido o está protegendo, bem como ao produto do trabalho, do fracasso. No estágio do *ha*, o estudante tem mais liberdade para praticar sem supervisão, embora o mestre continue acompanhando seu progresso; o aluno pode aplicar as regras com criatividade, mas ainda assim continua a seguir o formato padrão rigidamente estabelecido. No estágio do *ri*, as regras e comportamentos já foram de tal forma absorvidos, que o estudante deixa de pensar conscientemente em sua existência. As ações surgem naturalmente, e o *trainee* alcança a condição de desenvolver seu próprio entendimento e melhorar aquilo que aprendeu até ali. Esse ciclo prossegue durante toda a vida do indivíduo. E é um ciclo de aprendizado porque o aluno passa pelo *shu ha ri* vezes sem conta, cada vez mais profundamente, retornando periodicamente a seus fundamentos.

É fundamental entender que, no ciclo *shu ha ri*, o sucesso não é atingido no momento em que o estudante consegue imitar perfeitamente o seu mestre. Esse é apenas o estágio do *ha*. E é também um erro que muitos que estudaram superficialmente a cultura japonesa ou da Toyota cometem quando concluem que essa abordagem produz autômatos incapazes de pensar por si próprios. A verdadeira medida do sucesso no ciclo de aprendizado Toyota é atingir o estágio *ri*, quando o *trainee* não apenas age inconscientemente como um clone do instrutor, mas dominou o processo tão profundamente que consegue aplicar alterações que melhoram aquilo que aprendeu. Para retomar nossa analogia do violinista, músicos e apreciadores de música clássica sabem que há um mundo de diferenças entre alguém que é tecnicamente proficiente e alguém que interpreta uma peça com seu próprio estilo. É a diferença entre o violinista da quarta fila na orquestra e o solista aclamado.

Shu ha ri na prática

O *shu ha ri*, base de todo o aprendizado na Toyota, começa no primeiro dia de trabalho de um funcionário não qualificado da linha de montagem. Esse trabalhador precisa aprender a montar as partes de um veículo de forma padronizada, repetindo sempre a mesma operação. O trabalhador de uma linha de montagem da Toyota aprende com a utilização do método da instrução do trabalho, que começa com o desmembramento de uma função de ciclo curto (de um a três minutos) em suas partes componentes mais básicas, cada qual durando apenas alguns segundos.

No estágio do *shu*, o trabalhador aprende perfazendo um ciclo composto de ações de ver, tentar, dizer e praticar. Ele vê o instrutor executar determinado passo e tenta fazer a mesma coisa. Em seguida, o instrutor repete o passo, dessa vez falando em voz alta o nome do passo e esclarecendo alguns dados básicos sobre ele, e então pede ao estudante que faça o mesmo. O instrutor repete então mais uma vez o mesmo passo, denominando-o e relatando seus pontos básicos – agora, porém, acrescentando o motivo pelo qual esses pontos são importantes –, e pede ao aprendiz que repita tudo isso. Por meio da repetição, o trabalhador aprende a executar aquele passo e se capacita para o próximo.[9]

À medida que o aprendiz se aperfeiçoa em cada passo, ele começa a encadeá-los, terminando por aprender o trabalho todo. Durante o estágio do *ha*, o instrutor continuará por perto, acompanhando e verificando a ação do aprendiz. Com efeito, é o professor o principal responsável por levar o aprendiz a executar suas tarefas dentro do tempo especificado e com boa qualidade. O *trainee* deve executar o trabalho exatamente de acordo com as especificações, até conseguir atingir o ponto do *ri*, quando deverá estar apto a realizar sua função sem pensar. Nesse estágio, quando as ações necessárias para completar o trabalho são habituais, o trabalhador pode centrar-se em observar o procedimento de trabalho como um todo e assumir a responsabilidade por melhorá-lo – e atingir ainda outros resultados. A execução precisa, consistente e exata de cada função na linha de montagem é chamada, na Toyota, de *trabalho padronizado*. O trabalho padronizado é requisito fundamental do Sistema Toyota de Produção (STP) e possibilita a identificação de "pessoas que se autodesenvolvem". O trabalho padronizado não é, porém, estático. À medida que novas melhorias são acrescentadas ao trabalho por funcionários do estágio *ri* empenhados em sua execução, elas vão sendo incorporadas ao trabalho padronizado.

A Toyota considera qualquer função suficientemente importante para ser ensinada dessa forma meticulosa, detalhada, e considera obrigação de todos os funcionários da empresa tornar-se mestres em suas especialidades. O trabalho de um minuto para instalar um cinto de segurança é crucial para a segurança do motorista, e a precisão é necessária tanto por questões de qualidade quanto para atingir o mais alto nível de produtividade e eficiência. Mas não são apenas as funções de linha de montagem que mantêm esse padrão.

Por exemplo, Kazuhiko Miyadera, ex-vice-presidente executivo de pesquisa e desenvolvimento para a Europa, contou a Jeff que seu período mais intenso de aprendizado quando ainda era um jovem profissional no Japão ocorreu quando foi designado para trabalhar, durante um ano, sob a orientação de um projetista mestre (na verdade desenhista) de painéis de instrumentos. No momento em que o projeto chega a essa pessoa, a aparência do painel de instrumentos em geral já está definida. Em muitas empresas ocidentais, pessoas que desenham artefatos como painéis de instrumentos (ou seja, o *layout*, as dimensões e o projeto detalhado da localização dos itens no painel, em contraposição à engenharia mecânica ou elétrica nos bastidores) são funcionários com horário certo, e seu trabalho é supervisionado por um engenheiro diplomado. Contudo, embora Miyadera, ao contrário do projetista mestre, tivesse diploma de Engenharia, foi mandado passar um ano cumprindo aquilo que seria, de uma perspectiva diferente da Toyota, trabalho subalterno. Na cultura Toyota, porém, passar um ano como discípulo de um dos mais renomados projetistas da empresa constituía elevada honraria. O trabalho de Miyadera durante aquele ano, como aprendiz, foi desenhar uma pequena parte de um painel de instrumentos nos mínimos detalhes, sob rigorosa supervisão; o projetista mestre sob cuja direção ele trabalhava fazia o restante.

Todos os dias, Miyadera, de lápis na mão, ia para a prancheta de desenho. Uma vez que outra, o mestre criticava alguma coisa que o pupilo havia desenhado, mas deixava sempre a cargo do futuro vice-presidente pensar na melhor forma de corrigir aquele ponto fraco; em outras palavras, o mestre apontava as deficiências, mas nunca chegava a dizer como consertá-las. Com o passar do tempo, Miyadera passou a dominar o conhecimento da forma e das funções de um painel de instrumentos. E se deu conta de que o projetista realizava um trabalho fundamental de engenharia. Pela perspectiva da cultura de aprendizagem da Toyota, para que Miyadera comandasse engenheiros, precisava, em primeiro lugar, dominar as habilidades básicas da engenharia. Ele estava seguindo o ciclo *shu ha ri*, começando pela atividade mais elementar de qualquer engenheiro. De fato, Miyadera contou a Jeff ter aprendido mais sobre a verdadeira engenharia naquele ano do que em qualquer outro de sua vida.

Shu ha ri para além da Toyota

Alguns observadores da Toyota questionam se essas práticas, imbuídas como são da cultura japonesa, podem produzir resultados em outras empresas. Quanto a isso não há dúvida de que o sucesso da Toyota no projeto e na construção de carros nos Estados Unidos é um poderoso argumento em prol da aplicabilidade geral desse modelo. É claro, os negativistas argumentam que, embora tais práticas sejam utilizadas nos Estados Unidos, a cultura organizacional geral permanece japonesa, o que contribui em muito para seu sucesso. Certamente, concordamos que a cultura Toyota é única e que constitui a base do sucesso da empresa, mas, ainda assim, a abordagem *shu ha ri* está tão profundamente incorporada à cultura ocidental quanto arraigada na cultura japonesa, tendo sido a abordagem de ensino/aprendizagem predominante até o início do século XX. O método *shu ha ri* possui importantes paralelos com o método socrático e é, em sua essência, idêntico ao modelo de aprendizado de instrução. Até a Revolução Industrial, quando foi desenvolvida a produção em massa, muitas habilidades eram ensinadas aos aprendizes pelos mestres, começando com o sistema das guildas na Idade Média; em alguns negócios, como o das canalizações, tal prática continua até os dias de hoje. Por certo, é também altamente visível no mundo dos esportes. Quantas vezes não ouvimos técnicos ou atletas do mais alto nível falarem a respeito da necessidade de "voltar aos fundamentos" ou de "focar os fundamentos"? Mesmo no auge de seu sucesso, o campeão de golfe Tiger Woods costumava voltar aos fundamentos do seu *swing*, retrabalhando-o e começando de novo para, de certa forma, reaprender o golfe em um nível mais profundo, às vezes recuando para poder avançar. Isso é o ciclo do *shu ha ri*, e ele nunca se esgota.

Essa abordagem também está fazendo um retorno, completamente independente da Toyota, entre aqueles que estudam os métodos educacionais (e atende pela denominação de "aprender fazendo"). Acadêmicos mais jovens têm descoberto que o aprender fazendo com um *coach* é uma forma muito natural de um adulto aprender novas atividades. (Ver "O modelo Dreyfus comparado com o *shu ha ri*" para um resumo do processo de Dreyfus e seu modelo de cinco passos, que é muito similar ao *shu ha ri*.)[10] Infelizmente, a educação no Ocidente abandonou quase por inteiro esse método, em benefício de um modelo orientado para conferências, no qual "ensinar" é definido como mostrar ou contar aos estudantes o que pensar ou fazer, e então fornecer-lhes atalhos que abreviem seu caminho rumo à proficiência. Esse método de conferência é hoje comum em toda parte no mundo ocidental, do ensino médio às universidades e aos estabelecimentos ligados às organizações.

Antes de passarmos ao debate sobre como o *shu ha ri* prepara o terreno para o autodesenvolvimento e a identificação de líderes, cabe destacarmos um aspecto final do ciclo Toyota de aprendizagem. O papel do *sensei* na Toyota é profundamente diferente daquele do instrutor ou especialista em liderança que profere conferências. A abordagem do aprendizado baseado em palestras traz implícita a suposição de que o palestrante ou instrutor conhece as respostas e que seu valor reside em oferecer atalhos para o domínio de uma habilidade. Em essência, a mensagem é que, se os *trainees* prestarem atenção ao modo como o mestre realiza determinado procedimento, poderão dar por concluído o longo e árduo processo de aprender, eles mesmos, pela prática. Em contrapartida, o valor do *sensei* está em garantir que o estudante não tome nenhum atalho. A suposição implícita aqui é a de que os atalhos podem produzir ganhos rápidos em eficiência, mas, ao fim e ao cabo, impedir que o aprendiz compreenda e domine realmente aquela habilidade, resultando, mais tarde, no fracasso sistêmico. No ciclo *shu ha ri* não existem atalhos; você precisa demonstrar verdadeiro domínio de um passo, antes de prosseguir para o seguinte.

O modelo Dreyfus comparado com o *shu ha ri*

Os autores Dreyfus e Dreyfus[11] descobriram que ao aprenderem habilidades que exigem boa dose de avaliação, como jogar xadrez, as pessoas avançam ao longo de cinco estágios: 1) novato, 2) iniciante avançado, 3) competente, 4) proficiente e 5) especialista. À medida que avançam no aprendizado, elas passam da rígida adesão a um conjunto de regras apresentado pelo professor à liberdade de utilizá-las de maneira flexível e inovar. Vejamos os cinco estágios:

1. *Novato.* Tem de seguir rigidamente as regras do instrutor, sem qualquer desvio. O instrutor divide a tarefa em elementos individuais básicos, ensinados um de cada vez.

2. *Iniciante avançado.* Neste nível, a pessoa pode começar a juntar os elementos em combinações de passos que formem uma rotina, mas cada um desses elementos ainda é tratado separadamente. O aluno não pode adaptar as rotinas à situação.
3. *Competente.* Consegue desempenhar sem problemas as rotinas, não se prendendo aos seus componentes, e pode começar a observar objetivos de longo prazo, bem como a adaptar as rotinas a situações diferentes.
4. *Proficiente.* Tem uma visão holística da situação e consegue aplicar rotinas apropriadas para resolver os problemas que vão surgindo. Segue regras básicas de aplicação como diretrizes.
5. *Especialista.* Não precisa mais de regras de aplicação para fins de controle e pode intuitivamente adaptar rotinas a cada situação. Tem um profundo entendimento das ferramentas e dos princípios, do modo como aplicá-los, e conhece as razões específicas de rumos específicos de ação.

Os dois primeiros estágios do modelo Dreyfus são similares ao estágio *shu*, o terceiro assemelha-se ao estágio *ha*, e o quarto e quinto parecem corresponder ao estágio *ri*. Uma diferença está na filosofia que orienta o *shu ha ri* (e o Modelo Toyota) não existem "especialistas". Por mais avançado que seja o nível das habilidades de alguém, sempre haverá algo mais a aprender.

Shu ha ri e liderança

Ainda que seja fácil verificar de que forma o *shu ha ri* se aplica a trabalhos manuais como aqueles presentes em uma linha de montagem, você poderia questionar como essa abordagem funciona para além dos limites do chão de fábrica. Aprender a ser um líder é, naturalmente, muito diferente de aprender a instalar um para-choque em um Corolla – a liderança não pode ser dividida em tarefas de um minuto (não importa quantos exemplares de *O gerente-minuto* [*The one-minute manager*] estejam em circulação). Mas, na Toyota, *shu ha ri* é a premissa básica para o treinamento e desenvolvimento de todos os trabalhadores, inclusive os líderes. Vimos como Miyadera passou por esse ciclo de aprendizagem em engenharia, e é algo comum para os engenheiros em seu primeiro ano de companhia trabalhar em funções de produção durante meses e mais tarde passar até um ano aprendendo o sistema CAD (desenho assistido por computador), dando seguimento, assim, ao ciclo do *shu ha ri*.

Um típico líder Toyota do setor de produção começou como trabalhador de linha de montagem, passando pelos ciclos do *shu ha ri* a fim de desempenhar cada função realizada na equipe, até atingir o ponto de poder ensiná-las. Tendo atingido o estágio *ri* de cada função, foi designado para desempenhar algumas das funções individuais de um líder de equipe, assumindo essa responsabilidade, por exemplo, durante as férias do líder de equipe. Por fim, conquistou o direito de liderar a equipe em tempo integral, sob a minuciosa inspeção de seu supervisor, chamado de líder do grupo. Esse ciclo é repetido quando os líderes de equipe se tornam líderes de grupo e os líderes de grupo são promovidos a subgerentes. Mesmo gerentes de fábrica normalmente começam suas carreiras construindo automóveis. Quando um líder de sucesso é promovido a uma posição de maior responsabilidade e desafio, ele retorna aos princípios iniciais e começa tudo de novo, passando por uma versão do *shu ha ri*: primeiro, aprende cada uma das funções da área como padrão; depois as pratica até o ponto em que a liderança se torna natural; e, finalmente, lidera uma grande iniciativa na área, ao mesmo tempo em que desenvolve seus subordinados. Esse modelo vem sendo seguido desde os primórdios da Toyota, quando foi estabelecido por Taiichi Ohno.

Taiichi Ohno é o arquétipo do *sensei* Toyota. Nas décadas de 1950 e 1960, com o patrocínio executivo do então presidente Eiji Toyoda, Ohno criou o Sistema Toyota de Produção no chão de fábrica, mediante tentativa e erro. Ohno foi também o responsável pelo treinamento da geração seguinte dos líderes seniores da Toyota. Era um instrutor rigoroso mas compassivo, e muitos de seus alunos, como o ex-presidente Fujio Cho, cresceram a ponto de figurar entre os principais líderes da empresa. Ohno não estava particularmente interessado em expor terminologias e teorias específicas a seus discípulos; em vez disso, pretendia moldar a maneira de pensarem a respeito dos problemas e de agirem para enfrentá-los. Ele concretizou tudo isso sem praticar muito "ensino", não, pelo menos, o ensino que as plateias ocidentais reconheceriam como tal. Na verdade, Ohno acreditava que o desenvolvimento mais importante provinha da experiência do dia a dia no *gemba* – onde o trabalho é realizado.

Uma das mais famosas técnicas de ensino de Ohno envolvia o uso do "círculo de Ohno". Enquanto trabalhava com um determinado discípulo, Ohno desenhava um círculo no chão da fábrica e pedia àquele discípulo para permanecer dentro dele. Então deixava o local, às vezes durante horas. Intermitentemente, voltava ali para fazer perguntas: "O que você viu? Por que isso aconteceu? O que você aprendeu?". Ohno não fornecia muito *feedback* para as respostas do aluno: simplesmente fazia perguntas difíceis e resmungava em tom de desaprovação quando não gostava da resposta. A pressão era tremenda, mas ela vinha do interior do próprio aluno, à medida que ele se esforçava ao máximo para agradar a seu respeitado instrutor. No final do dia, Ohno normalmente se satisfazia com o fato de o aluno ter aprendido a observar o entorno com mais profundidade, e dispensava-o dizendo simplesmente "por favor, vá para casa". Os estudantes menos afortunados tinham de retornar ali no dia seguinte, para mais lições. O que Ohno ensinava por meio de seu estilo único era apenas o primeiro estágio de uma habilidade específica da liderança – a capacidade de observar e analisar a situação real em profundidade e sem ideias preconcebidas. Esse é um dos valores centrais da Toyota e um aspecto fundamental de seu modelo de liderança.

Shu ha ri e a história do desenvolvimento de um jovem líder no *gemba*

Um líder Toyota não pode ensinar aquilo que não for capaz de fazer, e uma das habilidades mais básicas de liderança é propiciada pelo método de solução de problemas que Ohno fazia questão de que todos os seus discípulos dominassem. O exame de um exemplo real pode ajudar a compreender melhor esse fato. O *sensei*, nesse caso, era um homem com 30 anos de Toyota e discípulo de Ohno, Rikio Iitaka. O discípulo era Yuri Rodrigues, um funcionário que havia sido contratado por Gary Convis por demonstrar notável potencial de liderança. Yuri, um profissional ágil e dinâmico, fora contratado depois de trabalhar para uma *joint venture* BMW-Chrysler que construía motores no Brasil. Diplomara-se em Engenharia Industrial por uma universidade de ponta e tornara-se figura proeminente na *joint venture*, ascendendo a níveis cada vez mais elevados de responsabilidade. A fábrica em que trabalhava era reconhecida pelas matrizes da *joint venture* como modelo de produção Lean, e ele próprio era conhecido como um especialista cada vez mais refinado em métodos Lean. De fato, sua oportunidade seguinte seria voltar à Chrysler nos Estados Unidos como subgerente de fábrica. Gary ofereceu-lhe um cargo na Toyota Motor Manufacturing Kentucky (TMMK), mas explicou que precisaria aceitar uma posição alguns níveis abaixo daquilo que a Chrysler estava oferecendo e então ascender na hierarquia demonstrando seu conhecimento do Sistema Toyota de Produção. Supreendentemente, Yuri teve discernimento suficiente para compreender que não era tão especialista quanto a Chrysler pensava e que poderia chegar a um nível mais elevado na carreira se passasse a trabalhar para a Toyota.

Yuri tinha algumas questões pendentes com seu visto, e por isso Gary acertou com ele que, naquele ano, ficaria trabalhando em uma fábrica da Toyota no Brasil, com seu salário saindo do orçamento da fábrica do Kentucky – em resumo, pagando por um ano de treinamento. Yuri foi nomeado subgerente de montagem na fábrica brasileira, com responsabilidade pelo exterior, chassis e linhas finais, embora não tivesse nenhuma experiência em uma linha de montagem. Na primeira humilhante experiência de Yuri com seu "padrinho", Rikio Iitaka usou o famoso "círculo de Ohno", pedindo-lhe que permanecesse em um dado local (no interior do círculo traçado no chão) e pensasse em ideias de *kaizen* para o departamento de chassis da linha de montagem. Feito o pedido, o *sensei* retirou-se. No começo, Yuri resistiu; afinal, era um engenheiro industrial profissional, e não precisaria realizar tarefa assim tão elementar. Depois de 20 minutos, quando o *sensei* voltou, ele olhou para o caderno de Yuri e viu cinco ideias escritas. A seguir, voltou os olhos para Yuri, mexeu a cabeça em sinal de desaprovação e proclamou: "Bobagem, bobagem, bobagem. Escreva 25 ideias nos próximos 10 minutos". Percebendo a dureza do tom do instrutor e a dificuldade da tarefa, Yuri passou a refletir se, afinal de contas, era realmente aquele engenheiro tão competente quanto pensava ser.

O próximo grande desafio consistiu em resolver um problema real de qualidade. No pátio da fábrica, havia uns 55 carros com defeito esperando para ser consertados. Valendo-se de sua especialização em engenharia, Yuri calculou que os defeitos procediam do departamento de montagem, resultantes de um torque inconsistente nas parafusadeiras. Os membros da equipe usavam parafusadeiras relativamente primitivas, que exigiam maior torque na hora de apertar os parafusos, algo que ele não havia esperado, uma vez que, no emprego anterior, os trabalhadores tinham sempre utilizado ferramentas de torque mais sofisticadas que se desligavam automaticamente quando o torque atingia o nível estabelecido.

Yuri apresentou à alta administração sua proposta de solução, que era comprar parafusadeiras com ajuste de torque, esperando que seu *sensei* ficasse orgulhoso de seu talento para a solução de problemas. Em vez disso, o *sensei* interrompeu a apresentação de Yuri para dizer: "Muito bem, vejo que você conteve o problema. Mas quer realmente que eu mande comprar novas parafusadeiras de 400 dólares cada para todo mundo na fábrica? Porque, se essa é solução para o problema, como você garante, é isso que precisarei fazer. Então, sugiro que você volte lá e observe um pouco os membros da equipe, para ver se consegue realmente entender a situação que enfrentamos".

Isso fez Yuri voltar à prancheta de desenho. O resultado foi uma penosa odisseia de soluções e reações negativas. Por exemplo, ele descobriu que algumas das ferramentas eram velhas demais e não conseguiam dar o torque necessário, e perguntou se podia substituí-las. Ao que respondeu o *sensei*: "Não. Pense um pouco mais".

Por fim, Yuri conseguiu lembrar-se dos primeiros dias de seu treinamento em resolução de problemas, em especial do método dos Cinco Porquês: pergunte cinco vezes "por quê?" para chegar à causa original do problema. Assim, logo se deparou com duas causas. Primeiro, os membros da equipe não eram bem treinados. Quando um deles apertava parafusos usando as ferramentas mais primitivas de impacto, deveria conseguir ouvir um som diferente no momento em que atingisse o nível certo de torque. Mas ninguém ali sabia disso. Yuri fiscalizou de perto o trabalho dos integrantes de uma linha inteira de produção e constatou que 40% deles não sabiam sentir nem ouvir quando era atingido o torque adequado. A segunda causa era o deficiente sistema de manutenção das parafusadeiras: estavam ficando gastas, e não havia ninguém encarregado de sua manutenção, nem mesmo de trocá-las antes que chegassem a esse estágio – não havia, em suma, manutenção preventiva. Yuri fiscalizou também a manutenção de outras ferramentas e constatou que a manutenção preventiva era deficiente em toda aquela linha.

Assim, desenvolveu um programa de treinamento, revisou o trabalho padronizado para deixar clara a importância da detecção auditiva e trabalhou com o departamento de manutenção a fim de desenvolver um programa de manutenção preventiva. Passados cinco meses, os carros com defeitos haviam desaparecido do pátio da fábrica e os problemas de torque insuficiente estavam reduzidos a praticamente zero. Defeitos de qualidade na montagem de frisos interiores foram reduzidos de 0,3 defeito por automóvel para 0,1, e o custo da manutenção das ferramentas caiu de US$ 9 a unidade para US$ 1,50. No final das contas, Yuri não precisou comprar aquelas parafusadeiras de 400 dólares cada, e o programa de manutenção teve amplo impacto em toda a fábrica. Yuri passara por um decisivo ciclo de aprendizado *shu ha ri* e, perfazendo outros tantos mais, tornou-se um gerente Toyota de sucesso.

Como o *shu ha ri* permite e ajuda a identificar o autodesenvolvimento

Já demonstramos que o ciclo *shu ha ri* de aprendizado é a base que garante aos indivíduos espaço para autodesenvolver-se, ao mesmo tempo em que permite aos líderes avaliar meticulosamente o compromisso de cada indivíduo com seu autodesenvolvimento. É, portanto, um instrumento que ajuda os líderes a identificarem as pessoas certas para ascender à liderança na Toyota. Existem cinco aspectos do *shu ha ri* que produzem esses resultados:

- Trabalho padronizado (a folha de operação padrão);
- Profunda observação pelo *sensei*, a título de orientação;
- Nada de respostas, para permitir que o aluno aprenda por seu próprio empenho;
- Desenvolvimento no local de trabalho, para obter prática e *feedback*;
- Desafios crescentes para aumentar a capacidade dos aprendizes.

Examinemos esses pontos, um por um.

Trabalho padronizado como alicerce do aprendizado

Ambos ainda lembramos com clareza a primeira visita que fizemos a uma fábrica da Toyota que operava com o máximo de eficiência. Para Gary, a experiência aconteceu pouco depois de ser contratado como diretor executivo da NUMMI (New United Motor Manufacturing Inc.), a *joint venture* da Toyota com a General Motors, quando foi ao Japão visitar a fábrica de Takaoka, que viria a ser o campo de treinamento para os novos trabalhadores norte-americanos da Toyota. Para Jeff, a lembrança data de sua primeira visita ao Japão, no começo da década de 1980, quando visitou fábricas de motores e montagem da Toyota, bem como fábricas de fornecedores da companhia. Ambos ficamos chocados ao comparar o que víamos com tudo aquilo a que estávamos acostumados nas fábricas automobilísticas norte-americanas. Não havia máquinas paradas, com trabalhadores ociosos à volta esperando que algum especialista em reparos arranjasse um tempinho para resolver os problemas. Os trabalhadores não andavam de um lado para outro, aleatoriamente, buscando peças e ferramentas. A impressão que tínhamos era a de uma máquina incrivelmente sintonizada – até mesmo de uma trupe de dançarinos executando uma coreografia perfeita.

Para Gary, em especial, suas semanas de treinamento no Japão para a NUMMI foram nada menos que espantosas. Depois de trabalhar durante anos em companhias automobilísticas norte-americanas relativamente indisciplinadas, foi um choque ver membros de equipes seguindo o processo padrão exatamente de acordo com o programado. Por exemplo, ninguém jamais perdia um cartão de *kanban* (usado para acompanhar o fluxo de peças a fim de administrar a entrega *just-in-time*). Ninguém jamais se esquecia de colocar o cartão no sequenciador no momento certo. Ninguém jamais puxava um *kanban* dos contêineres para antecipar a encomenda de peças. E ele praticamente não conseguia divisar movimentos desperdiçados nas rotinas cuidadosamente coreografadas dos trabalhadores. No Japão, frequentemente são feitas alusões à tradicional cerimônia do chá, em que as ações dos que o servem são cuidadosamente coreografadas para criar uma experiência estética o mais prazerosa possível para o convidado. Na verdade, anos depois, em uma viagem ao Japão, Akio Toyoda (atual presidente da Toyota) levou Gary a um cerimonial do chá. Perguntou-lhe, com toda a naturalidade, o que enxergava ali. Depois descobrimos que aquela era uma das formas preferidas de Akio para ensinar o poder do trabalho padronizado.

Ainda assim, o sistema não era rígido. Pelo contrário, como no caso dos servidores do chá, a precisão e a exatidão com que os membros das equipes desempenhavam suas funções eram resultado de um esforço concentrado para chegar cada vez mais perto da perfeição. A abordagem padronizada melhora a qualidade e a produtividade da manufatura, bem como proporciona a base para que os membros das equipes se aperfeiçoem na sua aplicação.

Temos constatado que, para muitos norte-americanos, o conceito do trabalho padronizado é algo assustador, talvez trazendo à lembrança a versão cômica de Charlie Chaplin para a produção industrial despersonalizada (no filme *Tempos modernos*, de 1936) ou o mais recente *The Stepford Wives* (*Mulheres perfeitas*). Mesmo os que aceitam o conceito de linha de montagem são muito resistentes à ideia de que ele se aplique a qualquer outro lugar de uma empresa. Ainda que essas dúvidas sejam compreensíveis, elas não passam do resultado de não se perceber uma parte fundamental do trabalho padronizado: ele cria tanta liberdade quanto sacrifica, se não mais.

A dedicação absoluta ao trabalho padronizado na Toyota surgiu pela mais pura necessidade. A companhia criou a abordagem do *just-in-time* na manufatura simplesmente porque não tinha condições de manter estoques. O *just-in-time* manteve o limitado capital de giro da Toyota girando, e não parado em armazéns ou paletes ao lado da linha de montagem. Obviamente, a produção *just-in-time* comporta um risco enorme: quando alguma coisa dá errado, não há folga no sistema. Se você de repente acaba sem uma peça, a linha de montagem inteira é paralisada. Por isso mesmo, tornou-se imperativo para a Toyota não só reduzir os erros, mas eliminá-los. O trabalho padronizado é, acima de tudo, uma ferramenta para eliminar erros.

Contudo, muita gente não entende exatamente como essa pode ser uma ferramenta para a eliminação de erros. Se para você o trabalho padronizado consiste tão somente no repetitivo cumprimento de um roteiro, então tudo que ele fará será limitar os erros. Seres humanos são falíveis, as circunstâncias são incontroláveis e, portanto, por maior que seja a precisão que você consiga colocar no roteiro do comportamento desejado, ainda assim poderá esperar um grande número de erros.

Para entender como o trabalho padronizado é realmente aplicado na Toyota, primeiro é preciso compreender que os seres humanos têm uma capacidade limitada de prestar atenção. Sem o trabalho padronizado, toda a atenção dos trabalhadores precisa ser dirigida para os mínimos detalhes do trabalho: "Onde está a ferramenta? Onde está a peça? Qual deve ser o ajuste deste fixador?". Com o trabalho padronizado, à medida que o trabalhador avança para o *shu*, depois para o *ha* e por fim para o *ri*, esses detalhes mínimos podem se tornar tão rotineiros que ele não precisará mais gastar sua atenção com eles. Aqueles que param ali, pensando que seus empregos devem ser tão aborrecidos que nem pensar exigem, não entenderam nada. Na Toyota, o propósito de desconsiderar a necessidade de prestar atenção aos detalhes da função é levar o trabalhador a prestar atenção ao quadro mais amplo e encontrar meios de melhorar o processo que não apenas limitem os erros, mas os eliminem. Insistimos conscientemente no argumento de que o trabalho padronizado não é estático, mas fundamental. Na Toyota, em suas melhores fábricas, cada função está sob a constante supervisão dos trabalhadores que a executam – e sempre sendo aperfeiçoada.

O trabalho padronizado desempenha também um importante papel na identificação de "pessoas que se autodesenvolvem", fornecendo um parâmetro para medir sua evolução de forma acurada. Em muitas empresas, os processos ou metas são definidos de maneira vaga, e com isso se chega a uma situação em que é relativamente difícil avaliar se uma mudança proposta é de fato uma melhoria ou simplesmente outra forma de realizar determinada tarefa. Trata-se de um problema que temos visto com frequência em companhias que procuram imitar a Toyota, especialmente seu sistema de sugestões de funcionários, que é, em parte, uma ferramenta para melhorar o trabalho padronizado. Na verdade, esse é um problema que o próprio Gary enfrentou quando deixou a NUMMI para assumir a presidência da Toyota Motor Manufacturing Kentucky (TMMK), a primeira fábrica de propriedade exclusiva da Toyota nos Estados Unidos.

Sistemas de sugestões são fáceis de burlar quando você deixa o trabalho padronizado em segundo plano. Corretamente compreendido, o propósito de um sistema de sugestões não é apenas melhorar o processo, mas também proporcionar aos trabalhadores a oportunidade de se autodesenvolverem. Um indivíduo pode tomar a iniciativa, identificar um problema e sua solução, canalizando-a de uma forma que possa realmente fazer diferença. Mas uma das causas mais frequentes para o fracasso dos sistemas de sugestão está na dificuldade de saber se determinada sugestão poderá realmente resultar em uma melhoria mensurável e significativa.

Quando Gary chegou à TMMK, a fábrica vinha de um crescimento de tal forma acelerado durante vários anos que o foco no trabalho padronizado e na avaliação das sugestões em relação aos parâmetros do trabalho padronizado havia evaporado. Como resultado, muitas sugestões relativamente triviais estavam passando pelo sistema, o que logo provocou a erosão do valor do sistema. Tornou-se mais difícil para os líderes distinguir os trabalhadores que aproveitavam a oportunidade para seu autodesenvolvimento daqueles que estavam simplesmente inundando o sistema com sugestões sem importância, pensando apenas em ganhar os modestos pagamentos para incentivos que derivavam dessas sugestões.[12] A primeira tarefa de Gary na TMMK foi redirecionar o sistema de sugestões de modo que ele voltasse a ser uma ferramenta para a provocação e identificação do autodesenvolvimento. Isso requeria uma adesão rígida às políticas sobre como as sugestões deveriam ser analisadas, abrindo caminho somente para aquelas que significassem reais contribuições à melhoria, o que possivelmente fechou o sistema durante vários meses, até que pudesse ser recolocado no caminho certo.

Assim, subjacente ao *shu ha ri* está o trabalho padronizado – o foco do estágio *shu* –, que, por sua vez, subjaz à permissão e identificação do autodesenvolvimento. Identificar o autodesenvolvimento é uma função fundamental de liderança do *sensei* no ciclo *shu ha ri*.

Observação profunda por parte do *sensei*

No Capítulo 1, revisamos os valores que estabelecem o padrão para tudo o que a Toyota faz. Um deles é o princípio do *genchi genbutsu*, que significa "vá e observe o trabalho onde ele é feito". Nesse contexto, trata-se da ação de observar diretamente a pessoa em situações reais, a fim de conhecer seus pontos fortes e fracos para possíveis oportunidades de promoção.

Na tentativa de aumentar sua eficiência, é enorme o número de empresas modernas que instalaram departamentos destinados a trabalhar todos os aspectos do treinamento, desde as habilidades básicas necessárias para determinadas funções até o desenvolvimento de lideranças. A ideia que sustenta essa corrente é manter os que são melhores em cada função naquela exata função; consideram-se desperdício colocar essas pessoas a treinar outras para exercer funções iguais ou parecidas. Pensar a respeito dessa ideia durante alguns momentos revela que, embora à primeira vista possa parecer de bom senso, na verdade tem sua base em uma lógica altamente duvidosa. Ainda que os instrutores muitas vezes se proclamem especialistas, é francamente muito difícil acreditar que qualquer um que não desempenhe determinada função no seu dia a dia possa se tornar especialista nela.

Sob o sistema do *shu ha ri,* a presença do *sensei* é uma exigência absoluta. A pessoa que comanda o treinamento e observa o progresso dos aprendizes precisa ser mestre naquilo que está ensinando.

Evidentemente, um enorme benefício desse processo está no fato de que os mestres são os instrutores, e por isso mesmo a qualidade do treinamento imediatamente desponta. Em termos de autodesenvolvimento, no entanto, o benefício consiste em que os mais capacitados a julgar a qualidade das tentativas de autodesenvolvimento de um funcionário são justamente os que fazem esse julgamento. Quem melhor para determinar se um funcionário contribuiu com uma melhoria significativa para o trabalho padronizado do que um especialista nesse trabalho? As possibilidades de que um mestre reconheça oportunidades para ajudar efetivamente no autodesenvolvimento de outros são muito maiores dessa maneira do que se a tarefa for deixada aos cuidados de qualquer outra pessoa.

Permitam-nos lembrar um exemplo. Para a Toyota, o princípio do *genchi genbutsu* é um valor central, e por isso seríamos levados a pensar que qualquer envolvimento profundo dos executivos da Toyota no *gemba* seria positivo. Mas, na verdade, existem maneiras certas e erradas de pôr em prática esse valor tão profundo. Os executivos poderiam sentir-se bem ao aproveitarem a oportunidade de sair com as pessoas e com elas confraternizar em termos de igualdade, mas o fato é que todos sempre sabem quem são os executivos e o poder que detêm. A maneira como se apresentam, o que dizem e como utilizam aquele poder são pontos essenciais para que sejam líderes eficientes que agregam valor e sejam instrutores. Sem a prática, um líder facilmente acabará resolvendo problemas para aqueles que está tentando desenvolver, em vez de permitir que o autodesenvolvimento se concretize. Talvez a parte mais difícil de aprender, para um líder Toyota em desenvolvimento, seja justamente saber como evitar o uso de suas habilidades de uma forma que ofereça um benefício de curto prazo, mas que não contribui com o objetivo de longo prazo da promoção do desenvolvimento de outros.

Um exemplo de boas intenções que potencialmente levam a maus resultados foi encontrado em um dos contratempos enfrentados por Gary durante seus primeiros anos na NUMMI. Assim como o setor de carrocerias, o setor de pintura da NUMMI contava com equipamento superado, datando dos velhos tempos da GM. Mesmo com a melhor das pinturas, todo carro precisa de reparos para pequenas imperfeições ou problemas com a pintura da superfície. Na NUMMI, a inspeção e o reparo desses defeitos eram todos feitos em uma linha móvel; a equipe de pintura precisava encontrar o "tempo *takt*". Em função do equipamento disponível, havia dias em que eram tantos os reparos que a equipe regular não conseguia dar conta do *takt*. Em um desses dias, Gary decidiu "agir como um líder Toyota" e sujar as mãos envolvendo-se pessoalmente na linha e ajudando a reparar a pintura dos carros.

Os problemas de cada carro eram identificados por inspetores, que preenchiam uma ficha com os problemas que deveriam ser resolvidos pelo pessoal encarregado dos reparos. Essas equipes eram responsáveis por consertar diretamente um defeito ou por substituir um painel da carroceria, caso não se encontrasse solução para o defeito. Gary passou diretamente aos reparos, ajudando a carregar painéis defeituosos ou a eliminar defeitos na pintura. Estava se saindo bem nesse setor, embora uma vez ou outra tivesse de chamar o inspetor e pedir-lhe para "traduzir" alguma das anotações feitas na ficha com as orientações sobre o que precisava ser consertado. Ele começou a sentir-se bem com o que fazia, pensando que, agindo assim, estava fazendo exatamente aquilo que um líder Toyota deveria fazer – estava mostrando seu compromisso com a qualidade e o *genchi genbutsu*.

Depois de ter trabalhado mais de uma hora na linha de montagem, o coordenador japonês da seção de pintura (na prática, seu igual na hierarquia) surgiu ao seu lado e imediatamente pediu a Gary que deixasse a linha por um instante, a fim de que pudessem ter uma conversa. O coordenador contou-lhe então uma história do folclore japonês: um capataz caminhava, certo dia, pelo pomar de que era encarregado, e deu a impressão de estar apanhando umas frutas para se alimentar. À época, era proibido a quem quer que fosse fazer isso, pois o Estado era o dono das frutas, e tudo indicava que ele estava colhendo algumas para comer – e comê-las era como roubar do Estado. Todos no pomar se detiveram. No final das contas, constatou-se que o capataz não estava colhendo a fruta, mas tão somente, e com a melhor das intenções, apontando para um pássaro raro que havia pousado na árvore.

O coordenador então agradeceu a Gary pelo seu tempo e se retirou do local. Gary ficou um tanto confuso. Era óbvio que o homem pretendera compartilhar alguma coisa importante com ele – embora, de acordo com o Modelo Toyota, ele não estivesse "dirigindo" Gary, apenas utilizando uma história do folclore japonês para fazê-lo pensar, permitindo ao norte-americano uma oportunidade de autorreflexão.

De repente, Gary compreendeu o sentido da história: os trabalhadores do pomar real não compreendiam o que o capataz fazia e por isso podiam facilmente interpretar mal suas ações inocentes. Pior, o capataz desviava-lhes a atenção para ele próprio, distraindo-os da concentração em suas funções. A participação de Gary nos reparos no setor de pintura, embora motivada pela melhor das intenções, estava na verdade perturbando o desenvolvimento dos integrantes da equipe e afastando-os do conserto do problema. Estavam todos centrados em Gary, e não em aplicar as contramedidas necessárias ou em descobrir a causa do problema. Além disso, ao pedir ao inspetor que explicasse os reparos necessários, alguns interpretaram a atitude de Gary como se estivesse questionando a necessidade desses reparos. A responsabilidade de Gary não era consertar carros, mas desenvolver a capacidade dos integrantes da equipe, dos líderes de grupo e do gerente em resolver o verdadeiro problema. Ao se mostrar tão envolvido no problema, ele estava abdicando da responsabilidade de desenvolver e melhorar sua equipe. O coordenador, por sua vez, assumiu a responsabilidade pelo desenvolvimento de Gary ao afastá-lo do que estava fazendo, mas sem interferir em seu autodesenvolvimento, já que, em vez de uma diretriz qualquer, utilizou uma história folclórica para dar a Gary a oportunidade de chegar a uma conclusão própria. A abordagem mais sutil criou uma experiência de aprendizagem que Gary ainda recorda nos menores detalhes, passados mais de 25 anos.

No Capítulo 3, continuaremos a explorar o papel do *sensei* no desenvolvimento de seus pupilos e o incrível investimento que a Toyota realiza para garantir a presença do *sensei*.

O *sensei* não dá respostas; o aluno precisa refletir em profundidade

O conceito de *hansei* (reflexão) é fundamental para o autodesenvolvimento na Toyota.[13] *Hansei* é o processo consciente de autoanalisar-se, separando aquilo que foi benfeito do que não foi e comprometendo-se a fazer melhor na próxima vez. Espera-se de todos os líderes Toyota que demonstrem *hansei* em seu processo de aprendizagem. Mencionamos anteriormente toda a diferença entre o papel de um *sensei* e aquele do tradicional instrutor ou conferencista ocidental. No modelo ocidental de treinamento, cada lição inclui um resumo dos pontos principais que o aluno teoricamente deve aprender. O papel do aluno fica reduzido a memorizar esses pontos principais. No ciclo do *shu ha ri*, existem, é claro, momentos em que o *sensei* compartilha "as respostas" – isso pode ocorrer (dependendo do estilo do *sensei*) –, mas apenas no estágio *shu*, quando o *sensei* estiver orientando o aluno no acompanhamento dos principais pontos padrão. Uma vez tendo o aluno ultrapassado o estágio *shu*, o *sensei* deixa de dar respostas e passa a fazer perguntas (aqui, de novo, à semelhança do método socrático). Do aluno espera-se não uma memorização dos pontos principais, mas que ele se empenhe em refletir, pensando a respeito da pergunta em termos do conhecimento central que adquiriu durante o estágio *shu* e como ele deveria ser aplicado a situações futuras.

Quando o *sensei* de Gary interrompeu seu trabalho no processo de inspeção da pintura para contar-lhe a história do pássaro na árvore, ele estava na verdade pedindo a Gary que refletisse sobre aquilo que acontecia ali. Ele poderia simplesmente ter chamado Gary de lado e explicado por que não era uma boa ideia seguir com o que estava fazendo. Se tivesse agido assim, Gary não teria ficado tão confuso no início, mas também não teria procurado entender o que seu *sensei* pretendia transmitir-lhe. Foi um momento-chave de autoconhecimento para Gary, devido à profunda reflexão a que se entregou.

O *hansei* permeia todas as operações na Toyota, em nível pessoal e de grupo. Muitas são as empresas que recorrem a lições aprendidas em *workshops* quando um projeto depara com dificuldades. Na Toyota, espera-se o *hansei* de cada líder em todos os projetos. Por exemplo, depois do lançamento de cada novo modelo, tem início um processo de *hansei* em que a equipe faz uma reflexão sobre meios e alternativas para melhorar o desempenho. Um gerente de programa do Toyota Avalon, que lançou em 2004 um novo modelo considerado pelo mercado em geral um enorme sucesso, descreveu-o desta forma: "Terminamos tudo no prazo e dentro do orçamento, e o Avalon estava vendendo realmente bem. Mas logo fizemos uma *hansei* de dois dias para pensar em tudo que poderíamos ter feito melhor. Foi um tanto mórbido, como se estivéssemos analisando um fracasso, e não o contrário. Mas, ao refletir de novo sobre todo o processo, descobrimos muitas coisas que poderíamos ter feito melhor". Os membros da equipe então resumiram o que aprenderam e compartilharam os pontos mais importantes com gerentes de programas para outros veículos, a fim de que eles pudessem tirar proveito da reflexão e do aprendizado do pessoal do Avalon.

Mas o *hansei* dá resultados em termos de autodesenvolvimento apenas se o líder prospectivo não receber respostas prontas do *sensei*. A abordagem do *sensei* varia com a situação: o *feedback* pode ser tão direto como fazer determinadas perguntas sobre as razões pelas quais uma subordinada chegou a determinada conclusão e exigir que se procurem com mais rigor as causas raízes de um problema, ou tão indireto quanto contar uma história.

Gary, é claro, acumulou inúmeros exemplos de ambas as situações ao longo de suas décadas de aprendizado do STP. Um dos exemplos mais antigos que lhe mostrou o poder dessa abordagem ocorreu quando era executivo de fábrica, durante uma emergência na fábrica da NUMMI. Quando Gary trabalhava na Ford, sempre que ocorria uma emergência desse tipo, todos os gerentes seniores eram convocados para observar o técnico da manutenção fazendo seu trabalho. Recém então convencido do Modelo Toyota, Gary se impressionara com o valor do *genchi genbutsu*. Assim, quando da emergência ocorrida na fábrica, Gary saiu correndo de sua mesa de trabalho para ver e observar o problema no local. Ao chegar ao cenário da crise, já havia por ali um grupo de gerentes, inclusive Seizo Okamoto (que mais tarde se tornaria o presidente da fábrica da Toyota em Indiana), um especialista japonês em soldagem que foi enviado aos Estados Unidos exatamente para ser o coordenador executivo daquela unidade. Gary, em uma demonstração prática do que julgava serem suas melhores habilidades em solução de problemas, logo começou a fazer perguntas sobre a situação. Okamoto levou-o para um canto e lhe disse: "Gary, eu não posso consertar a máquina. E você também não". Apontou então para todos os outros gerentes que ali se misturavam empenhados em utilizar suas habilidades em solução de problemas. "Este é outro problema de desperdício. Pense em uma maneira de evitar o desperdício e você estará agregando valor".

Em seu papel de *sensei* na fábrica, Okamoto estava onde deveria estar, orientando os gerentes que eram os responsáveis diretos. Já o lugar de Gary não era ali. Depois de refletir sobre o fato, Gary compreendeu que o gerente da fábrica precisava resolver o problema ou pedir ajuda, se necessário. O que os gerentes de nível superior deveriam ter feito durante a interrupção era voltar os olhos para a fábrica como um todo e perguntar o que podia ser feito para minimizar o impacto daquele problema, caso persistisse por uma ou duas horas, ou mais. Deveriam encerrar alguns dos processos anteriores àquele da área com problema e sugerir que quem quisesse fosse para casa? Não deveriam ter se certificado da existência de algum tipo de treinamento preparado para utilizar produtivamente o tempo das pessoas caso fosse necessário parar a linha de montagem?

Não há nenhuma mágica com relação a essa abordagem ou ao *insight* que ela proporcionou a Gary. Mas a abordagem de não fornecer respostas e permitir que o aprendiz se empenhe no *hansei* e chegue a conclusões por si próprio é não só mais eficiente (isto é, é muito mais provável que a lição seja aprendida e se torne parte do futuro "*kit* de ferramentas" do aprendiz), como também uma parte vital da tarefa de habilitar e identificar o autodesenvolvimento. O que Okamoto estava apontando poderia ter sido explicado a Gary durante uma palestra sobre o que fazer quando no chão da fábrica, mas ele não teria realmente entendido o que significava tudo aquilo na prática. Ele não teria sentido aquilo em profundidade. O autodesenvolvimento exerce um enorme impacto sobre os próprios padrões de pensamento e comportamento do aprendiz.

Desenvolvimento no local de trabalho

A essa altura, deve ter ficado perfeitamente claro, a partir das histórias que compartilhamos, que parte relativamente pequena do treinamento e do desenvolvimento dos integrantes das equipes ou líderes na Toyota acontece na sala de aula. Há certa dose de informações básicas que precisam ser transmitidas no estágio *shu* do aprendizado. Fora disso, o melhor ambiente de aprendizado, em especial aquele que favorece o autodesenvolvimento, é o local de trabalho, o espaço da prática.

O desenvolvimento no local de trabalho é igualmente importante para identificar com segurança "as pessoas que se autodesenvolvem". Analisar com exatidão o aprendizado e o desenvolvimento no ambiente de sala de aula é incrivelmente difícil. Incontáveis são os especialistas em educação que passam a vida refinando testes na tentativa de extrair deles reflexões válidas do aprendizado dos estudantes; o fato de que todo esse processo de testes prossiga ininterruptamente década após década é prova do seu fracasso. O treinamento no local de trabalho é muito melhor para avaliar aquilo que um estudante aprendeu e determinar se terá condições de aplicar o que aprendeu, pelo simples fato de ele aplicar o que aprendeu. A única avaliação de liderança que importa acontece em situações da vida real. Quando confrontado com um desafio, será que o líder se mantém firme, age conforme o que se espera dele e atinge os resultados da maneira certa? Uma vez atingido o objetivo, o líder adota novas medidas para garantir que o problema não volte a ocorrer e para que outros aprendam com as situações vividas? O líder se dedica ao *hansei* a fim de refletir sobre seu próprio desempenho e melhorá-lo quando o próximo desafio surgir? Nada disso pode ser julgado no ambiente de uma sala de aula – nem pode ser fraudado quando acontece no trabalho.

A primeira experiência de Gary na Toyota com o treinamento e o desenvolvimento no trabalho data de quando viajou à fábrica de Takaoka, logo após ser contratado como gerente geral da NUMMI. Ele estava na primeira das centenas de levas de futuros trabalhadores da NUMMI que seriam enviados ao Japão para ser treinados. Como era de se esperar, o regime de treinamento na Toyota era altamente estruturado: praticamente cada minuto de cada dia era planejado. A maior parte do "treinamento" era realizada longe das salas de aula, o que significava passar o dia treinando funções diversas e participando do *kaizen*. Gary passou um bom tempo em cada um dos principais setores (p. ex., estamparia, soldagem, pintura e montagem), enquanto os gerentes de departamentos ficavam quase sempre nas áreas que viriam a comandar quando de seu retorno à fábrica nos Estados Unidos, e os integrantes das equipes ocupavam-se em aprender trabalhos parecidos com aqueles aos quais estavam destinados. Mesmo na condição de diretor executivo, esperava-se que Gary participasse das tarefas da produção, a fim de experimentar esse sistema pessoalmente.

Além de executar as tarefas, os norte-americanos foram solicitados a estudá-las e encontrar oportunidades de *kaizen* – para eliminar os desperdícios. Nas salas de aula, eles haviam passado por muitas lições sobre trabalho padronizado e outros elementos do Sistema Toyota de Produção.

Para sua surpresa, os norte-americanos receberam cronômetros capazes de medir centésimos de segundos (estavam acostumados com cronômetros que mediam apenas os segundos). Foram apresentadas as folhas de operação padrão que relacionavam cada elemento de uma função, com cada elemento de tempo decomposto em tarefas consideradas de valor agregado, ou tarefas reais pelas quais os clientes pagavam, e aquelas tidas como desperdício – por exemplo, caminhar durante o trabalho. Os norte-americanos aprenderam como preencher essas folhas de operação padrão e em seguida foram mandados ao chão de fábrica, com seus cronômetros, para observar um processo. Tiveram então de identificar todos os elementos de tempo, medir 10 vezes a duração de cada elemento de tempo e separá-los em atividades de valor agregado e atividades de desperdício. Como uma equipe, os gerentes norte-americanos deveriam então apresentar ideias de *kaizen*. O ato de procurar oportunidades para *kaizen* era um importante treinamento, mas todos estavam espantados com a quantidade de ideias que acabaram sendo postas em prática na hora pelos integrantes da equipe japonesa. Os norte-americanos experimentaram um nível de aprendizado prático diferente de qualquer treinamento que já haviam recebido nos Estados Unidos.

Em outro exercício de treinamento, depois de passar uma manhã em sala de aula, cada *trainee* norte-americano era solicitado a permanecer 45 minutos em um ponto de uma seção do chão de fábrica, observando. Ninguém ficaria por ali desenhando círculos Ohno com um pedaço de giz branco, mas a ideia era a mesma: os norte-americanos deveriam observar o ambiente atentamente, e, após, o seu *sensei* faria perguntas sobre o que conseguiram ver. Pediu-se aos norte-americanos que procurassem ir além das observações superficiais e se concentrassem especificamente nos princípios do STP sobre os quais haviam conversado pela manhã, na sessão em sala de aula, relatando eventuais ocasiões em que viram algum dos princípios ser posto em prática e outras em que foram violados. Os japoneses perguntavam então se os *trainee* norte-americanos tinham uma sugestão, por mais modesta que fosse, para eventuais melhorias.

Por ser esse estilo de treinamento e desenvolvimento de liderança tão diferente das normas norte-americanas, é importante destacar alguns equívocos e mal-entendidos comuns sobre o método de desenvolvimento no local de trabalho. Os norte-americanos que ouvem essas histórias logo tendem a imaginar o *sensei* como uma espécie de "sabe-tudo", entendendo que esses exercícios são encenados ou simulados. Pensam que o *sensei* sabe de antemão como o processo pode ser melhorado e está apenas testando os *trainees* para ver se conseguem descobrir alguma resposta "certa". Na verdade, dá-se o contrário. Os *trainees* estiveram sempre observando processos reais de produção na fábrica. O *sensei* não tinha as respostas certas, e os *trainees* não tinham quaisquer respostas. Se conhecessem algum meio de melhorar o processo, ele já teria sido melhorado. Esta é, uma vez mais, a chave para avaliar as habilidades e o autodesenvolvimento de líderes potenciais.

Quando os novos gerentes e os integrantes das equipes da NUMMI foram enviados ao Japão para serem "treinados", aprenderam bastante por meio do desenvolvimento estruturado no local de trabalho, mas, ainda mais, com as interações diárias não estruturadas. Em especial, quando trabalhavam na General Motors, os antigos integrantes do sindicato dos trabalhadores haviam manifestado opiniões muito negativas sobre a vida e o trabalho no Japão – indivíduos literalmente trabalhando até a morte por esgotamento, sobrecarregados de trabalho em cada um dos ciclos. Quando os norte-americanos treinaram na fábrica e passaram a conhecer as pessoas, suas atitudes foram rapidamente mudando e eles começaram a questionar como os trabalhadores norte-americanos que viviam em constante confronto com a administração podiam de alguma forma concorrer com o relacionamento cooperativo entre trabalho e administração que eles ali testemunharam, inclusive participando dele. Um aspecto sobre o qual muitos dos "formandos" da NUMMI falavam constantemente era o respeito demonstrado para com eles no Japão quando apresentavam suas ideias. Joel Smith, o primeiro presidente de sindicato na NUMMI, lembrou uma dessas histórias:

> *A função de um dos caras nos velhos tempos da GM tinha sido a de instalar as janelas dos carros, ajustar os vidros, o que era um processo muito complicado, pois tudo precisava ficar no ângulo correto etc. E ele havia desenvolvido algumas ferramentas especiais, só dele, que mantinha no bolso e que eram de seu uso exclusivo. Uma pequena alavanca e um pequeno pé-de-cabra para completar o serviço. Bem, quando ele foi ao Japão, acabou ficando durante um dia colocando janelas nos carros junto com outros, e por isso sacou as suas pequenas ferramentas, quando ocorreu algo espantoso: todos os japoneses ali naquela área deixaram de trabalhar para ver a novidade! Cada um deles quase gritava "eu também quero ver!". Antes do fim do dia, que é a abordagem do STP, eles haviam feito aquelas ferramentas para todos que tivessem alguma coisa a ver com aquele trabalho, anotando tudo na folha de operação padrão. Foram muitas histórias como essa. Meus colegas de sindicato se deram conta do nível de admiração pelas habilidades e talentos de terceiros que os japoneses demonstravam, e também que a atenção despertada enchia-os de orgulho, e procuraram implantar essa atitude quando voltamos à NUMMI.*

Desafios cada vez maiores

O derradeiro aspecto fundamental do ciclo do *shu ha ri* na viabilização e identificação do autodesenvolvimento é que ele requer desafios permanentemente crescentes. Os desafios aumentam em intensidade no âmbito de cada ciclo do *shu ha ri*, bem como quando um líder, ou líder potencial, é "graduado" para o ciclo posterior. Em nossa experiência com a Toyota, constatamos que o potencial pode ser estimulado colocando-se *trainees* em situações desafiadoras que aceleram e modelam o seu crescimento.

A Figura 2.1 resume esses ciclos de aprendizagem integrados ao *shu ha ri*. Nós os caracterizamos como os *loops* de aprendizagem Planejar-Fazer-Verificar-Agir (PDCA – *Plan-Do-Check-Act*). Sempre que recebe uma nova missão ou tarefa, o líder precisa, em primeiro lugar, saber em detalhes a situação do momento e as lacunas que a separam da condição ideal. Isso lhe permite compreender os problemas e formular metas de melhoria desafiadoras (*Planejar*). O estágio do *Fazer* implica liderar os demais para que trabalhem como uma equipe capaz de concretizar os objetivos desafiadores. O *Verificar*, realizado com a ajuda e o *feedback* do *sensei*, constitui uma reflexão sobre os resultados e, mais importante ainda, sobre o processo que leva ao atingimento desses resultados. E, por fim, o estudante líder está pronto para a subsequente missão desafiadora, o estágio do *Agir*.

Para um eficiente líder Toyota, um ciclo completo (p. ex., desde o momento em que é promovido a subgerente até ser cotado para uma promoção a gerente) levaria no mínimo três anos, talvez mais tempo. Quando o líder tiver passado por uma mudança radical, será julgado com base no nível de seu desempenho e no modo como atingiu seus resultados.

Aqueles que triunfam seguindo os valores Toyota são então escolhidos para o próximo desafio. Com efeito, o sucesso gera missões cada vez mais desafiadoras, levando à gradual ascensão na escala hierárquica. Aqueles que demonstrarem maior maestria e força de liderança avançarão a um nível superior ao daqueles que simplesmente fazem o trabalho esperado. O líder que progride na escala hierárquica assume maior escopo de responsabilidade por mais pessoas e mais funções, e também um horizonte de planejamento mais amplo.

No Japão, a Toyota utiliza um método de testar no tempo que consiste em selecionar e desenvolver líderes com base no princípio do "crescer pelo próprio esforço". Até a recessão de 2008/2009, quando as contratações foram temporariamente suspensas, a Toyota empregava 1,5 mil a 2 mil pessoas por ano. Esses indivíduos geralmente permanecem na empresa até a aposentadoria, por volta dos 60 anos de idade (só os executivos seniores continuam por mais tempo). Os novos contratados são cuidadosamente observados durante os primeiros três anos por seus supervisores imediatos, colegas de trabalho, clientes, profissionais de recursos humanos e gerentes situados pelo menos dois níveis acima na escala hierárquica da organização, para que sejam encontrados aqueles com o maior potencial de liderança. Os profissionais de recursos humanos e os supervisores diretos passam boa parte do tempo no *gemba* observando líderes potenciais em ação, discutindo sobre eles, colocando-os em posições desafiadoras para verificar como reagem e dissecando suas qualidades e deficiências. Às vezes, uma pessoa é promovida lateralmente para ver como reage em uma nova situação em que necessita de experiência mais profunda e especialização técnica. Avançar lateralmente significa aprender amplamente entre os departamentos em relação àquilo que o gerente experimentou até então, assim como gerenciar horizontalmente ao exercer influência sobre outros em uma cadeia de comando diferente. Os gerentes são julgados não apenas pelos resultados produzidos, mas, o que é mais importante, pelo seu processo de liderança. À medida que suas carreiras evoluem, eles se instalam em um nível compatível com os pontos fracos e fortes que mostraram até ali.

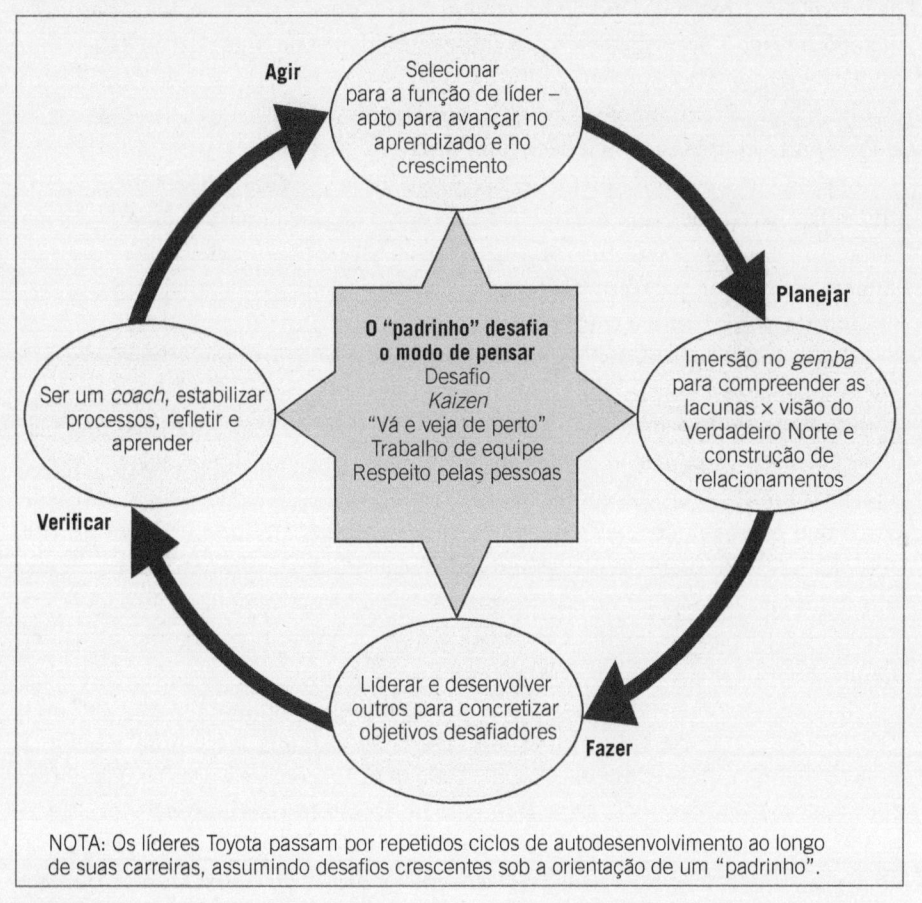

NOTA: Os líderes Toyota passam por repetidos ciclos de autodesenvolvimento ao longo de suas carreiras, assumindo desafios crescentes sob a orientação de um "padrinho".

Figura 2.1 Ciclos de aprendizagem do autodesenvolvimento de liderança (PDCA).

Na Figura 2.2, o Líder A tem muito trabalho a fazer em matéria de autodesenvolvimento, antes de ser considerado apto a assumir responsabilidades significativas na liderança e no desenvolvimento de outros. Essa pessoa está avançando na escala salarial como resultado do seu tempo de empresa e é respeitada por suas sólidas contribuições; mas, ao longo de três ciclos, não desenvolveu maturidade necessária para desenvolver os colegas. Talvez ela seja dotada de habilidades técnicas superiores, mas suas habilidades sociais são modestas, razão pela qual poderá assumir como "padrinho" de um pequeno grupo no âmbito de sua especialidade, mais tarde tornando-se responsável pela realização, por esse grupo, de objetivos *hoshin kanri*. Em contrapartida, o Líder B mostra-se muito mais ágil e dinâmico, assumindo crescentes responsabilidades e desafios sempre mais difíceis. Assim, ele recebe ampla responsabilidade pela liderança vertical das pessoas que a ele se reportam, mas tem também objetivos *hoshin* que envolvem uma coordenação horizontal com outros departamentos. Mais tarde, quando houver a necessidade de uma grande mudança na organização, talvez com um horizonte de planejamento para ser atingido em uma visão de três a cinco anos, esse líder poderá ser promovido a gerente geral ou mesmo a vice-presidente, passando a liderar um setor considerável da organização.

Como já observamos anteriormente, essas situações desafiadoras não são programadas, não seguem um roteiro. Baseiam-se em circunstâncias reais que ocorrem na fábrica, para as quais o instrutor não tem uma resposta imediata. Assim, é fundamental entender que o estudante, nesses casos, está sendo desafiado em relação à sua abordagem, não à sua conclusão.

Nesse sentido, não existe "ascensão meteórica", ou "linha rápida", na Toyota. Os líderes da empresa empregam parte de seu tempo observando candidatos em ação, porque a experiência tem demonstrado que, por mais diligente que seja, ninguém consegue julgar o potencial de liderança com perfeição. Aqueles de quem se espera a realização de um elevado potencial nem sempre correspondem à expectativa, ao passo que outros podem ser do tipo "revelação tardia". Assim, a Toyota procura observar as pessoas em ação o tempo todo. Mais ainda, a companhia se interessa não apenas por resultados quantificáveis, mas pela forma como eles são concretizados – especificamente, se são concretizados de forma compatível com os valores Toyota, assunto que retomaremos no próximo capítulo.

Cabe sempre ao candidato mostrar-se digno do desafio que lhe é apresentado. Taiichi Ohno, por exemplo, costumava mandar seu *trainee* até um fornecedor de peças e lhe incumbia de um difícil e delicado desafio, como eliminar 6 das 10 funções de uma linha de produção. O *trainee* só poderia retornar da sede do fornecedor depois de concretizar esse objetivo, tendo eliminado as seis funções e treinado as quatro pessoas remanescentes até estarem em condições de realizar todo o trabalho necessário dentro do prazo estabelecido e com perfeita qualidade.

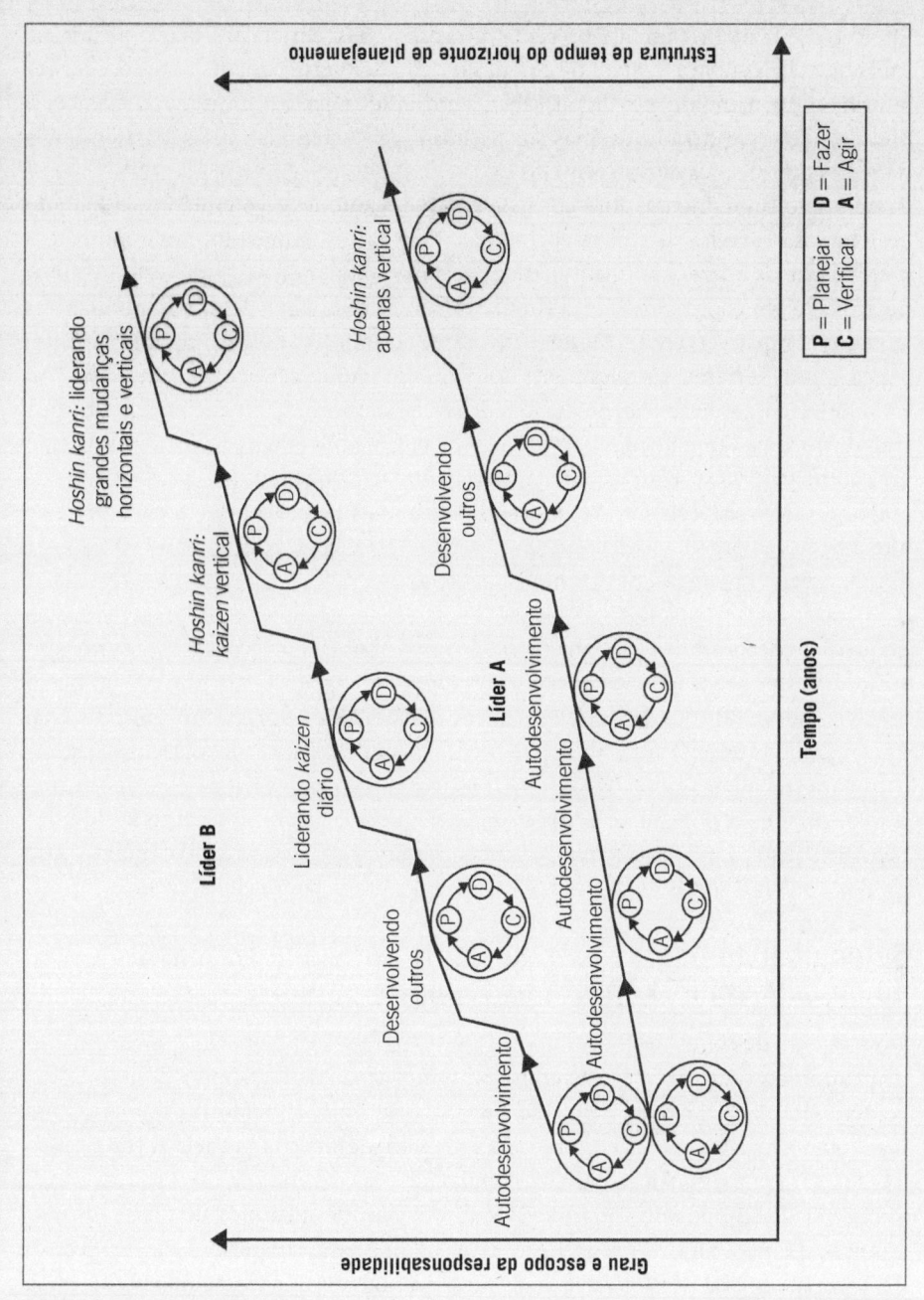

Figura 2.2 Comparação de ciclos de desenvolvimento de liderança acelerados e lentos ao longo de carreiras.

Ohno só se fazia fisicamente presente durante breves períodos – mas o estudante sabia que ele o vigiava –, além de costumar aparecer regularmente para receber relatórios sobre o andamento da missão. Os indivíduos que não conseguiam vencer o desafio não eram demitidos, mas sua ascensão na carreira era mais lenta do que a daqueles que alcançavam suas metas.

O ponto fundamental aqui consiste em que o autodesenvolvimento é esperado ao longo da carreira de um líder Toyota. Os desafios aumentam gradualmente à medida que os líderes assumem maiores responsabilidades, cabendo a eles se autodesenvolverem continuamente, a fim de enfrentar cada novo desafio e produzir resultados compatíveis com o Modelo Toyota. A promoção a níveis superiores de liderança jamais se baseia simplesmente no tempo passado a serviço da companhia, ou na rapidez com que se chegou aos quadros de liderança. Um funcionário leal que trabalha dedicadamente mas não tem capacidade de liderança poderá com o tempo ser promovido, mas seguramente terá poucas – se é que alguma – pessoas sob seu comando. A promoção com responsabilidades reais de liderança em cada nível de alto a baixo na organização tem como base os êxitos comprovados e os esforços de autodesenvolvimento da pessoa nessa jornada.

Possivelmente, cada líder sênior na Toyota seguiu esse processo, progredindo na empresa no decorrer de toda uma carreira. Salvo algumas exceções,[14] não há no conselho de administração (o nível mais elevado de governança na companhia) quem tenha menos de 30 anos de serviços prestados à casa. Esse é um imenso contraste com as companhias norte-americanas, habituadas a contratar gente de fora dos seus quadros para trabalhar como CEO e ocupar outros postos executivos. Contratar um estranho para uma posição de grande responsabilidade organizacional teria sido impensável quando a Toyota crescia como uma empresa japonesa. No entanto, isso mudou à medida que foi se transformando em uma companhia globalizada.

Selecionando líderes externos com potencial ao longo do crescimento da Toyota na América do Norte

No processo de contratação de líderes para a NUMMI, o foco principal era encontrar candidatos que tivessem demonstrado uma capacidade inerente de autodesenvolvimento e aprendizado. Sem que Gary tivesse conhecimento disso, a NUMMI realizou entrevistas sobre seus antecedentes com alguns colegas dele, a fim de avaliar seu caráter e disposição para o aprendizado.

Como discutimos no Capítulo 1, a abordagem de liderança de Gary em seus tempos na Ford e na GM era admirável, mas ainda assim imperfeita da perspectiva da Toyota. Seria possível dizer que ele obtinha bons resultados da maneira errada. Mas, de acordo com as pessoas que participaram do processo de recrutamento, a Toyota estava mesmo interessada no entusiasmo dele pelo autodesenvolvimento.

Na NUMMI, o contratado mais importante seria o primeiro diretor executivo, encarregado de comandar a fábrica. A Toyota entrevistou intensivamente os integrantes da pequena relação de candidatos qualificados, reduzindo essa lista para seis, depois para quatro e, finalmente, para dois candidatos, até optar por Gary. Por que Gary conseguiu passar por esse filtro cada vez mais estreito? Porque, sob muitos aspectos, ele já vinha agindo como um líder Toyota durante seu exercício na GM e na Ford.

Conrad Prusac, o recrutador de executivos contratado pela Toyota para encontrar o diretor executivo da NUMMI, lembra que os líderes Toyota envolvidos com a NUMMI naquela época lhe deixaram claro que seu candidato ideal "precisará conhecer o processo de fabricação de automóveis. Além disso, deverá deixar ideias preconcebidas de lado e, com a mente aberta, aprender o Sistema Toyota de Produção. Depois disso, ele nos ajudará a aplicar o método Toyota de produção ao perfil do trabalhador norte-americano e, também, a superar a lacuna cultural".

Essa falta de preconceitos era a principal qualidade de Gary, e foi justamente em função dela que o campo se estreitou até que só restasse ele. "Era obviamente um sujeito talentoso", disse Joel Smith, o presidente do UAW (sindicato dos trabalhadores) da NUMMI, sobre suas impressões a respeito de Gary durante o processo de seleção. "Ele tinha o conhecimento, os antecedentes e a experiência. Mais importante, porém, foi sua visão do rumo que queria tomar. Ele queria trabalhar cooperativamente com todos. Tinha disposição para aprender coisas novas e se entusiasmar com elas."

O próprio Joel foi uma das primeiras pessoas contratadas pela NUMMI – recontratado, na verdade, já que fora o presidente do sindicato dos trabalhadores na fábrica fechada da GM. O fato de um líder sindical fazer parte do processo de seleção do diretor executivo da fábrica foi, em si, um choque cultural para Joel. Como parte do processo de análise de Gary, Joel recorreu a seus contatos entre os líderes sindicais da Ford para saber que espécie de líder era Gary. Joel queria ter certeza de que se tratava do tipo de líder capaz de construir a cultura que estava prevista na carta de intenções. Todos os relatos e opiniões que colheu confirmavam Gary como a melhor escolha:

> A carta de intenções realmente especificava em pormenores como teríamos de trabalhar juntos, e isso serviu exatamente ao que ele queria; era essa a maneira como gostava de trabalhar. Conversei com alguns companheiros da Ford a seu respeito e só consegui impressões positivas, muito positivas.

Apesar de toda a sua experiência – e de sua presença na linha rápida de ascensão na Ford –, a NUMMI não simplesmente contratou Gary e o instalou na condição de líder. Já abordamos aqui o amplo processo de treinamento pelo qual ele e outros líderes passaram na fábrica de Takaoka. Além disso, Gary viu também instalado ao seu lado um "coordenador executivo" da Toyota. Na Toyota, um coordenador executivo não é um assessor pessoal: é um *sensei*, um líder respeitado e bem-sucedido que pode acompanhar e orientar os líderes em ascensão. A função do coordenador executivo é muito distante de "por a mão na massa" e ser temporário; o coordenador executivo destinado a Gary (e um coordenador executivo para cada outro executivo na NUMMI) mudou-se do Japão para os Estados Unidos (outro exemplo de *genchi genbutsu* – um coordenador executivo não será eficiente se não estiver no *gemba*, observando de perto o desempenho do líder sob sua orientação). Na verdade, Gary trabalhou com vários coordenadores executivos durante seus 20 anos de atuação, primeiro na NUMMI e depois na Toyota. Alguém poderia ver nisso um sinal de falta de confiança, mas, na Toyota, o papel desse coordenador é ensinar e comunicar-se com a sede no Japão.

Dezesseis anos depois de ser contratado como diretor executivo da NUMMI, Gary foi convidado a trabalhar na TMMK, da qual logo se tornou presidente. Não demorou a defrontar-se com um desafio similar àquele que a NUMMI havia enfrentado ao tempo de sua contratação. A fábrica experimentara enorme sucesso durante quase uma década, duplicando sua capacidade desde a inauguração. Contudo, esse rápido crescimento e a ascendente reputação da Toyota apresentaram um desafio de liderança. A combinação do crescimento acelerado com o grande número de gerentes de nível médio atraídos por propostas de outras empresas que se mostravam ansiosas por aprender com a já então renomada capacidade da Toyota de gerar alta qualidade e alta eficiência acabou acarretando um grande vazio em matéria de lideranças. Não havia, internamente, líderes potenciais com experiência suficiente para superar essa deficiência. Tendo se submetido a um longo período de *genchi genbutsu*, Gary alarmou-se ao constatar que várias posições-chave eram ocupadas por gerentes Toyota internos que, para preencher essa lacuna, haviam sido promovidos sem que estivessem preparados para isso. Gary sabia que isso representava um prejuízo muito grande para o sistema Toyota, e não poderia permitir que a situação se perpetuasse. Ele e sua equipe na TMMK precisariam buscar, fora da Toyota, indivíduos que pudessem se tornar rapidamente líderes Toyota.

A busca teria de ser por potencial, mas desta vez Gary tinha uma vantagem decorrente do seu conhecimento de informações internas. Durante seu tempo na NUMMI, ele conheceu e trabalhou com um bom número de engenheiros da GM que fizeram "estágios" na NUMMI. A ideia motivadora dessa prática consistia em levar gerentes GM a passarem algum tempo na NUMMI, observando o STP na prática, pessoalmente, para que depois pudessem implementar aqueles ensinamentos nas fábricas da GM. Na prática, muitos dos gerentes GM não usaram a NUMMI como uma oportunidade para maior reflexão e autodesenvolvimento. De certa forma, eles não podem ser culpados por isso, já que as estruturas existentes na GM lhes dificultaria aplicar aquilo que aprenderam em benefício de suas próprias fábricas, mesmo que houvesse esse desejo. Contudo, houve alguns gerentes GM que agiram de forma muito diferente durante seus estágios na NUMMI, levando o autodesenvolvimento a sério. Fazendo uso deste e de outros canais para descobrir potenciais líderes na Ford e na GM, Gary conseguiu realizar as contratações necessárias para preencher aquelas lacunas.

Até aqui, a história pode não ter sido especialmente diferente de tantas outras – e a verdade é que não foi. O que distingue a abordagem da Toyota reside no fato de que todos os seus contratados vieram para a companhia exercer cargos vários níveis abaixo daqueles que ocupavam em seus empregos anteriores. No modelo norte--americano típico, muitos gerentes assumem empregos em outras empresas simplesmente para obter uma promoção. Assumir compromisso com a Toyota, constitui, sob muitos aspectos, um tipo de regressão hierárquica. Por exemplo, Barry Sharpe foi contratado na Ford, onde estava prestes a ser promovido a diretor executivo de uma fábrica. Sua primeira função na TMMK foi a de gerente do departamento de pintura, dois ou três níveis abaixo daquele que ocupava, conforme a hierarquia comum da indústria automotiva. Em 2005, quando Gary estava se preparando para deixar o cargo, precisou procurar fora da Toyota aquele que seria o novo presidente da TMMK. Ele optou por Stephen St. Angelo, com quem havia trabalhado na NUMMI. Mas mesmo Stephen St. Angelo, executivo de alto nível da GM que trabalhara durante dois anos como vice-presidente de produção da NUMMI depois de Gary transferir--se para a TMMK, ao seguir os passos de seu antecessor, foi solicitado a passar um ano como vice-presidente executivo. Gary permaneceu na função de presidente, deixando Steve livre para caminhar e conhecer a fábrica, aprender as funções na prática e "sentir a situação" no local. Em todos esses casos, os novos contratados teriam de seguir o processo *shu ha ri* e demonstrar autodesenvolvimento para comprovar seu potencial de liderança nos moldes do Modelo Toyota.

Conclusão

O ponto central deste capítulo é que a Toyota considera o autodesenvolvimento a característica-chave indispensável de um líder. Apenas aqueles que demonstrarem uma permanente devoção ao autodesenvolvimento adquirirão as habilidades e preencher as lacunas em suas próprias capacidades para se tornar os líderes efetivos que a Toyota exige para poder manter a excelência. Nesse sentido, a Toyota não acredita que liderança seja algo que se possa ensinar; ela pode apenas ser aprendida por aqueles que estejam dispostos a se autodesenvolver. Por isso, é fundamental possibilitar o autodesenvolvimento e identificá-lo com segurança entre os líderes atuantes e os potenciais.

A abordagem utilizada pela Toyota para possibilitar e identificar o autodesenvolvimento baseia-se em sua abordagem ao ensino e ao aprendizado. O ciclo *shu ha ri* de aprendizado coloca o ônus do aprendizado sobre o estudante. Apenas aqueles dotados de paixão pelo autodesenvolvimento se destacam sob esse sistema, mas ele também requer a existência de mestres, presentes e disponíveis, para proteger e orientar seus *trainees*, identificando entre eles os melhores na especialização buscada. Não existem atalhos nesse processo, um sistema de aprendizado praticamente impossível de manipular ou fraudar.

É realmente escasso o número de outras empresas que entendem a diferença entre o "evento *kaizen*", como se tornou conhecido no Ocidente, e o modo como a Toyota utiliza atividades estruturadas de *kaizen*. O evento *kaizen*, em seu formato padrão, dura cinco dias, começando com alguma instrução, passando em seguida ao *gemba*, a fim de identificar o desperdício e adotar medidas rápidas para fazer mudanças, e terminando com uma apresentação final sobre os resultados de antes e depois. Tal sistema se converteu na principal ferramenta para a implementação do método Lean em inúmeras organizações. Não se questiona o fato de que os participantes aprendem bastante, e que o evento pode inclusive ser uma arma de transformação para alguns deles. Na Toyota, existem eventos *kaizen* organizados, mas ali eles são chamados de *jishuken*, o que se traduz como "autoestudo voluntário". No Japão, existem *jishuken* de vários meses, normalmente liderados por um treinador mestre da Toyota em uma de suas empresas fornecedoras, onde o fornecedor deverá promover uma grande transformação em uma área da fábrica, a fim de atingir objetivos estabelecidos pelo mestre. É um evento intenso, e qualquer resultado que fique abaixo do programado é considerado um desastre. O objetivo é que os líderes aumentem os desafios e consigam autodesenvolver-se por meio dessa intensa atividade. Na Toyota da América do Norte, isso acabou traduzido como *jishuken* de uma semana. Embora mais reduzido, a ênfase não muda, continuando no aprendizado e no autodesenvolvimento. *Jishuken* não é considerado uma ferramenta de melhoria para a obtenção de resultados específicos, mas atingir os objetivos é essencial para aprender: é preciso cultivar o impulso e a paixão para atingir o alvo. E o processo de solução de problemas precisa ser seguido à risca – nada de atalhos como driblar a definição do problema e a análise de sua causa raiz saltando de desperdícios identificados para soluções rápidas e fáceis.

Uma das principais lições para aqueles que estiverem tentando imitar a Toyota é saber a importância de empregar uma abordagem que proporcione o autodesenvolvimento, em vez de exigir o desenvolvimento das pessoas. O autodesenvolvimento simultâneo do pensar e do fazer é a única ideia que sempre permanece.

Ao longo deste capítulo, enfatizamos a importância do trabalho padronizado, especialmente no ensino realizado durante o estágio do *shu*. O trabalho padronizado se destina tanto para os líderes quanto para aqueles que realizam o trabalho no local de trabalho. Os padrões representam o melhor caminho conhecido na atualidade, proporcionam uma metodologia que pode ser ensinada e um critério para a melhoria, além de oferecer uma forma de orientar líderes sobre como desenvolver outros líderes. O que deveriam fazer as empresas que não investiram no trabalho padronizado? A resposta: precisam desenvolvê-lo. Você poderia pensar que isso é muito bom para um trabalho manual repetitivo, mas e quando está em jogo um trabalho que depende de conhecimento? Em *O Talento Toyota*, Liker e Meier[15] apresentam um método para dividir qualquer tipo de trabalho entre as tarefas rotineiras e repetitivas, de um lado, e outras tarefas que são puramente situacionais, de outro. Até mesmo uma função criativa como o desenvolvimento de um novo produto tem algum grau de conhecimento estável e processos padronizados. Não faria sentido escrever um roteiro minuto a minuto para um engenheiro, mas a Toyota de fato utiliza ferramentas como folhas de *check-list* de engenharia que especificam, componente por componente, conhecimento estável e passos padronizados que devem fazer parte de todo bom projeto. Existem também protocolos de teste, métodos para avaliar um projeto a fim de que atinja determinados padrões, tabelas de custos para estimar os custos de um projeto, bem como inúmeros processos e ferramentas que são ensinados aos engenheiros e auditados por líderes Toyota.[16]

Uma das ideias mais presentes no Lean está contida na noção de "trabalho padronizado para líderes". Muitos consultores vendem pacotes desse item, e muitas empresas tentam desenvolver sua própria versão. Por exemplo, existem padrões para a frequência com que se faz uma caminhada pelo *gemba* e folhas de controle para aquilo que é preciso observar enquanto se caminha pela fábrica. Isso caberia no estágio *shu* do *shu ha ri*. É necessário começar praticando alguns exercícios básicos precisamente como foram instruídos. Considere esse trabalho padronizado como um desses exercícios básicos. O problema que temos visto é que gerentes que já fizeram algumas incursões bem-sucedidas pelo chão de fábrica, o tempo inteiro apontando para outros o desperdício que enxergam e dando ordens para resolver o problema, apressam-se a julgar que já chegaram ao estágio *ri* e que, portanto, são mestres em liderança Lean. É como o garoto que aprende a andar de bicicleta com auxílio de rodinhas laterais e já anuncia: "Ei, mãe, já sei andar sem usar as mãos!". Retire as rodinhas e o garoto irá ao chão, podendo causar sérios ferimentos a si próprio e a outros. É fundamental que essas primeiras caminhadas pelo *gemba* sejam supervisionadas por um verdadeiro *sensei* e que o gerente submetido ao aprendizado tenha toda a clareza de que aquele é apenas um ponto de partida – e de que a ideia central do processo é aprender a fazer perguntas, em vez de fazer alarde sobre supostas descobertas de soluções para os problemas. O gerente precisará de muitos anos de prática repetida com um bom *sensei* para começar a dominar até mesmo a habilidade básica de caminhar pelo *gemba*.

Poucas empresas, se é que há alguma, podem esperar décadas para desenvolver um sólido banco de líderes que ascendam na operação vivendo algo parecido com o Modelo Toyota. Há sempre no ar um sentimento de urgência, como vimos no caso da NUMMI. O que a NUMMI fez foi selecionar cuidadosamente líderes que se encaixavam em sua filosofia, imergi-los no entendimento dos princípios básicos do STP e no estudo da situação do momento no chão de fábrica, apresentar-lhes um desafio com prazo determinado e o devido respaldo, e ajudá-los a refletir sobre o que aprenderam. Qualquer empresa pode fazer isso. Poucas terão os recursos de líderes capacitados e experientes como os coordenadores japoneses, mas isso significa que os recursos em *experts* em Lean que a companhia descobrir em seu ambiente em algum momento valerão tudo o que o seu desenvolvimento custar. No Capítulo 6, destacaremos a jornada, sob a liderança de Gary após deixar a NUMMI, da Dana Corporation, uma companhia norte-americana que, em plena crise, precisou aprender a desenvolver líderes pelo método mais rápido. Ela descobriu que na verdade contava com alguns talentos não explorados em seus próprios quadros, e teve a capacidade de complementá-los com talentos trazidos de fora. Em muitas situações, existem pessoas que conhecem o trabalho a fundo, mas não são desafiadas a ensinar e desenvolver outras. Elas poderão revelar-se um ativo de grande valor se aprenderem a orientar e desenvolver outras pessoas, em vez de pensarem sozinhas em tudo. A abordagem Toyota do desenvolvimento de outros é o assunto do próximo capítulo.

Capítulo 3

Orientar e desenvolver outros

Começo com a premissa de que a função da liderança é desenvolver mais líderes, não mais seguidores.
– Ralph Nader, advogado de direito do consumidor

Quando começaram a lançar fábricas na América do Norte, os executivos da Toyota sabiam que não poderiam falhar. Sua apólice de seguro era mandar tantos japoneses quanto possível para ensinar os norte-americanos a liderarem pelo Modelo Toyota, e, se necessário fosse, os japoneses poderiam se juntar a eles para evitar eventuais catástrofes. Obviamente, esse foi apenas o primeiro passo – semear o grupo inicial de líderes norte-americanos. A Toyota expandia-se rapidamente mundo afora e não teria condições de enviar indefinidamente aos Estados Unidos exércitos de *senseis* japoneses. A visão de longo prazo da empresa era a autossuficiência. Para concretizá-la, os principais líderes norte-americanos precisariam aprender a se tornar *senseis*, e cada nível de liderança abaixo deles teria de atingir determinado grau de maestria em cumprir os valores organizacionais, liderar melhorias e orientar outros a melhorar processos que tivessem em vista objetivos bem definidos.

Como discutimos no capítulo anterior, o autodesenvolvimento como um conceito pode dar a impressão de uma mentalidade do tipo "nade ou afunde": divulgue os desafios; quem encontrar uma forma de superá-los com sucesso será recompensado, e aqueles que não conseguirem terão chegado ao fim da carreira. As companhias norte-americanas mais impiedosas utilizam tal modelo explicitamente, mas esse não é, decididamente, o Modelo Toyota. A Toyota se empenha em alcançar o equilíbrio perfeito entre mestres que são responsabilizados pelo sucesso de seus alunos e os estudantes que assumem a responsabilidade por seu próprio desenvolvimento.

No presente capítulo, examinaremos o outro lado do autodesenvolvimento, analisando mais a fundo como a Toyota incentiva o potencial de liderança e a ascensão daqueles que identifica como pessoas que se autodesenvolvem. Na Toyota, os termos *sensei* (mestre) e *líder* são quase sinônimos. Os líderes são responsáveis por criar um ambiente em que os futuros líderes possam surgir e prosperar. Esse ambiente precisa tanto apoiar quanto desafiar duramente o líder em potencial, ações que parecem contraditórias, mas são vistas como complementares dentro da Toyota. Na produção industrial, grande parte desses desafios é gerada naturalmente pelo Sistema Toyota de Produção (STP).

O STP cria desafios para forçar o desenvolvimento do trabalhador

O Sistema Toyota de Produção é projetado basicamente com o propósito de criar desafios contínuos para os líderes e integrantes das equipes. Taiichi Ohno ilustrou os princípios fundamentais do STP com a imagem de um navio percorrendo um rio que fluía por terreno extremamente pedregoso. Ele explicava que a água era como um estoque. Com mais água, as pedras ficam ocultas sob a superfície e se tornam invisíveis para os passageiros e tripulantes do barco. À medida que o nível da água baixa, no entanto, as rochas afloram à superfície, e o barco precisará parar até a eliminação das pedras – ou afundará. As rochas significam problemas (máquinas ociosas, problemas de qualidade, problemas de comunicação etc.) e, na tradicional produção em massa, são encobertas pelos estoques: tudo parece indicar uma navegação tranquila, apesar dos problemas. Os produtos são manufaturados, e os estoques, simplesmente empurrados para o processo seguinte, sem que se preste a devida atenção ao uso efetivo do material.

Tempo *takt*

Um conceito fundamental do *just-in-time*, a que faremos várias referências ao longo deste livro, é o do *takt*. Trata-se de uma palavra alemã (embora já adotada como japonesa) que significa "ritmo" ou "batida" (em música). Por exemplo, um metrônomo determina o *takt* para um músico. No *just-in-time*, *takt* é a taxa da demanda do cliente. Por exemplo, se os clientes compram, em média, um automóvel Toyota por minuto, o tempo *takt* é de um minuto. Assim, no sistema *just-in-time*, a linha de montagem seria regulada para completar a produção de um carro por minuto (o que, é claro, requer que muitos carros sejam montados nessa linha de forma sequencial e simultânea), e, de preferência, todos os processos anteriores, como estamparia e solda, produziriam as peças de cada carro a cada minuto. Utilizando esse tempo *takt*, no estado ideal, cada função na

> linha de montagem seria regulada de modo que cada integrante da equipe tivesse um minuto de trabalho de valor agregado. Dessa forma, o carro avançaria na linha para a próxima etapa de um minuto, até ficar concluído. Obviamente, há sempre algum desperdício, como inclinar-se para pegar uma peça ou uma ferramenta, mas a meta do STP é continuar tentando reduzir esse desperdício a zero. Eliminar o desperdício é outra forma de baixar o nível da água. Com uma visão clara do *takt* e desperdício zero, espera-se que os integrantes da equipe realizem um trabalho de valor agregado em perfeita sincronia; se eles não o conseguirem, a produção poderá ser interrompida.

Em um sistema *just-in-time*, para atender a demanda do cliente, cada processo se desenvolve em um ritmo constante e sólido, chamado *takt* (veja "Tempo *takt*"). A visão do Verdadeiro Norte é a do estoque zero entre os processos, embora muitas vezes seja necessário contar com alguns pulmões de tempo* (estoques de produção) estrategicamente localizados. Com estoques tão reduzidos, os problemas se tornam visíveis e precisam ser resolvidos, sob pena de paralisarem a produção – se uma das máquinas quebrar, todo o processo de produção logo será interrompido. Os trabalhos a jusante não podem ser realizados quando o fluxo cessa; já os trabalhos a montante precisam parar porque não há lugar para armazenar aquilo que está em produção. Conforme os problemas são resolvidos (mediante a remoção das pedras no caminho) e o fluxo é restaurado, o estoque é ainda mais reduzido (baixando o nível da água) e, com isso, mais problemas afloram à superfície. Essa dinâmica impõe uma melhoria contínua. Em produtos não industriais, isso equivaleria a ter prazos frequentemente apertados para pequenos lotes de produção ou assemelhados (por exemplo, os resultados de testes de laboratório para um paciente por vez), a fim de que cada pessoa não siga em frente enquanto não receber o que precisa do processo a montante. À medida que enxugamos este fluxo, os problemas vão aflorando à superfície e precisamos resolvê-los, sob pena de termos de interromper o processo.

É por isso que tantas empresas não conseguem implementar o *just-in-time* plenamente. A segurança de contar com estoques extras é algo que dificilmente se consegue dispensar, e ajustar os níveis dos estoques exige tempo e esforço. Por que então a Toyota adota esse método? A resposta está na diferença entre as empresas que lutam para se destacar naquilo que fazem e a aspiração da Toyota à perfeição. Para uma empresa que se esforça por ser "boa o suficiente" para alcançar o sucesso,

---

* N. de R.T.: Pulmões de tempo, também denominados *buffers*, são estoques estrategicamente localizados ao longo do sistema produtivo, dimensionados para assegurar o fluxo da produção, este contra a variabilidade.

é sempre recomendável contar com uma margem de segurança na forma de estoques extras. Contudo, para uma empresa que mira a perfeição, há razões mais que suficientes para trazer os problemas à tona com a máxima presteza possível. Quando um problema permanece oculto sob a superfície durante muito tempo, pode deixar de ser percebido como aquilo que é – um problema – e passar a fazer parte dos procedimentos operacionais de rotina. Logo, o objetivo da perfeição se torna cada vez mais distante e difícil de atingir. Sem uma visão da perfeição como objetivo, fica muito fácil deixar o nível da água subir lenta mas constantemente – pode-se dizer que este é o caminho da menor resistência. Claro que permitir folgas no sistema é a solução mais fácil para a maioria dos problemas que surgem.

Ohno costumava dizer que o Sistema Toyota de Produção foi desenvolvido para tornar os problemas visíveis, a fim de desafiar as pessoas e com isso proporcionar-lhes a oportunidade de crescer e melhorar tanto na solução dos problemas quanto como indivíduos. O STP foi desenhado como uma casa, no intuito de ilustrar que se trata de um sistema e, como tal, só opera com força total quando todos os elementos funcionam em conjunto (ver Figura 3.1). Os dois pilares que sustentam a casa são o *just-in-time*, creditado a Kiichiro Toyoda, e o *jidoka*, atribuído a seu pai, Sakichi Toyoda. *Jidoka* diz respeito a uma máquina com inteligência para se desligar quando surge um problema, tal qual o famoso tear automático de Sakichi, que se desliga sozinho quando algum fio arrebenta. Tal processo evoluiu para o sistema *andom*, em que os equipamentos ou as pessoas interrompem a produção e pedem ajuda quando detectam algum problema. A combinação de JIT e *jidoka* significa que os problemas, quando inevitavelmente ocorrem, jamais podem ser escondidos.

Tudo isso parece muito bom, mas há duas condições que fazem desse frágil sistema um processo de alto desempenho em vez de um exercício de futilidade. Uma delas é o sólido alicerce da estabilidade em condições normais, o qual requer pessoas bem treinadas que se esforcem para executar suas funções perfeitamente e, também, um equipamento com excelente manutenção que raramente apresente defeitos. Sem essas condições, as pedras acabarão por sobrecarregar a organização, e a produção será simplesmente interrompida durante a maior parte do tempo. A segunda condição é a forma como as pessoas reagem quando algum problema vem à tona. Na Toyota, os trabalhadores são treinados a resolver problemas de forma intensiva e repetida, para que, na ocorrência de algum deles, possam entrar logo em ação – primeiro, contendo o problema e reiniciando a produção; depois, investigando suas causas raízes, a fim de impedir que continuem se repetindo. O *kaizen*, que significa "melhoria contínua", transforma essa penosa interrupção da produção em pessoas e processos excepcionais, com vantagem competitiva.

Casa do Sistema Toyota de Produção

EXCELÊNCIA OPERACIONAL
Segurança, qualidade, custo, entrega, moral

Just-in-time
"A peça certa, no momento certo, na quantidade certa"

Kaizen

Jidoka
"Pare e corrija os problemas"

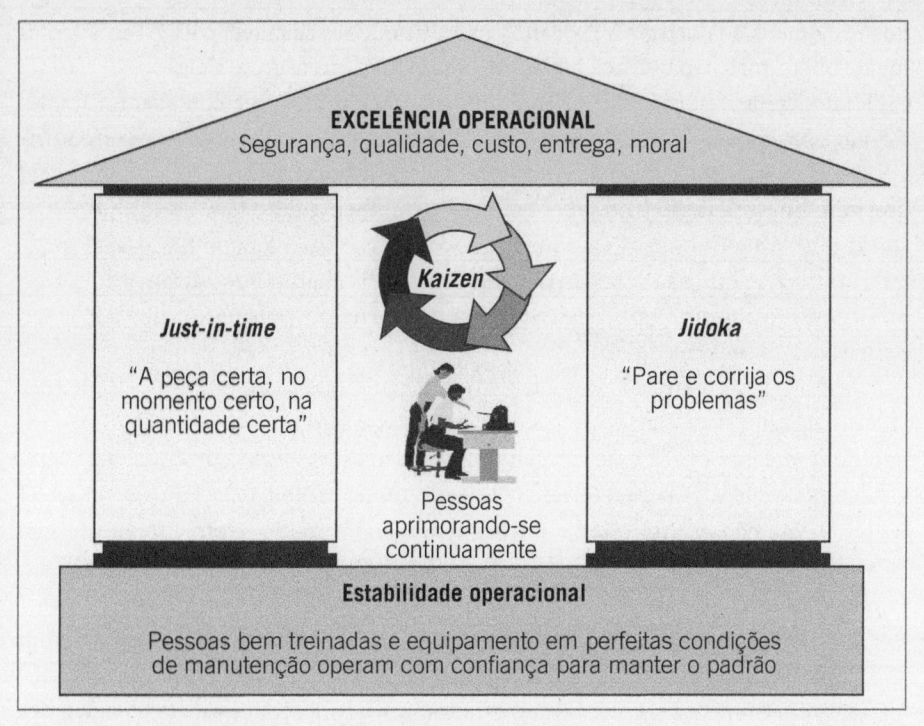

Pessoas aprimorando-se continuamente

Estabilidade operacional
Pessoas bem treinadas e equipamento em perfeitas condições de manutenção operam com confiança para manter o padrão

Figura 3.1   Casa do Sistema Toyota de Produção.

Uma das primeiras experiências de Gary na NUMMI expôs a diferença entre "suficientemente bom", o padrão com o qual estava acostumado na Ford e na GM, e a busca da perfeição pela Toyota. Durante o processo de recrutamento, antes de ser contratado, Gary havia detectado que o equipamento disponível nos setores de carroceria e pintura da NUMMI era antigo e propenso a desastres. Também constatou que não havia espaço para armazenar estoques de reserva para eventuais crises. Nos primeiros dias como gerente geral da NUMMI, ele tentou demonstrar seu comprometimento com a qualidade e a eficiência sugerindo a vários executivos japoneses que o plano para o setor de carrocerias precisava ser ajustado a fim de permitir mais estoques entre os processos, pois, do contrário, quaisquer problemas terminariam por interromper a produção na linha de montagem.

Kosuke Ikebuchi, vice-presidente executivo de engenharia e produção da NUMMI, respondeu sucintamente à ideia de Gary: "Não precisamos de estoque suplementar. Corrija os problemas!". Com essas palavras, Ikebuchi-san expressava um dos fundamentos do STP – se você oculta a existência de um problema com estoque ou outra solução paliativa, está, na verdade, evitando a pressão de corrigir a causa raiz do problema. Não corrigir o problema na raiz pode ser aceitável para o "suficientemente bom", mas não é suficientemente bom para a busca da perfeição.

Destacamos na "Introdução" que muitas companhias que começam a implementar conceitos Lean conseguem obter bons resultados, mas com muita frequência esses ganhos se evaporam com o passar do tempo. As pessoas naturalmente preferem uma operação tranquila, fácil, pois é também muito fácil acostumar-se ao *status quo*. Ao eliminar os estoques, a Toyota torna inerentemente instável qualquer *status quo* que não seja a perfeição. Um comprometimento intransigente com o *just-in-time* impulsiona as pessoas a buscar a perfeição, pois tudo o que não seja a perfeição logo se torna óbvio.

Qual a relação entre esses pontos e o desenvolvimento de líderes? No capítulo anterior, discutimos a importância do desenvolvimento no local de trabalho e dos desafios crescentes. O STP, ao explicitar os problemas, cria uma corrente interminável de oportunidades para o desenvolvimento no trabalho e crescentes desafios. O *sensei* Toyota não precisa criar situações artificiais de treinamento em que alguma coisa dê errado ou haja uma dificuldade artificial que os *trainees* devam identificar. O processo diário da produção de automóveis gera todas as oportunidades e desafios indispensáveis ao desenvolvimento. Em um ambiente mais confortável – com mais água, digamos –, o *sensei* possivelmente teria de estabelecer um alvo específico ou identificar um projeto para desafiar a capacidade de solução de problemas dos *trainees*. Não haveria então oportunidades suficientes para o ciclo *shu ha ri* de autodesenvolvimento dos alunos, ou o processo de desenvolvimento levaria ainda mais tempo para consumar-se. O STP não apenas guia a empresa rumo à perfeição, como cria oportunidades para o desenvolvimento de lideranças, tanto no autodesenvolvimento quanto no desenvolvimento de outros, as quais são necessárias para satisfazer a liderança.

Solução de problemas pelo A3 dá visibilidade ao processo de pensamento

Em seus primeiros dias na NUMMI, os piores temores de Gary se tornaram realidade cotidiana. Como não havia espaço para estoque no setor de carrocerias, tornar as pessoas altamente treinadas e o equipamento estável era um desafio diário, e o STP proporcionava inúmeras oportunidades para o desenvolvimento. Com as frequentes panes nas máquinas, consertar os problemas em sua raiz era essencial para manter a produção. No Japão, os vendedores que produzem o equipamento regularmente enviam pessoal especializado ao local em que suas máquinas estão instaladas, para ajudar a resolver os problemas, mas a NUMMI, na Califórnia, estava entregue à própria sorte.

Gary e sua equipe passaram vários anos lutando para resolver um problema após outro – e até se saíram bem no que diz respeito a manter a linha de produção em funcionamento. Mas ainda havia uma imensa lacuna entre o desempenho da NUMMI e o nível do tempo de funcionamento do equipamento no Japão. Ironicamente, o homem que conseguiu elevar o setor de carrocerias a um novo patamar não era um executivo do setor de produção, mas alguém trazido da área financeira no Japão. Fumitaka Ito tornou-se presidente da NUMMI e não gostou nada do tempo de operação do setor de carrocerias. Constatou também que os engenheiros do setor passavam tempo demais no escritório, o que, é claro, indicava que os problemas estavam longe de ser resolvidos. Durante uma reunião, ele pediu a Gary para adotar uma nova prática. Sempre que um equipamento ficasse inativo por 30 minutos ou mais, deveria ser apresentado um relatório pessoal dos engenheiros, na presença de Gary. O relatório deveria caber em uma folha, o famoso "relatório A3" da Toyota (nome devido ao formato de papel A3 utilizado no sistema métrico). Ito não ofereceu um curso de treinamento em A3, limitando-se a exigir um "relatório de problema" para cada caso e sugerir que os engenheiros japoneses do setor de carrocerias poderiam mostrar a seus colegas norte-americanos como preparar esse relatório.

A finalidade do relatório é produzir, em uma única página, um "relato da solução do problema" que resuma o problema, sua causa raiz e as medidas adotadas para corrigi-lo. Para a resolução de problemas, a Toyota utiliza uma abordagem que se tornou conhecida como Práticas de Negócio Toyota (PNT – *Toyota Business Practices*). Esse relatório de uma página detalha o problema, a lacuna existente entre os estados existente e ideal, as causas raízes do problema, possíveis contramedidas, as contramedidas já testadas, os resultados obtidos e as ações adicionais viáveis. A função do engenheiro não era apenas consertar a falha, mas identificar por que havia ocorrido (manutenção inadequada, erro do usuário ou insumos defeituosos, por exemplo) e avaliar suas causas raízes, para que a falha em questão não se repetisse. Os engenheiros deveriam apresentar o relatório a Ito e Gary pessoalmente, no máximo uma semana depois da ocorrência do problema.

Ao abordar a situação dessa forma, Ito encarava diversas necessidades de uma só vez. Em primeiro lugar, enfrentava de forma sustentável os problemas de produção que afligiam a NUMMI (em vez de priorizar as metas de produção e deixar para os engenheiros japoneses a tarefa de solucionar o problema). Em segundo lugar, oportunizava aos engenheiros norte-americanos pôr em prática suas habilidades de resolução de problemas. Ao instituir uma política que colocava a liderança nas mãos dos engenheiros norte-americanos e os tornava responsáveis pelos relatórios A3, Ito-san obrigava-os a aprender a solucionar problemas e a conhecer o valor do *genchi genbutsu*. Em terceiro lugar, proporcionava a Gary a oportunidade de tomar parte no processo de solução de problemas, oportunizando também orientá-lo em sua responsabilidade pelo desenvolvimento dos engenheiros.

Práticas de Negócios Toyota

O processo de resolução de problemas utilizado na Toyota é chamado atualmente de Práticas de Negócios Toyota (PNT), embora tenha sido conhecido por outros nomes no decorrer da história da empresa (Solução Prática de Problemas, por exemplo). O PNT é um processo de oito passos baseado no ciclo de qualidade Planejar-Fazer-Verificar-Agir (*Plan-Do-Check-Act*) do guru da qualidade J. Edwards Deming.

Em resumo, o processo começa com uma especificação do problema, incluindo a lacuna entre as condições atuais e as ideais, a qual, então, é decomposta para determinar os problemas mais importantes com os quais se pode lidar. Para cada um desses problemas, são estabelecidas metas específicas de melhoria. Esses subproblemas específicos são então analisados para que se identifique a causa raiz perguntando-se "por quê?" até que essa causa raiz, e não simplesmente uma causa superficial, seja localizada (uma regra prática sugere fazer essa pergunta cinco vezes). Medidas de contenção são então identificadas (planejar), testadas (fazer) e monitoradas (verificar), até que, depois de ajustes adicionais (agir), o problema é resolvido ou se recorre a novas abordagens. O encarregado de resolver o problema não deixa sua função e continua fazendo o acompanhamento e ajustando cada vez mais o processo até que esteja comprovadamente estabilizado e tenha funcionado com consistência, sem problemas, durante algum tempo, normalmente alguns meses. A partir daí, essas contramedidas são padronizadas e podem ser compartilhadas com outras fábricas que tiverem necessidade delas.

Eis os oito passos do PNT:

1. Definir o problema em relação ao estado ideal (planejar).
2. Decompor o problema em partes gerenciáveis (planejar).
3. Identificar a causa raiz (planejar).
4. Estabelecer uma meta para a melhoria (planejar).
5. Selecionar a solução apropriada entre várias alternativas (planejar).
6. Implementar a solução (fazer).
7. Supervisionar o resultado (verificar).
8. Ajustar, padronizar e generalizar (agir).

Vale notar que os cinco primeiros passos desse sistema da Toyota estão incluídos na fase "planejar" do processo de Deming. Isso reflete o foco da empresa em garantir que esteja sendo abordado o problema certo e que, assim, a falha será resolvida de fato. Reflete também a ênfase dada pela Toyota à coleta de informações e à busca de uma solução consensual. A definição da meta é também ponto fundamental, na medida em que apresenta o desafio.

> A Toyota acredita que esse processo de solução de problemas é essencial para a liderança – espera-se que cada líder seja mestre no PNT, independentemente de sua função ou do departamento em que atua. O domínio desse processo permite que um líder com atuação em finanças ou recursos humanos, por exemplo, contribua significativamente no chão de fábrica, e vice-versa. Dominar o PNT implica ter a capacidade de fazer as perguntas certas aos especialistas do setor que estiverem realizando o trabalho de campo, a fim de garantir que realmente resolvam os problemas e façam a empresa avançar rumo à perfeição.

Durante as apresentações, Ito concentrava-se em fazer perguntas e criticar os relatórios. A explicação do problema era clara? Levava aos "Cinco Por Quês"? E as contramedidas, estavam nitidamente associadas à análise da causa raiz? Ito tinha a misteriosa capacidade de descobrir lacunas fundamentais no pensamento de um engenheiro e dissecá-lo com perguntas detalhadas que expunham partes não contadas da história, mesmo não sendo um engenheiro e não conhecendo os detalhes técnicos do problema. Seguindo a prática padrão da Toyota, ele usava uma caneta vermelha para marcar itens do relatório, enchê-lo de pontos de interrogação e escrever perguntas. O objetivo de preencher o relatório A3, é claro, não é preenchê-lo perfeitamente, mas utilizá-lo como ferramenta para aprender e pensar com mais clareza o processo de solução de problemas. Ao ouvir as apresentações e revisar os relatórios, Ito conseguia avaliar a capacidade dos engenheiros, sua forma de pensar, de argumentar, e até que ponto estavam convencidos da manutenção das melhorias. Como cada líder em desenvolvimento na Toyota sempre aprende, os relatórios constituem uma poderosa técnica para desenvolver a capacidade de solução de problemas.[1]

Apesar de observar Ito-san agindo como *coach* desse processo inúmeras vezes, Gary não estava assumindo adequadamente sua cota de responsabilidade. Enquanto Ito criticava as apresentações e os relatórios, Gary simplesmente ficava de lado, admirando-se com a perspicácia de Ito e quase se divertindo com a luta dos engenheiros para aprender essa forma de pensamento. Depois de algumas sessões, Ito perguntou a Gary como ele havia orientado os engenheiros no processo antes das apresentações. Destacou que havia ainda vermelho demais nos relatórios e que, se Gary tivesse ensinado os engenheiros como deveria, não haveria tanto risco vermelho. Com isso, ele deixava clara a responsabilidade de Gary pelo desenvolvimento dos engenheiros; os problemas com os relatórios eram um reflexo da liderança de Gary, e ele era mais responsável pelas falhas do que qualquer um dos engenheiros. A partir daí, Gary passou a se envolver mais diretamente no processo, e logo tanto ele quanto os engenheiros estavam aprimorando suas habilidades e desenvolvendo-se com muito mais rapidez. Com o tempo, Gary apurou sua capacidade de enxergar as lacunas nos processos dos engenheiros, passando a pensar com agilidade e a fazer perguntas certeiras para exibir essas lacunas. Compreendeu, enfim, que as revisões eram uma forma de avaliar a capacidade do funcionário tanto quanto sua própria capacidade como mestre e *coach*. Logo os A3s passaram a apresentar resultados melhores, e o tempo de funcionamento dos equipamentos evoluiu rumo aos níveis japoneses.

Dali em diante, quando Ito apresentava seus cumprimentos por um trabalho benfeito, eles eram dirigidos a Gary, mas não porque estivesse atribuindo a este o êxito do processo de solução de problemas. Os verdadeiros cumprimentos eram pelo desenvolvimento dos engenheiros. Cada relatório individual tinha importância relativamente escassa no quadro geral do desenvolvimento de líderes. Mas o constante aperfeiçoamento que juntos registravam mostrou o progresso mais importante: o desenvolvimento dos engenheiros e o fato de Gary ter assumido a responsabilidade por tal desenvolvimento, a fim de saber como pensavam, como raciocinavam, como agiriam para prevenir problemas e como dariam sustentabilidade a essa prevenção.

Às vezes o treinamento de liderança precisa ser estruturado

Evidentemente, surgem situações em que é preciso criar outras oportunidades e desafios além daqueles oferecidos diariamente pelo PTN. Mesmo nesses casos, contudo, o "treinamento" da liderança deve ocorrer pela prática, não simplesmente mediante exercícios em uma sala de aula. No capítulo anterior, vimos que, quando Gary chegou à TMMK, o banco de lideranças da empresa estava pouco desenvolvido em função de uma combinação de crescimento e contratação de líderes por outras empresas. Como presidente, Gary solucionou parte desses problemas contratando alguns líderes excepcionais de fora da Toyota, mas tal medida claramente ainda não era o suficiente. As capacidades da equipe existente também precisavam ser desenvolvidas; desenvolver a equipe era, obviamente, uma das principais responsabilidades de Gary.

Gary percebeu que havia vários impedimentos ao processo normal de desenvolvimento que se fariam sentir no dia a dia da fábrica. Em primeiro lugar, para reconstruir a liderança e as capacidades de PTN com a celeridade de que a TMMK necessitava, o desenvolvimento precisaria ser ainda mais rápido que o habitual. Em segundo lugar, a limitada experiência do pessoal da TMMK significava que mesmo os líderes mais seniores precisavam reciclar suas habilidades, pois não estavam em condições de fazer o papel de *sensei* para aqueles a quem deveriam liderar. Gary optou pela realização de um treinamento fora da TMMK, por entender que os líderes poderiam sentir-se incapazes de discutir e admitir dificuldades tendo seu pessoal como testemunha. Mais ainda, como a TMKK ainda estava funcionando em alta rotação, Gary temia que os líderes submetidos a treinamento pudessem ter a atenção desviada para as exigências diárias de suas funções, caso os exercícios fossem realizados na própria fábrica.

Gary lembrou-se de uma página do livro de Taiichi Ohno e decidiu que seria muito mais eficiente se os líderes aprimorassem suas habilidades trabalhando com fornecedores da TMMK. Isso não só proporcionaria um desenvolvimento realmente prático, no trabalho, como igualmente satisfaria a necessidade de melhorar a capacidade dos fornecedores da TMMK. Ciente de que precisaria da ajuda de *senseis*, Gary contratou o Toyota Supplier Support Center (TSSC),[2] subsidiária da Toyota que treinava fornecedores em STP, para que providenciasse especialistas para servirem de *senseis* dos líderes da TMMK durante seu *estágio* nos fornecedores. Hajime Ohba, discípulo de Ohno, passaria a liderar pessoalmente esse programa de treinamento.

Os executivos da TMMK passaram por um brevíssimo curso de reciclagem sobre STP, trabalho padronizado, solução de problemas e *kaizen*, e, após, três gerentes eram enviados semanalmente a um fornecedor para pôr em prática sua capacidade de identificar desperdícios, resolver problemas e melhorar o desempenho – tudo sob a orientação de especialistas do TSSC e de um instrutor certificado da TMMK. Havia dois estágios na missão de *kaizen* nesse fornecedor. O primeiro estágio focalizava o "*kaizen* de processo". Um processo de gargalo era selecionado – por exemplo, uma operação em um equipamento. Os gerentes eram indicados para trabalhar com uma equipe, a fim de avaliar a operação, identificar atividades sem valor agregado, encontrar as causas raízes e implementar *kaizen* no espaço de uma semana. Algumas semanas mais tarde, eles voltariam àquela mesma fábrica para liderar um "*kaizen* de sistema" de uma semana. O *kaizen* de sistema possui maior abrangência e emprega uma ferramenta chamada "diagrama de fluxo de material e informação" (conhecido fora da Toyota como mapeamento do fluxo de valor) para diagramar a maneira como os materiais e as informações circulam pela fábrica. As informações indicam que peças produzir e movimentar, quando e em que quantidade.

Todas as sextas-feiras, Gary, acompanhado de um chefe de departamento, deslocava-se até o fornecedor para verificar o que os gerentes haviam aprendido, o que haviam feito e o que pensavam a respeito do treinamento. Para incentivá-los a desenvolver a abordagem pessoal prática, não eram admitidos relatórios produzidos no computador. Gary queria que os gerentes explicassem, a partir de documentos manuscritos, os principais pontos da semana: as oportunidades identificadas, como entendiam ser possível eliminar trabalhos supérfluos e o que haviam realmente feito durante o treinamento.

Quando os gerentes voltaram à TMMK, Gary sentou-se com eles e transmitiu-
-lhes sua expectativa de que continuassem a utilizar as ferramentas que haviam refinado e aperfeiçoado no fornecedor, a fim de liderarem o *kaizen* em seus próprios
locais de trabalho. Sua expectativa mínima era que cada departamento marcasse
com ele uma revisão no chão de fábrica quatro vezes ao ano. Os gerentes seriam
julgados conforme a utilização proativa que fizesssem das ferramentas em suas seções para atingir suas metas anuais de melhoria de desenvolvimento. Todos os 115
gerentes e gerentes gerais da TMKK passaram por essas oportunidades de desenvolvimento ao longo de cerca de 18 meses.

O STP proporciona a suas lideranças inúmeras oportunidades para desenvolver
o próximo nível de líderes. Sempre que necessário, um líder também pode criar
oportunidades, como fez Gary (isso é algo que veremos em mais detalhes no Capítulo 6). Mas tirar proveito das oportunidades que surgem naturalmente como resultado do STP ou daquelas especialmente criadas para suplementar as experiências
diárias implica também a necessidade de muitos *senseis* a postos para providenciar
a modelagem no estágio *shu* ou o *coaching* e a orientação nos estágios *ha* e *ri* de
aprendizagem.

Aprendendo a gerenciar vertical e horizontalmente: líderes tipo T

O propósito do *shu ha ri* adotado na Toyota é desenvolver um conhecimento profundo, como aquele proporcionado pelo sistema original de aprendizado. O "mestre" é o especialista e está ensinando sua arte ao aprendiz. Isso funciona muito bem
para o gerenciamento do trabalho diário da organização, mas, em algum ponto de
sua trajetória, os gerentes precisam aprender a liderar a organização horizontalmente, para que possam resolver problemas de maior alcance, interdepartamentais,
o que exige liderar pessoas em áreas das quais não sejam profundos conhecedores e
sobre as quais não tenham autoridade formal.

A trajetória dos líderes na Toyota inicia-se com ênfase na gestão vertical. A
partir daí, aqueles com elevado potencial começam a diversificar suas atividades
para ampliar sua responsabilidade. Os principais líderes da Toyota devem ser
"líderes tipo T", termo empregado pelo ex-presidente Katsuaki Watanabe para
descrever o líder Toyota ideal. O conceito é simples: um líder tipo T adquire profundo conhecimento e experiência em determinada área técnica (a longa haste
do T) e, então, vai ampliando seus horizontes a fim de ganhar visibilidade em
toda a organização (a parte superior horizontal do T). Isso é às vezes mencionado
na Toyota como plantar raízes profundas antes que a árvore se ramifique (ver
Figura 3.2).

Ampliando as capacidades de liderança

Especialidade profundamente enraizada

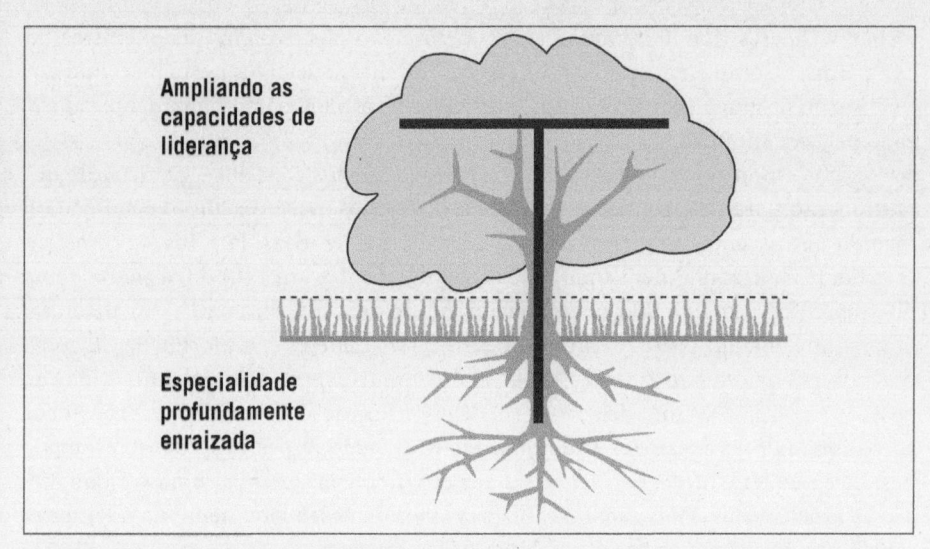

Figura 3.2 Líderes tipo T desenvolvem raízes profundas em seus departamentos e, a partir daí, diversificam-se para liderar outras funções na organização.

Para desenvolver líderes tipo T, a Toyota prioriza a ascensão de líderes de alto potencial primeiro na cadeia de comando de suas respectivas especialidades e depois horizontalmente, com frequência por meio de especialidades diferentes. Traçar o rastro da liderança na Toyota exige movimentar-se lateralmente tanto quanto ou até mais que para cima. Os líderes também são encarregados de missões como gerenciar um projeto que envolva um grupo de colegas de outras partes da Toyota sobre as quais não tenham autoridade formal. No Capítulo 5, examinaremos um exemplo que detalha como Gary desenvolveu ainda mais sua capacidade de liderança trabalhando pela empresa para reduzir os custos das garantias. Os líderes que vão mais longe na organização transpõem as fronteiras de suas respectivas especialidades para assumir funções horizontais e gerenciar por meio de departamentos. Avançar horizontalmente funciona muito bem na Toyota devido à priorização das Práticas de Negócios Toyota como competência central dos líderes. À medida que um líder ascende na escala hierárquica, seu conhecimento dos detalhes técnicos se torna menos importante que a capacidade de identificar desperdícios, melhorar as operações e resolver problemas, o que os líderes aprendem conjuntamente em todas as áreas da organização.

Ao desenvolver seus pares, os líderes, especialmente aqueles de escalões mais elevados, têm um duplo papel: orientar líderes de alto potencial à medida que desenvolvem as raízes de uma especialidade técnica e descobrir a combinação ideal de oportunidades que possibilitará a um grupo selecionado de líderes de alto potencial tornar-se líderes tipo T capazes de causar impacto positivo em qualquer área da companhia. Como é natural, alguns líderes são mais eficientes permanecendo em sua função original e aprimorando-se de forma contínua, o que é altamente valorizado pela organização.

Muitas empresas costumam transferir funcionários com alto potencial de departamento para departamento, por breves períodos, para dar-lhes visibilidade à medida que ascendem rapidamente na escala das lideranças. Já a Toyota transfere seus líderes horizontalmente, para áreas que não conheçam a fundo, mas só depois de cinco a dez anos, quando já tenham aprendido uma função a partir dos alicerces. Esse conhecimento precoce, profundo, ensina aos líderes a importância de compreenderem realmente o processo e se tornarem *experts* no trabalho. Colocar pessoas em situações fora de suas áreas de especialização à medida que progridem acaba forçando-as a recorrer à sua capacidade de motivar pessoas e construir equipes. Elas não têm alternativa senão liderar ouvindo e orientando, uma vez que não são as especialistas. Dois exemplos de processos de desenvolvimento de lideranças tipo T na TMMK são os de Cheryl Jones e Don Jackson.

Desenvolvimento tipo T de Cheryl Jones

Cheryl Jones foi uma das primeiras funcionárias da TMMK. Antes da Toyota, ela não tinha qualquer currículo técnico; toda a sua experiência se resumia à gerência de serviços ao consumidor em um supermercado. Na verdade, foram suas habilidades no trato com pessoas que a fizeram destacar-se durante o processo de recrutamento. Cheryl tornou-se uma líder de grupo no setor de montagem, gerenciando quatro líderes de equipes (que, por sua vez, tinham sob seu comando cerca de 20 membros). Cheryl foi enviada ao Japão para realizar o tradicional treinamento de chão de fábrica da Toyota, continuando com um orientador pessoal japonês ao retornar a Kentucky. Tendo mostrado especial aptidão para formar uma equipe de alta produtividade, foi promovida à "equipe de líderes" da organização como subgerente. A equipe de líderes consiste, em sua maioria, de membros de equipes de produção horistas, os quais são cedidos por seus grupos de trabalho por um período aproximado de dois anos e são responsáveis pelo lançamento de novos modelos. Cheryl foi então promovida lateralmente como subgerente da equipe que comandava a expansão da TMMK para uma segunda linha de montagem.

A essa altura, Cheryl já havia completado quase 15 anos como parte do setor de montagem. Avançava naturalmente na hierarquia rumo ao posto de gerente geral desse setor, mas levou um choque quando o então presidente Kitano pediu-lhe que se transferisse para o departamento de pintura, onde atuaria como subgerente geral. Quando concordou com essa decisão, ela jamais havia sequer visitado o departamento de pintura.

O setor de pintura havia passado recentemente por um grande trauma, com alegações de assédio sexual, e precisava urgentemente de uma liderança confiável, com espírito de equipe, para ajudar o departamento a superar o problema. Como havia um bom número de engenheiros e gerentes experientes que entendiam o lado técnico da pintura, a presença de um líder técnico não era a maior necessidade do departamento. Cheryl tinha plenas condições de formar equipes e, para chegar à condição de líder tipo T, precisaria ampliar sua experiência para além dos limites do setor de montagem.

Passados seus primeiros seis meses no departamento de pintura, Cheryl concluiu que, para compreender o trabalho que lhe cabia comandar, precisaria passar parte do seu tempo atuando em todos os tipos de funções, em dois turnos. Não foram poucas as dificuldades que enfrentou, e alguns integrantes da equipe muitas vezes chegaram a duvidar de que ela conseguiria superar o desafio, mas, apesar de tudo, Cheryl perseverou. Aquela experiência proporcionou-lhe a oportunidade de aprender sobre o departamento de pintura e, ao mesmo tempo, avaliar o nível das habilidades e a capacidade dos líderes das equipes. Um problema que descobriu foram certas deficiências na forma como ela própria havia sido treinada para exercer diversas funções. Tal conhecimento permitiu-lhe orientar esses líderes e apresentar-lhes desafios que os ajudassem a desenvolver-se mais. Por exemplo, sendo ela a responsável pelos departamentos de pintura das duas instalações existentes naquela fábrica da TMMK, constatou que os subgerentes se contentavam em liderar os grupos que integravam seus respectivos departamentos. Assim, para incentivá-los a se autodesenvolver, ela pediu que cada subgerente realizasse ações de melhorias (por exemplo, em segurança) entre os dois departamentos de pintura, para que pudessem ter a experiência de formar equipes e liderar pessoas que não se reportassem diretamente a eles.

Um indicador do sucesso de Cheryl na liderança de pessoas no departamento de pintura foi a proporção dos promovidos entre aqueles que estiveram sob seu comando. Dos líderes de equipes, engenheiros seniores, líderes de grupos e subgerentes que se reportavam a Cheryl no departamento de pintura, todos – salvo uma única exceção – foram promovidos. Graças a esse sucesso, Cheryl foi indicada como "consultora especial" para o lançamento de uma nova montadora de camionetas em Baja, no México. Ao voltar à TMMK, foi novamente promovida, desta vez a vice-presidente de apoio à produção e ao sistema de transmissão, o que incluía a responsabilidade pela fábrica de motores, outro conjunto muito diferente de tecnologias. Cheryl foi igualmente encarregada dos setores de controle de produção, instalações de engenharia e do grupo de STP. Durante os 15 anos que passou no setor de montagem, Cheryl desenvolveu o tronco do T; agora, com experiência na área de pintura, lançando uma nova fábrica do nada, e com suas novas responsabilidades, ela fez grandes progressos no desenvolvimento da cruz do T.

Desenvolvimento tipo T de Don Jackson

Don Jackson foi contratado pela TMMK como engenheiro de controle de qualidade, responsável pelas peças dos fornecedores. Inicialmente, seu coordenador japonês concentrou-se em desenvolvê-lo como *expert* dentro de sua especialidade, o controle de qualidade, mas da forma mais rigorosa que Don já havia experimentado. Sob a orientação do coordenador, ele teve de memorizar todos os números das centenas de peças pelas quais era responsável, bem como decorar o fornecedor e o nome e a localização da fábrica que produzia cada uma dessas peças. Teve também de passar algum tempo na linha de montagem para adquirir experiência na instalação das peças, conhecer os integrantes da equipe que as instalavam e se familiarizar com o processo de trabalho padronizado para cada peça. O nível de conhecimento que se esperava de Don e sua responsabilidade pela qualidade das peças estavam muito além daquilo que ele havia vivenciado no setor de controle de qualidade de seu antigo empregador – e também daquilo que certamente veríamos na maioria das empresas.

Quando Don foi promovido a gerente geral de qualidade, insistiu em seguir a mesma abordagem enquanto desenvolvia outra geração de líderes de engenharia. Estava convencido de que esse conhecimento profundo constituía uma das verdadeiras forças da TMMK, pois permitia até mesmo aos gerentes de fábrica identificar e implementar contramedidas ágeis em qualquer eventualidade, bem como evitar a maioria dos problemas.

Depois de cerca de 10 anos no setor de controle de qualidade, Don foi promovido horizontalmente quando surgiu uma função que poderia tirar proveito de suas qualidades: a fábrica de carrocerias. O maior desafio que ele teria de enfrentar na nova função seria administrar a transição para uma tecnologia inteiramente nova de soldagem de carrocerias (a Global Body Line): essa transição exigia que cada peça do equipamento fosse modificada sem que a produção fosse interrompida ou diminuísse seu ritmo. Assim, ele dividiu a fábrica de carrocerias em seções e implementou a transição seção por seção. A primeira área foi a que apresentou o maior desafio, mas, como a nova fábrica ocupava metade daquilo que substituía, o espaço logo foi liberado, facilitando a tarefa. Don tornara-se um excepcional gerente de projeto e solucionador de problemas durante o tempo em que atuou no setor de controle de qualidade – habilidades das quais precisaria muito na fábrica de carrocerias. A mudança também lhe proporcionou o desafio de aprender um conjunto inteiramente novo de habilidades ao administrar um processo completamente diferente.

Após concretizar com sucesso a tarefa que lhe fora destinada na fábrica, Don foi alçado ao posto de vice-presidente sênior de planejamento e produção de qualidade de uma nova fábrica de caminhões da Toyota em San Antonio, Texas, que, sob seu comando, viria a se tornar a fábrica norte-americana mais nova a conquistar o J. D. Power & Associates Silver Award de qualidade de produção. Após o triunfo, ele deixou a Toyota para se tornar presidente de uma nova fábrica da Volkswagem no estado do Tennessee. Terá sido sua saída uma grande perda para a Toyota, após todos aqueles anos de investimento? Sim, certamente, e mais de um gerente manifestou desconforto com o grande esforço investido no desenvolvimento de líderes excepcionais que poderiam fazer coisas excepcionais em outras empresas, mesmo concorrentes. Mas os executivos seniores sempre reagem da mesma forma positiva (paráfrase geral): "Não podemos controlar o que as pessoas decidem fazer, mas sabemos que devemos desenvolver líderes excepcionais e continuaremos cumprindo nossos valores e trabalhando com afinco ainda maior para reter funcionários dedicados e leais. Enquanto isso, tiramos proveito de anos de serviço e contribuição e enviamos um grande líder para servir ao mundo e contribuir com a sociedade. Se nossos concorrentes com isso se tornarem mais competitivos, esse será um fator a mais para tentarmos ser ainda melhores".

Sólido compromisso com o desenvolvimento de líderes

A estrutura organizacional da Toyota é basicamente a mesma em todo o mundo, ainda que se possa encontrar um número maior ou menor de níveis hierárquicos em diferentes locais (por exemplo, o cargo de subgerente geral pode existir em uma fábrica norte-americana, mas não é muito comum no Japão). Um resumo da estrutura da TMMK é apresentado na Figura 3.3. A primeira impressão dessa estrutura talvez seja a de um aparente excesso de desperdício. Nós mesmos frequentemente encontramos executivos que, tentando imitar a Toyota, ficam surpresos com o fato de uma organização Lean não possuir uma estrutura enxuta, com poucos gerentes em relação ao número de trabalhadores. A Toyota não acredita que estruturas enxutas possam economizar o que quer que seja; na verdade, acredita que essas acabam se revelando muito mais caras do que a estrutura mais hierárquica que a Toyota utiliza. Em uma estrutura enxuta, é comum encontrar gerentes responsáveis por 15, 20, até mesmo 40 pessoas. A meta da Toyota é ter uma proporção de cerca de um líder para cada cinco pessoas, com algumas variações, dependendo do nível e do departamento. O objetivo disso é oferecer instrutores e *coaches* em número suficiente para o suporte de que cada funcionário necessita, de uma forma que o desenvolvimento real de funcionários e líderes possa ser concretizado.

O amplo espectro de controle, típico das organizações norte-americanas, sob certos aspectos, gera mais desperdício que uma estrutura mais hierarquizada. Em semelhante ambiente, as oportunidades para conduzir o desenvolvimento das pessoas e orientar líderes potenciais são inevitavelmente perdidas. Os melhores profissionais podem deixar a organização sem ter sido sequer notados, levando consigo habilidades e conhecimentos de imenso valor. Pior do que isso: sem uma atenção mais detalhada, funcionários e gerentes relativamente carentes de treinamento tendem a encontrar soluções "mais fáceis" ou "mais simples", não chegando à causa raiz dos problemas e, com isso, contribuindo para o surgimento de problemas ainda maiores no futuro.

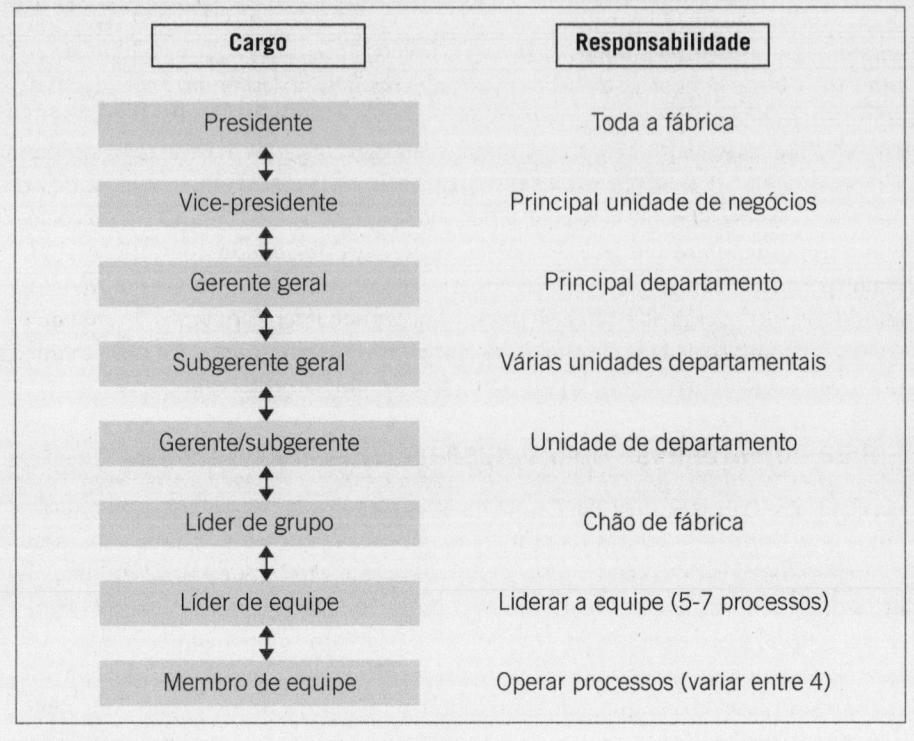

Cargo	Responsabilidade
Presidente	Toda a fábrica
Vice-presidente	Principal unidade de negócios
Gerente geral	Principal departamento
Subgerente geral	Várias unidades departamentais
Gerente/subgerente	Unidade de departamento
Líder de grupo	Chão de fábrica
Líder de equipe	Liderar a equipe (5-7 processos)
Membro de equipe	Operar processos (variar entre 4)

Figura 3.3 Hierarquia funcional na TMMK.

Quando a NUMMI e a TMMK foram fundadas, o desenvolvimento não era algo destinado a ocorrer com grande eficiência, apesar da estrutura organizacional, já que muitos líderes e gerentes precisavam, eles próprios, ser desenvolvidos. Eles não tinham experiência suficiente sequer para desenvolver outros. Assim, a Toyota investiu vultosos recursos no desenvolvimento dos trabalhadores das duas empresas, como sempre faz quando uma nova fábrica é lançada.

Como descrevemos no Capítulo 2, ao começar seu trabalho na NUMMI, Gary foi enviado ao Japão, com outros oito gerentes de unidade. Eles passaram duas semanas na cidade de Toyota treinando no STP. Não se tratava de uma medida incomum para a Toyota. Na verdade, tão logo a NUMMI contratou seus trabalhadores de linha de produção, mais de 700 deles também foram enviados ao Japão, em grupos menores, a fim de aprender suas funções diretamente com seus colegas japoneses.

Depois que Gary e seus pares passaram pelo treinamento no Japão, a Toyota enviou centenas de engenheiros e líderes japoneses da fábrica de Takaoka para ajudar a colocar a fábrica da NUMMI em condições de funcionamento, e também para dar continuidade ao treinamento dos líderes norte-americanos em seu local de trabalho. Os "coordenadores executivos" foram enviados aos Estados Unidos por alguns anos seguidos, ensinando, um por um, seus colegas norte-americanos da alta administração. Mesmo os gerentes e subgerentes contavam com coordenadores individuais para orientá-los no dia a dia de suas funções. Os instrutores se revezavam para permanências de até seis meses, a fim de treinar, com o desenvolvimento individual no local de trabalho, os supervisores de linha de frente (chamados de líderes de grupos) a liderar e os membros das equipes de horistas a montar os automóveis. Ensinavam também pessoas em funções adicionais, líderes de equipe horistas que montam automóveis durante parte do tempo e exerciam funções de liderança no restante. A maioria das empresas utiliza algum tipo de programa de treinamento para mandar pessoas "treinadas" ao local de trabalho, mas quantas delas se disporiam a investir em um *coach* diário para cada líder durante anos?

De maneira análoga, durante os primeiros anos da TMMK, centenas de japoneses praticamente "ocuparam" a fábrica. Cada líder norte-americano no chão de fábrica tinha um instrutor pessoal japonês, e cada executivo, um japonês como coordenador executivo pessoal. O número de instrutores que a Toyota utilizou para o estabelecimento da TMMK é, talvez, o melhor exemplo da importância que atribui ao desenvolvimento de líderes. A maioria das empresas, quando fala de treinamento, está se referindo a sessões de grupo que duram alguns dias. Quando a Toyota fala de treinamento, isso significa atendimento individual por um *sensei* durante meses e não raro por anos a fio. Gary, como mencionamos no capítulo anterior, teve um coordenador executivo trabalhando com ele continuamente durante as mais de duas décadas em que passou na NUMMI e na Toyota. Seu "padrinho" tinha outros deveres além de supervisionar o treinamento e o desenvolvimento de Gary, mas essa era uma das partes mais importantes de sua missão. Gary, por sua vez, tinha responsabilidades semelhantes como "padrinho" em relação a líderes com menos experiência e capacidade que ele. Com efeito, é literalmente impossível ascender na escala hierárquica da Toyota sem ter sido orientado por "padrinhos" e sem servir de "padrinho" para outros.

Os instrutores japoneses na TMMK desenvolveram os norte-americanos passo a passo, orientando-os ao longo do ciclo do *shu ha ri*. Refletindo posteriormente sobre aquele período, a maioria dos líderes norte-americanos ainda se espanta com o fato de que os coordenadores japoneses conseguiam manter a calma em meio a uma crise e se recusavam a assumir uma função e dirigir os norte-americanos, temendo que, se assim agissem, estariam "detonando" seu aprendizado. Trabalhando de acordo com o sistema Toyota de aprendizagem, os instrutores sabiam o quanto era importante que os *trainees* enfrentassem por si próprios as questões mais difíceis, para que assim pudessem conhecer suas necessidades. Os norte-americanos eram autorizados a encarar desafios, lutar para superá-los e desenvolver-se no trabalho; o papel de um instrutor não era assumir o controle sempre que ocorresse um problema, mas, sim, fazer perguntas e orientar *os trainees* ao longo do processo de solução dos problemas (bem como, naturalmente, prevenir quaisquer desastres irrevogáveis que pudessem afetar a Toyota ou o desenvolvimento a longo prazo do *trainee*). Somente se surgisse algum problema muito grave no chão de fábrica, os engenheiros japoneses assumiriam um papel mais ativo. O objetivo a longo prazo era desenvolver a autoconfiança dos norte-americanos. A TMMK precisava ser dirigida por profissionais que pudessem desenvolver a si próprios e a outras pessoas, bem como aperfeiçoar-se por meio do *kaizen*, sem a supervisão de seus instrutores japoneses. O atingimento dessa meta – essencialmente, transformar os norte-americanos em *senseis* para seus grupos – exigiu, no entanto, anos de investimentos em treinamento e desenvolvimento.[3]

Um líder que parece ter tomado um atalho para um alto nível executivo na Toyota foi Steve St. Angelo, que, apenas um ano depois de ser contratado, tornou-se presidente da TMMK. Contudo, um olhar mais atento revela os muitos anos de treinamento intensivo que o levaram a essa condição. Steve e Gary conheceram-se na NUMMI. Steve, um executivo em acelerada ascensão na GM, foi mandado à NUMMI para um período de dois anos, de 1995 a 1996, a fim de aprender tudo sobre o STP. Seu título era o de "assessor sênior", e ele se mostrava ansioso por se lançar ao trabalho e construir sua carreira. Em uma reunião com Gary, ele perguntou o que poderia administrar. Gary então lhe disse: "Nada; o que você tem de fazer é comparecer às aulas e participar das reuniões de trabalho. Não há nada que você possa administrar".

Determinado, Steve explicou que não poderia aprender se não estivesse ativamente envolvido com as funções da fábrica. Após forte e insistente pressão, Gary acabou consentindo, contanto que Steve seguisse o Modelo Toyota, tal como os outros líderes Toyota. "Ótimo", respondeu Steve. Gary explicou-lhe então que teria de trabalhar na linha. "Sem problema", disse Steve, que já havia trabalhado como funcionário em uma linha de produção da GM durante quase três anos. Gary esclareceu-lhe então que precisaria trabalhar na linha durante oito semanas. Ao que respondeu Steve: "Vamos ver... tudo bem. Vou fazer isso durante oito semanas". Então, Gary acrescentou que teria de trabalhar em dois turnos. Steve, que estava disposto a tudo para sair do escritório, concordou: "Tudo bem, vou fazer isso". Gary expôs então a grande dificuldade: a cada dia, Steve teria de fazer um trabalho diferente; faria um rodízio por toda a fábrica. A essa altura, Steve se deu conta de que Gary estava tentando dissuadi-lo de seu propósito. Mas o que Gary não sabia era que, no começo de sua carreira na GM, como trabalhador horista, a função de Steve fora precisamente cobrir os trabalhadores que faltavam. De modo que ele sabia muito bem como era realizar uma função diferente a cada dia e aprender rapidamente a sobreviver.

Steve aceitou o desafio de Gary de trabalhar em um posto diferente a cada dia, nos dois turnos. Embora seu propósito inicial fosse cumprir as condições impostas por Gary, Steve foi descobrindo que naquele sistema estava aprendendo bem mais do que poderia esperar. Por exemplo, da primeira vez que puxou a corda do *andon*, Steve sentiu, da mesma forma que acontecera com Gary em seu tempo, que havia feito algo errado. Mas, quando viu todos correrem para ajudá-lo, teve consciência do poder de um sistema que dava a cada trabalhador o direito de interromper a linha quando constatava que havia algo errado. "Percebi, naquele momento, que você pode ler tudo o que quiser sobre *andon* e o Sistema Toyota de Produção, mas só vai saber realmente o que é a produção Lean quando puxar cartões *kanban*, interromper a linha de produção, ou participar de um círculo de qualidade para tentar obter consenso sobre uma ideia que você considera a coisa certa a fazer. E, quer saber, obter consenso ou identificar a causa raiz de um problema não é tão fácil quanto se imagina."

Steve teve grande sucesso em todas as funções que desempenhou nesse teste – para espanto de Gary e dos membros das equipes com as quais trabalhou. Steve acabou sendo promovido a líder de grupo e transformou uma das piores operações da fábrica em uma das mais eficientes. Depois de ascender à condição de gerente, ele retornou à GM e passou a aplicar ali tudo o que havia aprendido. Foi uma grande surpresa, e uma honra, quando a NUMMI solicitou à GM permissão para convidá-lo a retornar à NUMMI como vice-presidente de produção, para comandar a operação interinamente (de 2001 a 2003), pois Gary já aceitara então a função na TMMK.

Mesmo todo aquele cabedal de conhecimentos não foi suficiente quando ele deixou a GM e passou a trabalhar na TMMK. Gary deixou claro que iria sobrepor-se a Steve e continuar a dirigir a NUMMI durante um ano, e que a função fundamental de seu colega nesse período seria aprender alguma coisa a mais. Assim, Steve passou seu primeiro ano na TMMK basicamente cumprindo uma prolongada sessão de treinamento no trabalho, o que incluiu, por exemplo, passar 20 dias fazendo treinamento básico em STP no chão de fábrica com líderes de grupos e trabalhadores horistas. A Tabela 3.1 mostra um resumo do plano de treinamento de St. Angelo.

Tabela 3.1 Programa de formação executiva, Steve St. Angelo, TMMK – vice-presidente executivo

Curso/tópico	Próxima oportunidade programada	Duração	*Status*
Visão funcional na TMMK	Abril-junho 2005	3 meses	Concluído
Visão funcional na TMMAN	Julho 2005	2 dias	Concluído

Modelo de qualidade Toyota	6/5/2005	1 dia	Concluído
Treinamento em sala de aula – STP	18/8/2005	1 hora	Concluído 18/8
Treinamento na fábrica – STP	19/8, 22-26/8, 31/8, 7/9-9/9, 26/9-30/9	15 dias	Concluído de 19/8 a 30/9
Visitas aos fornecedores	Programada em caráter individual	1/2 dia cada	Concluído
Solução de problemas globais	Maio 2005	1 dia	Concluído 5/5
Programa de desenvolvimento de executivos	11/9-16/9 e 3/10-7/10, 2005	2 semanas	Concluído de 16/9 a 7/10
Esquema de aprendizado do Modelo Toyota	Agosto (aprox.)	2 horas	Concluído 11/8
Exame de saúde	Programada em caráter individual	1 hora	Concluído
Políticas de RH (sistemas)	18/10/2005	1 hora	Concluído
Processo de planejamento da sucessão	Programada em caráter individual	1 hora	Concluído 2/8
Trabalho – histórico/ avaliação atual	Programada em caráter individual	2 horas	Concluído
Gerenciamento prático do sistema de desenvolvimento	Programada em caráter individual	1 hora	Concluído 17/6
Líder de grupo – treinamento de 40 horas	Junho 2005 (aprox.)	2 horas	Concluído 8/6
Trabalho na linha	Programada em caráter individual	Plástico Carroceria Montagem 1 e 2 Pintura 1 e 2 Estamparia Sistema de transmissão Controle de qualidade Manutenção	Concluído (maior parte)
Diagnóstico de processos	Programada em caráter individual	(2) sessões de quatro horas	Concluído 2/9

Visitas a fábricas Toyota na A. N.	Programada em caráter individual	10 dias	Concluído
Grupos de satisfação dos clientes das vendas Toyota	Novembro 2005	3 dias	Concluído 11/11
Visão do centro técnico Toyota	Programada em caráter individual	1 dia	Concluído
Visita ao centro de redistribuição	Programada em caráter individual	1/2 dia	Concluído
Ir ao local e ver: contagem de parafusos, melhoria do torque, localização	8-9 agosto, 2005	1 dia	Concluído de 8/8 a 8/9

Desenvolvendo líderes pelo Modelo Toyota

Sempre que nos dedicamos a examinar a maneira como a Toyota desenvolve seus líderes, constatamos a existência de um conjunto comum de expectativas para líderes que estão desenvolvendo seu pessoal. O papel principal do líder/instrutor é ensinar o "estudante" a assumir a responsabilidade por seu autodesenvolvimento, mas a continuar responsável pelos resultados. Estes devem ser alcançados pelo desenvolvimento de indivíduos altamente capacitados que trabalhem de maneira eficiente em equipe.

Aprendendo a assumir a responsabilidade pelo desenvolvimento

O desenvolvimento de lideranças na Toyota é uma responsabilidade compartilhada. Como documentamos no capítulo anterior, a Toyota enfatiza a seleção de pessoas altamente motivadas a buscar o autodesenvolvimento. Contudo, isso não isenta o instrutor de sua responsabilidade. Quando o aluno não consegue alcançar o desenvolvimento pretendido, a culpa é atribuída principalmente ao instrutor ou líder, por não capacitar, incentivar e inspirar o desenvolvimento de seu pessoal. Uma das razões para essa ênfase em atribuir a instrutores ou líderes a responsabilidade pelo desenvolvimento daqueles sob seus cuidados está relacionada ao ponto, que destacamos no início deste capítulo, a respeito da constante busca da perfeição que distingue a Toyota. Para atingir essa meta, a Toyota precisa de líderes e solucionadores de problemas capacitados e altamente desenvolvidos em todos os níveis de sua estrutura. Por isso mesmo, o desenvolvimento das pessoas não pode ser deixado ao acaso ou nas mãos do destino. E não pode ser incumbência de ninguém mais além do líder ou do gerente que está mais perto do *gemba* e é diretamente responsável pelas pessoas que precisam de desenvolvimento.

Líderes agregam valor por "realizarem trabalhos" para os membros da equipe

A Toyota dá tanta importância aos clientes e aos funcionários que agregam valor ao realizar trabalho para esses clientes que muitas vezes a hierarquia organizacional parece estar virada de ponta-cabeça: os funcionários que agregam valor figuram no topo e são considerados os membros mais importantes da organização, enquanto os líderes, abaixo deles, precisam provar seu valor mostrando como ajudam esses funcionários, membros da equipe, a desempenhar melhor suas funções. Esse pode parecer um conceito exótico para os ocidentais, mas, como discutimos diversas vezes, a abordagem Toyota não é uma exclusividade da cultura japonesa. Seus valores centrais e métodos são encontrados em quase todas as culturas do mundo. Exemplo disso é o conceito da liderança prestativa (*servant leadership*), um modelo de liderança notadamente judaico-cristão. Esse tipo de liderança enfatiza a responsabilidade do líder por aqueles que trabalham para ele, tal como o Modelo Toyota. De fato, o conceito da liderança prestativa vem sendo incorporado ao desenvolvimento de lideranças na TMMK nos Estados Unidos. A maneira como isso aconteceu representa outro exemplo de um líder que assume a responsabilidade pelo desenvolvimento dos seus liderados.

No Capítulo 2, mencionamos Barry Sharpe, que chegou à TMMK depois de trabalhar na Ford e, conforme o Modelo Toyota, ingressou na empresa vários níveis abaixo daquele que ocupara na Ford. Um dos desafios que logo ficaram evidentes durante seu período de adaptação à Toyota foi a questão cultural. Embora não fosse considerado do tipo desagregador na Ford, Barry trouxe consigo para a TMMK a convicção de que executivos dirigem e funcionários obedecem. Na cultura colaborativa e de aprendizado contínuo que a Toyota havia patrocinado na TMMK, Barry logo se destacou como alguém agressivo e até mesmo desrespeitoso. Gary, que o trouxera para a empresa, observava-o com grande atenção. Tendo recebido um *feedback* negativo sobre o estilo de Barry, ele resolveu, para ajudá-lo a superar a situação, montar um programa que incluía o chamado Feedback 360 graus e a contratação de um *coach* de liderança profissional. Enquanto isso, um executivo do RH fez chegar às mãos de Barry um exemplar do livro *The Power of Servant Leadership*.[4]

Um líder prestativo apoia as pessoas que fazem o trabalho dando a elas uma visão clara das metas e objetivos da empresa, mas tem como foco principal remover obstáculos ao sucesso e proporcionar a cada funcionário amplas oportunidades de autodesenvolvimento. Barry descobriu outros livros sobre o assunto e tratou de adotar os princípios da liderança prestativa como guia para o autodesenvolvimento. Com isso, começou a receber *feedbacks* mais positivos, mas ainda não estava satisfeito. Ele percebeu o poder dessa abordagem não apenas para seu próprio benefício, mas para o de cada um dos integrantes de sua equipe, muitos dos quais lideravam outras pessoas. Em primeiro lugar, criou um breve curso de treinamento em liderança prestativa, ministrando-o ele próprio, em dois turnos, para as centenas de pessoas que se reportavam diretamente a ele (que aprendia ensinando e reforçava ainda mais sua capacidade de honrar os princípios dessa abordagem). Os *feedbacks* de cada sessão do curso serviam de base para Barry revisá-lo. Ele também trabalhou com os membros de sua equipe para pôr em prática tais princípios no local de trabalho, orientando-os da mesma forma que estava sendo orientado. Os *insights* que Barry desenvolveu deram frutos: com o tempo, seu curso de liderança prestativa espalhou-se por toda a TMMK e passou a fazer parte regulamentar do *kit* de ferramentas de desenvolvimento de lideranças na empresa.

Esclarecendo as expectativas e responsabilidades mediante gestão visual

Ao longo deste livro, temos destacado a abordagem sutil que a Toyota emprega para fomentar o autodesenvolvimento de seus líderes, submentendo-os a situações desafiadoras e fazendo perguntas em vez de emitir conclusões e diretivas. No entanto, isso só funciona em um ambiente no qual o *trainee* tenha uma noção clara do que seja o sucesso. Este é o outro princípio fundamental adotado na Toyota para o desenvolvimento de novos líderes: líderes e instrutores devem estabelecer expectativas claras para aqueles sob sua liderança e ter a capacidade de julgar explicitamente seu progresso, para que os *trainees* também possam mensurar sua evolução e ser responsáveis por seu próprio desenvolvimento.

É impossível exagerar a importância que a Toyota atribui à gestão visual. Toda métrica que tenha alguma importância para a companhia, especialmente no chão de fábrica, é apresentada visualmente, para que todos os que estiverem envolvidos na concretização dos objetivos definidos possam vê-la. Os relatórios A3 são seguidamente afixados em painéis de fácil visualização; eles são padronizados e desenhados para seguir um padrão que possa ser entendido e digerido de imediato. É difícil imaginar um exercício de resolução de problemas que não envolva a criação de diagramas e gráficos de um sistema ou processo para ajudar as pessoas a esclarecerem seu pensamento e terem a certeza de que nada foi esquecido.

Muitas ferramentas do Sistema Toyota de Produção são vistas equivocadamente como simples métodos para melhorar o processo. Na maioria dos casos, elas têm como objetivo demonstrar visualmente os padrões a ser seguidos, para que qualquer desvio seja visto por todos. Na verdade, na Toyota, afirma-se que não existem problemas sem padrões. Problemas são as lacunas entre os padrões e a realidade. Um espaço marcado para um contêiner de peças determina um padrão: apenas um contêiner poderá ocupar aquele espaço. Uma marca no chão mostra em que ponto um membro da equipe deverá estar quando se encontrar a meio caminho de completar o trabalho em um ciclo (*takt*). Um integrante de equipe que chegue a esse espaço antes ou depois estará se desviando do padrão, e isso deverá gerar um processo de solução de problema. Ademais, a exibição visual de dados sobre métricas fundamentais sempre indica o objetivo e se a condição do momento está dentro ou fora do padrão.

Uma razão fundamental para a dedicação à gestão visual na Toyota é que ela esclarece expectativas, determina responsabilidades para todas as partes envolvidas e lhes permite acompanhar seus próprios avanços e mensurar seu autodesenvolvimento. O papel do líder/"padrinho" é garantir que os sistemas de gestão visual estejam focados nas questões adequadas (normalmente determinadas durante o processo de planejamento nos níveis organizacional e departamental, que examinaremos no Capítulo 5) e sejam facilmente compreendidos. Na introdução, comentamos o fato de a Toyota utilizar métricas não para controlar atitudes, como acontece em tantas outras empresas, mas principalmente para possibilitar aos funcionários um meio transparente e compreensível de mensurar seu progresso.

Um dos melhores estudantes da Toyota na TMMK foi Marty Bryant. Como veremos no Capítulo 6, Marty deixou a TMMK para trabalhar em uma empresa fornecedora da Toyota, sendo mais tarde contratado por Gary para ajudar a liderar a Dana Corporation em sua busca da excelência operacional. Ao deixar a Toyota, Marty passou por um choque cultural. Na Toyota, responsabilidade era algo que simplesmente se esperava das pessoas. Havia muitas reuniões diárias que normalmente duravam 30 minutos, com os presentes em pé o tempo todo. Cada um dos convidados comparecia no horário marcado e era responsável por relatar seus progressos ou problemas desde a última reunião. A informação era destacada em um quadro, e logo ficava claro o que representava o *status* em relação ao objetivo: havia um indicador, um ímã ou adesivo, mostrando se determinado item estava no verde (dentro do prazo), no amarelo (um pouco atrasado, mas já existia um plano para a recuperação) ou no vermelho (fora do prazo e precisando de ação séria). Para qualquer item que não aparecia no verde, a pessoa responsável comparecia à reunião com um conjunto preparado de contramedidas, a fim de resolver o problema. Na nova empresa de Marty, era comum que as pessoas chegassem atrasadas às reuniões, nas quais todos tinham lugares para sentar e não ficava claro quem era o responsável pelo que quer que fosse.

Marty ficou igualmente espantado com a escassez de informações sobre o *status* das operações nos quadros apresentados. Os gerentes de sua nova empresa pareciam orgulhosos do fato de terem todos os dados possíveis e imagináveis... armazenados em algum lugar do sistema de computadores. Na verdade, os gerentes que se reportavam a ele fizeram forte pressão pela manutenção do uso do computador para a exibição das informações, em vez do "desperdício de recursos" que alegavam identificar na prática de pendurar cartazes e gráficos nas paredes. Marty consentiu em que continuassem com aquele método e até mesmo investiu em painéis para a exibição dos dados, mas insistiu em uma coisa: a cada diagrama ou gráfico de computador, eles precisariam identificar um ponto-chave – a mensagem central que o gráfico transmitia. Depois, teriam de escrever o ponto principal de cada gráfico em um quadro de anotações e identificar se era verde, amarelo ou vermelho. Teriam de fazer isso todos os dias, sem exceção.

Marty fazia questão de estar presente para acompanhar as exposições. Ao pedir-lhes para escolher o que era bom ou ruim e anotar isso na tela, ele os forçava a escolher seu objetivo e a tornar publicamente visível o fato de estarem ou não conseguindo cumprir a meta. A tela do computador é tão onipresente que as pessoas acabam não prestando atenção a ela. Ao anotar fisicamente o *status* de cada métrica, os gerentes tinham de reservar um momento a cada dia para analisar a situação relativamente a um padrão e determinar como estavam se saindo. Dentro de um mês, já foi possível notar uma fenomenal melhoria em todas as métricas principais.

Conclusão

Para muitos, o fato mais notável a respeito das histórias da NUMMI e da TMMK era a existência de tantos problemas nas duas fábricas. A TMMK promove visitas diárias, em ônibus, às suas instalações, e, mesmo no seu pior período, as pessoas se admiravam com a ordem e a organização que pareciam reinar ali. De fato, mesmo nos seus piores dias, a empresa era um excepcional exemplo de instalação industrial, o que, contudo, não era o bastante para a Toyota. Em cada dia vivido em uma fábrica Toyota, há uma tensão quase frenética abaixo da superfície: cordas de *andon* são puxadas, pessoas correm para resolver problemas, o controle de produção ajusta constantemente os cronogramas, e muita gente fica à espera no final da tarde para ver quantas horas extras precisará trabalhar para dar conta dos carros com produção em atraso. Não é esse o "apagar de incêndio" que todas as empresas realizam? Não deveria o tão divulgado Sistema Toyota de Produção eliminar todos esses problemas?

A resposta é *não*. Ohno descobriu que um dos pontos fortes do STP é trazer os problemas à tona. Naturalmente, o valor desse atributo se perde se as pessoas não se apresentam para resolver os problemas. Ohno despendeu um bocado de energia para desenvolver novos líderes, colocando-os em situações desafiadoras e orientando-os ao longo do processo de resolução de problemas. Os líderes que obtêm o melhor desempenho são promovidos e passam a assumir responsabilidades mais abrangentes e a enfrentar desafios maiores.

Acreditamos que a lição mais importante da Toyota esteja no alto valor que atribui ao desenvolvimento de outros. Paciente, a empresa investe tempo e dinheiro para fazer isso corretamente. Desenvolver altos executivos em um processo de treinamento intenso e experiência abrangente não leva anos, mas décadas. Quando algo não vai bem na companhia, a primeira ação não é culpar as pessoas que executam o trabalho, mas cobrar dos líderes responsáveis por elas.

Muitos dos exemplos que demos são de japoneses desenvolvendo norte-americanos. Nos primeiros tempos da NUMMI, e depois da TMMK, a abordagem japonesa do *coaching* individual mostrou-se extremamente eficaz. Fujio Cho foi o primeiro presidente da TMMK, e, à medida que na década de 1990 a Toyota se expandiu e diminuiu o número de instrutores e coordenadores japoneses disponíveis para atuar na América do Norte, ele notou crescentes deficiências. A intensidade do treinamento e desenvolvimento viu-se reduzida, e um número cada vez maior de recém-contratados precisava compreender profundamente o Modelo Toyota.

Isso levou ao desenvolvimento de um documento interno sobre treinamento, o *Modelo Toyota 2001*, lançado quando Cho já havia retornado ao Japão para se tornar presidente da Toyota Motors Company. Pouco depois desse treinamento geral nos valores centrais da companhia, teve início um processo rápido de desenvolvimento formal de métodos de treinamento e formação, o que incluiu as Práticas de Negócios Toyota (PNT – *Toyota Business Practices*) para solução de problemas (discutidas no começo deste capítulo), o Sistema de Desenvolvimento de Gerência de Chão de Fábrica (FMDS – *Floor Management Development System*) para conectar a resolução de problemas aos indicadores e objetivos principais de desempenho (discutido no Capítulo 5) e o Desenvolvimento no Local de Trabalho (OJD – *On-the-Job Development*) para formalmente ensinar como desenvolver capacidade de solução de problemas com base no PNT. Esses programas equivaliam a uma pequena quantidade de sessões de treinamento em sala de aula, seguidas por muita aplicação prática sob orientação. Todos eles utilizavam o sistema de treinamento em cascata, começando pelo nível do vice-presidente sênior e espalhando-se descendentemente por toda a organização, durante muitos anos, com cada um dos níveis já treinados passando a ensinar e treinar o nível seguinte.

Ensinando desenvolvimento

A América do Norte foi escolhida como piloto global para o lançamento do treinamento do OJD: o empreendimento foi liderado por Latondra Newton, que era diretora geral do Centro de Desenvolvimento de Membros de Equipes (Team Member Development Center). O programa que sua equipe desenvolveu em 2007 tinha como pré-requisito o treinamento em PNT, o que incluía completar um grande projeto com a utilização do PNT.

O propósito do OJD era garantir que as habilidades do PNT fossem sustentadas e ainda mais desenvolvidas pelos líderes. Embora o OJD tenha sido o método empregado para desenvolver pessoas desde a fundação da companhia, essa foi a primeira vez na história da Toyota em que ele foi formalizado e explicitamente ensinado. As etapas do OJD foram construídas com base nas quatro etapas do PDCA. O treinamento colocava ênfase especial em uma cuidadosa atribuição de tarefas, de maneira que fossem viáveis, mas, ainda assim, representassem uma expansão, e também dessem ao integrante da equipe espaço suficiente para explorar e mesmo lutar por seus alvos, de modo que havia oportunidades de *coaching*.

A organização norte-americana foi escolhida como piloto por ser a maior, ter a necessidade e reunir o maior contingente de pessoas com a experiência e a maturidade necessárias para desenvolver o OJD. O treinamento propriamente dito baseou-se no método de aprendizado pela experiência, com poucas atividades teóricas em sala de aula. A primeira etapa consistiu no emprego de uma ferramenta de simulação baseada na *web* que utiliza cenários e, dependendo das escolhas feitas, conduz os participantes por diferentes caminhos. Os cenários são gravações de vídeo de problemas reais vividos por funcionários das organizações Toyota.

A segunda etapa é um treinamento realizado em sala de aula, com todos os estudantes desempenhando papéis em diferentes cenários e, depois, refletindo e recebendo *feedback*. O treinamento inclui um módulo sobre inteligência emocional e enfatiza o entendimento dos antecedentes e da perspectiva da pessoa que passa pelo *coaching*.

A missão final de cada *trainee* consiste em escolher alguém do grupo e orientá-lo ao longo da resolução de um problema real. O *trainee* recebe *feedback* e *coaching* de seu supervisor (que já completou o devido treinamento), bem como de um integrante da equipe de Newton indicado para a sua região e que faz o rodízio entre as diversas organizações. Uma avaliação final determinando se os estudantes "passaram" é baseada em suas reflexões, em informações das pessoas que eles conduziram ao longo do *coaching* e em informações do seu supervisor.

O treinamento começou em 2008. Uma vez que havia inúmeros níveis e funções envolvidos, foi um processo lento e ainda não havia sido concluído em 2011.

A abordagem formal do OJD rapidamente começou a espalhar-se por outras regiões, inclusive o Japão, mas foi sofrendo modificações em cada uma delas. No momento em que elaborávamos este livro, não havia ainda uma avaliação formal dos efeitos do programa, mas o treinamento recebeu as mais elevadas avaliações em relação a quaisquer programas de treinamento realizados na América do Norte.

Muitas empresas que promovem programas Lean experimentam um sucesso de curta duração em projetos de algumas áreas, o qual logo se dissipa na maioria dos casos. Depois disso, como é óbvio, surge a pergunta: como garantir a permanência das melhorias Lean? A única resposta possível é trabalhar arduamente no desenvolvimento de líderes. A primeira pessoa que necessita desse desenvolvimento, é claro, é você.

Líderes que contratam consultores Lean costumam cometer o erro de supor que podem comprar alguém para administrar o projeto Lean. Não compreendem que precisam desenvolver a si próprios, se pretendem ter alguma possibilidade de sucesso. Estivemos em empresas nas quais é considerado um grande sucesso fazer com que líderes seniores passem a maior parte de uma semana integrando uma equipe *kaizen*. Ocorre que, depois dessa semana, esses líderes voltam aos seus gabinetes, munidos de histórias de campo que poderão contar durante anos a respeito de sua experiência com o STP. É difícil imaginar muitos desses executivos participando de um curso de treinamento em STP no chão de fábrica, como fez Steve St. Angelo. É ainda mais difícil imaginá-los passando semanas encarregados de funções normalmente atribuídas a trabalhadores horistas; e, no entanto, espera-se que eles liderem uma transformação Lean de algo que não compreendem a fundo.

É também muito escasso o tempo gasto para familiarizar os líderes vindos de fora da empresa com a cultura organizacional. A Toyota mostrou que isso pode ser feito com sucesso, ainda que desenvolver líderes no seio da própria organização se aproxime mais da abordagem ideal. São necessários cerca de seis meses a um ano de intensa atenção à transição para que os novos líderes, mesmo aqueles excepcionais, acostumem-se com essa cultura.

A lição mais fundamental da Toyota é levar a liderança a sério. Vale a pena investir nisso. Vale a pena ter uma visão sólida do Verdadeiro Norte da liderança. Com que tipo de líder você deseja contar? O que precisa fazer para garantir uma capacidade de liderança isenta de falhas?

É bom também lembrar que o ponto principal do desenvolvimento de lideranças na Toyota é ajudar os líderes potenciais a pensar os problemas da maneira certa. O instrutor precisa acreditar que o aluno tem potencial para refletir profundamente sobre o problema e apresentar ideias criativas para as melhorias necessárias. Esse é o único caminho pelo qual os líderes potenciais poderão se autodesenvolver e aprender a dar espaço para que outros também se desenvolvam, gerando com isso as "matérias-primas" para um ininterrupto ciclo de melhorias *kaizen*, algo que veremos na prática no capítulo seguinte.

Capítulo 4

Kaizen diário: desenvolvimento contínuo a partir da base da hierarquia funcional

> *Não há instituição que seja capaz de sobreviver se precisa de gênios ou super-homens para administrá-la. Ela deve ser organizada de uma forma que lhe permita ter sucesso sob uma liderança formada por seres humanos comuns.*
> – Peter Drucker, autor pioneiro no campo da Administração de Empresas

No Capítulo 1, estabelecemos uma distinção entre a visão da Toyota acerca da liderança e a visão padrão norte-americana, esta última focada em altos executivos do tipo "cavaleiro solitário". O que discutimos até aqui sobre o Modelo Toyota de liderança pode não parecer tão diferente do que se vê nos modelos tradicionais norte-americanos, uma vez que nos concentramos basicamente nas ações pessoais de líderes no tocante ao seu autodesenvolvimento e ao desenvolvimento de outros. Todo líder bem-sucedido em qualquer empresa trabalha em estreita colaboração com uma equipe bem ajustada que se reporta a ele e, até certo ponto, está desenvolvendo seus subordinados diretos. Na Toyota, contudo, os líderes que desenvolvem subordinados diretos são apenas uma pequena parte do sistema como um todo. A Toyota acredita que esses líderes dotados de habilidades especiais precisam estar integrados a um sistema mais amplo de liderança institucional, para que a empresa possa progredir. Uma rápida história que serve para ilustrar esse ponto é a do "rebaixamento" de Gary na NUMMI, após vários anos atuando como vice-presidente de todas as operações de produção.

Quando Gary se tornou vice-presidente da NUMMI, cada departamento se reportava a ele, como é de praxe nas fábricas (menos na Toyota). Depois de acumular o que ele entendia como numerosos sucessos no começo de seu mandato, Gary teve uma reunião com seu superior, que lhe informou que a partir dali o setor de controle de qualidade deixaria de se reportar a ele. Gary ficou perplexo – não apenas aquilo tinha todas as aparências de uma repreensão inesperada, como também o atingia em um nível ainda mais pessoal, uma vez que o controle de qualidade era o cerne de sua formação e aquilo que, no seu entendimento, mais o distinguia como executivo. Quando ele insistiu em saber os motivos dessa mudança, a resposta que obteve foi, simplesmente, "Você não ficará para sempre na NUMMI".

Gary aprendeu que não fazia parte das práticas Toyota que o setor de controle de qualidade se reportasse ao presidente de uma fábrica, em função do inevitável conflito de interesses que se instala quando um único líder tem a responsabilidade de escolher entre cumprir as metas de qualidade e as metas de produção. Fora-lhe confiada, por tempo limitado, a administração desse conflito de interesses enquanto a NUMMI estava em fase de desenvolvimento e o controle de qualidade precisava da atenção especial de alguém da própria empresa com o nível de experiência de Gary. Mas esse tempo havia passado. O que parecia ser um rebaixamento era, na verdade, uma manifestação de louvor e reconhecimento. Por meio dos processos de autodesenvolvimento e desenvolvimento de outros, a NUMMI passara a contar com os líderes de que necessitava para operar da mesma forma que o restante da Toyota: o gerente geral do setor de controle de qualidade passaria, portanto, a reportar-se diretamente ao presidente da NUMMI, independentemente de Gary, que era o responsável pela produção.

A subordinação da liderança individual à liderança institucional – determinada pela imposição de limites a quaisquer poderes e influências individuais – é uma característica da visão diferenciada de liderança da Toyota. A expressão "papéis e responsabilidades" é usada com muita frequência na Toyota. Para muita gente, isso pode parecer um apelo a que os indivíduos assumam responsabilidades e por elas sejam cobrados. E de fato é. Ao mesmo tempo, porém, implica restrições e limites ao poder de líderes individuais. A abordagem de liderança, apesar de sua dependência da hierarquia, espera liderança de – e garante autoridade a – pessoas com níveis inferiores na escala hierárquica aos daqueles nas empresas ocidentais.

Essa abordagem produz três resultados fundamentais em termos de liderança: primeiro, a dispersão do poder e a expectativa de que a liderança surja da base da hierarquia asseguram a existência de um rol em permanente crescimento de possíveis futuros líderes executivos que vão adquirindo experiência no dia a dia; segundo, garante que a mudança seja conduzida pelas pessoas mais familiarizadas com o problema, proporcionando soluções melhores, mais sustentáveis, e possibilitando o aprimoramento contínuo; terceiro, assegura que o Verdadeiro Norte perseguido seja uma meta da Toyota, e não de líderes a serviço de seus interesses pessoais. Examinaremos mais detidamente esse terceiro benefício no Capítulo 5. No presente capítulo, nosso foco estará direcionado para o modo como a Toyota dispersa o poder e a autoridade pela empresa até o nível dos grupos de trabalho, examinando como essa ação conduz a uma liderança melhor, mais eficiente, que leva a significativas mudanças e melhorias todos os dias na Toyota.

Melhor entendimento do *kaizen*

Para aqueles que fazem parte do mundo da produção e da engenharia, e também para tantos outros fora desses domínios, o conceito de *kaizen* tornou-se tão onipresente que hoje dificilmente pode ser considerado uma palavra estrangeira, muito menos exigir uma definição. Infelizmente, porém, a experiência nos mostrou que a maioria das empresas e seus altos executivos não sabe ao certo o que significa *kaizen*, normalmente atribuindo à palavra o sentido de montar uma equipe especial para um projeto utilizando métodos Lean ou Seis Sigma, ou talvez organizando um "evento" *kaizen* de uma semana para desencadear uma série de mudanças. Ouvimos às vezes a frase "fazendo um *kaizen*" como se a coisa toda consistisse em uma atividade isolada, realizada uma única vez. Na Toyota, o *kaizen* não é um conjunto de projetos ou eventos especiais; é parte integrante da liderança. Expressa a forma como a empresa opera em seu nível mais fundamental; aquilo que a maioria dos líderes na Toyota realiza no exercício dessa condição: apoiar o *kaizen* diário.

São dois os tipos de *kaizen* que exigem atividade diária. O primeiro deles é o *kaizen* de manutenção: o esforço diário para reagir a um mundo imprevisível – por mais que tentemos, não podemos prevenir ou impedir que o inesperado aconteça. O *kaizen* de manutenção é o processo de reagir aos inevitáveis (alguém poderia chamá-los de Lei de Murphy) enganos, acidentes, mudanças ou variações que acontecem na vida diária, a fim de atingir o padrão (produtividade, qualidade, segurança) esperado. O objetivo é conduzir o sistema de volta ao padrão, da mesma forma que um termostato sinaliza à fornalha para restituir a temperatura ao ajuste padrão. Os visitantes das fábricas da Toyota seguidamente são surpreendidos pelo agitado nível de atividade – incluindo os chamados *andon* – que caracteriza uma fábrica em funcionamento. Essa atividade frenética é, em sua maior parte, *kaizen* de manutenção. Como o sistema é desenhado para que os problemas aflorem rapidamente, podendo com isso interromper a linha, o *kaizen* de manutenção é urgente e imediato. Depois do calor do momento, quando o problema está sob controle, grupos de trabalho devem selecionar os problemas mais frequentes ou mais graves e, mediante "análises de causa raiz", prevenir que se repitam. Esses mesmos problemas estão presentes em outras companhias, mas nestas costumam acumular-se de forma consentida, até que seja possível organizar um evento Seis Sigma.

O segundo tipo é o *kaizen* de melhoria (embora seja chamado simplesmente de "*kaizen*", pois este é seu objetivo real). O propósito desse *kaizen* não é apenas manter padrões, mas elevar o nível dos desafios. Mais uma vez, a Toyota incute nos seus funcionários a ideia de que a meta é a perfeição e que, portanto, cada processo sempre pode ser melhorado. A rigor, por mais que tenha sido aperfeiçoado, todo processo ainda apresenta desperdícios e oportunidades de melhoria.

Um dos mal-entendidos mais característicos do *kaizen* é quão diário ele é. Muitas pessoas com uma compreensão superficial desse evento acreditam que a Toyota já tenha atingido a perfeição na maioria dos seus processos. Para elas, depois de décadas de *kaizen*, não é possível que ainda haja espaço para aperfeiçoamentos. É fácil pensar dessa forma, e combater tal percepção é talvez uma das razões pelas quais a "mentalidade *kaizen*" constitui um dos valores centrais da empresa. Não se pode sequer manter os ganhos de uma abordagem Lean a menos que se foque incansavelmente um contínuo *kaizen* de manutenção.

Como destacamos anteriormente, muitas empresas descobriram que os ganhos oriundos de projetos Lean são muito difíceis de manter – mas elas não percebem a ligação entre sua luta para manter esses ganhos e o que aconteceria na Toyota se ela não praticasse o *kaizen* diário com tanto rigor. A atividade humana parece ser tão sujeita à lei da entropia quanto o são as reações químicas: a menos que você consiga agregar nova energia ao sistema, ele tende a parar. O *kaizen* diário não tem como concretizar-se a não ser agregando nova energia ao sistema. Este é o papel do líder no suporte ao *kaizen* diário: assegurar que haja acréscimo de nova energia, e não executar o trabalho diretamente.

Esse último ponto é fundamental. Ao contrário da crença generalizada nos círculos administrativos, quando um alto executivo é o "agente da mudança", muitas vezes ao participar diretamente das atividades para dirigir e "supervisionar", suas ações tendem a roubar, em vez de agregar, energia do sistema. As pessoas mais próximas do processo perdem sua propriedade e seus incentivos. Não são revitalizadas por um líder que lhes diz o que fazer e como fazer; elas simplesmente ficam paralisadas. Este é o cenário que testemunhamos desenvolver-se inúmeras e repetidas vezes em empresas que contratam consultores Lean, treinam alguns "faixas pretas" em Lean e, então, liberam essas pessoas para redesenhar os processos. Sua presença transmite energia somente enquanto elas permanecem na sala. Quando se retiram, toda a energia é sugada para fora da sala, e as melhorias, seguindo a lei da entropia, rapidamente voltam ao estado original de paralisação.

Isso definitivamente vai de encontro aos modelos dominantes para a promoção de mudanças nas empresas norte-americanas. Algumas pessoas simplesmente não acreditam que a excelência alcançada pela Toyota em tantos processos possa ser o resultado de mudanças pequenas, incrementais, lideradas pelo mais modesto nível de gerenciamento da empresa e conduzidas pelas pessoas que realizam o trabalho de valor agregado. Mas, de fato, essa é a única forma possível de alcançar a excelência sustentada. Uma famosa frase da antropóloga Margaret Mead capta essa ideia à perfeição: "Nunca duvide que um grupo pequeno de cidadãos cheios de ideias e comprometidos possa mudar o mundo. De fato, essa é a única coisa que já o fez". Iniciativas partidas da alta gerência podem criar um "*big bang*" a curto prazo, mas não conseguem proporcionar a excelência sustentada de longo prazo que caracteriza a Toyota.

Isso não quer dizer que a Toyota se empenhe apenas em patrocinar mudanças de pequeno porte que levem a melhorias pequenas, incrementais. O *kaizen* diário é realizado em diferentes níveis, por diferentes funções. Em um pequeno grupo de trabalho que comande uma parte da linha de montagem, ele tende a restringir-se aos processos dessa linha. Mas dos gerentes seniores também se espera que conduzam atividades *kaizen* que tenham amplo impacto sobre diversas funções, levando a grandes mudanças no sistema. Grupos funcionais também lideram grandes mudanças no âmbito de suas funções, como o controle de produção que transforma o sistema de logística e entrega levando-o a um novo nível de desempenho. Mas mesmo essas grandes transformações, como veremos no caso sobre *minomi* na seção seguinte, são decompostas em muitos pequenos passos, e os passos seguintes são "descobertos" porque há aprendizado (PDCA) dos primeiros passos.

Para ilustrar a força de um real engajamento das pessoas que fazem o trabalho com a melhoria contínua, é útil examinar detalhadamente a maneira exata pela qual uma série de pequenas inovações (*kaizen* de melhoria), orientadas por uma visão mais abrangente, levou a ganhos maiores em produtividade e qualidade na TMMK e, por fim, espalhou-se por toda a Toyota.

Minomi – uma revolução em pequenos passos no fluxo de materiais

A atividade mais complexa em uma montadora de automóveis não é fazer os carros – é colocar todas as peças e componentes nos seus devidos lugares conforme as linhas de produção prosseguem em seu avanço implacável. Quando a carroceria de um automóvel é produzida, as peças são primeiramente estampadas a partir de rolos de aço, todo o conjunto é soldado para criar uma estrutura, e então cada peça é soldada na carroceria em uma linha de montagem móvel. Muitas das peças da carroceria de aço são tão grandes que movimentá-las até a linha de montagem tem sido um problema desde os tempos de Henry Ford. Acertar a logística da administração e entrega das peças é ainda mais difícil no Sistema Toyota de Produção (STP), por causa da remoção dos *buffers* que cobrem quaisquer problemas na movimentação das peças e na sua entrega a cada estação da linha de montagem. Esse processo, compreensivelmente, vem sendo o foco do *kaizen* há muitos anos.

Tradicionalmente, as peças pequenas e médias da estrutura são colocadas em cestos de 1,20 m², e as peças grandes são movimentadas em contêineres com grades especiais, devidamente embaladas e protegidas. Esses cestos e contêineres são levados por empilhadeiras até seus devidos lugares na linha de montagem. A presença delas movimentando cestos lotados com peças caras e pesadas em torno de uma esteira rolante de montagem acrescenta grande complexidade e custos ao processo. Além disso, acidentes com as empilhadeiras são comuns, ferindo pessoas ou danificando as próprias empilhadeiras ou outros equipamentos muito caros. Em função dos altos custos da operação e manutenção dessas máquinas, e dos inumeráveis riscos à segurança, a Toyota trabalhou durante muitos anos para reduzir sua utilização.

A Toyota utilizou pela primeira vez o *minomi*, palavra que significa movimentar peças sem um contêiner, pensando principalmente em uma solução para o desperdício verificado em uma subsidiária chamada Central Motors, com sede no Japão, no final da década de 1990. A Central Motors atraiu as atenções gerais da indústria com seu sucesso na construção de cinco diferentes carrocerias de aço em uma fábrica muito pequena. Essa fábrica havia concebido o sistema *minomi* pela necessidade de movimentar as muitas diferentes peças de um ponto para outro em um espaço restrito, o que exigia a eliminação de grandes contêineres e empilhadeiras. O sistema *minomi* utilizado na Central Motors empregava estantes com rodas e um trilho suspenso com "ganchos para açougue" para suspender as peças da carroceria dos automóveis e levá-las à linha de montagem.

Em uma de suas visitas ao Japão, no ano 2000, Gary inspecionou a Central Motors e ficou compreensivelmente impressionado com os ganhos em produtividade e a redução de custos que a empresa havia concretizado utilizando o *minomi*. A medida que ele adotou depois disso ilustra uma das diferenças fundamentais entre a abordagem Toyota e aquela adotada por tantas outras empresas cujas tentativas de implantação do Lean tivemos a oportunidade de testemunhar. Ainda que Gary pensasse que o *minomi* traria grandes perspectivas para a TMMK, a experiência na NUMMI o ensinara que, se ele não era o líder no *gemba*, não era também a pessoa certa para decidir se o *minomi* servia realmente para a TMMK ou se a abordagem da Central Motors era a maneira correta de implementá-lo. A cópia pelo simples prazer da cópia é sempre fortemente desencorajada na Toyota. Em vez disso, Gary montou uma equipe para examinar o *minomi* mais de perto e promover o *kaizen* do processo de manuseio das peças na TMMK, a fim de determinar se e como o processo da TMMK poderia ser melhorado. A equipe compunha-se de pessoas que já atuavam na fábrica de carrocerias e que, portanto, sentiam-se "donas" de tudo o que acontecia ali: quatro membros temporários, um membro temporário da manutenção e o líder do grupo, o especialista em engenharia Vahid Javid, conhecido pelas iniciais V. J. A equipe visitou a Central Motors no Japão durante duas semanas, para estudar o sistema *minomi* pessoalmente. Não nos deparamos com muitas empresas que chegariam sequer a pensar em enviar funcionários temporários de algum setor em viagem de trabalho a outro ponto do país, quanto mais em uma viagem de aprendizado de duas semanas ao Japão. Este é ainda outro exemplo do comprometimento da Toyota com a liderança da base ao topo.

V. J. e sua equipe passaram as duas semanas inteiras de sua excursão japonesa à Central Motors estudando cada aspecto do *minomi*, aprendendo sobre as opções que a equipe da empresa teve de fazer, os problemas que seus integrantes enfrentaram e os contratempos que continuavam surgindo no dia a dia. Os norte-americanos voltaram para casa entusiasmados com a perspectiva de começar um projeto-piloto na TMMK. Gary providenciou espaço na fábrica para a equipe, um orçamento para as ferramentas de corte e soldagem que precisariam para a construção dos protótipos, bem como o tempo e a mão de obra necessários para dar início imediato ao trabalho.

Fase 1: Copiar a título experimental

V. J. e sua equipe fizeram as primeiras tentativas usando o mesmo sistema de "ganchos para açougue" que viram na Central Motors, mas logo constataram que aquilo não funcionaria de acordo com o que desejavam. Como o centro de gravidade das diferentes peças era variável, às vezes elas saíam de posição e se chocavam, resultando em alguns cantos amassados. Isso criava problemas de solda, uma vez que os cantos amassados não se ajustavam adequadamente uns aos outros. Tal problema ocorria às vezes na Central Motors, mas essa fábrica tinha um sistema diferente de soldagem que comprimia as peças da carroceria em conjunto durante a soldagem, o que acabava compensando os amassados. O sistema da TMMK não fazia isso. Além disso, os trabalhadores precisavam caminhar entre as peças para removê-las dos ganchos, e isso naturalmente implicava riscos à segurança e desperdício de movimentos – não sendo o ideal. Dados esses problemas, os benefícios de reproduzir o sistema *minomi* tal como empregado na Central Motors não eram suficientes para justificar uma reformulação do processo de manuseio de peças. V. J. e sua equipe constataram na prática que não poderiam simplesmente copiar o que haviam visto na fábrica japonesa; eles precisariam inovar em relação à abordagem básica.

Fase 2: Inovar para se ajustar à TMMK

V. J. e sua equipe começaram então a testar diferentes métodos. Um avanço revolucionário se deu quando deixaram de copiar a abordagem da Central Motors e passaram a refletir sobre a causa raiz do problema (os custos de movimentar peças grandes em cestos com empilhadeiras). Assim, em vez de suspender as peças, pensaram em colocá-las sobre algo que as sustentasse a partir do solo. Desenvolveram a ideia de um sistema de cartucho que segurava firmemente as peças a partir do chão utilizando "dedos" de metal, da mesma forma como os CDs e DVDs são fixados nos *slots* de uma bandeja. As peças nos cartuchos poderiam ser então alimentadas pela força da gravidade através de uma correia rolante que entregaria uma peça sempre ao integrante certo da equipe, reduzindo o tempo de caminhar, levantar e manobrar de que aquele mesmo trabalhador precisaria anteriormente para realizar a mesma tarefa.

A essa altura, a equipe apresentou seu protótipo a Gary, e ele lhes deu sua aprovação para a realização de um teste mais significativo. Em um mês, a equipe já havia fabricado o primeiro sistema de cartuchos para conter as peças e rolá-las para baixo até o operador. Como quase todos os integrantes da equipe de V. J. tinham experiência na linha de produção, o sistema antecipou um dos mais importantes fatores para a redução de desperdício e o incremento da segurança: entregava as peças na altura e orientação mais adequadas para o trabalhador da linha recolhê-las ou simplesmente começar a trabalhar com elas. O operador na Toyota é visto como um cirurgião em uma sala de operação. É indispensável que seus instrumentos e materiais lhes sejam entregues na orientação exata. O resultado dessa melhoria na TMMK foi a redução de grande parte do tempo até então desperdiçado com as caminhadas e o manuseio das peças, sem qualquer prejuízo para estas.

No novo processo, as peças procedentes da prensa da estamparia são carregadas manualmente até os cartuchos, que, por sua vez, são colocados em um carrinho com uma toalha e depositados em um *buffer* – um supermercado, na terminologia da Toyota. Quando um soldador precisa de uma peça, o carrinho apropriado é retirado do supermercado e enviado na direção que lhe permite colocar a peça no devido lugar com poucos movimentos e esforços supérfluos. O tempo necessário para um soldador descarregar um cesto era medido em minutos; o tempo necessário para descarregar um cartucho é medido em segundos. Além do benefício que proporcionaram aos membros da equipe, os cartuchos reduziram pela metade o espaço necessário para as peças na área de soldagem. No sistema antigo, havia sempre dois cestos lado a lado: um para abastecer, o outro como reserva. Isso exigia uma ida até um ou outro dos cestos para apanhar as peças. No novo sistema, um membro da equipe tem cada cartucho de peças disponível em um local apenas, reduzindo a necessidade de andar e criando um ritmo mais padronizado para o trabalho.

Tão logo os integrantes da equipe testaram o conceito na linha de trabalho, a implementação do *minomi* prosseguiu peça por peça, com base em uma análise das oportunidades de redução de custos. O bom senso de início sugeriu que esse sistema funcionaria apenas para peças pequenas e médias, não para peças maiores, como os painéis da carroceria. Mas, a essa altura, a equipe de V. J. havia tomado o freio nos dentes: descobrira como fazer o conceito da Central Motors funcionar na TMMK e não permitiria que um simples detalhe como o tamanho da peça a deixasse na metade do caminho. Todos os meses, por meio de constante experimentação e inovação, eles desenvolveram diversos meios de lidar com peças mais altas e mais largas.

Fase 3: Automatizar a carga e a descarga

Não demorou muito, a equipe da Central Motors que tinha inventado o *minomi* fez uma visita à TMMK para inspecionar os avanços de V. J. e sua equipe. A Central Motors rapidamente adotou o sistema de cartuchos, ao constatar que era melhor do que o sistema suspenso desenvolvido originalmente. Mas eles também levaram o processo um passo adiante, desenvolvendo uma forma de automatizar (mediante robôs) o processo do carregamento das peças para os cartuchos.

A equipe de V. J. também não tardou em copiar a automatização da Central Motors, com alguns acréscimos que melhoraram ainda mais o sistema. Os integrantes da equipe construíram para os cartuchos carrinhos novos que podiam ser tracionados por um veículo guiado automaticamente (AGV – *Automated Guided Vehicle*), o qual se orientava por fitas magnéticas no chão de fábrica da linha de montagem. Em resumo, eles automatizaram o processo de entrega dos cartuchos.

Fase 4: Estender a automatização ao setor de estamparia

Os integrantes da equipe de V. J. procediam todos da fábrica de carrocerias, pois o foco original estivera concentrado no processo de movimentar partes de carrocerias da estamparia para a área de soldagem na fábrica de carrocerias. Gary criou uma nova equipe de *minomi* com integrantes da equipe de estamparia, os quais colocou sob o comando de um líder de grupo do setor de estamparia. A equipe de *minomi* da estamparia ficara muito impressionada com a automação desenvolvida pela equipe de V. J. e gostaria de automatizar o processo de movimentar peças das prensas da estamparia diretamente para os cartuchos *minomi* (anteriormente, as peças das carrocerias eram movimentadas manualmente da prensa da estamparia para uma prateleira, onde um robô carregava os cartuchos). Em suas primeiras experiências, o pessoal de *kaizen* da estamparia deparou com um problema: a menos que as peças ficassem perfeitamente espaçadas lado a lado nos cartuchos *minomi*, elas poderiam sofrer danos. A principal inovação que a equipe desenvolveu para resolver esse problema foi utilizar um sistema de visão mecânica (baseado em uma câmara) para avaliar se as peças estavam corretamente alinhadas, com o espaçamento adequado entre elas; se não estivessem, o robô poderia ajustar a localização das peças e fazer a adequação necessária.

O novo sistema de automação permitia que uma pessoa no comando de uma sequência de máquinas da estamparia fizesse o que antes exigia a participação de três pessoas. Em vez de ser um fardo para essa pessoa, o sistema aumentou sua satisfação no trabalho, já que lhe permitiu ver o processo do começo ao fim e, com isso, experimentar um sentimento bem maior de realização ao transformar, sozinha, matérias-primas em peças prontas para uso. Adicionalmente, a economia de tempo possibilitou que as equipes da estamparia dedicassem maior atenção à manutenção preventiva, o que permitiu aumentar a produtividade das máquinas da estamparia em quase 50%.

Vale a pena fazer aqui uma pausa para contemplar a enorme diferença entre, de um lado, carregar manualmente cestos de peças de mais de um metro quadrado, conduzi-las em empilhadeiras e descarregá-las manualmente, e, de outro, utilizar um sistema automatizado que carrega peças em cartuchos, coloca esses cartuchos em carrinhos e então entrega as peças nos lugares certos na linha de soldagem das carrocerias. E toda essa mudança foi desenvolvida por dois pequenos grupos de trabalhadores temporários liderados por especialistas em engenharia ao longo de uma série de pequenas descobertas e revoluções técnicas ocasionais.

Parte 5: Entregar peças *just-in-time*

V. J. e sua equipe, enquanto isso, já estavam com as atenções voltadas para mais um desafio: entregar mais de um tipo de peça em cada cartucho. Cada equipe na linha de soldagem normalmente instalava mais de uma peça. Na primeira iteração do sistema *minomi*, a equipe de soldagem movia-se por entre os cartuchos para selecionar a peça certa a processar. A produção seguinte de cartuchos permitia entregar, por exemplo, o capô, o bagageiro e o para-lamas juntos em um único cartucho, de modo que o operador recebia todas as peças necessárias dentro do mesmo cartucho. Uma vez em condições de entregar diversas peças no mesmo cartucho, V. J. e sua equipe desenvolveram o sistema ainda mais, até adquirir a forma de *kits* contendo um conjunto inteiro de peças necessárias para determinado tipo de carroceria. Eles descobriram como juntar *kits* completos de peças de um automóvel e entregá-los, mediante um único AGV, na mesma sequência com que as carrocerias seguiam na linha de montagem, seguindo ao lado dela e reduzindo ainda mais os erros e desperdícios.

Fase 6: Conectar-se ao fornecedor e então sequenciar

Mesmo depois de todos esses passos revolucionários, ainda havia algumas peças que não se beneficiaram da abordagem *minomi*. Algumas peças de aço eram produzidas por fornecedores externos que as continuavam entregando à TMMK em grandes cestos de mais de um metro quadrado. Assim, os integrantes da equipe desenharam paletes especiais para ser utilizados por fornecedores selecionados (sempre que houvesse uma justificativa de custos), os quais facilitavam o transporte das peças para uma célula, onde uma pessoa os introduzia no cartucho *minomi*. Os fornecedores embarcavam as peças nos paletes especialmente desenhados, que eram retirados do caminhão por empilhadeiras e colocados em carrinhos que seguiam o fluxo em uma célula de sequenciamento. Um membro da equipe da TMMK podia então recolher peças desses carrinhos e introduzi-las em cartuchos *minomi* na sequência das carrocerias que acompanhavam a linha da solda.

Em dezembro de 2008, o *kaizen* progressivo para implementar e expandir o *minomi* na fábrica de carrocerias havia eliminado cerca de 40 empilhadeiras e liberado aproximadamente 100 empregos na montagem. E essas economias se basearam na implementação do *minomi* em apenas 154 das 326 peças estampadas usadas na produção de um veículo. À medida que as equipes de *kaizen* continuaram a inovar, esses ganhos foram mais do que duplicados.

O *minomi* gerou outras oportunidades para o *kaizen*. A Toyota vinha até então comprando os carrinhos e AGVs que utilizava, mas, em determinado momento, um trabalhador temporário perguntou por que a empresa gastava tanto dinheiro adquirindo AGVs de fornecedores externos – afinal de contas, a Toyota produz veículos. Os membros da equipe *kaizen* descobriram que poderiam comprar o pequeno dispositivo robótico que puxa os carrinhos e fabricar esses carrinhos sob medida eles próprios. Mais tarde, descobriram que poderiam comprar placas de circuitos impressos baratas, genéricas, do tipo usado no AGV, e programá-las de maneira que os AGVs pudessem parar e esperar em determinados pontos da linha. A programação dos AGVs foi algo realmente revolucionário para esses funcionários, uma vez que acabou reduzindo as taxas de licenciamento e agregando a flexibilidade necessária para reprogramá-los. Os AGVs originais custavam cerca de US$ 25 mil cada; aqueles produzidos de maneira autônoma não chegavam a US$ 4 mil. Com mais de 100 AGVs em uso, a iniciativa dos integrantes da equipe *kaizen* proporcionou uma economia de mais de dois milhões de dólares à TMMK.

Kaizen e liderança

O tradicional modelo de liderança norte-americano concentra-se na figura do executivo como um visionário ou "agente da mudança", que orienta a mudança em toda a organização pela força de sua vontade. Mesmo a teoria da liderança "iluminista" concentra-se em estratégias para convencer os trabalhadores a se comprometer com a visão do líder. Já o que acontece na liderança Toyota é radicalmente diferente, sendo a única forma de gerar o tipo de melhoria contínua que é indispensável para o Lean. Gary não tinha uma perspectiva completa para *minomi* na TMMK capaz de convencer V. J. e sua equipe a se entusiasmarem. Ele viu possibilidades, mas, a partir daí, deixou a liderança com o grupo – os que estavam no *gemba* – e pediu-lhes que concebessem a perspectiva que fosse adequada para a TMMK e a desenvolvessem por meio das ações de planejar, fazer, verificar e agir – PDCA. Como resultado, V. J. e sua equipe deixaram de seguir a Central Motors feito escravos. Graças à confiança de Gary e sua disposição em permitir que V. J. e outros líderes de grupos realmente exercessem liderança, eles demonstraram a paixão e o impulso para continuamente melhorar, inovar e resolver problemas. O resultado final excedeu em muito as expectativas iniciais de Gary a respeito daquilo que o *minomi* poderia fazer pela TMMK; de fato, não havia uma maneira pela qual Gary, ou qualquer outro dirigente que estivesse tão afastado do *gemba*, pudesse antecipar todas as pequenas e diferentes inovações que se mostrariam necessárias ao longo do caminho para que o *minomi* viesse a ser algo mais que um pequeno experimento.

Nenhuma dessas inovações e melhorias poderia ter sido conduzida pela alta gerência. Mas isso não significa que a liderança sênior não tenha uma função a desempenhar em situações semelhantes. Gary cumpriu um papel fundamental ao apoiar a atividade diária de *kaizen* necessária à implementação do *minomi*. Ele não se envolveu no dia a dia dos projetos, e certamente não passou o tempo determinando aos integrantes das equipes e líderes de grupos tudo aquilo que deveriam fazer. Mas sempre agiu como um *coach*, um orientador, incentivando-os, gastando bastante tempo revisando seu trabalho e fazendo-lhes perguntas, reforçando a importância de suas realizações e impulsionando-os a melhorar ainda mais – agregando energia ao sistema. Como explicou V. J.: "Nem todas as empresas teriam um presidente disposto a descer até o chão de fábrica todos os meses para revisar nosso trabalho, fazer perguntas e estimular nossa imaginação. As reuniões com Gary sempre serviram de inspiração para que avançássemos ainda mais".

Estrutura organizacional baseada em grupos de trabalho

Abrimos o presente capítulo com uma citação de Peter Drucker sobre o fracasso inevitável de qualquer sistema de administração que dependa de líderes super--homens. Parte do nosso propósito na narrativa da história do *minomi* é ilustrar a mudança de larga escala e a radical melhoria que podem acontecer da base para o topo sem que se necessite recorrer a tais super-heróis. V. J. e sua equipe concretizaram melhorias extraordinárias que não eram, porém, extraordinárias em si e por si. Talvez o mais extraordinário nessa história sejam o investimento e a confiança da Toyota em líderes de grupos e líderes de equipes. Esse investimento é visto com maior clareza na estrutura do grupo de trabalho, sem o qual o *kaizen* diário se tornaria impossível.

A unidade organizacional fundamental na Toyota é o grupo de trabalho. Existem grupos de trabalho em Engenharia, Vendas, Finanças, Peças e Serviços, Logística e Marketing. Na Produção, funciona uma estrutura ideal de trabalho padronizado que consiste de cerca de 20 trabalhadores temporários, conhecidos como *membros de equipe*; quatro trabalhadores temporários de produção, conhecidos como *líderes de equipe*; e um *líder de grupo* (GL) assalariado. Na realidade, há variações nesses números. Os líderes de equipe começam como membros de equipe e ascendem ao realizar todos os trabalhos de produção da equipe em alto nível, trabalhar em projetos *kaizen* e passar por um treinamento voluntário para a aquisição de habilidades de líder de equipe. Eles dividem seu tempo entre trabalhar na produção em tempo integral durante alguns dias e exercer funções de liderança em tempo integral em outros dias: respondendo a chamados de *andom*, por exemplo, ou efetuando controles de qualidade, resolvendo problemas de produção que surgem durante o dia ou trabalhando em projetos *kaizen* para a melhoria dos processos do grupo (ver Figura 4.1). A qualquer momento, dois líderes de equipes podem trabalhar na linha de produção e outros dois podem realizar funções de líderes fora dessa linha.

O líder de gupo, em relação aos líderes de equipe, ocupa o primeiro nível da gestão – o ponto no qual a Toyota começa a pensar em seus funcionários como detentores de autoridade formal para administrar um processo importante. Por muitas razões, a Toyota vê seus líderes de grupos como seus líderes mais importantes: eles são membros do grupo de trabalho e, como tais, aqueles que exercem maior influência direta sobre os membros da equipe, além de fazerem parte da equipe de gerenciamento que é a principal responsável pela entrega de resultados de negócios à empresa. Segundo o pensamento da Toyota, os membros das equipes, por produzirem os carros, proporcionam o maior valor direto aos clientes. Portanto, é muito importante cultivar líderes de grupo fortes e permitir que eles e suas equipes tenham o comando ou a "propriedade" de sua área, com suas qualidades e problemas.

Muitos daqueles que já realizaram cursos de comportamento organizacional reconhecerão no modelo exposto na Figura 4.1 o modelo de administração baseado no conceito de "pino de ligação" de Rensis Likert.[1] Nesse modelo, o gerente é mais que um controlador diário de perturbações do sistema: é o pino que liga a equipe que lidera à equipe de líderes da qual faz parte. A função de pino de ligação inclui alinhar metas, comunicar políticas e *status* operacionais, desenvolver os membros da equipe e providenciar os recursos de que esses membros necessitam para se desenvolver e melhorar seu trabalho. Quando os líderes adquirem a capacidade de desempenhar com eficácia o papel de pino de ligação, a organização está em condições de amadurecer e evoluir de um sistema controlador, autoritário, para um sistema de gerenciamento colaborativo e, finalmente, para os níveis mais elevados de um sistema de gerenciamento verdadeiramente participativo.

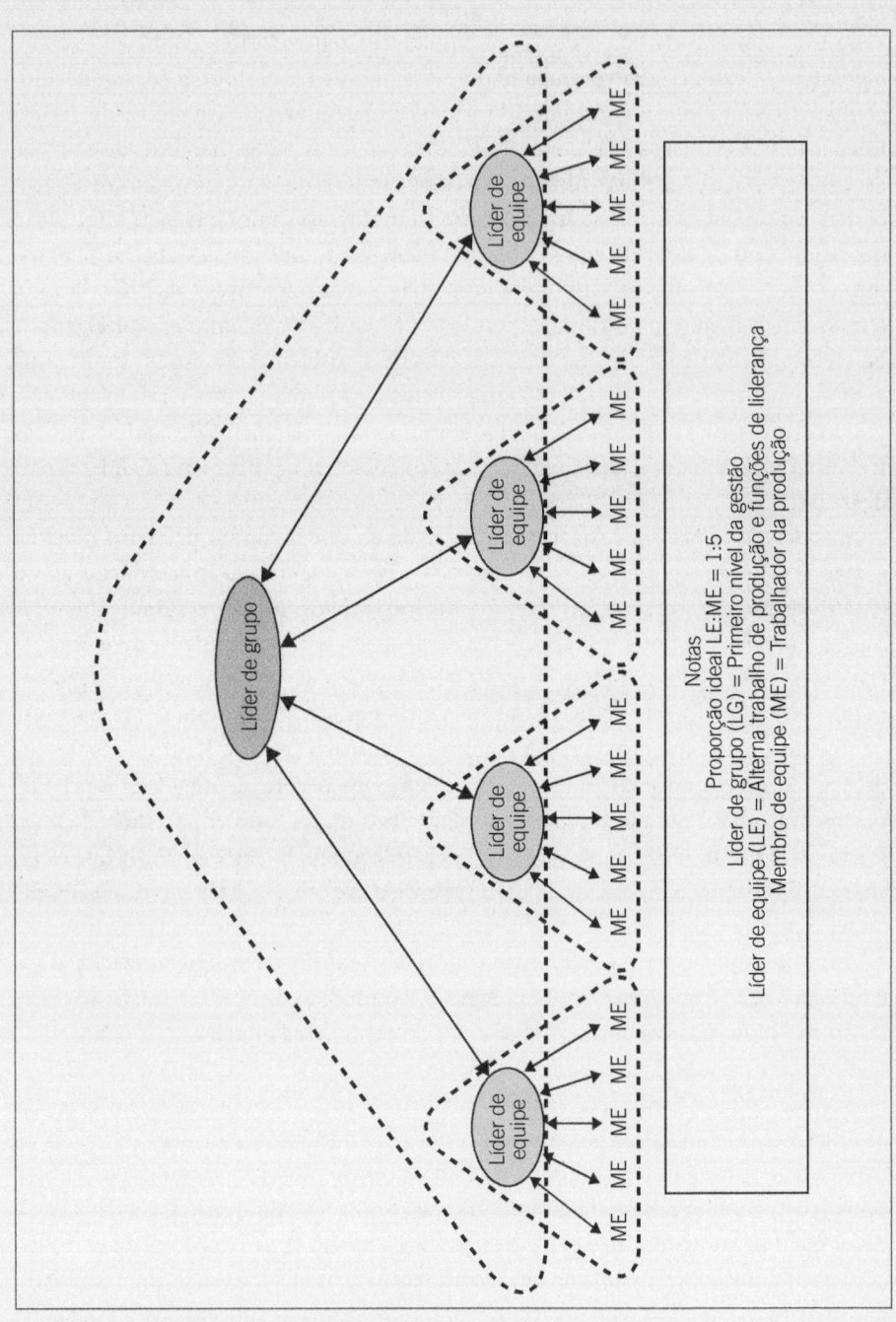

Figura 4.1 Estrutura dos grupos de trabalho da Toyota.

A razão para ter a atenção voltada à liderança de trabalho de grupo é muito simples: líderes seniores não produzem carros. Sendo mais explícitos, os líderes seniores não são as pessoas mais indicadas para identificar problemas e fontes de desperdícios no *gemba* e desenvolver planos para eliminá-los. É o líder de grupo que está em melhor posição para realizar essa tarefa; na verdade, ele lidera por meio do *kaizen* diário. Melhorias contínuas concretizadas pelo *kaizen* são fundamentais para a implementação progressiva e sustentável dos conceitos Lean na produção ou em qualquer outra atividade. O Lean não pode ser realizado sem o *kaizen*, e o *kaizen* não pode ser realizado sem a participação explícita dos membros temporários da equipe – daí que a verdadeira liderança no nível de grupo seja absolutamente essencial. Quando a capacidade no nível do líder de grupo é frágil, mesmo a mais brilhante ideia partida da alta gerência da organização está destinada ao fracasso.

Na Toyota, os líderes de grupo ensinam e orientam os líderes de equipe que apoiam os membros das equipes que realizam o trabalho de base, e, em conjunto, essas pessoas assumem, operam e melhoram continuamente seus processos. O verdadeiro *kaizen* só ocorre quando os líderes de grupo lideram e suas equipes efetivamente se "apropriam" dos seus processos. Não há orador motivacional, treinamento em sala de aula, iniciativa de qualidade ou consultor Lean que possa substituir o investimento fundamental que é treinar e habilitar aqueles que fazem o trabalho a liderar o *kaizen*. Como vimos nos capítulos mais recentes, na Toyota, o papel de "especialista externo", seja ele da equipe ou de fora da empresa – qualquer pessoa que não o líder mais próximo do *gemba* –, é fazer perguntas, orientar (*coach*) sem comandar e incentivar sem tomar conta. Há sempre uma função para um especialista técnico que tenha profundo conhecimento de uma tecnologia (por exemplo, a engenharia de V. J. com os sistemas de manuseio de materiais) ou abordagens técnicas para a melhoria (por exemplo, Seis Sigma), mas tal função consiste em reunir uma equipe de líderes de grupo, líderes de equipe e membros de equipe para, orientando-os mediante projetos de *kaizen* transformadores, desenvolver ainda mais suas capacidades de liderança e *kaizen*.

Essas habilidades de liderar o *kaizen* e orientar no *kaizen* jamais chegarão a ser ensinadas em algum curso de diplomação. As aulas ensinam as ferramentas em um nível superficial, mas não o verdadeiro *kaizen*. Os líderes Toyota ampliam seu conhecimento do *kaizen* diário primeiro desenvolvendo a si próprios e depois orientando e desenvolvendo outras pessoas. É isso que faz do *kaizen* um processo de desenvolvimento de lideranças. O ato de refletir profundamente sobre os problemas, estimular as pessoas e alinhá-las na direção de um objetivo comum é a única forma de praticar e desenvolver a verdadeira capacidade de liderança.

Ao final de um projeto *kaizen*, há um relatório com os resultados das melhorias do processo, mas também um líder Toyota que avalia quanto as pessoas envolvidas nesse processo foram transformadas. Se os resultados práticos foram alcançados, mas as pessoas envolvidas não apresentaram real desenvolvimento, o *kaizen* é considerado um fracasso.

Se voltarmos ao caso de V. J. e do *minomi*, encontraremos uma história por trás da história. Quando Gary escolheu V. J. para liderar a equipe, outros mostraram-se preocupados com a forma como ele exerceria essa liderança; afinal, V. J. era conhecido como um engenheiro tecnicamente excepcional, contudo alguns julgavam que não havia desenvolvido habilidades pessoais suficientes para liderar uma equipe tão especializada. No entanto, V. J. provou ser um verdadeiro dínamo, não apenas ao concretizar o trabalho de que havia sido encarregado, como também ao desenvolver os membros da equipe e suas habilidades no *kaizen*. De fato, a equipe de V. J. tornou-se uma espécie de campo de treinamento para os trabalhadores temporários realmente interessados em aprender o *kaizen*. Seu sucesso no desenvolvimento de outros valeu-lhe o direito de escolher as pessoas que se uniriam à equipe: os candidatos precisavam provar que estavam realmente comprometidos com a possibilidade de aprender. V. J. teve um crescimento espetacular nesse período, obtendo uma promoção, e aqueles que aprenderam com ele passaram a ser reconhecidos como especialistas em *kaizen* em toda a TMMK.

Os trabalhadores temporários e o *kaizen*

Na Toyota, os trabalhadores horistas que realizam suas funções de produção como parte de um grupo de trabalho são conhecidos como efetivos (*A-labor*). Mas, em determinadas circunstâncias, uma parcela deles é deslocada dos seus grupos de trabalho para participar em tempo integral de equipes de *kaizen* na qualidade de "temporários" (*B-labor*). Os horistas que trabalharam com V. J. eram temporários. Muitas empresas chamariam esse trabalho de informal ou sem vínculos.

Barry Sharpe recorda que, na Ford, conseguir que o setor de manutenção melhorasse os equipamentos ou fizesse algo diferente exigia uma solicitação burocrática ao próprio setor de manutenção ou ao de engenharia, seguida por uma longa espera. Quando aparecia algum técnico, o problema quase nunca era tratado diretamente. O trabalhador da manutenção ou engenheiro gastava um bocado de tempo diagnosticando o problema e depois se retirava para preencher outra requisição, na qual solicitava a mão de obra e as peças necessárias para, enfim, dar início ao conserto.

Na Toyota, graças ao sistema de trabalhadores temporários, há sempre um grupo de trabalhadores e líderes de equipe especializados prontos para assumir qualquer projeto imediatamente. O *kaizen* diário realizado na Toyota não se resume a identificar problemas e oportunidades de melhoria dia a dia: consiste em uma atividade diária para implementar mudanças e melhorias imediatas; se a mudança requer esforços que os integrantes da equipe de efetivos não pode assumir, a equipe de trabalho dos temporários pode ser escalada para tomar conta do problema. Quando um novo produto é lançado e a produção deve ser preparada, função por função, para fabricá-lo, são os temporários em uma "equipe-piloto" que empreendem o detalhado trabalho de preparar as funções e treinar os membros das equipes. A equipe-piloto torna-se então um trabalho de tempo integral, que normalmente dura de dois a três anos, para aqueles trabalhadores temporários. A equipe inclui representantes de todas as áreas relevantes da fábrica. O *kaizen* é parte do modo como a empresa é gerida, e o fato de a Toyota contar com equipes de trabalhadores temporários o tempo inteiro torna tudo mais fácil. Vale lembrar que essas equipes de temporários, ou substitutos, não são compostas de especialistas em *kaizen* nem por sumidades em Lean, como acredita a maioria das empresas. Uma equipe de trabalho temporário geralmente é liderada por um gerente ou engenheiro, mas seus integrantes são trabalhadores horistas. As equipes temporárias procedem daqueles mesmos grupos que trabalham na linha de produção todos os dias; não fosse assim, o sistema inteiro entraria em colapso.

Sustentação do *kaizen*: agregando energia e desenvolvendo líderes

Então, como é que se agrega energia sem assumir o comando do *kaizen*, e como se desenvolve a capacidade de outros para engajar-se no *kaizen* quando eles não têm a experiência necessária? Esse foi o desafio que Wil James, gerente geral da TMMK que precedeu a chegada de Gary ao Kentucky, enfrentou durante a "renovação" da liderança da Toyota e do STP na TMMK.

Wil era encarregado do setor de montagem, a parte da linha de produção que toma um chassi e instala todos os seus componentes internos, desde o radiador até os tapetes. Quando Wil assumiu o setor, a situação poderia ser descrita como um exemplo clássico de um grupo em que a entropia havia derrubado os índices de produção. A inconstância dos negócios e o cansaço de viver praticamente à beira da falência durante anos haviam acabado com o *kaizen*. Wil e seu coordenador executivo entenderam que precisariam injetar energia, treinar novamente os integrantes das equipes e os líderes de grupo nos princípios do STP e no pensamento *kaizen*, bem como reabilitar o *kaizen* diário. A abordagem que adotaram para tanto foi implementar a ferramenta conhecida como diagnóstico de processos.

Gary tinha testemunhado a utilização do diagnóstico de processos em algumas fábricas da Toyota no Japão, principalmente como ferramenta para especialistas em engenharia que desenvolviam processos de trabalho quando do lançamento de um novo veículo. Eles a utilizavam como um piloto o seu *check-list* pré-voo – "Não nos esquecemos de nada?" – sempre que estabeleciam um novo processo. O *check-list* incluía itens como a variedade dos tempos dos ciclos para diferentes modelos de carros ou diferentes opções, a orientação de peças e ferramentas para reduzir o deslocamento, considerações ergonômicas etc. Gary ficou impressionado com o fato de a ferramenta focalizar todos os aspectos do processo de trabalho como um sistema. Ele e Wil viram no diagnóstico de processos uma ferramenta que poderia proporcionar treinamento, orientação e energia para o *kaizen* na área de montagem.

Wil e sua equipe, apoiados pelo treinador mestre em STP Hideshi Yokoi, simplificaram o *check-list* e acrescentaram-lhe alguns itens. Mais: para ajudar no processo de treinamento e agregar energia ao programa, converteram-no em uma folha de pontuação. Cada item (como a distância percorrida pelo integrante da equipe) tinha determinado valor, com a pontuação total variando de 0 a 100% (100% significava que não havia melhorias a acrescentar). A folha de pontuação proporcionava um processo definido para a avaliação de cada função na linha de montagem, o que, por sua vez, ajudava a identificar oportunidades de *kaizen*.

Um exemplo dos vários fatores presentes em um caso real de diagnóstico de processos (instalação de um radiador) é ilustrado na Tabela 4.1. A tabela mostra a pontuação verificada antes e depois de algumas atividades focadas em *kaizen*, acompanhada de uma descrição das mudanças. (Note que não se trata de um formulário real de diagnóstico de processos, apenas resumos de um deles.)

Tabela 4.1 Exemplo de alguns fatores de diagnóstico de processos referentes ao trabalho de instalação do radiador na TMMK (maiores melhorias antes e depois)

Métrica	Descrição	Antes da mudança	Depois da mudança	Descrição da mudança
WACT do processo O = WACT ≤ *takt* (máx. 4) X = WACT > *takt* (0)	Mensuração do tempo de ciclo médio (quando superior ao *takt*, o operador está sobrecarregado)	2	4	Houve uma diferença no tempo do ciclo entre os dois modelos, com um deles ficando abaixo do *takt* e o outro, acima. Processo melhorado para ambos os tempos de ciclos ficarem abaixo do *takt*.

Marcas de início/ fim 0 = 2 (marcas corretas e usadas) X = (marcas desatualizadas ou não usadas)	Marcas no chão mostram ao operador o começo do trabalho e onde ele deveria estar ao terminar	0	2	Houve diferentes marcas inicial e final para dois veículos diferentes, por isso não foram usadas pelos integrantes da equipe. Com mudanças no processo para WACT, houve a possibilidade de definir uma marca inicial e uma final
Quantidade de peças na mesa/ no carrinho 0 = 2 horas ou menos de peças e apenas peças maiores necessárias dentro do ciclo (2) X = > 2 horas de peças ou mais peças do que é possível manusear em um ciclo (0)	Excesso de peças para manusear (sobrecarga) ou peças para mais de 2 horas de produção (excesso de estoque)	0	2	Excesso de tarefas no trabalho exigia excesso de peças diferentes para um carrinho, por isso eram entregues quantidades adicionais de algumas peças em um turno e adicionais de outras em um turno diferente. Ao reduzir o excesso de movimentação em outros processos, foi possível reequilibrar o trabalho e transferir algumas peças para outro processo
Relação do trabalho de valor agregado 0 ≥ 60% de valor agregado (2) • = 40-59% de valor agregado (1) X = < 40% de valor agregado (0)	Maior relação entre o tempo de trabalho com agregação de valor e o tempo de atravessamento é desejável	1	2	Havia excesso de tempo de deslocamento para recolher e manusear o radiador. Uma bandeja que disponibiliza melhor o radiador foi produzida para reduzir o manuseio em 50%

Autoinspeção da qualidade O = pode se autoinspecionar (1) X = não pode se autoinspecionar (0)	Se não identificadas e solucionadas as causas raízes de possíveis defeitos, o operador deve fazer, ele próprio, a inspeção da qualidade	O	1	Como o processo estava com seu tempo de atravessamento ultrapassado, não era possível fazer a autoinspeção de qualidade. Com o tempo adicional obtido, a inspeção de qualidade foi agregada ao trabalho padronizado

Nota: A melhoria geral da pontuação no diagnóstico de processos foi de 51,5 para 60,5.

Com o esboço da folha de pontuação do diagnóstico de processos em mãos, Wil selecionou um líder de grupo e 24 líderes de equipe provenientes do setor de montagem para serem os primeiros *trainees* do sistema de pontuação – eles ficaram conhecidos como a "equipe do movimento regular". O treinamento, que incluía uma recapitulação do que já sabiam sobre o STP, foi realizado no estilo padrão do *shu ha ri* que discutimos no Capítulo 2. Cada sessão em sala de aula era acompanhada de oportunidades para a prática das habilidades no chão de fábrica.

A primeira oportunidade da equipe para pôr em prática o diagnóstico de processo foi avaliar a instalação dos carpetes: este era um processo manual desafiador, que envolvia diversos integrantes de equipes; gerentes do setor de montagem eram quase unânimes na opinião de que se tratava da tarefa mais carente de melhorias. Utilizando o diagnóstico de processos, a equipe em treinamento passou uma semana avaliando o processo e propondo e testando melhorias. O resultado inicial do processo registrou 19 pontos em uma escala de 100. Assim, a equipe do movimento regular serviu-se da abordagem do diagnóstico de processos para eliminar oito quilômetros de caminhada a cada turno de trabalho de oito horas, resolver inúmeras preocupações ergonômicas e reduzir o número de pessoas necessárias por turno de cinco para quatro. Em uma semana, a pontuação do processo pulou de 19 para 89. Mediante testes e aprimoramentos (aos quais, naturalmente, a folha de pontuação também estava sujeita), o diagnóstico de processos evoluiu para um sistema de 30 ou mais pontos de verificação resumidos em um lado de uma folha de papel (o papel A3), com o verso da folha descrevendo como qualificar cada métrica e o estado ideal do item.

A partir daí, o desafio era treinar todos os integrantes do setor de montagem com a ferramenta, para que a equipe inteira pudesse se envolver no *kaizen* diário.

Wil dividiu os 24 líderes de equipe integrantes da equipe do movimento regular em dois grupos de 12, um para cada linha de montagem. Esses 12 *trainees* transformados em instrutores eram agora responsáveis por ensinar o uso e as peculiaridades da ferramenta a todos os líderes de grupo (mesmo estes ocupando posições superiores às deles na escala hierárquica). Wil e a equipe do movimento regular priorizaram as funções e os processos (existem mais de mil na área de montagem) com base naqueles que apresentassem as maiores oportunidades de melhoria.

Para solucionar um processo com problemas, a equipe do movimento regular trabalharia com o líder de grupo e um dos líderes de equipe para treiná-los na utilização do diagnóstico de processos, a fim de avaliar a condição do setor. Após o grupo de líderes ter concluído o treinamento em seu próprio grupo, trabalhando em um problema com a equipe do movimento regular, eles eram então designados para um grupo diferente, em que precisavam utilizar a ferramenta em uma área com a qual não estavam tão familiarizados. Por fim, eles precisavam realizar um teste que atestaria ou não sua proficiência no diagnóstico de processos. Depois desse processo, cada gerente, subgerente, líder de grupo e líder de equipe no setor de montagem era, no devido tempo, treinado em diagnóstico de processos.

Para continuar injetando energia no sistema, Wil tinha por hábito agregar novos itens à folha de pontuação tão logo um processo atingia elevados indicadores em todos os itens existentes. Mas não era apenas Wil que estava aperfeiçoando a ferramenta. Um dos fatores que surpreenderam os membros da equipe foi a forma como o diagnóstico poderia ser aplicado para reduzir não apenas o desperdício físico, mas também o desperdício mental no processo. A ferramenta inicial focalizava o desperdício físico, como caminhadas desnecessárias e peças de difícil acesso, não levando em conta outra fonte de problemas – os enganos mentais. Enquanto realizava diagnósticos de processos em todas as funções da área da montagem, a equipe do movimento regular descobriu um padrão principal nos dados: quanto mais decisões os integrantes da equipe precisavam tomar (por exemplo, optar entre dois diferentes modelos da mesma peça ou entre diversas cores do cinto de segurança), mais equívocos cometiam, o que, por seu turno, exigia tempo para a correção dos erros, atrasando a equipe em relação ao tempo *takt* e, por fim, provocando um chamado de *andon*. Eles concluíram que era tão importante tornar a função cognitivamente simples quanto fisicamente eficiente.

Com base nessa descoberta dos participantes, a equipe do movimento regular realizou algumas experiências. Em uma delas, colocou bolas coloridas de pingue-pongue em um caixote e determinou que um dos integrantes da equipe as apanhasse de acordo com as cores que eram anunciadas – por exemplo, rosa, depois verde, depois amarelo – dentro de um determinado limite de tempo. A experiência mostrou que, quando havia seis cores, um integrante médio da equipe cometia um engano no quinto ciclo. Com cinco cores, os membros da equipe cometiam, em média, um erro no décimo ciclo. Ao final da experiência, concluíram que somente quando se lidava com duas cores os erros eram quase eliminados.

Esse experimento levou a equipe de montagem a estabelecer como padrão que o número de decisões envolvidas deveria ser de dois ou menos para que a tarefa fosse considerada "simples". Assim, por exemplo, se alguém da equipe tivesse de escolher as duas cores certas para o cinto de segurança dos assentos dianteiros, depois as duas cores certas para os assentos traseiros e então a cor certa para o porta-copos, já estaria tomando cinco decisões – três a mais que o adequado, e fora do padrão. O item foi acrescentado à folha do diagnóstico de processos como "trabalho simples", que exigia duas ou menos decisões.

O uso do diagnóstico de processos levou a diversos pequenos aperfeiçoamentos que resultaram em ganhos maiores. Mas a entropia continua a ser um risco. Com um sistema de pontuação como o diagnóstico de processos, a forma pela qual a entropia penetra no sistema costuma ser o da "inflação". Os membros da equipe costumam cair facilmente no erro de aumentar a pontuação para melhorias relativamente insignificantes. O papel dos líderes de grupo é garantir que a energia não escape do sistema por tais processos. Em termos do diagnóstico de processos, a equipe do movimento regular decidiu que era importante adotar dois passos para manter a energia fluindo.

Em primeiro lugar, criaram um certificado para o diagnóstico de processos. Para obter o certificado, o membro da equipe precisava ter a capacidade de aplicar o diagnóstico a uma série de processos e classificá-los com 90% de correção, baseado na qualificação aplicada por um especialista em diagnóstico de processos. O nível de exigência foi fixado em 90% porque o diagnóstico de processos não é inteiramente objetivo. Há sempre uma dose de julgamento pessoal, de modo que nunca haverá concordância perfeita entre as pessoas. Logo, 90% de correção parecia uma expectativa realista. Em segundo lugar, estabeleceram um processo de auditoria a fim de que cada função fosse regularmente inspecionada por um membro da equipe certificado no uso da ferramenta. Essas duas iniciativas mantiveram a ferramenta útil para a melhoria contínua. Uma auditoria de diagnóstico de processos pode ainda agregar energia ao processo de *kaizen* diário.

Conclusão

Para concluir, precisamos deixar um ponto absolutamente claro: não é das ferramentas da Toyota que estamos tratando. O sucesso da empresa japonesa não se deve ao STP, às Práticas de Negócios Toyota, aos diagnósticos de processos ou a qualquer outra ferramenta. Por exemplo, o diagnóstico de processos evoluiu como um método de apoio ao *kaizen* diário. Na verdade, quando a fábrica de San Antonio, no Texas, foi instalada, os líderes locais analisaram e rejeitaram essa ferramenta, considerando-a complexa demais para o trabalhador médio das equipes. Escolheram uma ferramenta mais simples, que também lhes permitia analisar o desperdício e as oportunidades para o *kaizen* do processo de trabalho. Gary era o chefe das operações da organização na América do Norte e ex-presidente da TMMK, mas permitiu que a unidade de San Antonio seguisse sua própria direção. Contanto que as pessoas da fábrica tivessem uma razão para isso e uma ferramenta alternativa que utilizassem com seriedade, não havia problema em aprenderem por conta própria. Curiosamente, muitos anos depois que Wil deixou a TMMK, em pleno auge da crise do *recall*, quando havia um foco intensificado na qualidade, Yuri Rodrigues tornou-se gerente de qualidade e, com um grupo de trabalho piloto, desenvolveu uma alternativa ao diagnóstico de processos. Também a fábrica havia concluído que o diagnóstico de processos estava mais para uma ferramenta de engenharia e era demasiado complexo para o trabalhador comum. Por isso, ele desenvolveu uma versão simplificada.

Qualquer que seja a ferramenta utilizada, o fator determinante do sucesso é o exercício da liderança em cada um dos níveis organizacionais, mas particularmente nos grupos que realizam o trabalho de valor agregado. A organização conta com líderes de grupo comprometidos com seu autodesenvolvimento e que investem no desenvolvimento dos integrantes das equipes? Conta com líderes seniores dispostos a permitir que os líderes de grupo liderem e a fazer o que for preciso para injetar energia no *kaizen* diário? Se não conta, não há ferramenta no mundo capaz de criar ganhos sustentáveis por meio da abordagem Lean. Se conta, jamais sofrerá escassez de ferramentas e abordagens proveitosas.

Empresas de todo o mundo estão "implementando o Lean". Elas contratam alguns consultores, "treinam" alguns especialistas internos em Lean e "implantam a metodologia". Essa é a linguagem comum dessas iniciativas. Muitas empresas investem em programas de "certificação Lean" para criar seus próprios especialistas. Os especialistas internos gostam da credencial da certificação porque ela representa algo que poderão incluir em seus currículos quando estiverem procurando emprego em outras empresas. Essas ações, no entanto, não podem substituir o investimento fundamental que é treinar as pessoas que realizam o trabalho para que liderem o Lean por meio do *kaizen*. Infelizmente, na maioria das vezes, esse investimento deixa de ser feito. Profissionais que não fazem parte da Toyota estão constantemente lutando – e fracassando – para sustentar as mudanças promovidas por meio do Lean, e nenhum "faixa preta" certificado em Lean pode ajudá-los.

A Toyota adota uma abordagem diferente. As pessoas que gerenciam o trabalho do dia a dia, os líderes de grupo, ensinam e orientam os integrantes das equipes que realizam o trabalho, e em conjunto essas pessoas assumem, operam e melhoram continuamente seus processos. O papel do especialista externo é fazer perguntas, sacudir a cabeça quando as coisas não são feitas corretamente e dar um sorriso discreto e dizer "por favor, continue!" quando o aluno está aprendendo. Os especialistas externos precisam compreender o *kaizen* suficientemente a fundo para saber quando concordar, quando desaprovar e quando intervir com uma sugestão. A capacitação jamais poderá ser ensinada em um curso específico. As aulas só ensinam as ferramentas em um nível superficial, mas não o verdadeiro *kaizen*. E, para o *kaizen,* isso não pode ser realizado pelos grupos de trabalho: um gerente ou engenheiro e os "trabalhadores temporários" precisam atuar entre os grupos.

A ideia de um grupo de engenheiros da organização chegar na fábrica para realizar uma série de melhorias, sem o envolvimento direto e o controle dos grupos de trabalho, e em seguida partir, é algo difícil de imaginar na Toyota. A Toyota deseja que o domínio e a compreensão dos processos e melhorias estejam presentes no *gemba*, no grupo de trabalho.

No livro *O Modelo Toyota*, Jeff relatou que todas as mudanças logísticas materiais que a equipe de V. J. desenvolveu durante um período de cinco anos poderiam talvez ter sido implementadas em cerca de um ano por uma equipe de engenheiros da organização liderada por um especialista, e que talvez a construção dos dispositivos pudesse ter sido terceirizada. Obter rapidez na implementação é algo ótimo, mas não à custa do sacrifício do aprendizado, do desenvolvimento e do comprometimento dos integrantes da equipe, que precisam manter e aprimorar constantemente o sistema. Se o *minomi* tivesse sido simplesmente implementado sem o criterioso trabalho de adaptação que o transformou na solução ideal para as necessidades da TMMK, a empresa não teria aperfeiçoado o sistema que Gary vira na Central Motors, mas copiado tal sistema em cada um dos processos de soldagem da fábrica de carrocerias. E nunca teria progredido a ponto de a Central Motors colher lições do trabalho da TMMK e aprender a automatizar o processo. A TMMK não teria avançado da Fase 1 para a Fase 2, e por fim à Fase 6, para dali continuar progredindo. Teria parado nos primeiros estágios, declararia dispor do sistema *minomi* e depois se perguntaria por que o processo não estava tendo sustentação. Ao aprimorar um processo, a Toyota mira sempre duas metas: aperfeiçoar o processo para obter melhores resultados e desenvolver as pessoas.

Esperamos que, a essa altura, os leitores estejam convencidos das poderosas vantagens de delegar a responsabilidade pelo *kaizen* ao grupo de trabalho, com forte apoio de *coaching*. Em uma companhia tradicional, existem "supervisores", e a maioria das grandes empresas já promoveu, nos mais diversos momentos de suas trajetórias, tentativas de "habilitar" as equipes atribuindo-lhes objetivos e "saindo do caminho". Seguidamente, a autonomia é garantida enxugando-se a estrutura organizacional, eliminando-se níveis de gestão e ampliando-se o controle do supervisor de, digamos, 20 para 50 integrantes de equipe. Uma tendência diferente que se infiltra na prática Lean é a de empresas que tentam "implantar grupos de trabalho de ponta a ponta em um ano". Elas põem em prática a definição dada pelo RH à função do líder de equipe e submetem os líderes de grupo a breves cursos de treinamento em sala de aula.

Infelizmente, ambas as opções estão condenadas ao fracasso. Reduzir o gerenciamento realmente garante autonomia, mas uma autonomia desorientada, sem liderança. Onde estão os instrutores? Onde estão as pessoas com a habilidade natural para inspirar outras? "Implantar equipes de ponta a ponta" não é mais eficaz que implantar uma ferramenta como o *kanban* do começo ao fim. Você pode contar com a estrutura formal, e ela pode parecer adequada no papel, mas o fato é que você não tem a capacidade. O *kanban* requer um conjunto de processos muito disciplinados e estáveis para funcionar adequadamente, e os grupos de trabalho exigem líderes altamente desenvolvidos e capacitados em todos os níveis. Um grupo de trabalho só é tão forte quanto o autodesenvolvimento dos líderes que o comandam, e os líderes de grupo e de equipe só concretizam seu autodesenvolvimento passando por todas as etapas do *shu ha ri*.

Isso é reconhecido na Toyota. No livro *O Modelo Toyota*, contou-se a história de uma operação de peças de reposição da Toyota.[2] Os executivos da Toyota Motor Sales e o gerente do depósito haviam concordado em introduzir gradualmente grupos de trabalho com líderes de equipe ao longo de um período de três a cinco anos. A princípio, os líderes de grupo eram supervisores que passavam por intenso treinamento em métodos do STP e precisavam autodesenvolver-se como líderes antes que pudessem indicar líderes de equipe. Nesse estágio inicial de autodesenvolvimento, eles foram instruídos a ser dirigentes até que suas equipes revelassem suficiente experiência no STP e adquirissem certo amadurecimento. Um cartão de relatório para avaliar o desempenho dos grupos de trabalho foi então elaborado, sendo igualmente determinada a pontuação a ser atingida para que os líderes de grupo pudessem designar líderes de equipes. Foram necessários três anos para que os primeiros grupos de trabalho adquirissem a maturidade necessária para indicar os líderes de equipe e proceder à transição para um estilo de administração mais da base para o topo.[3]

Haverá outras empresas dispostas a enfrentar o desafio de longo prazo de desenvolver a verdadeira capacidade *kaizen* em seu pessoal ano após ano? Para tanto, é indispensável certa dose de paciência e investimento financeiro, por exemplo, nos temporários, o que não é muito característico da maioria das empresas, cujos líderes de estilo "caubói" devem apresentar resultados em prazos extremamente curtos, sob pena de abrir caminho para outros do mesmo estilo. A alternativa àquilo que a Toyota faz é desistir de desenvolver o *kaizen* diário, da melhoria sustentada e de estabelecer um empreendimento verdadeiramente Lean.

Capítulo 5

Hoshin kanri: alinhar visão, metas e planos para a melhoria contínua

> *Uma visão sem ação não passa de um sonho.*
> *Uma ação sem visão só faz passar o tempo.*
> *A visão com ação pode mudar o mundo.*
> – Joel A. Barker, futurólogo

No Capítulo 4, examinamos a natureza "comunitária" das lideranças Toyota. A liderança do *kaizen* diário exercida por líderes de grupo e o apoio às lideranças oriundas da base da pirâmide organizacional são responsáveis por grande parte do sucesso da Toyota. O desenvolvimento da melhoria contínua não se restringe a tecnólogos visionários e "agentes da mudança" instalados nos níveis executivos. Embora seja verdade que muitas inovações revolucionárias surgem do setor de engenharia, a maior parte das melhorias cotidianas por que passam os processos provém da base, capitaneadas por líderes de grupo e membros de equipes comprometidos com um objetivo comum, aos quais são confiadas a liberdade para aprimorar constantemente seus domínios e a responsabilidade por tal.

Todavia, não é preciso ser um *expert* em liderança para identificar as limitações de uma abordagem exclusivamente "base-topo" para uma empresa globalizada. Em um sistema no qual cada grupo de trabalho opera de forma semiautônoma, tendo o controle, a "propriedade" de seus processos, os projetos *kaizen* não são necessariamente complementares. Cada organização, a Toyota incluída, precisa priorizar suas iniciativas e arbitrar e resolver as diferenças entre esforços concorrentes ou conflitantes. No exemplo do sistema *minomi* que examinamos no Capítulo 4, por exemplo, houve ocasiões em que aumentar a produtividade em uma área exigia o acréscimo de pessoal em outra. No começo, tanto o setor de estamparia quanto o departamento encarregado dos materiais tiveram de agregar pessoas para que a fábrica de carrocerias pudesse utilizar o *minomi* para economizar recursos. Só depois que o departamento de estamparia juntou-se ao programa para automatizar o carregamento dos cartuchos *minomi* e os fornecedores passaram a enviar as peças em cartuchos *minomi* é que o desperdício pôde ser reduzido. Ainda que muitas das etapas desse processo parecessem produzir tanto desperdício quanto aquele que estava sendo eliminado, quando todas as peças estavam no seu devido lugar o sistema era bem mais produtivo.

Se diferentes departamentos trabalham em projetos desconexos – um cortando custos, outro lidando com a segurança, um terceiro reduzindo estoques –, é provável que a empresa não obtenha grandes benefícios. No entanto, decompor metas de negócios de alto nível em metas mais específicas para cada departamento, com planos de ação bem elaborados e um *kaizen* intensivo, permitirá que esses esforços separados concretizem resultados significativos para o negócio principal.

Toda organização necessita de uma visão e de um conjunto de objetivos. Na Toyota, onde o processo de liderança é inteiramente centrado na busca do "Verdadeiro Norte", isso é mais fundamental do que na maioria das empresas. Estabelecer o Verdadeiro Norte na Toyota é o papel do conselho de administração, um processo de liderança do topo para a base. Onde a liderança topo-base encontra a liderança base-topo? Como a Toyota persegue o Santo Gral da liderança: com ações coordenadas em toda a empresa global?

A abordagem da Toyota ao desafio universal de promover uma ação coordenada, dirigida, em toda a organização atende pelo nome de *hoshin kanri*. Traduzida literalmente, a expressão *hoshin* significa "bússola", ou "indicador de rumo"; *kanri*, por sua vez, quer dizer "administração", ou "controle". *Hoshin* é o termo empregado para designar os planos e metas anuais da empresa como um todo. *Hoshin kanri* consiste no processo de estabelecer objetivos e metas e, o que é mais importante, os planos concretos para seu atingimento. Trata-se de outro exemplo de liderança pessoal orientada pela liderança institucional. Mas, como veremos, também esse processo só funciona graças ao elevado nível de liderança pessoal desenvolvido pela Toyota.

Em um sentido formal, *hoshin kanri* refere-se tão somente ao alinhamento de metas e objetivos inovadores que levam a empresa a um novo nível (às vezes chamado *kaikaku*), ao passo que os objetivos mais amplos dos indicadores-chave de desempenho (KPIs – *Key Perfomance Indicator*) alinhados a essas metas fazem parte da administração diária do *kaizen*. Na prática, não há muita preocupação em distinguir o *hoshin kanri* da gestão e do *kaizen* diários: todos fazem parte do compromisso da empresa com a melhoria contínua. Quando os líderes da Toyota estabelecem seus objetivos para o ano, eles não distinguem as iniciativas inovadoras *hoshin kanri* das metas do *kaizen* diário. Utilizamos essa abordagem pragmática, referindo-nos igualmente às iniciativas inovadoras lideradas no nível de Gary e ao desmembramento de objetivos do presidente ao grupo de trabalho como *hoshin kanri*. A mistura de *hoshin kanri* e gestão diária para orientar o *kaizen* ilustra, uma vez mais, que o que faz a diferença na sustentação da melhoria contínua não são particularmente as ferramentas em uso, mas a abordagem de liderança em que são baseadas as iniciativas.

À medida que são distribuídos pela empresa, os objetivos se tornam mais específicos. A meta de "ser o campeão da qualidade" no nível da alta gerência pode disseminar-se pelos níveis inferiores da empresa, convertendo-se em objetivos específicos baseados em medidas específicas, tais como "uma melhoria anual de 5% durante três anos para uma operação de solda inicial sem defeitos". Melhorias de qualidade na solda podem traduzir-se em ações ainda mais específicas. Por exemplo, seria possível determinar no primeiro ano que muitos defeitos ocorrem na soldagem quando as ferramentas estão desgastadas e já deveriam ter sido trocadas. Assim, uma meta mais específica para esse ano seria: "implementar um sistema preventivo de mudança de ferramentas para trocar 100% das ferramentas de acordo com um rigoroso cronograma". Isso é algo que pode ser facilmente mensurado dia a dia, grupo de trabalho por grupo de trabalho.

Esse movimento descendente até a base da organização pode ser imaginado como um grande triângulo que relaciona objetivos gerais no nível da alta gerência administrativa com ações concretas adotadas e mensuradas pelas equipes de trabalho (ver Figura 5.1). Dessa forma, o *hoshin kanri* une a liderança em uma cadeia rígida de definição e atingimento de metas. Verticalmente, as metas se espalham em direção à base da organização e se transformam em pensamentos inovadores sobre como concretizá-las. Horizontalmente, diferentes funções coordenam seus planos para alcançar os objetivos gerais. Vertical e horizontalmente, contudo, essa corrente é apenas tão forte quanto o elo mais fraco da cadeia de liderança, sendo esse o motivo pelo qual a Toyota trabalha com tanto afinco no desenvolvimento de lideranças. Infelizmente, muitas empresas adotam o que julgam ser o *hoshin kanri*, mas carecem das lideranças e de grupos de trabalho engajados em trabalhar de modo eficaz para traduzir os grandes objetivos da alta gerência em mudanças concretas. Ou, pior ainda, as gerências intermediárias tomam atalhos para apresentar os resultados exigidos, colocando em perigo o futuro da organização.

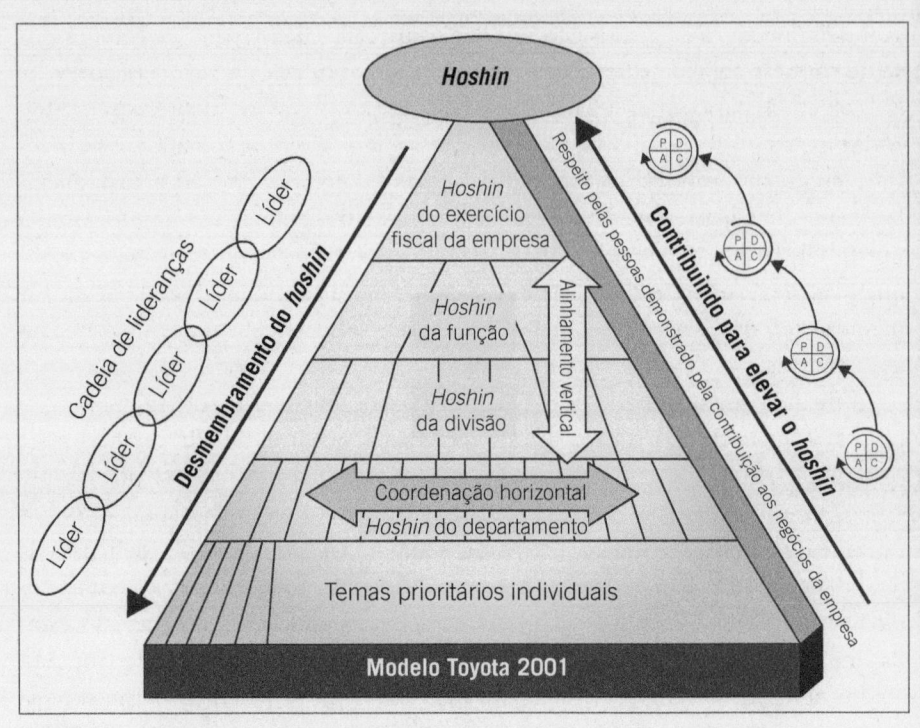

Figura 5.1 *Hoshin kanri*: gestão dirigida vertical e horizontalmente.

Hoshin kanri: Gestão por Objetivos com outro nome?

Quem tiver familiaridade com abordagens tais como "Gestão por Objetivos" (GPO) ou outros métodos que utilizam um processo de metas em cascata para comunicar os objetivos organizacionais e desenvolver meios de negócios em nível de unidades para atingi-los certamente reconhecerá o processo do *hoshin kanri*. Em alguns aspectos, o *hoshin kanri* não é diferente de muitas ferramentas utilizadas por outras empresas para alinhar objetivos organizacionais, de unidades de negócios e individuais. A familiaridade com tais ferramentas pode inclusive levar muitos a manifestar certo ceticismo em relação ao *hoshin kanri*; embora empolgantes no plano teórico, tais ferramentas apresentam resultados decididamente medíocres na prática. Contudo, existem algumas diferenças sutis, mas absolutamente fundamentais, que distinguem entre concentrar-se em atingir métricas (GPO) e pensar em profundidade a respeito de meios inovadores de alcançar os resultados (*hoshin kanri*).

Alinhar esforços por meio da organização é o sonho de todo executivo; é isso que torna a Gestão por Objetivos e o *hoshin kanri* tão atraentes em tese. Já trabalhamos com muitas empresas que entraram em contato com essas ferramentas e as adotaram imediatamente, cometendo o erro de acreditar que são as ferramentas, e não as pessoas que as utilizam, as responsáveis pelos resultados. Há muitos formulários e gráficos atraentes que mostram como os objetivos de um nível estão conectados, ou não, aos objetivos do nível superior seguinte.[1] Contudo, adotar o *hoshin kanri* depois de visitar a Toyota, ou esperar que a simples utilização desses formulários levará a objetivos alinhados e a um desempenho superior, é o equivalente a Alexander Graham Bell ver um moderno telefone e decidir implementar um teclado de toque em seu primeiro protótipo. Ele até pode parecer atraente, mas os botões não funcionarão.

Por exemplo, a empresa de consultoria de Jeff trabalhou recentemente com uma companhia para ensinar ferramentas básicas do Lean em suas plantas globais. Cada planta recebeu um curso de quatro semanas que incluía *kaizen* na prática para melhorar as operações. Encorajado pelos resultados de alguns esforços iniciais, no segundo ano o CEO da empresa se entusiasmou com a perspectiva de utilizar o *hoshin kanri* para orientar objetivos mais agressivos. Em um local não especificado da organização, ele trabalhou com os vice-presidentes das unidades de negócios para estabelecer metas agressivas em qualidade e redução de custos; os vice-presidentes foram encarregados e responsabilizados pela concretização desses objetivos – custasse o que custasse. Como os vice-presidentes careciam de habilidades maduras em melhoria de processos, essa agressiva fixação de metas resultou principalmente em redução de pessoal e pressão sobre os supervisores para que obtivessem uma melhor avaliação de qualidade por parte dos clientes. Ironicamente, muitos dos *coaches* Lean que haviam sido treinados em *kaizen* na fase inicial do projeto constaram na relação de baixas da redução de pessoal. A maioria dos disciplinados processos Lean desenvolvidos durante o período do treinamento desintegrou-se em meio ao "apagar de incêndios" diário nos períodos de pico da demanda.

Em outro caso, Jeff recebeu uma carta confidencial de um executivo de um hospital que pouco tempo antes obtivera elogios generalizados da mídia pela implementação aparentemente bem-sucedida de conceitos Lean e processos do tipo *hoshin kanri*. Esse executivo contou a Jeff acreditar que a companhia se encontrava à beira do colapso. Os objetivos Lean haviam sido determinados pelo CEO, com mínima participação dos líderes das unidades de negócios e muito menos dos líderes e gerentes mais intimamente ligados ao trabalho. Os objetivos haviam sido alcançados, mas apenas por meio de cortes insustentáveis e projetos impossíveis de repetir. Os vultosos ganhos "Lean" resultaram, na verdade, de um enorme aporte de capital para renovar o complexo inteiro do hospital a fim de melhorar o fluxo; na recessão, as dívidas contraídas para financiar as renovações estavam empurrando a empresa para a falência.

Há três importantes diferenças no modo como a Toyota executa o *hoshin kanri* que respondem por seu sucesso em comparação com a Gestão por Objetivos/objetivos em cascata, tão praticada em muitas empresas. A primeira dessas diferenças é a forma pela qual os objetivos *hoshin* são identificados e cuidadosamente analisados. Especificamente, o *hoshin* organizacional é desenvolvido mediante um processo intensivo de coleta de dados e construção de consenso promovido pelos 20 a 30 principais líderes que integram a alta gerência da Toyota, pessoas dotadas de conhecimento íntimo do estado da empresa em todos os seus níveis – o qual foi consolidado ao longo do tempo em que passaram no *gemba*. Essa é uma diferença significativa em relação às equipes de cinco a oito executivos que tantas vezes estabelecem objetivos nas grandes empresas sem saber como o trabalho é realmente realizado e quais as possíveis oportunidades de melhoria.

A segunda diferença está no nível de colaboração e intercâmbio que ocorre à medida que os objetivos são repassados de alto a baixo na organização e vão se tornando abordagens inovadoras à melhoria dos processos. O *hoshin kanri* utiliza o termo *catch-ball* – jargão esportivo que, no presente contexto, indica as idas e vindas das ideias e sugestões até se tornarem "jogadas" viáveis – para descrever esse processo. Em essência, estabelecer objetivos e metas em apoio ao *hoshin* organizacional é um processo baseado no diálogo, não em uma determinação unilateral. Líderes seniores (independentemente de seu nível na empresa) estimulam o nível seguinte de líderes a considerar quais são os objetivos alcançáveis e quais seriam as melhores abordagens para alcançá-los. Naturalmente, os líderes seniores não são mantidos reféns da vontade de líderes mais jovens para consolidar o apoio às metas. Ao mesmo tempo, o processo do *catch-ball*, que examinaremos mais detalhadamente neste capítulo, é uma conversa real baseada em fatos, e não mera retórica vazia. Os altos executivos sabem o que é preciso fazer para manter o sucesso da empresa, mas as pessoas nos postos de trabalho sabem o que podem fazer para melhorar seus processos. No ambiente correto, a criatividade dos níveis de trabalho é liberada para produzir inovações reais e melhorias sustentáveis nos processos, tendo em vista o atingimento dos objetivos.

A terceira diferença presente na abordagem Toyota é o momento em que a empresa empenha todos os níveis da organização no *hoshin kanri*. Na Toyota, a companhia investe, em primeiro lugar, no desenvolvimento de lideranças; posteriormente, essas lideranças desenvolvem outras pessoas mais jovens, para que todos, desde os membros das equipes até os líderes seniores, tenham as capacidades indispensáveis para engajar-se no processo de repasse em cascata de metas *hoshin* e identificação dos meios que serão utilizados para concretizar essas metas. É por isso que a Toyota pode usar o processo do *catch-ball* e engajar um número maior de líderes juniores em discussões e inovações reais: ela confia nas habilidades de liderança desses jovens. As habilidades requisitadas para o autodesenvolvimento e o *kaizen* incluem o trabalho padronizado e a solução de problemas feita de maneira certa;

assim é possível engajar e desenvolver outros. Ademais, são necessários alguns anos para trazer uma companhia ao ponto em que essas habilidades estejam suficientemente consolidadas para que seja possível engajar todos os níveis da organização, especialmente os membros das equipes que fazem o trabalho de valor agregado, no *hoshin kanri*. Se a liderança de um determinado grupo, uma fábrica ou mesmo de um país não estiver ainda suficientemente desenvolvida, a Toyota não utiliza o processo *hoshin kanri* em seu formato completo de participação de alto a baixo; utiliza uma estrutura de alto a baixo que é mais similar à Gestão por Objetivos. Por exemplo, nos primórdios do desenvolvimento da capacidade de liderança na América do Norte, a organização Toyota no Japão identificou o *hoshin* e então informou aos norte-americanos o que precisavam fazer, enquanto estes, com forte *coaching*, trabalhavam os detalhes da implementação; não houve então muito *catch-ball* no sentido "topo-base" da organização nos Estados Unidos. Da mesma forma, veremos no próximo capítulo que, quando Gary dirigia a Dana, ele estava utilizando uma versão modificada do *hoshin kanri* que incluía objetivos transmitidos do topo para a base e gerentes de fábrica desenvolvendo os planos para seu atingimento.

A maioria das empresas que tentam se converter ao Lean precisa reverter seus processos, já que elas estabelecem objetivos e indicam metas para toda a organização *antes* de cultivar as habilidades de que os líderes do nível mais primário precisam para identificar os melhores meios de concretizar esses objetivos. É quase como exigir que um pianista execute obras de Chopin antes de conhecer as escalas musicais; isso estabelece um padrão muito elevado, leva o líder à frustração quando não consegue atingir tais objetivos e cria uma dinâmica de descrédito difícil de desfazer. Mais importante ainda, implica frequentemente um desastre para a empresa, na medida em que as decisões de curto prazo prevalecem sobre as considerações de longo prazo. É impressionante que tantas empresas confiem aos gerentes, por exemplo, a missão de reduzir os custos em 10% ano após ano, mas não os valorizem o suficiente para investir em sua capacidade de liderança ou solicitem sua opinião quanto às consequências dessas reduções de custos. Com isso, chegamos a situações como aquela citada anteriormente, em que uma iniciativa "Lean" leva a dispensar as pessoas que foram treinadas em métodos "Lean".

Processo *hoshin kanri*

Tal como o modelo do desenvolvimento de lideranças cíclicas, o *hoshin kanri* opera em muitos níveis e com muitos ciclos. Começa com a visão organizacional de longo prazo, geralmente um horizonte planejado de 10 anos, e um plano de negócios intermediário de cinco anos. O plano de cinco anos é então dividido em planos anuais de *hoshin kanri*, que no seu conjunto darão suporte à visão de 10 anos. O presidente faz um pronunciamento sobre a situação da empresa todos os anos em janeiro, esboçando sua visão para a companhia, e um plano de negócios de alto nível, o que leva a um processo de desenvolvimento específico de *hoshin kanri* ao longo dos vários níveis da organização. Mais uma vez, devemos enfatizar que o "efeito cascata" para os níveis inferiores da hierarquia não é um processo passivo. Em cada um dos níveis, grupos de trabalho estão constantemente pensando sobre o que pode ser melhorado em seus processos e buscando pistas durante o ano a respeito dos rumos da empresa. Muitas vezes, suas ideias para melhorias no ano seguinte ficam plenamente desenvolvidas antes de o *hoshin* formal ser anunciado pela alta gerência.

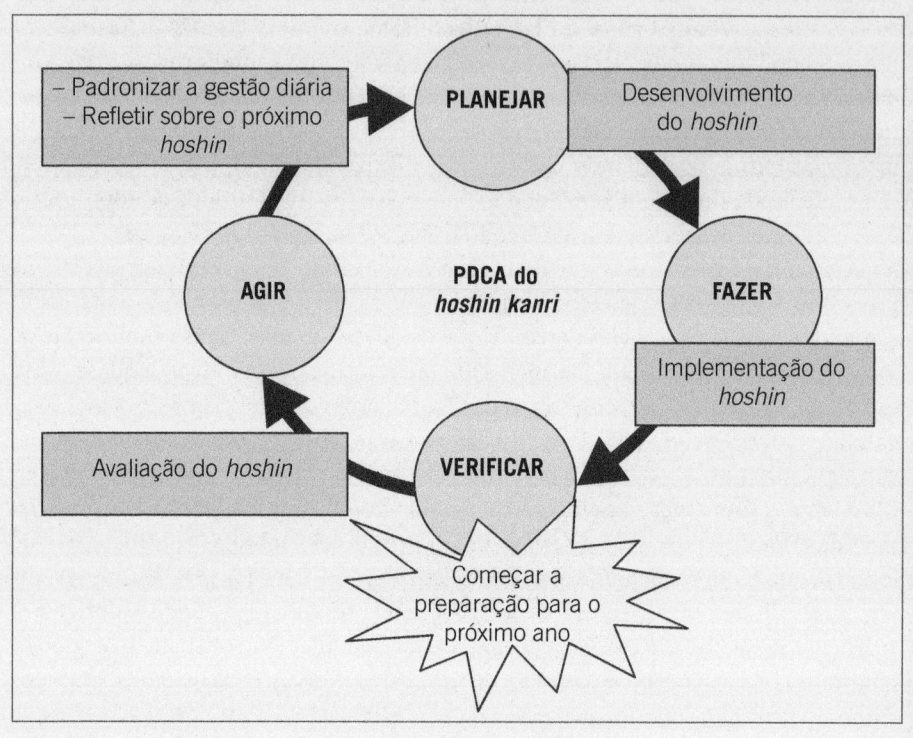

Figura 5.2 O processo *hoshin kanri* segue o PDCA.

No decorrer do ano, comparam-se os avanços com as metas originais, e os ajustes necessários são feitos em muitos eventos de reflexão. No final de cada ano, o progresso em relação à visão de 10 anos é revisado, e novos planos anuais são estabelecidos com base nas realizações e no aprendizado do ano anterior e em um olhar abrangente sobre o futuro do ambiente. Assim, como quase tudo mais na Toyota, o processo do *hoshin kanri* pode ser pensado em termos do processo de resolução de problemas de W. Edward Deming *Plan-Do-Check-Act* (PDCA, ou Planejar-Fazer-

-Verificar-Agir; ver a Figura 5.2). Um plano é desenvolvido no nível da alta gerência e depois desmembrado em níveis cada vez mais detalhados; alguns executam o plano; e os resultados são verificados em cada nível e remetidos para os níveis da alta gerência, passando-se a empreender novas ações com base na lacuna existente entre os objetivos e as condições presentes. Parte do estágio da Verificação, por volta da metade do ano, é estabelecer os alicerces para o planejamento do *hoshin kanri* do ano seguinte. Ao longo da empresa, existem diversos ciclos menores de PDCA em funcionamento no decorrer do ano. Cada tentativa de melhorar um processo, orientada pelos objetivos *hoshin*, é um processo PDCA.

Visão de longo prazo estabelecida internamente pelo conselho de administração

O estágio de Planejar começa com a visão de 10 anos e os objetivos para a empresa. O que orienta atualmente a Toyota é a Visão Global 2020, como discutimos resumidamente no "Prólogo", a qual substitui a Visão Global 2010, que fora anunciada em 2002. Utilizaremos a Visão Global 2010 como exemplo do processo de *hoshin kanri*, uma vez que sua implementação 2010 encontra-se ainda nos estágios iniciais.

O modo pelo qual a Toyota estabelece sua visão de 10 anos é única entre as empresas que já estudamos. O conselho de administração define tal visão, que, em si, não parece particularmente especial. É a composição do conselho (que viola as "melhores práticas" geralmente aceitas na governança organizacional) e, também, seu processo decisório que acabam fazendo a diferença.

A Toyota é uma das últimas empresas no Japão que ainda são comandadas por um conselho interno de diretores formado pelos altos executivos da companhia, sem qualquer conselho de administração externo. Ter somente uma administração interna era prática comum no Japão, mas, durante as décadas de 1980 e 1990, muitas empresas japonesas optaram pela prática ocidental de instituir um conselho externo de administração.

O benefício teórico do conselho externo é que ele cria um sistema de verificações e controles para contrabalançar os métodos potencialmente parciais dos diretores e os chamados pontos cegos. No entanto, a última década proporcionou fartos exemplos de que essa teoria não funciona muito bem na prática, visto que administradores externos com um entendimento superficial das empresas podem conduzi-las por caminhos que acabam por neutralizar suas competências internas. No entanto, a rejeição da Toyota a um conselho de administração externo pouco tem a ver com os fracassos das diretorias ao modelo norte-americano. Sua posição baseia-se em um conjunto de riscos menos reconhecidos, especialmente em uma empresa como a Toyota, que é construída em torno de uma sólida base cultural. Integrantes externos de uma administração, por mais que contribuam com uma perspectiva diferente, são decisores apenas em tempo parcial e, como tais, têm menos condições de se comunicar com outros líderes da companhia além daqueles que fazem parte da equipe executiva, a fim de compreender em profundidade a situação da empresa. Também tendem a comprometer-se menos com a empresa como instituição com uma cultura distinta. Na Toyota, instituir um conselho de administração externo significaria que as decisões principais estariam sendo adotadas por pessoas não regidas pelo Modelo Toyota ou carentes daquele profundo treinamento no processo rigoroso e altamente disciplinado das Práticas de Negócios Toyota.

A Toyota é suficientemente avessa ao risco para não deixar tantas decisões estratégicas ao sabor da sorte. No entanto, ela está ciente dos riscos dos pontos cegos, especialmente em função de o seu conselho de administração ser formado quase que exclusivamente por executivos cujo mundo é, há muito tempo, a empresa.[2] Como resposta, a Toyota adota o máximo possível de contramedidas, colocando perante os diretores dados e pontos de vista diferentes daqueles dominantes na empresa. Na verdade, os líderes na Toyota saem da rotina justamente para colher informações dissonantes, normalmente por meio de visitas a instalações da companhia no mundo inteiro, o que inclui os setores de produção, engenharia, vendas e as concessionárias. Os integrantes do conselho de administração viajam pelo mundo e passam trabalhando nos pontos mencionados períodos às vezes tão prolongados que seriam inconcebíveis mesmo em muitas das empresas que se consideram "internacionais".

Para complementar essas observações diretas e os dados que lhes são apresentados em reuniões, os integrantes do conselho de administração da Toyota contam com as opiniões de *experts*. As primeiras dessas opiniões são as dos líderes da própria empresa. Ao se preparar para assumir a presidência em 2009, Akio Toyoda desenvolveu uma rede de ligação direta entre os líderes de todos os níveis organizacionais, desde os vice-presidentes executivos até os gerentes de chão de fábrica. Ele deu a essas pessoas um número especial de telefone celular e instruiu-as a ligar regularmente para ele sempre que tivessem novas observações ou pensamentos. Claro que Akio não consegue estar em contato com centenas de milhares de pessoas o tempo inteiro, mas ele não pretende ficar isolado da vida real diária no chão de fábrica. E, é claro, *experts* internos de áreas funcionais (qualidade, finanças, recursos humanos, compras, planejamento de negócios) apresentam relatórios detalhados com base em dados das respectivas áreas.

Experts de fora da empresa também participam do processo. Em muitas das reuniões do conselho, a Toyota convida um *expert* de renome mundial para fazer um relatório sobre determinado tópico. Esses tópicos são selecionados com base nas tendências que a Toyota considera importantes para seu futuro, como os estoques mundiais de combustíveis fósseis ou as tendências demográficas mundiais. Com sua capacidade refinada de ouvir e selecionar entre as informações apresentadas os pontos fundamentais, além de sua abertura para boas ou más notícias, os líderes da Toyota conseguem elaborar um quadro abrangente e ao mesmo tempo focalizado da situação que lhes é apresentada.

No passado, as reuniões do conselho de administração da Toyota eram comandadas pelo presidente em exercício, compondo o conselho o ex-presidente, o ex-vice--presidente e o ex-presidente executivo. Outros ex-executivos participavam do conselho como consultores seniores. Por exemplo, Hiroshi Okuda, que fora diretor executivo entre 1995 e 1999, ainda integrava o conselho como consultor sênior em 2009, da mesma forma que Shoichiro Toyoda, que havia encerrado seu período como presidente executivo em 1999 e se tornara presidente executivo honorário. Todos os vice-presidentes executivos que comandavam as operações globais da empresa (por exemplo, produção global, P&D, vendas e recursos humanos) também faziam parte do conselho. Esse grupo já havia sido reduzido depois de ter atingido um pico de 60 integrantes, um contingente compreensivelmente difícil de administrar. Até 2009, o conselho compunha-se de 25 membros e 13 diretores executivos das regiões de operações.

Os diretores executivos obviamente conhecem seus próprios domínios em detalhes e fazem o respectivo relato em cada reunião do conselho; levam também os objetivos *hoshin* de alto nível para suas áreas de responsabilidade e começam a distribuí-los em planos mais específicos. Gary recorda que logo depois de ser elevado à condição de diretor executivo, quando participou de sua primeira videoconferência do conselho de administração, chegou a se espantar com a intensidade do interesse demonstrado por cada palavra que pronunciava em resposta ao pedido de dados sobre as condições de produção na América do Norte.[3]

Em 2011, Akio Toyoda e a equipe executiva adotaram a decisão radical, pelos padrões da Toyota, de reduzir o conselho de 27 para 11 membros. Tal medida fazia parte do planejamento (na verdade, replanejamento) da Visão Global 2020, determinado pela crise do *recall* (discutida no Prólogo deste livro). Na profunda reflexão feita sobre esse evento, uma das questões que emergiram foi a lentidão do processo decisório em resposta à crise. Uma maior agilidade na tomada de decisões e a atribuição de maior poder àqueles para os quais o problema era local poderiam ter ao menos atenuado os efeitos daquela crise. O conselho de 11 membros era constituído por um presidente executivo, o presidente, cinco vice-presidentes executivos e quatro diretores responsáveis pelas áreas de desenvolvimento de negócios, contabilidade, finanças e relações externas. Embora tenha reduzido o conselho de administração, a Toyota expandiu o grupo de diretores executivos regionais de 13 para 15, como parte de um processo de "autonomia regional", conferindo mais poder às regiões para a adoção de decisões locais – em uma palavra: aproximando a tomada de decisão da fonte do problema.

Tanto no sistema anterior quanto no atual, todos os integrantes da alta gerência executiva foram, ou são, líderes que passaram pelo ciclo de aprendizado muitas vezes e obtiveram sucesso em todos os níveis da companhia. Por exemplo, Takeshi Uchiyamada, membro do conselho, liderou uma ampla reorganização da P&D em centros de veículos, foi o "pai" do primeiro veículo híbrido – o Prius –, comandou os setores de engenharia de produção e, depois, de controle e logística de produção, para se tornar o diretor principal da engenharia veicular global. Teria sido muito fora do comum em qualquer outra companhia um executivo sênior com tamanho cabedal de experiências diferenciadas, mas os integrantes do conselho da Toyota são exemplos de líderes tipo T capazes de compreender rapidamente uma função, formar equipes vencedoras, priorizar atividades e exercer a liderança em ambientes e especialidades muito distintas. De fato, na Toyota a única maneira de se tornar um integrante da alta gerência administrativa é ser um líder tipo T excepcionalmente bem-sucedido.

Na Toyota, o *hoshin* de alto nível é estabelecido pelo conselho de administração e pelos diretores executivos, não apenas pelo CEO e por alguns de seus mais associados íntimos. O profundo empenho dos membros do conselho em investigar pessoalmente a situação da empresa e de suas várias operações é outra das razões pelas quais o processo da Toyota é incomparável. Em conformidade com o valor do *genchi genbutsu*, cada um dos integrantes do conselho de administração passa algum tempo no *gemba* regularmente. O próprio planejamento para o *hoshin* do ano seguinte começa no processo de Verificação do *hoshin* do ano corrente. Quando os norte-americanos em fábricas, escritórios de engenharia e revendedores recebem a visita de executivos japoneses, eles sabem que uma das razões fundamentais para seus colegas orientais ali estarem é conferir pessoalmente como tudo se desenvolve, a fim de confirmar o progresso atual e preparar-se para o próximo *hoshin*. Nos meses que precederam a indicação de Akio Toyoda como presidente, em junho de 2009, os norte-americanos foram várias vezes surpreendidos por aparições do executivo nos lugares mais improváveis. Akio surgia inesperadamente em pontos de venda, fábricas e revendedores da Toyota. Tais visitas nunca eram protocolares: ele estava ali para fazer perguntas detalhadas e verificar o andamento dos processos. E fazia a mesma coisa na Europa, na China e em outros pontos do globo.

As reuniões, formais e informais, entre os membros do conselho de administração são importantes, mas o que acontece fora desse centro de decisões é ainda mais importante. Como todos os integrantes do conselho são profundamente imbuídos do Modelo Toyota, o conselho, fora dos seus domínios, atua de forma muito diferente do que a maioria dos executivos norte-americanos esperaria. Na Toyota, cada membro do conselho ou diretor executivo assume a responsabilidade por um determinado assunto, ocupa-se dele fora das reuniões, coleta o maior número possível de opiniões e trabalha para chegar a um consenso, a fim de apresentar uma resposta para o problema na reunião seguinte.

Tudo isso faz parte de um processo que consiste em testar e aperfeiçoar ideias por meio do *nemawashi*. Traduzido literalmente como "cavar em torno das raízes da árvore a fim de prepará-la para o transplante", na cultura japonesa o *nemawashi* é um processo informal que vai às origens para estabelecer os alicerces de alguma mudança ou projeto apresentados. As reuniões no Japão são sempre formais e públicas, e seria embaraçoso que uma proposta bem avaliada e recomendada viesse a ser rejeitada nesse fórum. Assim, antes de apresentar formalmente qualquer proposta em uma reunião, um líder pratica o *genchi genbutsu*, munindo-se de toda a informação necessária e, então, discutindo sua análise e a solução proposta individualmente com várias pessoas na empresa. Mediante uma série de discussões semelhantes, a proposta vai sendo modificada e melhorada até se chegar a um consenso.

Vale a pena expandir a discussão sobre o que é e o que não é consenso no contexto da Toyota: nessa empresa, consenso não quer dizer concordância total – até porque isso seria impossível –, mas que cada pessoa entende ter sido respeitosamente consultada e ouvida, e que suas ideias foram levadas em consideração. Por meio do *nemawashi*, um líder testa, modifica e aperfeiçoa uma proposta da alta gerência em todos os níveis da organização, *antes* que ela seja levada ao conselho de administração. Isso ajuda a ideia a ganhar a aprovação do conselho e também a prevenir quaisquer surpresas desagradáveis em diferentes níveis da organização; os líderes já tiveram, a essa altura, a oportunidade de compartilhar suas opiniões, e assim qualquer proposta adotada pelo conselho já será algo familiar para os encarregados de sua implementação.

O *hoshin* organizacional é, portanto, criado não por um pequeno grupo de favoritos nem por membros de um conselho de administração externo bem informado, mas distante, e, sim, por um grupo composto pelos indivíduos mais bem informados e experientes da própria organização. Esse processo de desenvolver o plano e chegar a um acordo é fundamental para o sucesso do *hoshin kanri*. É costume na Toyota afirmar-se que, quando há um plano confiável, ao menos 60% do trabalho já foi concluído. Obter acordo e levar as pessoas a pensar detidamente sobre o que é possível e a desafiar-se a si próprias é um processo tão importante quanto as metas específicas estabelecidas. Como resultado, o termo "metas em cascata" não deixa de ser um tanto inapropriado: por meio do *nemawashi*, as ideias são testadas em todos os níveis da organização antes de voltarem à alta gerência para a aprovação final. Embora a visão de 10 anos (e os objetivos de cinco anos) seja definitivamente estabelecida pela alta gerência, ela é a tal ponto baseada na contribuição e nas informações provenientes de todos os setores da empresa que pode ser também chamada de "base-alta gerência". Esse é mais um exemplo em que a alta gerência e a base se encontram na Toyota. Então os planos anuais profundamente detalhados são semelhantes a "degraus de pedra" para assegurar que os métodos sejam implementados e as ações executadas para o atingimento das metas comuns.

Foi esse o processo que, na virada do milênio, criou a Visão Global 2010. Nos meios de comunicação, o anúncio da Visão Global 2010 foi simplificado grosseiramente, focalizando quase que exclusivamente a declaração do presidente Fujio Cho de que a Toyota tentaria atingir 15% de participação no mercado mundial. A visão real era muito mais ampla: tornar-se a mais respeitada e admirada empresa do setor automobilístico e continuar seguindo os princípios norteadores da companhia.

Esses princípios, adotados formalmente em 1992 e modificados em 1997, baseavam-se nos cinco princípios fundamentais estabelecidos pelo fundador Sakichi Toyoda: ter honra, contribuir para a sociedade, buscar o crescimento por meio da gestão inovadora, criar uma cultura organizacional que exalte a criatividade individual e o trabalho em equipe, e trabalhar com todos os parceiros para a obtenção de crescimento e benefícios mútuos. A Visão Global 2010 refletia esses princípios, focalizando três elementos principais:

1. Demonstrar responsabilidade como líder mundial.
2. Beneficiar a sociedade por meio do *monozukuri* (ou "a arte de fabricar produtos de valor agregado") e da inovação tecnológica.
3. Compartilhar a prosperidade com os funcionários.

Da visão de longo prazo aos planos intermediários

O ponto central da Visão Global 2010 – tornar-se a companhia mais respeitada e admirada da indústria automobilística – é um objetivo relativamente vago. A próxima fase do *hoshin kanri* está transformando esse objetivo vago em termos mais concretos e, a partir deles, criando um plano intermediário (de quatro a cinco anos) claramente praticável. A faixa de 15% do mercado mundial de automóveis anunciada por Fujio Cho foi uma forma de transformar o objetivo de tornar-se a empresa mais respeitada e admirada do setor em algo tangível que cada um dos integrantes da empresa pudesse compreender. Era também uma previsão, visto que a demanda pelos produtos da Toyota crescia já a um índice suficiente para justificar a duplicação do tamanho da companhia no final da década. A meta não era verdadeiramente uma fatia de mercado de 15% (não era na métrica que o conselho de administração se concentrava); concretizar uma fatia de mercado de 15% serviria como indicativo de que a Toyota estava sendo bem-sucedida nas importantes tarefas indispensáveis para se tornar a empresa mais respeitada e admirada do mundo automobilístico. No entanto, sempre que você deixa escapar uma meta numérica, é esta que concentra as atenções gerais, e por isso você precisa estar preparado para orientar os líderes a lidar com as consequências da forma mais adequada.

Esse é mais um exemplo de como o êxito do processo *hoshin kanri* depende de líderes desenvolvidos em todos os setores da companhia. Há inúmeros outros de empresas que foram completamente esfaceladas enquanto buscavam conquistar participação de mercado a qualquer custo (basta olhar o caso da GM). A tentativa de obter participação de mercado poderia ter levado a Toyota a reduzir custos sacrificando a qualidade, reduzindo os investimentos nas pessoas ou cobrando pelos seus carros preços inferiores aos custos de produção. Por exemplo, as companhias automobilísticas norte-americanas costumam vender carros a preço de custo para as empresas locadoras (são os chamados "custos de frota"), a fim de engordar seus volumes, uma prática que não é lucrativa e pode inclusive manchar reputações. Obviamente, ações como essa teriam sido contraproducentes na busca do verdadeiro objetivo da Ação Global 2010 e, o que é mais importante, teriam violado os princípios do Modelo Toyota. O conselho de administração pôde estabelecer uma meta de 15% de participação de mercado porque tinha a convicção de que, no conjunto da empresa, tal objetivo seria perseguido da maneira certa.

Pessoas não familiarizadas com o Modelo Toyota têm feito interpretações frequentemente incorretas desse objetivo e das ações da empresa desde o tão comentado anúncio. Quando vazou em 2009 a informação de que Akio Toyoda substituiria Katsuaki Watanabe como presidente da companhia, a reação imediata dos analistas econômicos da mídia foi especular que Watanabe estaria sendo substituído em consequência de seu empenho na meta dos 15% ter deixado a Toyota demasiadamente exposta quando a recessão global se fez sentir (no exercício fiscal de 2009, a empresa apresentou seu primeiro resultado anual negativo em meio século).

Na Toyota, em contrapartida, o conselho de administração reconheceu que, sob a liderança de Watanabe, a companhia atingira suas metas de crescimento e, igualmente, obtivera os quatro resultados anuais mais lucrativos de sua história. Como a explicação anterior sobre o modo como os objetivos são estabelecidos na companhia deve ter deixado claro, não há na Toyota decisões superiores adotadas por uma pessoa isoladamente. Watanabe, como presidente à época, certamente teria assumido a responsabilidade pela grande perda financeira na recessão, mas a realidade era que, por muitas razões, ele não era nem mais, nem menos culpado que os demais componentes do conselho por quaisquer dos erros cometidos. Por exemplo, quando Fujio Cho anunciou a meta dos 15% (na verdade, reforçando a pressão pelo crescimento que vinha do seu antecessor, Hiroshi Okuda), Watanabe era um membro da diretoria que obtivera consenso em relação a essa meta: enquanto Watanabe era o presidente, Akio Toyoda era membro da diretoria. Contudo, na entrevista concedida a Liker em novembro de 2010, sobre a crise do *recall*, Akio Toyoda refletiu que sua agenda era reenfatizar o verdadeiro propósito da companhia.

Eu reconheço que algumas vezes nosso pessoal misturou metas e meios. Para a Toyota, a meta é contribuir com a sociedade por meio da indústria automobilística. Como um meio para concretizar essa meta, precisamos vender mais, pois assim teremos sempre recursos a serem reinvestidos. Mas, se colocarmos mais vendas e lucros como a meta principal, certamente cometeremos um enorme erro.

A meta da participação de mercado de 15% foi um dos muitos objetivos e métricas criados para transformar a Visão Global 2010 em planos praticáveis. Uma das consequências de cristalizar essa visão de uma companhia global poderosa foi comunicar a urgência de que cada operação externa passasse a ser totalmente independente. Em essência, o conselho concluiu que a continuação do comprometimento de recursos do Japão para dar sustentação, por exemplo, à operação norte-americana, proporcionando-lhe instrutores, tecnologia, engenharia e capacidade de produção, opunha limites à capacidade da companhia de crescer em outros pontos. América do Norte, Europa e outras regiões precisariam dar passos maiores em direção à sua respectiva autonomia, a fim de que os recursos da sede mundial pudessem ser utilizados para sustentar o crescimento em outros mercados menos maduros. A Figura 5.3 mostra o efeito em cascata geral da visão mais ampla, baseada nos princípios orientadores, para um plano de cinco anos, a médio prazo, do *hoshin kanri* anual de todos os integrantes das equipes.

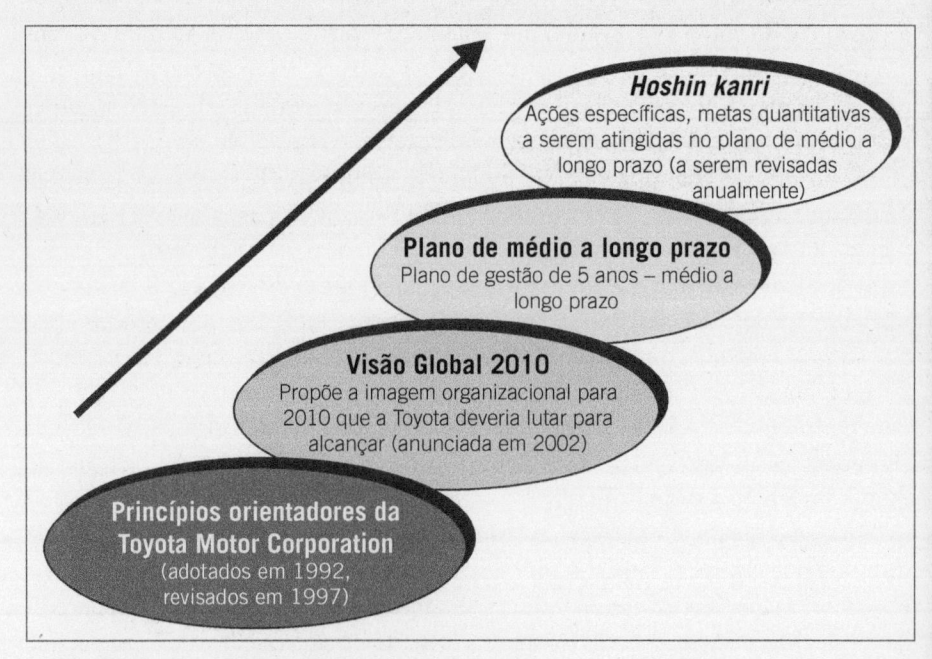

Hoshin kanri
Ações específicas, metas quantitativas a serem atingidas no plano de médio a longo prazo (a serem revisadas anualmente)

Plano de médio a longo prazo
Plano de gestão de 5 anos – médio a longo prazo

Visão Global 2010
Propõe a imagem organizacional para 2010 que a Toyota deveria lutar para alcançar (anunciada em 2002)

Princípios orientadores da Toyota Motor Corporation
(adotados em 1992, revisados em 1997)

Figura 5.3 Visão global para o *hoshin kanri* fluindo em cascata.

Traduzindo a Visão Global 2010 para a América do Norte

Um exemplo específico desse processo é a forma como a organização norte-americana assumiu a Visão Global 2010 e a converteu em um plano praticável para a década; tal plano seria posteriormente dividido em planos anuais baseados no *hoshin* organizacional anual. Na América do Norte, o presidente da organização regional, Atsushi Niimi, reuniu todas as lideranças em um local preparado especialmente para discutir o que a América do Norte faria para atingir a Visão Global 2010, o que incluía, mas não somente, concretizar sua parte da meta da fatia global de mercado de 15%. O grupo desenvolveu uma imagem visual própria para refletir qual deveria ser o aspecto da Visão 2010 na América do Norte, como mostrado na Figura 5.4, foi projetada para refletir a visão panorâmica de um automóvel. No centro, está a visão da "Toyota única", com cada operação regional da companhia sendo capaz de sustentar-se por seus próprios meios. A diferença entre a situação existente e a ideal nesse aspecto era grande: na época, as operações da Toyota na América do Norte estavam fragmentadas em muitas divisões diferentes, muitas das quais eram altamente dependentes, em matéria de tecnologia e liderança, do Japão. O setor de engenharia, cada unidade de produção e a organização de vendas eram instituídas e dirigidas como empresas separadas. Na condição de uma das mais amadurecidas ramificações da Toyota no exterior, os norte-americanos teriam de assumir a liderança e tornar-se autônomos – e, para fazer isso, precisariam de uma Toyota integrada para a América do Norte.

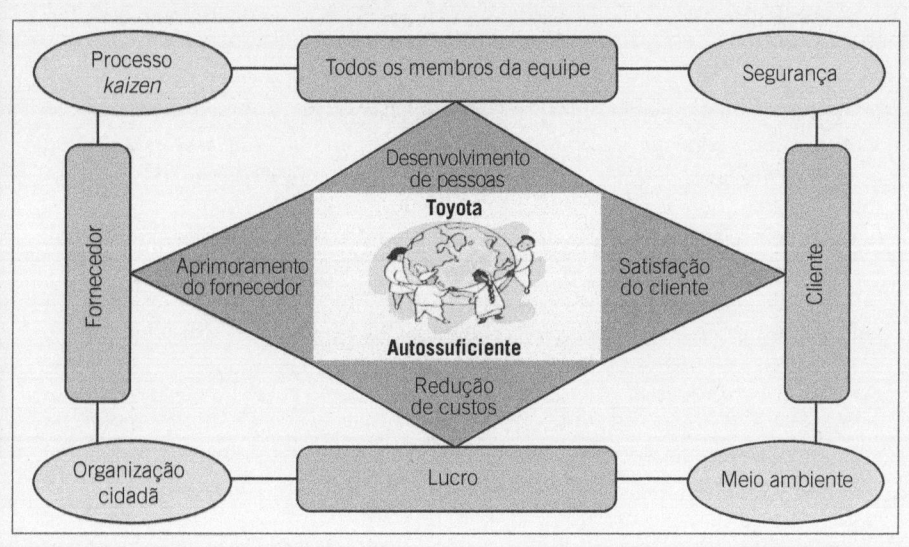

Figura 5.4 Visão 2010 para a América do Norte: onde está a fatia de mercado de 15%?

A equipe de liderança norte-americana examinou a Visão Global 2010 e definiu as quatro áreas em que precisaria se concentrar se pretendesse realizar sua parte da visão organizacional: satisfação dos clientes, aprimoramento dos fornecedores, redução de custos e desenvolvimento adicional dos integrantes da equipe. Para crescer e progredir, a Toyota na América do Norte teria necessariamente de fabricar produtos de qualidade e eficiência ainda maiores em relação aos custos, e desenvolver os atuais líderes para que estes, por sua vez, desenvolvessem novos membros à medida que a empresa se expandisse. Para que a Toyota crescesse globalmente, a organização norte-americana teria de amadurecer rumo à autonomia completa, de modo que a sede no Japão pudesse concentrar-se em desenvolver a liderança Toyota em outras regiões do mundo. O fato mais notável no que diz respeito à forma como a Visão Global 2010 foi traduzida é que nada na visão norte-americana mencionou especificamente uma fatia de mercado de 15%. Na verdade, com o passar do tempo, era cada vez mais raro ouvir, entre os líderes, a menor referência a essa fatia de mercado. Se eles fizessem tudo certo para os clientes, desenvolvessem integrantes das equipes, obtivessem lucros voltados à criação de fundos para o crescimento e desenvolvessem a base de fornecedores, o resultado seria uma crescente demanda por produtos e a capacidade de dar vencimento a essa demanda com produtos de alta qualidade.

Calendário *hoshin kanri* da Toyota

Todos os anos, em janeiro, o presidente da Toyota Motor Corporation (TMC) faz um pronunciamento em que revisa o ano anterior, resume o ambiente e as tendências do setor automobilístico, e traça um quadro do futuro e de quais serão os desafios que a companhia terá de enfrentar no ano que se inicia. Isso é parte integrante do estabelecimento de metas *hoshin kanri*. De janeiro até o fim de março, ocorre a janela para o detalhado planejamento *hoshin*, começando com a sede mundial no Japão e fluindo depois para outros países e divisões, e, nas fábricas, estendendo-se ao nível de grupo de trabalho. No começo de abril (o início do exercício fiscal da Toyota), os planos *hoshin kanri* estão em prática no mundo inteiro.

No caso da América do Norte, em meados de fevereiro os objetivos para os setores de produção, vendas e engenharia são determinados. No final de fevereiro, as metas do setor de produção já foram divididas por fábricas. Estas então começam um processo interno de alocação de objetivos ao longo dos departamentos. Acordos são fechados em todos os níveis, relativamente às metas departamentais que deverão ser perseguidas *e* aos métodos para seu atingimento; é fundamental que os objetivos e os métodos estejam acordados, pois, do contrário, não se terá plano algum, apenas um desejo. Gerentes e executivos em todos os níveis levam adiante as iniciativas pelas quais são responsáveis – quanto mais elevado o nível, maior o alcance das iniciativas.

> Existe muito *catch-ball* no desmembramento dos objetivos norte-americanos em várias plantas, bem como sobre quando decidir de que forma os objetivos serão alocados entre os departamentos. No momento em que um objetivo é determinado para um grupo de trabalho, a questão principal passa a ser os métodos pelos quais esse grupo de trabalho realizará os objetivos e como esses objetivos são divididos de acordo com KPIs específicos no nível de processo. Por muitas razões, essa é a parte mais criativa do processo: entender os problemas existentes em profundidade e os métodos pelos quais os processos podem ser melhorados a fim de concretizar objetivos revolucionários.
>
> No final de março, a tempo para o exercício fiscal que se inicia em 1º de abril, o *hoshin kanri* em todos os níveis está montado globalmente. Assim, trata-se de um processo de cerca de três meses, embora, na realidade, grande parte dele tenha começado por volta de setembro do ano anterior. Vimos muitas companhias tentando fazer tudo isso em um simples evento fora do local de trabalho. Obviamente, não existe *catch-ball* algum, e, na verdade, eles estão perdendo a parte mais importante do jogo: o pensamento criativo envolvido na divisão dos objetivos gerais entre métricas específicas e planos detalhados para ação que se aplicam especificamente a cada grupo de trabalho. O verdadeiro *hoshin kanri* é um processo de inovação e de desenvolvimento de pessoas em todos os níveis – e exige tempo e comprometimento.

Catch-ball para o consenso sobre metas concretas em todos os níveis

O processo de *catch-ball* que discutimos anteriormente cumpre uma importante função, não apenas ao refinar o *hoshin* organizacional e regional, mas também ao servir como uma forma de controle de todo o processo de *hoshin kanri*. Apesar de o espírito de desafio ser um dos valores centrais da Toyota, e de a empresa esperar que cada um dos membros e líderes de suas equipes os abrace naturalmente, ela também reconhece a futilidade de "ampliar" metas impossíveis de ser concretizadas. Assim, o processo de *catch-ball* fornece *feedback* por meio de toda a estrutura empresarial, informando se as metas anuais e de médio prazo são viáveis e se as prioridades precisam ser revisadas ou os recursos realocados, a fim de que os objetivos especificados sejam atingidos.

Em geral, o processo de *catch-ball* consiste em muita discussão e planejamento à medida que as metas fixadas na alta gerência se espalham em cascata por toda a organização e são transformadas em planos mais específicos, praticáveis. A cada nível em que o processo do *hoshin kanri* está ativo (e, como notamos, ele só flui em cascata para os níveis cujos respectivos líderes a Toyota acredita que tenham habilidade e experiência suficientes para comandá-lo adequadamente), um líder sênior trabalha com os líderes a ele subordinados para criar um plano destinado a atingir uma determinada meta. Por exemplo, uma fábrica pode ter como meta reduzir seus prejuízos em 15%. Isso não significa necessariamente que cada setor da fábrica precise reduzir os prejuízos nessa exata percentagem. É que algumas dessas áreas podem já, a essa altura, ter obtido fortes lucros, e, por isso, seria irreal falar ali de uma redução de 15% das perdas, enquanto outros setores podem estar em atraso e encontrar nesse plano a oportunidade de reduzir seus prejuízos em percentagem bem superior àquela estabelecida – 15% – na meta geral. Durante o *catch-ball*, o líder sênior negocia essa alocação de responsabilidades pela concretização dos objetivos da fábrica. Uma vez mais, o êxito do processo depende igualmente do fato de o líder sênior ter, ou não, um profundo conhecimento de seu domínio, de maneira que a meta para a fábrica seja realmente viável, e da vontade do líder júnior de assumir o desafio e de empenhar-se em concretizar a melhoria requerida da maneira certa. Em uma organização com uma cultura de soma zero, em que cada líder júnior simplesmente tentasse estabelecer sua meta no menor nível aceitável, o *catch-ball* jamais poderia ter sucesso.

Para esclarecer como funciona o *catch-ball*, analisemos um exemplo prático: as negociações relativas às metas de produtividade na TMMI (a fábrica da Toyota no estado de Indiana) em 2005. As metas de produtividade para a região da América do Norte (estabelecidas durante um processo de *catch-ball* entre as lideranças norte-americanas e as da sede no Japão) foram inicialmente divididas entre os diversos pontos de produção pelo grupo funcional da sede norte-americana encarregado da produtividade. Esse grupo havia desenvolvido os objetivos para essas fábricas com base naquilo que seus integrantes conheciam sobre as condições de cada uma delas; foi aquela informação que os levou a requerer da TMMI uma produtividade acima da média para 2005. A TMMI havia lançado um novo modelo da *minivan* Sienna no ano anterior. Sempre que um novo modelo é lançado, surge compreensivelmente um grande desperdício – os novos empregos precisam ainda passar por muito *kaizen*. No segundo ano depois do lançamento de um novo modelo, existem normalmente fortes ganhos em produtividade a serem ainda conquistados, e o grupo funcional esperava que a TMMI apresentasse esses ganhos. Os líderes da TMMI, no entanto, haviam estabelecido uma meta de melhoria da produtividade relativamente baixa em 2005. Eles entenderam que, em função da popularidade dos carros em produção na TMMI, os integrantes da equipe vinham fazendo horas extras todos os dias e, com isso, estavam simplesmente atarefados demais para apresentar o tipo de *kaizen* que seria necessário para um largo salto na produtividade. Na condição de vice-presidente da produção, o papel de Gary era promover um *catch-ball* a fim de chegar a uma meta aceitável – algo que fosse viável para a TMMI e que contribuísse suficientemente para que ele pudesse dar por atingidas suas metas para a Toyota norte-americana.

Na prática, isso pode parecer muito tradicional: a organização exige melhorias extremas e as fábricas resistem, a tal ponto que o executivo entra em cena para negociar um acordo ou, simplesmente, tomar uma decisão. Mas a situação ali não era tradicional. Para entender o que de fato havia acontecido, precisamos retornar a um momento no ano de 2004, quando Gary fez uma visita à TMMI com a equipe executiva. Em um dos pontos do percurso, Gary fez uma pausa para observar os integrantes da equipe de montagem da Sienna, e teve, na hora, a compreensão de que a fábrica estava sofrendo para cumprir sua meta de produtividade *hoshin* para aquele ano, além de identificar muitas oportunidades para a redução de desperdícios. Ele relatou depois parte do que viu a Norm Bafunno, o vice-presidente sênior da TMMI, e avaliou que não seria difícil eliminar 50 posições, ou mais, naquela linha de montagem.

Gary propôs que a TMMI passasse a usar um gráfico *yamazumi* para identificar os processos que poderiam ser eliminados da linha. O gráfico *yamazumi* é um método visual utilizado para representar o montante de trabalho existente em cada função, comparando-o com a velocidade da linha de produção, ou *takt*. Basicamente, trata-se de um gráfico de barras, com cada uma delas representando todos os elementos do trabalho que agregam valor ou são inúteis para um determinado processo (por exemplo, o trabalho de um funcionário em uma linha de montagem). Trabalho que agrega valor tem impacto positivo direto para o cliente; trabalho inútil inclui elementos que constituem desperdício, tais como afastar-se e caminhar para longe da linha. A altura de qualquer barra é determinada pelo número de segundos necessários para realizar todos os elementos do trabalho daquele processo. A Toyota utiliza uma faixa magnética para cada elemento do trabalho, a qual é proporcional em altura ao número de segundos, o que permite aos trabalhadores colocar fisicamente os elementos do trabalho em uma placa branca e verificar quais são as barras acima (trabalho demais) ou abaixo (trabalho insuficiente) da velocidade da linha. Eles então estão prontos para levar os elementos do trabalho de uma posição para outra, e assim sucessivamente, a fim de ver como equilibrar o ritmo do trabalho para que todas as funções estejam no *takt* adequado, ou perto dele. Ímãs verdes são passos que agregam valor, e os vermelhos representam desperdício; por isso, a equipe trabalha ao mesmo tempo para eliminar o desperdício e, em consequência, seguidamente elimina um processo inteiro.

Essa é uma ferramenta para levar um grupo de pessoas (membros da equipe, seu líder e o líder do grupo) a examinar de que maneira os elementos do trabalho individual são alocados às funções, e a imaginar como será possível eliminar os desperdícios existentes. Gary, que ainda era presidente da TMMK àquela época, propôs enviar vários dos membros da equipe de trabalho regular da TMMK (ver o Capítulo 4) à TMMI durante algumas semanas, para ajudar em uma área-piloto e ensinar aos membros da equipe a melhor maneira de eliminar o desperdício e reequilibrar a linha. Como se esperava, eles conseguiram remover um processo inteiro de uma pequena área-piloto.

Depois disso, quando chegou a época de estabelecer o *hoshin* para 2005, Gary sabia que a TMMI tinha muitas oportunidades e que os integrantes da equipe haviam visto o método do trabalho regular em ação e tiveram a capacidade de aplicá-lo ao que eles mesmos faziam. Mas igualmente sabia que eles tinham muita coisa no prato, por assim dizer. A TMMI comandava um complexo misto de produtos, produzindo picapes Tundra e SUVs Sequoia em uma linha e as *minivans* Sienna em outra. Havia inúmeras variações de todos esses veículos, e com isso, também, uma enorme complexidade de peças. A fábrica não contava com nenhum estoque de peças exclusivo, e por isso os milhares de peças necessárias para a linha eram espalhados por diversos pontos. A falta de determinadas peças era igualmente comum, e a fábrica passava tempo demais corrigindo esse problema (o que significava menos trabalho temporário e capacidade de liderança para focar em produtividade). Além de tudo, os volumes de produção eram elevados, uma vez que os três veículos citados estavam vendendo bem, e os integrantes da equipe da fábrica faziam um enorme montante de horas extras para suprir as necessidades da produção. Esses fatores, combinados com a relativa inexperiência da força de trabalho, levaram Gary a concluir que a meta de produtividade estabelecida pelo grupo da organização na Toyota Engineering and Manufacturing of the Americas (TEMA) era irreal, mas que a TMMI poderia melhorar em relação às estimativas originais sobre a produtividade da fábrica. O processo de *catch-ball* acabou com o estabelecimento de uma nova meta que era, ainda assim, um esforço renovado para a TMMI, mas que a liderança da fábrica sentiu-se em condições de assumir (e que a fábrica acabou realmente cumprindo). Os fatores que tornaram essa situação diferente da negociação executiva normal foram os seguintes:

1. Gary possuía um conhecimento da fábrica fora do comum, obtido graças às suas visitas ao *gemba*.
2. Ele havia, por assim dizer, *caminhado com suas próprias perdas*, na medida em que percorria o mesmo processo de estabelecer metas e se consolidar como líder da TMMK.
3. Ele teve condições de oferecer apoio concreto para ensinar aos integrantes da equipe habilidades que os ajudariam a concretizar suas metas.
4. As ferramentas, no caso gráficos *yamazumi*, foram projetadas para permitir que os integrantes da equipe observassem e admitissem a existência de desperdício, concentrando suas energias criativas como equipes na elaboração de processos inovadores para a concretização das metas.

Fazendo e conferindo por meio do acompanhamento visual

O *hoshin kanri* vai baixando verticalmente e assim conquista cada trabalhador que agrega valor à companhia. Por fim, os grupos de trabalho estão envolvidos no estabelecimento de metas específicas para o ano e planos detalhados de ação para atingir os objetivos. Objetivo é uma palavra importante. Em última análise, cada membro de equipe em cada grupo de trabalho precisa ter a capacidade de entender em termos concretos qual é o objetivo e como esse trabalhador funciona em relação ao objetivo. Pense a respeito de qualquer esporte: se os objetivos não fossem claros, ficaríamos sem um foco. Em alguns casos, a lacuna entre o objetivo e a realidade pode ser clara enquanto o trabalho é desempenhado – por exemplo, por meio de um simples dispositivo que mostre o número de unidades produzidas em comparação com o objetivo baseado no *takt*. Em outros casos, o objetivo deve ser representado em um diagrama ou gráfico. É por tais razões que a Toyota dá tanta ênfase à gestão diária baseada em ferramentas visuais (ver o Capítulo 3). A gestão diária volta a atenção da equipe aos objetivos *hoshin* por meio da revisão do desempenho do dia anterior e em reuniões para discutir os objetivos em comparação com o objetivo à medida que o dia decorre.

Uma ferramenta que a TMMK utiliza para o processo da gestão diária é o "sistema de desenvolvimento de gestão de chão de fábrica" (FMDS – *Floor Management Development System*).[4] O instrumento central do FMDS é o sistema de gestão visual que liga o desempenho diário em cada grupo de trabalho às métricas em nível de fábrica. Reserva-se espaço nas proximidades das áreas de trabalho para as reuniões diárias, e, nesses locais, os líderes afixam diagramas e gráficos e informação codificada conforme as cores. No nível de grupo de trabalho, as métricas são organizadas pelos títulos principais de segurança, qualidade, produtividade, custo e recursos humanos. À medida que se ascende na hierarquia, os dados são enviados primeiro ao nível de departamentos e depois ao nível de fábrica (ver a Figura 5.5). Os diagramas e gráficos mostram todos o *status* em relação a um objetivo – o padrão a ser alcançado. Ímãs são usados para intitular quais processos estão evoluindo acima do normal (verde), quais estão fora do padrão, mas a caminho da melhoria (amarelo), e quais estão fora do padrão e precisam de reorientação imediata (vermelho).

Como já mencionamos, a Toyota implanta o *hoshin kanri* apenas em um nível equivalente à maturidade dos líderes, para que eles tenham a capacidade de dar sua contribuição ao processo e administrá-lo adequadamente. Um exemplo específico disso é a TMMI. Embora a liderança sênior participasse do processo de *hoshin kanri*, os objetivos não foram compartilhados em cascata até o nível de grupo de trabalho durante muitos anos depois do lançamento da fábrica. A ausência de um sistema plenamente desenvolvido de gestão diária foi a razão principal para tanto: a capacidade de gestão visual era fraca, e funcionários em nível de liderança de grupos e de equipes não haviam sido habilitados de acordo com as Práticas de Negócios Toyota. Havia determinação de métricas, mas eram diferentes em cada departamento, e não mostravam uma conexão clara com o *hoshin* da administração sênior.

A TMMI usou a recessão econômica como uma oportunidade para lançar o FMDS e melhorar suas habilidades de gestão diária. As Práticas de Negócios Toyota foram, pela primeira vez, ensinadas em todos os níveis aos líderes e aos integrantes das equipes, e cada grupo de trabalho fez múltiplos projetos ao utilizá-las. Com essa capacitação já na proporção devida, a TMMI tornou-se participante plena do *hoshin kanri* estendido da alta gerência ao nível de grupo de trabalho pela primeira vez – 10 anos depois do lançamento da fábrica. Isso não significa que a TMMI estivesse na retaguarda, ainda que o grande sucesso na conquista de prêmios de qualidade quase todos os anos e as vendas acima das previsões dos planos oficiais, que exigiam constantes horas extras, tenham retardado os investimentos necessários para conduzir o *hoshin kanri* ao nível de grupo de trabalho. O ponto principal aqui em jogo é que é sempre indispensável contar com o incansável desenvolvimento das pessoas – tarefa que muitas companhias jamais se esforçam por implantar – para tornar o *hoshin kanri* um sistema real, vivo. E essas companhias que simplesmente demitiram funcionários durante a recessão perderam uma oportunidade de ouro.

Hoshin kanri e incentivos

É evidente que o *hoshin kanri* exige motivação em todos os níveis. Na verdade, incontáveis empresas se perguntam qual é a fórmula capaz de incutir nas pessoas a disciplina diária indispensável para manter todas essas detalhadas métricas, trabalhar cuidadosamente com um processo de resolução de problemas altamente estruturado e obter melhorias – tudo isso ao mesmo tempo em que mantêm o foco na produção diária. Isso nos leva a um dos tópicos mais intrigantes para muitas empresas: reconhecimento e recompensas.

A Toyota procura evitar a prática de "distribuir biscoitos" cada vez que alguém tem a atitude certa. Grande parte da satisfação vem de contribuir para a equipe e ver o ponteiro avançando nos diagramas que marcam as tendências. Liderar um círculo de qualidade é, muitas vezes, a experiência mais gratificante da carreira do membro de uma equipe. Obviamente, isso não significa dizer que as pessoas não querem ser reconhecidas e recompensadas por atingir objetivos. Contudo, uma vez que a Toyota prega o comprometimento com a equipe e com a empresa, não simplesmente com a realização de metas individuais, as mensurações focalizam unidades maiores que o indivíduo. Há normalmente substanciais gratificações para as fábricas com base no desempenho da companhia e no desempenho de uma fábrica específica. As gratificações dos executivos são proporcionais a seu salário e baseiam-se no desempenho da companhia, no desempenho da fábrica e na concretização individual de objetivos *hoshin*. Mesmo os objetivos individuais *hoshin* não podem ser concretizados por uma pessoa que trabalhe sozinha, e, por isso, os aumentos, as gratificações e as promoções sempre refletem conquistas da equipe. Na verdade, a maneira pela qual uma pessoa trabalha em prol dos objetivos (o processo) é tão importante na avaliação do desempenho quanto a concretização das metas (resultados).

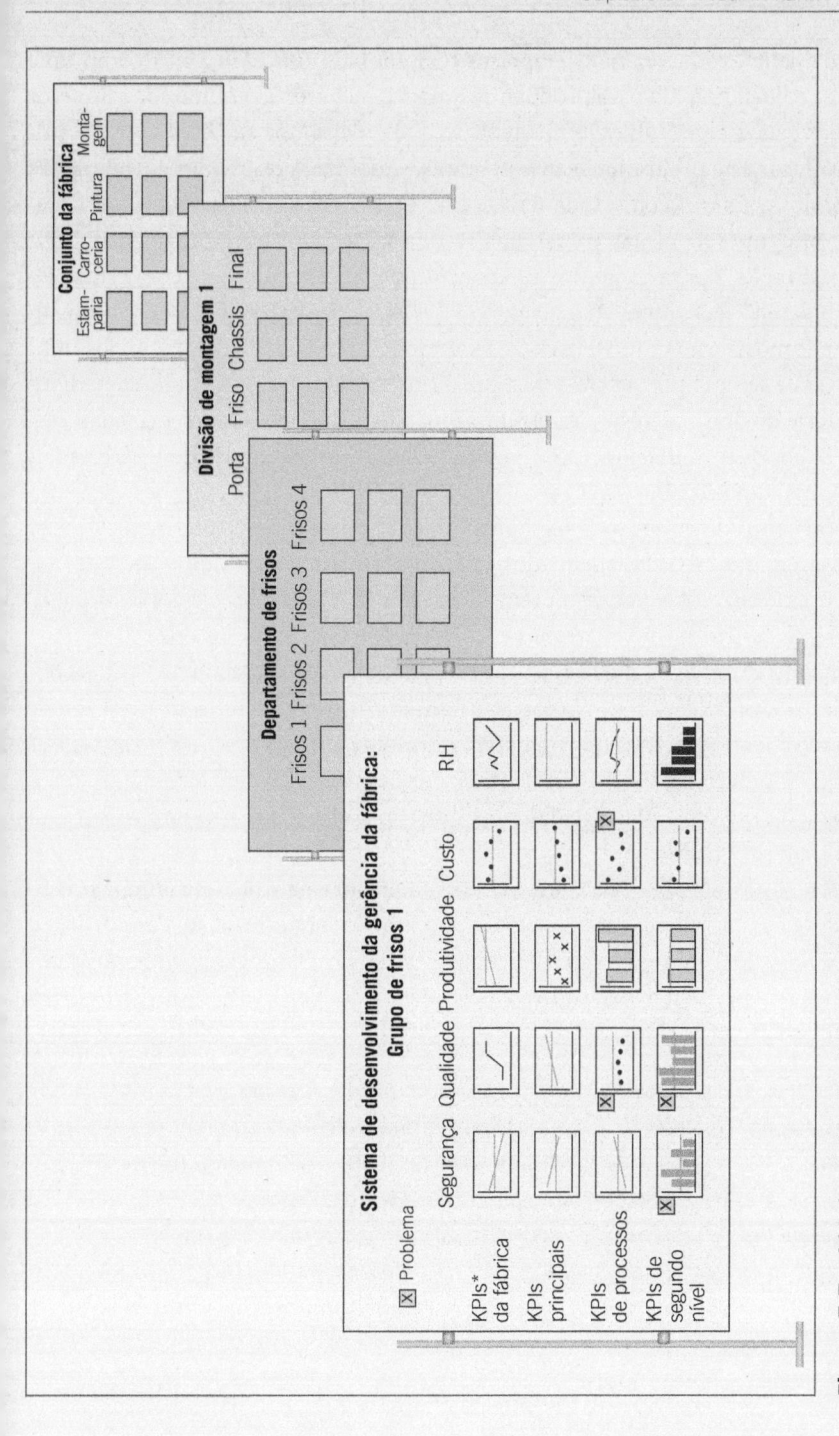

Figura 5.5 Métricas visuais alinhadas do topo à base.
*KPIs: indicadores-chave de desempenho (*Key Process Indicator*).

Infelizmente, cada vez mais empresas têm adotado o *hoshin kanri* como uma espécie de solução rápida para produzir resultados na base. Já ouvimos de inúmeros executivos coisas como: "É exatamente disso que precisamos, *hoshin kanri*, para finalmente fazer este programa Lean apresentar verdadeiros resultados econômicos". Eles avaliam o *hoshin* como uma ferramenta extrínseca de motivação para finalmente conseguir focar suas tropas nos resultados empresariais. Costumam agir com muita rapidez para encontrar um consultor e fazê-lo começar "com esta coisa do *hoshin kanri*". Felizmente para eles, ou talvez infelizmente, há inúmeros consultores que se mostrarão muito felizes em facilitar o *hoshin kanri* por honorários "modestos", e que sempre prometem aos empresários resultados rápidos, talvez mediante uma série de dois ou três eventos realizados longe da sede. O foco principal está em preencher os formulários certos – matrizes (às vezes chamadas de "gráficos X") ligando objetivos em cada nível.

Adoraríamos dizer que o *hoshin kanri* é uma "bala de prata" e que estabelecer os objetivos, metas e métricas adequados é garantia suficiente para uma competitividade a longo prazo. A verdade, porém, é que gráficos e matrizes coloridos que liguem objetivos em um nível àqueles em níveis diferentes não produzem um foco disciplinado e criativo na melhoria. Mesmo aqueles quadros com metas visuais bonitinhas nada produzirão se não forem acompanhados por líderes de grupos e de equipes altamente desenvolvidos na área de resolução de problemas e capazes de liderar ativamente a equipe na concretização das necessárias melhorias. O trabalho padronizado também é algo crucial, pois sem um padrão torna-se impossível avaliar qualquer progresso.

Nunca vimos gráficos X em uso na Toyota, e Gary garante que jamais preencheu qualquer um deles durante o tempo que passou na organização. Para verificar se isso mudou, falamos com Mark Reich, que comandou o processo do *hoshin kanri* durante seu período no setor de planejamento da TEMA. A resposta dele era previsível:

> *Isso não é usado na Toyota. Trata-se de mais um método qualquer gerado por "consultorias" que pode parecer muito bom, mas não é necessário. Na Toyota, acima de tudo, o* hoshin *é uma ferramenta (vertical e horizontal) de colaboração e desenvolvimento de pessoas por meio da solução de problemas; por isso, qualquer ligação não é atingida por uma matriz, mas, sim, por meio de discussões face a face (verticalmente, executivo com membro de equipe, e horizontalmente, entre fun-*

ções), a fim de dividir e concretizar os objetivos da organização. A matriz X poderia se tornar uma abordagem do tipo "examinar pontos específicos". O *hoshin kanri* não trata do formato do papel, mas da estrutura e cultura da administração. Sem isso, matrizes do tipo X ou quaisquer outras são apenas perda de tempo.

O que isso resume é que, sem um sistema eficaz de gestão diária e *kaizen*, quaisquer melhorias *hoshin* serão passageiras e insustentáveis. A gestão diária é o processo de conferir os resultados reais em relação aos resultados pretendidos e envolver a equipe na solução criativa de problemas. A meta é tanto desenvolver pessoas quanto atingir resultados. Ilustramos isso no gráfico hipotético da Figura 5.6. Pela nossa experiência, o *hoshin kanri*, aliado à gestão diária com *kaizen*, pode levar uma organização à melhoria contínua e à vantagem competitiva. Mesmo sem o *hoshin kanri*, uma companhia que tiver ensinado o *kaizen* e estabelecido um bom sistema de gestão diária obterá um progresso continuado, mas em nível reduzido. A pior das hipóteses é a de uma companhia que institui o *hoshin kanri* sem qualquer sistema de gestão diária e com fraca liderança de *kaizen* no nível do grupo de trabalho. Tal empresa poderia, pela pura força de vontade, atingir grandes objetivos *hoshin*, mas, logo que a administração sênior e os especialistas em melhoria de processos tiverem suas atenções desviadas para outras metas, os sistemas entrarão em colapso e o desempenho tenderá a recuar.

É comum identificarmos a existência de um elo frágil na cadeia de liderança em seus níveis de gerência intermediária e de supervisão de linha de frente. Existem muitas empresas que "enxugaram" esses níveis a ponto de deixá-los anêmicos, e aqueles que sobreviveram mal conseguem lidar com o constante "apagar de incêndios" necessário para manter a produção em funcionamento. Essas empresas vivenciam começos e paradas no desenvolvimento do Lean que correspondem aos altos e baixos do ciclo de negócios. Quando dos tempos ruins, elas demitem funcionários e, nos dias de retomada das atividades, contratam gente iniciante, atitude que faz com que o desenvolvimento precise começar do zero. Infelizmente, tais empresas exigem resultados rápidos, mas não têm paciência para investir em gente capaz de oferecer os resultados pretendidos. Se a TMMI precisou de uma década para chegar ao nível de alinhamento aqui citado, mesmo com sua liderança altamente consistente e habilitada alinhada sob uma filosofia comum, então outras companhias não deveriam esperar "implementar o *hoshin kanri*" em algumas instalações isoladas do conjunto do empreendimento, ainda que bem dotadas para tanto.

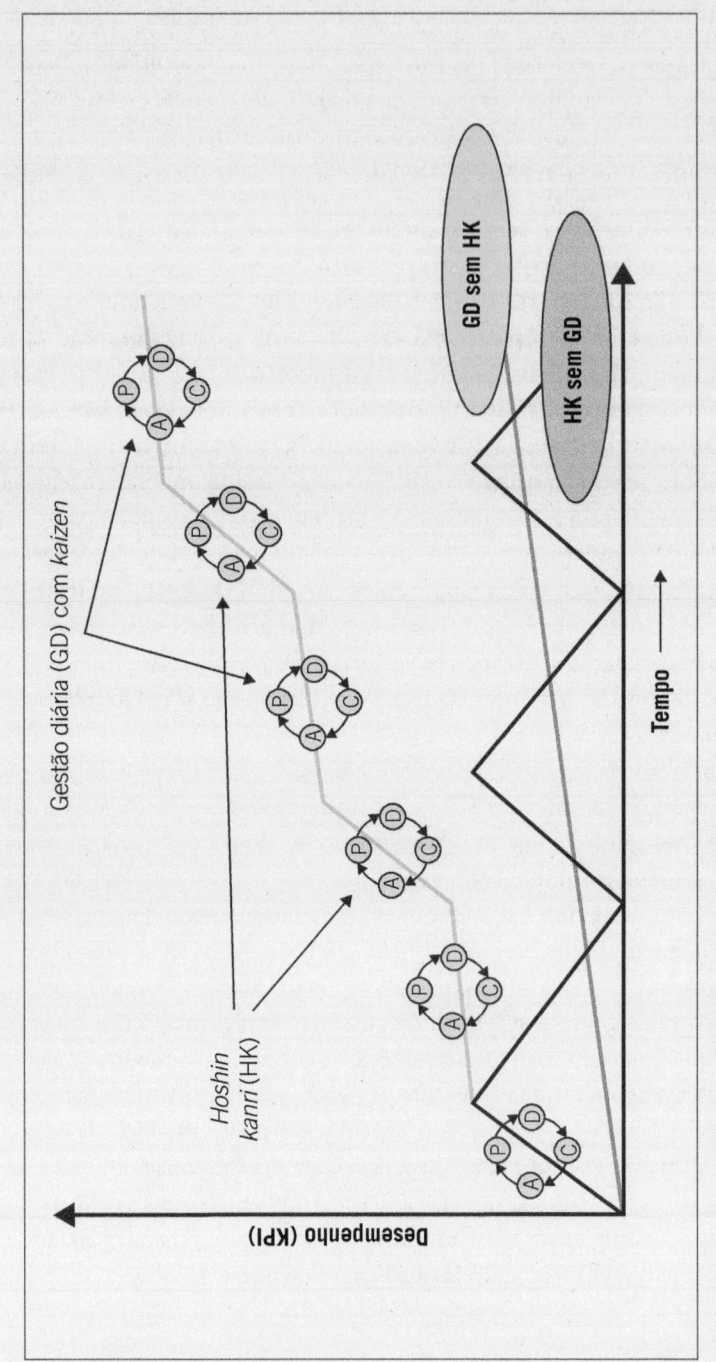

Figura 5.6 Relação entre o *hoshin kanri* e a gestão diária.

Hoshin kanri em ação

Para entender o processo *hoshin kanri* na Toyota com mais clareza, pode ser de grande ajuda acompanhar um de seus exemplos do começo ao fim. Neste caso, examinaremos como a Visão Global 2010 foi difundida em efeito cascata como *benchmarking* de fábrica à fábrica entre as fábricas norte-americanas. Como destacamos anteriormente, um dos subprodutos da Visão Global 2010 foi a ênfase na autossuficiência. As expectativas eram especialmente elevadas para a América do Norte, a mais madura das operações Toyota no exterior.

Realizando a autossuficiência mediante *benchmarking* interno para desenvolver líderes

Por que a Toyota pensaria na possibilidade de compartilhar as melhores práticas internas como uma solução para o problema da autossuficiência? O objetivo era aumentar o aprendizado que as fábricas norte-americanas obtinham umas das outras. Como é possível imaginar, a abordagem do "vá e veja" resulta em inúmeras visitas entre fábricas, na medida em que os membros dos grupos, líderes de grupos e executivos aprendem com a experiência das fábricas Toyota mais consolidadas. E, no entanto, quando se examinavam essas atividades pelas lentes da autossuficiência, fazia-se claro que a transferência de conhecimentos acontecia essencialmente em uma única direção: das fábricas japonesas para fábricas norte-americanas isoladas, sendo que estas não compartilhavam adequadamente entre si o que haviam aprendido de suas contrapartes japonesas.

Líderes seniores acreditavam que, se especialistas e gerentes em toda a América do Norte promovessem profundas reflexões sobre as melhores práticas, isso aumentaria o índice de inovação e reduziria a dependência em relação ao Japão em matéria de novas ideias. Assim, um *hoshin* foi estabelecido para intensivo estudo e transferência das melhores práticas entre os departamentos de diferentes fábricas com tecnologias similares, tais como pintura a pintura, estamparia a estamparia e plásticos a plásticos.

Gary e Ray Tanguay, este último presidente das operações canadenses, foram convidados a liderar o programa para a autossuficiência na América do Norte em 2005. Gary assumiu quatro divisões – qualidade, plásticos, transmissão (todas as linhas e transmissões do motor) e estamparia – e Ray assumiu as quatro divisões restantes, inclusive a de controle da produção. Eles indicaram um vice-presidente de cada fábrica para ser o responsável por cada uma dessas divisões, missão que seria também estressante para cada um deles, pois teriam de liderar seus pares em toda a América do Norte horizontalmente. Gary e Ray constataram que incentivar o aprendizado de fábrica para fábrica não seria suficiente; isso poderia facilmente levar a conversas geradoras de novas conversas, em vez de promover melhorias no desempenho. O que também não ficava claro era quem deveria aprender com quem.

Assim, Gary e Ray encarregaram os vice-presidentes líderes de uma primeira tarefa fundamental: padronizar os indicadores-chave de desempenho (KPIs) para sua função. Isso incluiria tanto os KPIs centrais, como custo, qualidade e produtividade, quanto os KPIs de processo, que definiam a qualidade da operação de um processo específico. Uma vez determinados os KPIs, eles poderiam ser usados para avaliar o desempenho de cada departamento e ajudar a identificar em cada departamento que práticas pretendia aprender de outros. Quando uma melhor prática era ensinada por um departamento e transplantada para outro, isso deveria levar a uma melhoria mensurável nos KPIs.

Os processos foram divididos em duas categorias: gestão diária e preparação e lançamento de novos modelos de carros. Para os lançamentos de novos modelos, quem quer que estivesse lançando um novo produto incluiria representantes do novo modelo como parte da equipe; essas pessoas poderiam focar as ferramentas, métodos e abordagem da gestão visual para o lançamento.

Na Toyota, a denominação dada à difusão das melhores práticas é *yokoten*, que significa "por todos os lugares". O *yokoten* é praticado pela transferência direta de conhecimento de pessoa a pessoa, o que não significa que quem adota a prática é obrigado a copiá-la literalmente. Para quem tem suficiente familiaridade com o *kaizen*, é fácil pensar em termos de como uma determinada melhor prática pode ser aperfeiçoada e ajustada para um desempenho ainda melhor em um contexto diferente. No âmbito do *yokoten*, é responsabilidade de quem adota essa melhor prática entender sua situação particular e em que ponto essa prática poderá ser útil – e também como poderá ser aperfeiçoada. O processo adotado segue o processo PDCA, que inibe cópias cegas, ou, pior ainda, ordens irracionais da alta gerência da empresa.

Um bom exemplo de como funciona o *yokoten* é o processo de adoção do *minomi*, discutido no Capítulo 4: os norte-americanos o testaram e encontraram uma forma melhorada, o que levou os japoneses a aprenderem com os norte-americanos e a encontrarem uma forma ainda melhor, desencadeando mais *kaizen* pelos norte-americanos. O processo foi sendo repetidamente melhorado conforme o *yokoten* ia e vinha entre as partes. Esse processo não teria acontecido se V. J. e sua equipe tivessem se limitado a implementar a "melhor prática" da Central Motors, sem qualquer comentário ou crítica. Infelizmente, o tradicional compartilhamento das melhores práticas orientado pela sede da organização vê a inovação como algo estático e imutável, e que precisa ser copiado à risca. Muitas vezes, chega a ser objeto de auditoria, para garantir que está sendo copiada corretamente. Isso, vale destacar, limita o *kaizen* consideravelmente. De fato, a Intel costumava usar a frase "copiar exatamente como..." até se dar conta das limitações desse processo, quando então a mudou para "copiar com inteligência". Uma comparação entre o mais tradicional processo organizacional de compartilhamento das melhores práticas e o processo do *yokoten* na Tayota é resumida na Tabela 5.1.

Tabela 5.1 Comparação entre o compartilhamento das melhores práticas e o *yokoten*

Compartilhamento de melhores práticas (orientado pela alta gerência da organização)	Yokoten (impulsionado por cada uma das operações)
Descobrir as melhores práticas	Buscar ideias no entorno
Documentar as melhores práticas e os resultados esperados	*Genchi genbutsu* (trabalhar junto ao chão de fábrica, com as peças verdadeiras)
Padronizar as melhores práticas	Identificar seus problemas e entender as causas raízes
Divulgar as melhores práticas	Compartilhar aprendizado com outros por meio de contatos diretos
As organizações aplicam melhores práticas sempre que possível	Cada operação leva em consideração muitas ideias e implementa as melhores soluções para os problemas
Auditoria para verificar o cumprimento	Conferir e ajustar os resultados individuais

Compartilhamento de melhores práticas = Copiar sem criticar, apenas para cumprir ordens.
Yokoten = Entender seus problemas e considerar as melhores práticas como possíveis soluções.

A fixação de KPIs, que permitiu comparações entre os vários departamentos em todas as fábricas, estimulou rapidamente um grande aprendizado e também a concorrência positiva. Vários dos departamentos das fábricas mais antigas foram surpreendidos pela constatação de que estavam perdendo terreno para as mais recentes, e vice-versa, com equipes sendo imediatamente despachadas para os estabelecimentos de melhor desempenho para aprender com eles. O maior impacto talvez tenha ocorrido no lançamento de novos modelos.

A TMMK foi a primeira fábrica a lançar um novo modelo, o Camry, depois da articulação do *yokoten hoshin* de autossuficiência. A equipe de lançamento de novos modelos da TMMK passou vários meses aprendendo com a fábrica no Japão, que havia atingido a maior rapidez na troca de modelos produzidos: essa fábrica conseguira trocar de modelos e colocar a nova linha de montagem em pleno funcionamento em apenas três dias. Isso foi espantoso para a equipe da TMMK; em seu mais recente lançamento de um novo modelo, a fábrica norte-americana levou 59 dias para entrar em pleno funcionamento com a nova linha de montagem (o que envolve a eliminação de todos os defeitos). Os membros da equipe sabiam que não poderiam saltar ao nível da matriz japonesa, muito mais experiente, em um passo apenas, e por isso estabeleceram que sua meta seria reduzir esse número de dias para 15.

Após vários meses de preparação baseada no aprendizado com os especialistas japoneses, a equipe norte-americana entendeu que estava preparada. Na primeira linha (a TMMK tinha duas linhas), seus membros conseguiram concretizar a troca de modelo e o pleno funcionamento da linha sucessora em 16 dias. Depois de efetuar alguns ajustes baseados nessa experiência, a equipe conseguiu atingir a meta de 15 dias quando lançou o novo Camry na segunda linha. Ainda que esse feito tenha sido notável por seus próprios méritos, não ajudou a preencher o objetivo da autossuficiência. A América do Norte ainda estava aprendendo com o Japão. Para apoiar a autossuficiência, a equipe de lançamento do Camry documentou minuciosamente seus processos, tudo aquilo que aprendeu e ideias para melhorias – e então participou do treinamento de outras fábricas norte-americanas. O próximo lançamento de um novo modelo foi o de um novo Corolla na NUMMI. Com base naquilo que a equipe da NUMMI aprendera com a TMMK, ela conseguiu melhorar a marca da TMMK. Então, a fábrica de picapes da Toyota em San Antonio reuniu as lições da TMMK e da NUMMI e conseguiu elevar ainda mais o padrão. No plano geral, esse processo de *yokoten* em lançamentos de novos modelos levou vários anos, mas constituiu um progresso realmente mensurável em relação ao objetivo de atingir o *hoshin* da autossuficência.

Concretizando uma Toyota Unificada por meio do *hoshin kanri* interorganizacional

O processo de *benchmarking* foi um exemplo da cooperação interorganizacional desencadeada pela Visão Global 2010, mas houve outros que superaram os limites da produção e chegaram a abranger todas as organizações norte-americanas da companhia. Quando a Visão 2010 norte-americana foi desenvolvida, Gary, como vice-presidente executivo de produção e diretor executivo, assumiu a responsabilidade pela liderança do desenvolvimento das equipes e satisfação dos clientes. Um grande esforço *hoshin* para sustentar a satisfação do cliente envolveu os setores de vendas, produção e engenharia, e até mesmo a base de suprimentos no Japão, levando, depois de seis anos, à redução de 60% nos custos de garantia.

Esse projeto norte-americano foi conduzido pessoalmente por Gary e o desafiou a liderar horizontalmente em um grau que nunca, até então, ele chegara a experimentar. O fator desencadeador foi que a Toyota Motor Corporation queria que a América do Norte melhorasse seus retornos sobre garantia nos primeiros três meses após a compra em 60%, tendo como base os resultados de 2002. O objetivo foi transmitido a Gary, pelo diretor encarregado da qualidade, em um intervalo da reunião do conselho administrativo, como se fosse algo trivial; passou então a ser a missão de Gary calcular o que fazer para cumprir essa meta. Felizmente, tratava-se de um objetivo para seis anos, e por isso Gary pôde dividi-lo em reduções de 10% ao ano, mas mesmo estas eram difíceis de imaginar naquela altura. Segundo muitas opiniões competentes, a garantia dos veículos Toyota na América do Norte já constituía o *benchmark* da indústria automobilística da região, de modo que melhorar esse objetivo em 60% era o que se poderia chamar de objetivo realmente desafiador. Pequenas melhorias incrementais por parte de cada uma das organizações independentes jamais conseguiriam satisfazer essa meta. Gary teria realmente de organizar uma equipe com representantes de cada uma das fábricas envolvidas para repensar inteiramente o processo.

Havia algumas oportunidades de redução da garantia pelo aumento do rigor dos processos de qualidade no âmbito da produção, e Gary naturalmente trabalhou nesse ponto, mas os maiores ganhos envolveriam mudanças no projeto da engenharia do produto. A responsabilidade por veículos que eram especificamente norte-americanos, como o Avalon, cabia ao Toyota Technical Center (TTC), no estado de Michigan. Trabalhar com o presidente do TTC era relativamente simples, mas a responsabilidade por carros globais como o Camry permanecia no Japão e envolvia inclusive fornecedores japoneses. Para coordenar essa parte, Gary reuniu os chefes dos setores de vendas, engenharia e produção na América do Norte, e acionou sua rede de líderes no Japão.

Antes dessa iniciativa relativa à garantia, cada fábrica e organização de vendas e engenharia norte-americanas havia trabalhado separadamente com o setor de engenharia da TMC no Japão para resolver questões de qualidade, um processo que era muito ineficaz e apenas marginalmente eficiente. Os engenheiros no Japão já estavam no limite de sua capacidade, em função do rápido crescimento dos novos produtos em escala global, e por isso tendiam naturalmente a empurrar esses pedidos de alterações para a próxima grande mudança de modelo, que talvez acabasse ocorrendo dentro de poucos anos. Gary e sua equipe perceberam que precisariam ter uma voz da Toyota nos Estados Unidos com um ponto de contato para as requisições de mudanças de engenharia. Precisariam também encontrar uma forma de identificar claramente as causas raízes dos problemas e priorizar tais problemas antes de enviá-los para o Japão. No Japão, eles precisavam de um só ponto de contato para receber essas requisições, assumir a responsabilidade de encaminhá-las à pessoa certa (internamente ou na base de fornecedores) e acompanhar o andamento da questão. Precisavam também de dados suficientes para chegar à causa raiz; os dados dos revendedores baseavam-se na verificação de um posto de trabalho descrevendo o problema em termos amplos e de algumas descrições, às vezes, enigmáticas.

Como ponto de contato norte-americano, eles estabeleceram um novo Centro de Satisfação do Cliente na sede da Toyota Motor Sales (TMS) em Torrance, Califórnia, onde havia mais de 1.200 funcionários da TMS, os quais todos dirigiam automóveis e camionetas Toyota fornecidos por um programa de *leasing* da empresa. Eles divulgaram a iniciativa de qualidade aos funcionários da TMS e disseram precisar de ajuda para encontrar a causa raiz de quaisquer problemas de qualidade verificados em seus veículos. Os funcionários concordaram que, caso houvessem realizado qualquer reparo dentro dos programas de garantia, submeteriam as peças substituídas a uma investigação. Uma vez que o trabalho de garantia era feito nas instalações da TMS, usando sua própria garagem, os engenheiros podiam falar diretamente com os mecânicos a respeito dos problemas de peças específicas. Isso permitiu aos engenheiros obter informações confiáveis, diretas, com detalhes suficientes para determinar a causa raiz do problema.

Uma equipe de engenheiros da TMC no Japão tornou-se a conexão-chave ali, ao montar um esquema de videoconferências diárias para cobrir em detalhes os problemas encontrados pela equipe norte-americana. Peças eram enviadas em 24 horas aos engenheiros no Japão, que as encaminhavam às pessoas capazes de resolver os problemas, incluindo os fornecedores. Um detalhado sistema de gestão visual foi desenvolvido, com prazos rígidos que tinham de ser cumpridos. A alta gerência da TMC no Japão estava ciente de todos esses programas, e, no clássico estilo Toyota, os próprios diretores visitavam o Centro de Satisfação do Cliente da TMS na Califórnia para entender a situação, reconhecer os esforços das pessoas e verificar de que forma a TMC poderia apoiá-las ainda mais. Receber visitas regulares de integrantes do conselho de administração da TMC que eram verdadeiras lendas da indústria servia de inspiração a toda a equipe e transmitia a mensagem incontestável de que melhorar sempre a qualidade e a satisfação dos clientes era o foco mais importante da companhia.

Obviamente, os esforços para a redução dos serviços derivados da garantia tonaram-se um dos mais importantes itens do *hoshin kanri* anual para todos aqueles diretamente envolvidos. Por meio dessa e de outras ações de toda a Toyota, a satisfação dos clientes norte-americanos proporcionou uma redução de 40% nas solicitações de garantia em quatro anos, e de 60% em janeiro de 2009. O projeto fez a Toyota economizar centenas de milhões de dólares anuais e poupou aos clientes a dor de cabeça de ter que levar seus carros para o conserto, mesmo com a cobertura da garantia de fábrica. Com sua atuação e envolvimento nesse processo, Gary e muitos outros líderes desenvolveram suas habilidades para liderar horizontalmente no âmbito da companhia.

Conclusão

O *hoshin kanri* é o mais poderoso processo da Toyota para alinhar a orientação de todos os indivíduos que fazem *kaizen* ao longo das diversas divisões da companhia nos mais diferentes países e regiões, de maneira que "os números se somem", resultando em um impacto positivo nos negócios. O *hoshin kanri* e os passos da resolução de problemas do PDCA são totalmente interligados. A forma de pensar a solução de problemas previne uma visão simplista em que as pessoas da alta gerência emitem ordens que são cumpridas das formas mais impensadas. Se cada nível começar a perguntar quais são seus respectivos problemas – a lacuna entre a condição atual e aquilo que se está buscando atingir – e quais as causas raízes desses problemas, as pessoas nesses diferentes níveis desenvolverão o plano certo para seu setor da empresa. Os detalhes desse plano serão diferentes em cada parte da companhia, mas estarão alinhados aos objetivos comuns da organização. Isso leva ao sentimento de propriedade em relação a um plano que faz sentido para cada unidade, considerando a sua situação e a sua capacidade; o que, por sua vez, libera a criatividade das pessoas em toda a companhia para desenvolver soluções verdadeiramente inovadoras para os problemas.

O *hoshin kanri* e o desenvolvimento das pessoas também estão intimamente interligados na Toyota. É por meio do sistema de *hoshin kanri* que objetivos desafiadores são estabelecidos para os líderes e que o avanço na concretização desses objetivos é revisado. O processo de avaliação do desempenho focaliza tanto o "que" quanto o "como". À medida que os líderes são observados regularmente por seus "padrinhos" durante o ano, eles são julgados e orientados quanto ao modo como abordam os desafios. O uso da força bruta para aparecer bem nos resultados não é recompensado na Toyota. O uso de um bom processo que consiga engajar as pessoas é muito mais desejável, mesmo que não atinja inicialmente todos os resultados pretendidos.

A forma como a Toyota aborda o *hoshin kanri* nos Estados Unidos oferece uma importante lição para outras empresas. A companhia utiliza esse método como uma ferramenta para o desenvolvimento de lideranças. Há empresas que recorrem à Gestão por Objetivos principalmente como ferramenta de negócios para orientar resultados a partir da alta gerência: "Consiga uma redução de custos de 10% porque o ambiente dos negócios está impondo essa necessidade". Assim, os encarregados se lançam ao trabalho pesado para obter os tais 10%, o que seguidamente implica cortes generalizados no orçamento, não obstante a importância que uma dada atividade possa ter. Para quem estiver tentando implementar o *hoshin kanri*, o conselho mais relevante que podemos dar é agir com calma. Usem o *hoshin kanri* muito seletivamente e desenvolvam o processo com maior peso à medida que os líderes amadurecerem. O *hoshin kanri* não pode ser imposto ordenando-se que todos comecem a preencher formulários. Em seus primeiros estágios, o *hoshin* pode, efetivamente, assemelhar-se à Gestão por Objetivos e ser determinado do topo para a base. Boa parte do *catch-ball* pode limitar-se aos três níveis mais elevados da companhia. Porém, à medida que a capacidade de *kaizen* amadurecer nos grupos de trabalho, as fábricas se tornarão mais sofisticadas, conectando as metas topo-base aos líderes de grupo e então aos líderes de equipe.

Isso nos conduz àquele que é o ponto mais importante do *hoshin kanri* na Toyota: trata-se de um instrumento intimamente ligado à cultura da companhia. O *hoshin kanri*, por si só, não alinha as pessoas no sentido de passarem a trabalhar colaborativamente com vistas a um objetivo comum. Isso é uma cultura forte que faz. A cultura precisa estar focada, primeiro e acima de tudo, na satisfação dos clientes. Os líderes da NUMMI e da TMMK passaram os primeiros anos enfatizando que a qualidade não pode ser sacrificada em nome do custo ou da conveniência. O *hoshin kanri* reforça a visão cultural de que a Toyota é uma empresa que trabalha para satisfazer os clientes com alta qualidade, custos reduzidos e entrega dentro do prazo. Infelizmente, uma companhia que tiver uma cultura fraca, com trabalhadores interessados apenas em satisfazer seus próprios interesses, não conseguirá resolver tal problema com as ferramentas do *hoshin kanri*.

Capítulo 6

Liderança no Modelo Toyota fez a Dana Corporation dar a volta por cima

Águas agitadas proporcionam testes de liderança mais verdadeiros. Em águas paradas, qualquer navio tem um bom capitão.
– Provérbio sueco

É muito fácil para outras empresas aprender as lições erradas com a Toyota – basta, por exemplo, que se concentrem nas ferramentas em vez da cultura, ou nas métricas em vez da liderança. Mas é também muito fácil simplesmente rejeitar a abordagem Toyota sob o velho argumento de que "nunca daria bons resultados aqui". Sem dúvida, a cultura Toyota é diferente e, até mesmo, estranha aos padrões e práticas que se tornaram a norma na maioria das empresas globais. Adotar a perspectiva do longo prazo, desenvolver com toda a paciência pessoas e líderes, tratar os funcionários como ativos valiosos – nem sempre isso está ao alcance até mesmo dos altos executivos de uma companhia, que precisam prestar contas aos acionistas e ao conselho de administração.

Assim, existe realmente alguma coisa que outras companhias possam aprender com a Toyota? Acreditamos piamente que sim, pois, do contrário, não teríamos sequer começado este livro. Nossa resposta, contudo, baseia-se em algo além da simples esperança de vender alguns livros a mais. Temos visto inúmeros exemplos de empresas da vida real que aprenderam com a Toyota e obtiveram sucesso (em certos casos durante alguns anos, em outros por mais de 15 anos). Tal processo nunca poderá ser decomposto em um simples *check-list* de passos – essa é a receita para o fracasso que caracteriza um número excessivamente grande de protagonistas do movimento Lean. Julgamos muito mais útil analisar o que faz uma companhia que está aprendendo com o Modelo Toyota e o Modelo Toyota de liderança – a Dana Holding Corporation, uma grande empresa fabricante de inúmeros tipos de peças para os mais variados veículos.

Acreditamos que outras empresas poderão aprender com a liderança Toyota porque a Dana fez isso, e o fez no pior dos cenários imagináveis: emergindo da falência no exato momento em que eclodia a Grande Recessão. Podemos proporcionar a vocês um lugar na primeira fila para o julgamento de uma companhia real, com sua cultura e suas práticas próprias, estabelecendo o trabalho de campo para seguir as pegadas da Toyota porque Gary tem sido grande parte do processo na Dana, trabalhando como seu CEO, depois como vice-presidente e, no momento em que redigimos os últimos capítulos deste livro, como um *sensei* de sobreaviso para assessorar os atuais líderes da companhia.

O processo não se limita aos gráficos *yamazumi* e ao treinamento no STP. Nem se trata, igualmente, de uma caminhada linear, passo a passo, pelo modelo de liderança Toyota de quatro estágios. Também não significa que uma companhia possa evitar escolhas penosas e mudanças radicais. Começa pela construção de uma base financeira e gerencial estável, e de uma cultura em que a liderança Toyota possa desenvolver-se e dar frutos. Na Dana, a introdução da verdadeira liderança Lean acarretou demissões e mudanças no nível executivo, mas também representou investimentos de longo prazo. Os primeiros passos não envolveram, e isso é compreensível, investimentos profundos por toda a parte na companhia – mas ninguém tampouco pensou que os primeiros passos eram suficientes ou merecedores de comemoração. A introdução da liderança Toyota é algo que sempre exigirá anos de investimentos, e, mesmo enquanto finalizamos este livro, três anos e meio depois de iniciado o processo, a equipe da Dana entende que tudo está apenas no começo.

Situação da Dana e estabelecimento de prioridades

A Dana Holding Corporation, renomado fornecedor de componentes para o mercado automotivo, tem uma antiga e orgulhosa herança que data de sua fundação, em 1904. Como a Toyota, a Dana estabeleceu suas bases em inovações técnicas: o estudante de engenharia Clarence Spicer desenvolveu a primeira junta universal prática para ligar um automóvel, e deixou a Cornell University para começar uma empresa destinada a produzir sua invenção. A Dana progrediu até se tornar uma grande fornecedora da indústria automobilística, construindo chassis e componentes de transmissões para caminhões e outros veículos de peso em vários mercados distintos: veículos leves como picapes e utilitários esportivos para empresas automobilísticas, pesados caminhões comerciais e equipamento de construção. Em 2011, a Dana vendia para todas as grandes indústrias automotivas do mundo, por meio de uma rede de 100 instalações em 26 países.

Como tantos outros fornecedores de peças norte-americanos, a Dana também foi castigada pelas rápidas mudanças e pela crescente concorrência na indústria automobilística que marcaram os anos 1990 e 2000. Além disso, a companhia realizou algumas aquisições desastrosas cujo resultado, como para tantas outras empresas do ramo, foi a insolvência. Em março de 2006, a Dana recorreu ao Capítulo 11 para proteção contra falência, de acordo com a legislação norte-americana, situação da qual conseguiu emergir em fevereiro de 2008.

Após 20 anos com a GM e a Ford, e depois quase 25 anos com a NUMMI e a Toyota, Gary decidiu aposentar-se em 2007. Seguindo uma abordagem comum na companhia japonesa, ele preparou sua aposentadoria ao longo de três anos, durante os quais seguiu trabalhando meio expediente como "consultor sênior". No decorrer dessa preparação, contudo, ele começou a participar dos conselhos de administração de várias outras empresas. Foi então convidado a participar do conselho da Dana por John Devine, o então CEO e presidente do conselho. Devine fora diretor financeiro na Ford e na GM e, dados os crescentes padrões da indústria em eficiência, qualidade, inovação e entregas pontuais, reconheceu que, para que a Dana pudesse emergir com sucesso da crise, seria indispensável contar com um integrante do conselho que a comunidade de negócios reconhecesse como capaz de garantir a excelência operacional.

Uma das atribuições de Gary como membro do conselho era participar de um comitê estabelecido para a seleção de um CEO permanente. Gary, pensando a respeito da próxima etapa da sua carreira pós-Toyota, sugeriu seu próprio nome para um período de curto prazo nesse cargo. Tornou-se então CEO em abril de 2008, pouco depois de a Dana emergir da proteção contra a falência nos termos do Capítulo 11.

Como se sair da situação falência não fosse um desafio suficientemente grande, a Dana em seguida foi atingida por uma espécie de *tsunami* triplo: os preços do aço tiveram aumento de mais de 100% (sendo o aço a principal matéria-prima dos produtos da empresa); os preços dos combustíveis duplicaram, desencadeando uma vertiginosa queda nas vendas de picapes; e, então, a Grande Recessão praticamente fechou cada segmento dos principais mercados da Dana, dos equipamentos para construção aos veículos de passageiros. As estratégias cuidadosamente planejadas da Dana, que haviam sido aprovadas pelos credores e pelo tribunal de falências, da noite para o dia passaram a equivaler a bem elaboradas peças de ficção. Até mesmo a previsão mais pessimista de qualquer planejamento pré-emergência da companhia não permitia imaginar um desastre econômico de tamanhas proporções.

As abordagens possíveis para o enfrentamento dessa catástrofe que Gary imaginou estão simplificadas nos três modelos ilustrados na Figura 6.1, que resume o Modelo Toyota de desenvolvimento de lideranças, a abordagem normalmente usada pelas companhias em crise e a abordagem que Gary ajudou a liderar, que combina o desenvolvimento de lideranças no Modelo Toyota com gerenciamento de crises. Já vimos a maneira como a Toyota pacientemente desenvolveu líderes norte-americanos durante décadas em meio a desafios de gravidade crescente e *coaching* permanente. Companhias que enfrentam uma crise de vida ou morte não têm décadas – elas precisam agir imediatamente e se manter com todas as forças restantes acima da linha de flutuação. Elas normalmente promovem uma degola no nível executivo, trazendo novos líderes de fora que não tenham conexões emocionais com as demais pessoas empregadas na empresa. A função desses novos líderes é "reestruturar", o que normalmente significa que muita gente perde seus empregos. Por meio de agressivas reduções de custos, elas podem atingir uma razoável estabilidade financeira, mas muitas vezes isso se faz em prejuízo da estabilidade do empreendimento a longo prazo. A cultura empresarial sofre mudanças radicais, e muitos dos funcionários mais valiosos – valiosos em função de sua experiência – também deixam a companhia, por força das demissões ou em função de conseguirem facilmente empregos até melhores em outros lugares. Muitas vezes, o CEO especialista em reposicionamento empresarial não se revela a pessoa mais indicada para a reconstrução, até um alto nível de desempenho, dessa organização enfraquecida, e, por isso, um novo CEO, supostamente dotado das características indispensáveis para tanto, é contratado.

O desafio para Gary e para a Dana era encontrar uma terceira alternativa que incorporasse o enxugamento e a reestruturação necessários para manter a companhia solvente no curto prazo, e que, paralelamente começasse a construir a liderança e a excelência operacional indispensáveis para o sucesso no longo prazo. A triste verdade a que se chegou foi que uma reestruturação radical é às vezes necessária para corrigir os resultados de anos de negligência e proporcionar a oportunidade de construir uma nova equipe vencedora. A abordagem Toyota, de construir a companhia mediante o investimento nas pessoas, mediante treinamento e *kaizen* durante as recessões, não é a melhor opção para algumas empresas.[1] Gary não tinha nem o conhecimento da análise empresarial, nem a experiência para se mostrar à vontade liderando uma grande empresa em meio às ações necessárias para uma reestruturação radical, como o fechamento de fábricas, a renegociação de contratos e a decretação de reduções em massa da força de trabalho. Na verdade, ser o CEO era para ele um novo desafio em todos os seus aspectos, exigindo-lhe um rápido autodesenvolvimento.

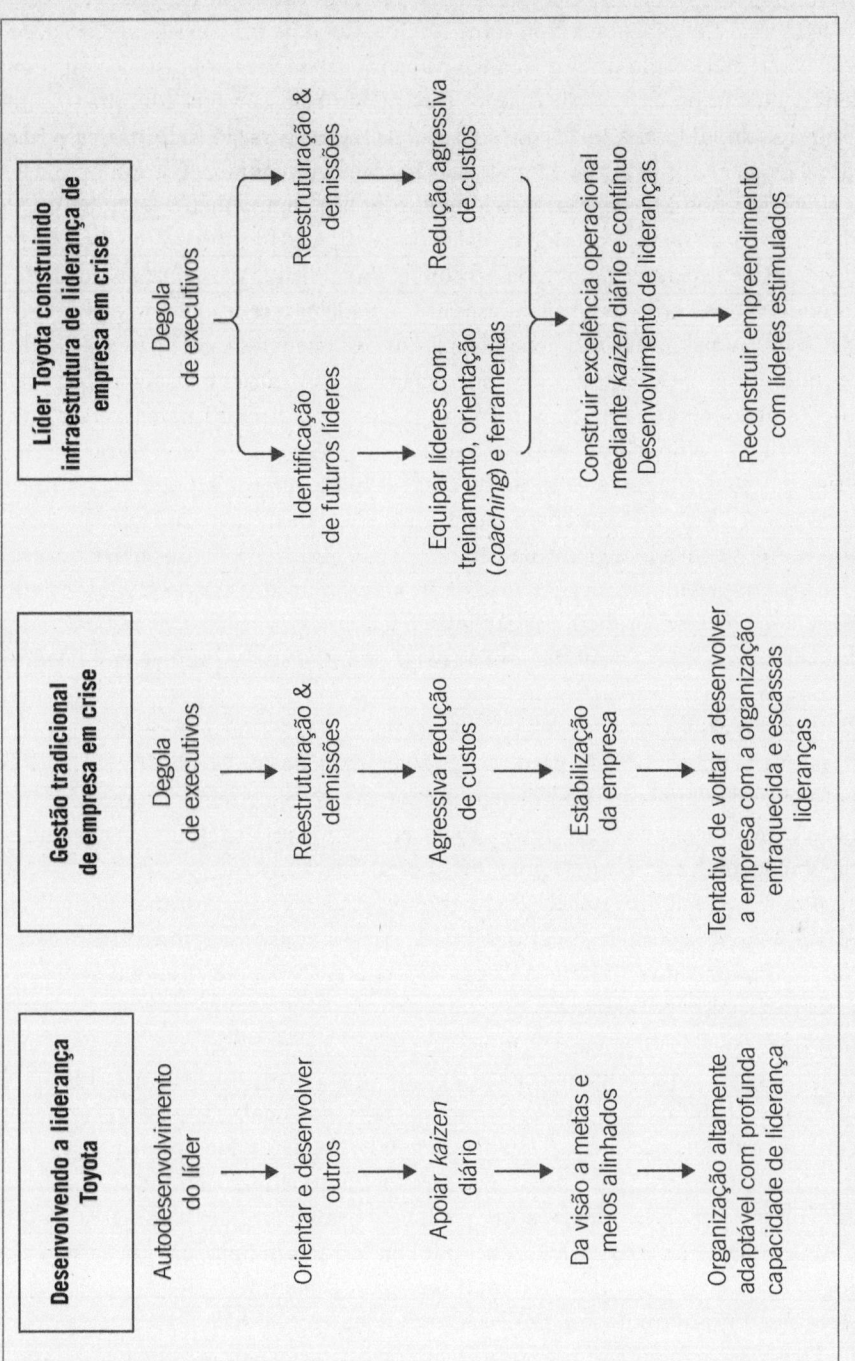

Capítulo 6 Liderança no Modelo Toyota fez a Dana Corporation... ♦ 175

Desenvolvendo a liderança Toyota

Autodesenvolvimento do líder → Orientar e desenvolver outros → Apoiar *kaizen* diário → Da visão a metas e meios alinhados → Organização altamente adaptável com profunda capacidade de liderança

Gestão tradicional de empresa em crise

Degola de executivos → Reestruturação & demissões → Agressiva redução de custos → Estabilização da empresa → Tentativa de voltar a desenvolver a empresa com a organização enfraquecida e escassas lideranças

Líder Toyota construindo infraestrutura de liderança de empresa em crise

Degola de executivos → {Reestruturação & demissões → Redução agressiva de custos; Identificação de futuros líderes → Equipar líderes com treinamento, orientação (*coaching*) e ferramentas} → Construir excelência operacional mediante *kaizen* diário e contínuo / Desenvolvimento de lideranças → Reconstruir empreendimento com líderes estimulados

Figura 6.1 Liderando uma empresa em crise: Modelo Tradicional *vs.* Modelo Toyota.

Felizmente, ele trabalhava com John Devine, dono de um currículo com décadas de experiência como diretor financeiro na indústria automobilística e farta experiência no campo da reestruturação. Devine também já havia contratado uma forte equipe para liderar a parte convencional da reestruturação da Dana. Na verdade, dos 12 executivos principais da Dana, 11 foram substituídos. Por exemplo, Devine contratou Bob Marcin, durante longos anos seu companheiro de trabalho na Ford, para o cargo de vice-presidente executivo e diretor administrativo. Bob tinha muitos anos de experiência de trabalho com o United Auto Workers (sindicato dos trabalhadores) na Ford e assumiu a responsabilidade pela renegociação dos contratos de trabalho, pela reestruturação dos planos de benefícios e pela adoção das decisões mais duras que, segundo Devine, executivos em função na Dana não teriam condições de executar. James Yost foi contratado como diretor financeiro; ele analisou as principais oportunidades de redução de custos e gerenciou novas ofertas públicas de ações quando a situação da companhia melhorou a ponto de permitir essas operações. Jacqui Dedo, como estrategista-chefe e executivo de aquisições, negociou acordos com a Dongfeng, na China, para expandir, de 4 para 50%, a posição da Dana em uma *joint venture* destinada a servir os mercados asiáticos. Marc Levin, na posição de diretor jurídico, participava de todas as principais transações de negócios, além de ser o único antigo executivo sênior da Dana a sobreviver à falência e à transição para a nova liderança.

Com todos esses talentos ocupando-se da parte transacional da recuperação da falência, Gary ficou liberado para tentar obter reduções de custos – eliminando desperdícios mediante uma abordagem Lean – e, ao mesmo tempo, começar o necessário investimento de longo prazo no desenvolvimento de lideranças e na excelência operacional, com base naquilo que aprendera na Toyota.

Juntos, Gary e John estabeleceram três prioridades para a Dana: sobreviver, construir uma nova cultura de confiabilidade e assentar as bases para a futura excelência. Obviamente, não se tratava de passos lineares – era preciso adotar ações em todas as três frentes de maneira simultânea.

Gary entendeu a necessidade de uma reestruturação e de uma redução radical dos custos para que a companhia pudesse sobreviver, mas suas principais habilidades, e sua paixão, estavam na construção da excelência operacional. Para dar início a esse processo, Gary sabia que precisaria de duas coisas: 1) líderes dotados de paixão, conhecimento e capacidade para liderar equipes inteiras na eliminação dos desperdícios e desenvolver a capacidade de promover melhorias contínuas; 2) métricas comuns que permitissem a ele e a outros líderes saber para onde estavam indo, que progressos estavam realizando e para onde deveriam direcionar sua atenção.

A empresa precisava do *kaizen* diário, mas de uma variedade agressiva no curto prazo. Uma versão simplificada do *hoshin kanri* precisaria ser lançada para que todos na companhia compreendessem tanto os desafios que a Dana enfrentava quanto o papel de cada um no enfrentamento desses desafios em termos concretos e específicos.

Mas a necessidade de uma ação rápida apenas destacou a importância da presença de líderes capacitados em ambos os extremos da cadeia de comando. Identificar esses líderes tornou-se uma parte fundamental da agenda de Gary. Ele buscava as mesmas qualidades que a Toyota havia identificado nele quando de sua contratação pela NUMMI: o compromisso com a excelência e disposição e desejo de aprender uma nova forma de pensar e uma nova forma de liderar. Havia alguns líderes na Dana que eram abertos ao aprendizado e se dispunham a adaptar-se a uma nova cultura, mas, infelizmente, havia também muitos outros que não se mostravam dispostos ou capazes de mudar suas perspectiva e abordagem e empenhar-se no desafio do autodesenvolvimento. Para dar início efetivamente ao processo da eliminação do desperdício e melhorar a produtividade e a qualidade, Gary precisava de líderes com conhecimento e experiência que pudessem alavancar vitórias rápidas da maneira certa (sem causar danos às perspectivas de longo prazo), atuando paralelamente como *senseis* e *coaches* internos para encaminhar outras conquistas no mesmo rumo.

Prioridade 1: sobrevivência

Como qualquer líder que tivesse recebido um bom treinamento na Toyota, Gary empenhou-se imediatamente em obter uma perspectiva realista do que acontecia na Dana pelo método do "ir e ver". A empresa tinha décadas de história de programas de melhoria contínua, e, por isso, o Lean não era um conceito estranho para a equipe de administração. No entanto, como Gary acabaria aprendendo ali, esses programas haviam se deteriorado durante a época da falência em decorrência da ausência de comprometimento da liderança sênior, e a paixão para atingir objetivos de negócios desafiadores que ele havia vivenciado na Toyota também estava em falta. Assim, Gary logo percebeu que a companhia, tal como estava, não conseguiria sobreviver. Havia quatro grandes problemas que precisariam ser imediatamente abordados:

1. *Administração independente*. A Dana tinha sete divisões de produtos que eram administradas, de forma completamente independente, por presidentes com responsabilidade pelos lucros e perdas. Contanto que os presidentes atingissem os resultados, eram deixados em paz para administrar da maneira que melhor lhes conviesse. A experiência de Gary no trabalho com a visão de "uma Toyota" mostrou-lhe que semelhante abordagem constituía um imenso obstáculo no caminho da excelência operacional e da produtividade: as fábricas não tinham como aprender umas com as outras, a capacidade não podia ser dinamicamente equilibrada, e as diferentes partes da organização podiam estar trabalhando com objetivos contraditórios.

2. *Funções redundantes.* Cada divisão tinha seu próprio pessoal de apoio, pessoal de engenharia, escritórios, laboratórios e instalações de testes, acarretando excesso desnecessário de pessoal fixo e limitando o aprendizado ao longo da empresa.
3. *Excesso de capacidade/muitas fábricas pequenas.* A Dana tinha 113 fábricas em 26 países. Muitas dessas unidades operavam muito abaixo de sua capacidade, mas o excesso de capacidade existente em outras não podia ser relocado para outras linhas de produtos. Adicionalmente, os custos fixos da operação das fábricas tornavam virtualmente impossível converter algumas delas em instalações lucrativas com os volumes reduzidos que, àquela altura, pareciam destinados a persistir por algum tempo.
4. *Nenhuma filosofia operacional padronizada nem indicadores-chave de desempenho.* Essencialmente, os administradores das fábricas operavam sem qualquer visão clara dos objetivos futuros, e não existia qualquer horizonte de desempenho que Gary pudesse divisar na alta gerência da empresa. O que havia em abundância eram números, mas eles não davam a Gary o quadro de que precisava para saber onde concentrar os esforços para a obtenção de um melhor desempenho em termos de custos, qualidade e entrega. Mesmo os administradores das fábricas ignoravam o desempenho diário de cada um dos departamentos de suas próprias fábricas, já que os resultados agregados obscureciam seu entendimento dos processos que conduziam a esses resultados.

A situação financeira em rápida deterioração significava que não havia tempo para examinar cuidadosamente as capacidades ou para avaliar as pessoas, fábricas e linhas de produtos uma a uma. A Dana precisava reduzir os custos com a mesma rapidez com que as vendas caíam. Isso significava demissões de trabalhadores e executivos e fechamentos de fábricas (embora tal processo fosse, ele próprio, extremamente dispendioso). Essa tradicional reestruturação, que já havia sido iniciada sob a liderança de John Devine e de sua equipe antes de Gary assumir como CEO, seguiu em frente, com Gary participando das decisões. Seria possível dizer a essa altura que as forças complementares de John Devine e Gary formaram um super-CEO para comandar a Dana em meio à crise e prepará-la para o futuro.

A principal contribuição de Gary ao processo de rápida redução de custos foi a liderança de um *kaizen* radical, descobrindo e eliminando desperdícios imensos, e ao mesmo tempo construindo a liderança e os processos Lean necessários para a obtenção da excelência operacional. Isso incluiu melhorar a qualidade e a segurança, por exemplo. Cada custo, da energia às propriedades e daí às peças refugadas e aos estoques, passou por um exame profundo, não apenas por meio de análise de planilhas, mas por meio de minuciosa análise para detectar oportunidades imediatas de reduções de custos. Até mesmo contratos de vendas em vigor foram revistos; em muitos casos, ficou claro que a Dana nada conseguiria lucrar se fossem mantidos os termos da transação. A Dana tentou renegociar ou cancelar cada um desses contratos. Os gerentes da fábrica foram colocados em situação inteiramente nova para a maioria deles: orçamento zero. Eles tiveram de começar sem orçamento e precisaram justificar cada custo, por mínimo que fosse – e foram advertidos de que somente custos absolutamente essenciais à fabricação de produtos para o cliente seriam aprovados.

Apesar desses esforços para uma rápida redução de custos, em dezembro de 2008, com o grave engessamento das vendas que veio no bojo da recessão, a Dana ficou sem condições de cumprir os compromissos que havia negociado com os credores antes da série de crises.[2] Ficou então pendente da decisão dos credores concordar com as alterações nos compromissos ou forçar a liquidação da Dana. Nesse aspecto, a própria gravidade da recessão reverteu-se em uma ajuda para a empresa; investidores e credores estavam ávidos pela liquidação da companhia, mas simplesmente não existiam compradores para a massa falida. Eventualmente, chegou-se a um acordo para manter a Dana em operação, mas isso apenas depois que John e Gary concordaram com um pacote adicional de metas mais agressivas de redução de custos. O cumprimento dos compromissos pela Dana passou a ser auditado a cada trimestre, e com isso criou-se um intenso foco em atingir os números indispensáveis ao final do trimestre.

Não era exatamente o ambiente ideal para pensar a longo prazo e investir em uma cultura de respeito pelas pessoas e de melhoria contínua, mas Gary e John sabiam que a simples sobrevivência já não era o bastante. Para escapar do ciclo descendente da redução de custos seguida pela deterioração da capacidade, por sua vez acompanhada pela deterioração dos produtos oferecidos aos clientes, a Dana precisaria de uma nova cultura e da capacidade de alcançar a excelência operacional na produção e na engenharia.

Visão em uma recuperação: longo prazo *versus* curto prazo

Já deixamos claro que o processo de planejamento da Toyota começa sempre com uma visão. Portanto, nada mais lógico que imaginar como primeira decisão de Gary, na condição de CEO da Dana, o estabelecimento de uma visão de 10 anos. Mas não foi o que ele fez. Por quê?

Em primeiro lugar, todos os líderes na Dana precisavam estar voltados a estancar o sangramento – uma visão de 10 anos não significaria grande coisa se a Dana deixasse de existir em 12 meses. Em segundo lugar, eram tantos e tão fundamentais os problemas existentes na produção, na estrutura organizacional e na liderança que uma visão de 10 anos não passaria de uma abstração vazia. O tipo de visão necessária para o curto prazo consistia em uma filosofia operacional clara e indicadores financeiros de curto prazo que pudessem comunicar claramente o rumo para as melhorias. Tudo isso precisaria igualmente comunicar que, embora a redução de custos fosse essencial para a sobrevivência, era igualmente necessário focalizar outros aspectos da excelência operacional, como entrega no prazo, qualidade e segurança. Em suma, tratava-se de um retorno aos fundamentos da construção de operações estáveis, o que significava, nesse caso, resolver os grandes problemas imediatos. Somente depois que esses problemas fundamentais estivessem a caminho de uma solução (o que a Toyota chama de "clarear as nuvens"), haveria uma oportunidade de estabelecer uma visão orientadora para o futuro. Em terceiro lugar, John e Gary eram, em certo sentido, os zeladores da Dana, na medida em que contratavam e treinavam uma nova geração de líderes que, por sua vez, capiteneariam a companhia dentro de 10 anos. A geração seguinte de líderes precisava desempenhar um papel ativo na criação da visão – portanto, criar essa visão antes que esses líderes estivessem plenamente envolvidos teria constituído uma perda de tempo.

Isso não quer dizer que não houvesse um plano ou uma visão para o futuro. A visão compartilhada do conselho de administração apontava a necessidade de conduzir a Dana rumo à excelência operacional, e Gary rapidamente estabeleceu o Sistema de Operações Dana e uma visão para a produção. A Dana, como a Toyota, era fundamentalmente uma empresa de produção: portanto, avançaria ou naufragaria dependendo da qualidade dos seus produtos e das inovações que conseguisse proporcionar aos clientes. Essa visão interina foi definida da seguinte forma:

> *A Dana será a maior fabricante mundial de sistemas de transmissão ao ensinar e aplicar o Sistema de Operações Dana, e ao motivar e mobilizar cada um de seus funcionários a participar e apoiar ativamente esses esforços, criando uma cultura de melhoria contínua.*

Você certamente reconhecerá nessa proclamação grandes semelhanças com a visão do Modelo Toyota, em que é claramente inspirada – da mesma forma que o novo Sistema de Operações Dana foi adaptado do STP. Para todos aqueles empenhados em assentar as bases do futuro da Dana construindo uma nova cultura e os fundamentos para a excelência operacional, tal declaração de propósitos serviu como guia orientador para o planejamento de curto e médio prazos.

Prioridade 2: Formar uma nova cultura de responsabilidade

A principal fonte de muitos dos problemas que a Dana precisava resolver, se quisesse vencer a batalha pela sobrevivência, era a cultura organizacional vigente.

Era ela que tolerava a administração independente; dava mais valor à autonomia que à responsabilidade; e levava as pessoas a tributar lealdade somente àqueles que participassem de sua própria administração e a menosprezar outras partes da organização.

É impossível impor uma nova cultura em uma organização por decreto – um novo modo de produzir é algo que precisa de alguns anos para realmente entranhar-se e tornar-se uma segunda natureza, da empresa e de seus integrantes. Muitos líderes aprenderam isso da forma mais dolorosa, durante fusões e aquisições ou em situações de completa recuperação. Uma cultura por demais arraigada pode facilmente derrotar mesmo aquele líder mais carismático, visionário. Mas até mesmo esforços pacientes para formar uma nova cultura poderão ser derrotados se os líderes e as métricas empregados pela organização não estiverem alinhados com a nova cultura pretendida. Essa era a segunda prioridade de Gary e John: formar uma nova cultura na Dana com os líderes certos e as métricas adequadas nos seus devidos lugares.

Naturalmente, imaginar quais seriam os líderes "certos" e as métricas "certas" foi a parte mais difícil do processo. Gary, é óbvio, baseou-se em suas décadas de experiência na Toyota. Os líderes certos seriam aqueles que conseguissem autodesenvolver-se e promover o desenvolvimento de outros, que pudessem aprender a liderar o *kaizen* diário e as grandes mudanças, e que soubessem manter suas equipes orientadas para o Verdadeiro Norte. As métricas corretas eram aquelas que permitiam o autodesenvolvimento e o *kaizen* diário, e que expunham os avanços em direção ao Verdadeiro Norte. Em outras palavras, Gary buscava uma versão "rápida e rasteira" do modelo de desenvolvimento de lideranças, fazendo uma passagem rápida por todas as quatro fases em meses em vez de décadas. Descreveremos mais adiante as medidas tomadas pela Dana para concretizar essas metas, reconhecendo que não se trata de uma relação perfeitamente sequencial e que muitas coisas aconteciam paralelamente.

Nova estrutura organizacional de matriz Pode parecer estranho, mas um dos pontos fundamentais do desenvolvimento da responsabilidade foi uma mudança para a estrutura matricial. Uma matriz significa que os líderes têm múltiplos chefes, o que às vezes pode confundir a responsabilidade, mas que na Dana acabou ajudando a simplificar as linhas de responsabilidade e confiabilidade. Se você observar bem de perto, acabará enxergando organizações matriciais no conjunto da Toyota, seja na Produção ou em Desenvolvimento de Produtos.[4] Um fator-chave para garantir o funcionamento da estrutura de matriz, contudo, foi combinar e simplificar significativamente as unidades de negócios que até então dominavam o cenário.

A Dana com o tempo passara a ser um empreendimento complexo, com muitas famílias de produtos, muitas fábricas e muitas regiões globais. A organização tinha seis presidentes que comandavam sete empresas/linhas de produtos, sem contar com um líder exclusivo para a produção, nenhum responsável global pela P&D, e nem líderes regionais. Não havia maneira de os seis presidentes acompanharem tudo o que acontecia nas fábricas; historicamente, os presidentes não se concentravam nas operações de produção, mas nas finanças, e esse foco era refletido pelo conjunto de suas competências à época da crise, muito mais inclinadas para a parte financeira do que para a administração operacional. Para obter progressos rápidos, a Dana precisava contar com uma pessoa responsável pela lucratividade de cada unidade de negócios; uma pessoa responsável por cada uma das principais funções, tais como produção e P&D; e líderes regionais, cada um dos quais comandaria a luta pela excelência operacional em todas as fábricas de uma determinada região, reportando-se a um vice-presidente global de excelência operacional. Essas três diferentes necessidades levaram a uma organização matricial de três lados.

Na reorganização inicial, os seis presidentes foram reduzidos a três, que comandavam seis diferentes unidades de negócios. As fábricas começaram a se reportar a um presidente global de excelência operacional, bem como a líderes regionais para as regiões da Ásia-Pacífico, da América do Sul e da Europa. Um diretor técnico foi nomeado para comandar a P&D globalmente; da mesma forma, um vice-presidente sênior de estratégia e desenvolvimento de negócios foi encarregado de todo o *marketing* global. Algumas posições executivas adicionais precisaram ser criadas no começo, mas, com a eliminação de cargos duplicados em fábricas e unidades de negócios, houve uma enorme economia para a Dana. Além disso, à medida que o tempo foi passando, alguns cargos foram eliminados. Os três presidentes de unidades de negócios foram reduzidos a dois, um dos quais responsável pelos veículos leves, e o outro, pelos veículos pesados. Um deles assumiu cumulativamente a responsabilidade pela excelência operacional global de todas as unidades industriais da Dana.

Jogando pesado pelos resultados mediante indicadores-chave de desempenho

Como temos destacado, as métricas não são uma solução, mas constituem uma ferramenta – especialmente em uma luta de vida ou morte pela sobrevivência como aquela que a Dana enfrentava. John e Gary precisavam comandar uma rápida redução de custos, ao mesmo tempo em que aumentavam a produtividade, além de indicar o tom para uma nova cultura e descobrir uma forma de avaliar com agilidade os líderes presentes na Dana que poderiam, e iriam, se adaptar à nova cultura. Novas métricas constituíam, pois, uma ferramenta para concretizar todas essas metas simultaneamente.

O primeiro passo foi a criação de indicadores-chave de desempenho (KPIs – *Key Process Indicator*) comuns para as operações de produção da companhia. Gary reuniu uma equipe que elaborou um conjunto de métricas enfatizando a excelência operacional e as implementou em duas fábricas de cada uma das unidades de negócios. Os membros das equipes então analisaram e revisaram as métricas com base em informações e contribuições de todos os envolvidos, o que ajudou na sua aceitação em todas as regiões. Esses KPIs mostraram claramente o que era importante para a nova Dana: redução de custos, qualidade e segurança figuraram entre os objetivos mais importantes.

No curto prazo, havia muitos objetivos mais acessíveis. Por exemplo, no regime antigo, os dois maiores pecados eram a falta de peças e a demora nas remessas. Contudo, não havia métricas de estoques. É óbvio que tudo isso levava à formação de imensos estoques de todos os tipos de peças e produtos. A Dana tinha quantidades de armazéns lotados com produtos acabados, mesmo para itens de volume muito reduzido cujos estoques às vezes permaneciam ociosos durante meses e em algumas oportunidades até mesmo por mais de um ano. Um dos novos KPIs era a limitação dos estoques; um ano depois de sua chegada, os novos líderes da Dana tiveram condições de redirecionar US$ 200 milhões, provenientes de economias de estoques – dinheiro imediatamente transformado em capital de giro. Obviamente, não foi um conjunto de métricas de estoque o que transformou a Dana em um modelo de produção *just-in-time*, mas a verdade é que mostrou a necessidade de analisar cuidadosamente todas as decisões relacionadas aos estoques e de reduzi-los sempre que possível.

A métrica mais poderosa para as necessidades de curto prazo da Dana era o "custo de conversão de fábrica", que incluía todos os custos controláveis em uma fábrica. Isso levou a uma visão ampla dos custos, afastando-a da concentração excessiva na mão de obra. Outras melhorias de curto prazo focavam segurança, redução dos defeitos de qualidade, índices de despesas gerais e complexidade dos produtos. (Os KPIs são resumidos na Figura 6.2.)

Mais importante que as novas métricas específicas era criar novas formas de divulgá-las e usá-las. Gary e a equipe de excelência operacional concordaram em estabelecer um sistema padronizado de gestão visual em todas as fábricas. Cada uma delas implementou revisões diárias dos KPIs relativos aos objetivos para a equipe de gestão da fábrica toda: os gerentes de fábrica deviam reportar as métricas semanalmente a Gary e sua equipe. Com essa estrutura instalada, não havia a menor dúvida de que a nova Dana levaria essas métricas – e a responsabilidade por elas – extremamente a sério.

No decorrer das visitas às fábricas, evidenciou-se a escassez do compartilhamento de informações a respeito do desempenho, às vezes, dentro de uma mesma fábrica. Ocasionalmente, alguém se atrevia a imprimir um conjunto de gráficos, mas ficava mais do que claro que os dados eram atualizados com pouca frequência e utilizados no processo de tomada de decisões com frequência ainda menor. Instalar um sistema de gestão visual era fundamental para conduzir a mudança com a rapidez que a sobrevivência da Dana exigia.

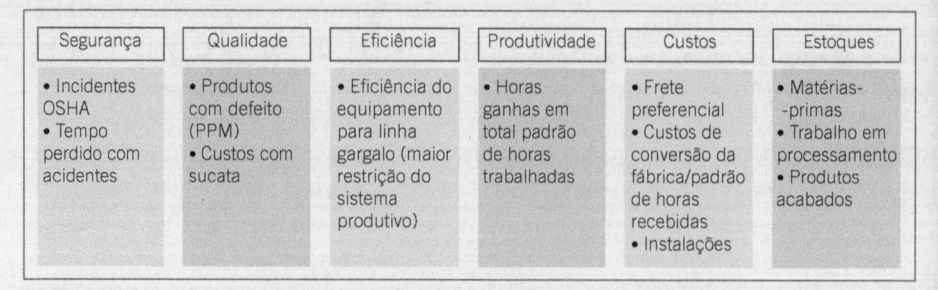

Segurança	Qualidade	Eficiência	Produtividade	Custos	Estoques
• Incidentes OSHA • Tempo perdido com acidentes	• Produtos com defeito (PPM) • Custos com sucata	• Eficiência do equipamento para linha gargalo (maior restrição do sistema produtivo)	• Horas ganhas em total padrão de horas trabalhadas	• Frete preferencial • Custos de conversão da fábrica/padrão de horas recebidas • Instalações	• Matérias-primas • Trabalho em processamento • Produtos acabados

Figura 6.2 Novos indicadores-chave de desempenho da Dana.

A implementação-piloto da gestão visual ocorreu em duas fábricas de cada uma das unidades de negócios, e, depois de muita reflexão e de modificações, a companhia deu início à implementação global. O objetivo era imitar os sistemas de gestão visual comumente usados na Toyota. A área de métricas no nível da fábrica foi batizada de "área diamante", lembrando o logotipo da Dana, em forma de diamante, e passou a ser o lugar em que os progressos nos KPIs eram postados para que todos pudessem apreciar. Essa foi uma determinação direta da alta gerência, e cada fábrica no mundo desenvolveu uma área diamante com o mesmo produto e as mesmas métricas.

Por sugestão de um dos principais acionistas, Brandt McKee, executivo com experiência em Lean na Danaher Corporation, foi contratado para monitorar e conduzir o processo de redução de custos. Gary atraiu Brandt rapidamente para a equipe da reorganização e o encarregou de supervisionar os telefonemas semanais de cada fábrica no mundo para relatar os progressos em relação aos KPIs. Como Brandt descreveu:

> Desenvolvemos KPIs comuns para toda a empresa. Depois disso, passamos a receber relatos semanais sobre os KPIs, tarefa essa a cargo dos líderes de operações regionais. A cada semana, eu normalmente recebia telefonemas do mundo inteiro durante 16 horas em dois dias e oito horas em um terceiro dia, conversando com cada uma das fábricas e com os líderes das operações regionais.

O objetivo desses esforços era conduzir à responsabilidade exigida e posta em prática pela abordagem de liderança Toyota. Na Dana, muitos líderes haviam se tornado inconfiáveis – mas, desde que não fizessem o barco balançar à custa de um desempenho excepcionalmente ruim, eram deixados a cuidar de seus próprios domínios. Uma cultura de mediocridade havia tomado conta; prazos não cumpridos, pessoas se atrasando para reuniões e outras não concluindo o que haviam começado – tudo isso era tolerado.

Para comandar a excelência operacional global, Gary convocou Marty Bryant, que havia trabalhado anteriormente para ele na TMMK e dali saíra para se tornar um executivo de um fornecedor da Toyota. Marty tivera experiências fora da Toyota, mas ainda assim se mostrou chocado com a ausência de disciplina e de responsabilidade que encontrou na Dana:

> A gestão visual ilustra a responsabilidade em seu estado mais puro na Toyota. Não consigo lembrar um único incidente na Toyota em que alguém tivesse comparecido a uma reunião sobre andamento do KPI com atraso ou sem um plano bem elaborado para a concretização das respectivas metas. Quando o seu nome está em um item de ação, você é o dono dele e por ele assume a responsabilidade. O sistema força expectativas. Todos sabem que a linha não deve ser interrompida, e que você precisa satisfazer todos os seus objetivos em KPIs. O conceito básico é muito simples. Este é o seu objetivo – o verde é bom, o vermelho não é.

Em pouco mais de um ano, foi desenvolvido um sofisticado sistema de gestão visual que conectava os KPIs comuns do nível executivo sênior a cada departamento de cada fábrica. No começo, as métricas eram coletadas e postadas manualmente, mas isso acabou evoluindo para um sistema informatizado destinado a acompanhar as métricas de maneira que pudessem ser agregadas em nível regional e ao nível superior da empresa (embora as métricas continuassem a ser postadas nos quadros visuais na área diamante da Dana e em cada um dos departamentos mais importantes). Gary podia observar todas as métricas de todos os níveis em seu computador. Isso estabeleceu um processo rigoroso e padronizado para identificar e resolver problemas com uma estrutura clara (ver Figura 6.3).

Novos líderes com capacidade de autodesenvolvimento e de desenvolver outros

Os KPIs, e sua visibilidade, foram importantes para conduzir a rápida mudança indispensável à sobrevivência da Dana, tendo desempenhado outro papel igualmente fundamental: ajudaram a identificar os líderes realmente dispostos a assumir um desafio, a aceitar responsabilidades e a desenvolver suas habilidades. Como Brandt McKee definiu de forma sucinta, e um tanto crua: "Os líderes que o colocam em dificuldade raramente são aqueles que conseguem tirá-lo delas". Formar uma nova cultura de excelência operacional exigia uma nova abordagem de liderança. Isso não significava substituir todos os líderes então existentes na Dana, nem simplesmente transferir para ali um bando de ex-líderes Toyota. Significava, isto sim, identificar aqueles líderes na Dana que continuavam dispostos a aprender e implementar uma nova cultura (o que exigiria não apenas o autodesenvolvimento, mas também o acelerado desenvolvimento dos integrantes da equipe da Dana) – e substituir com maior presteza aqueles que não continuassem com essa disposição.

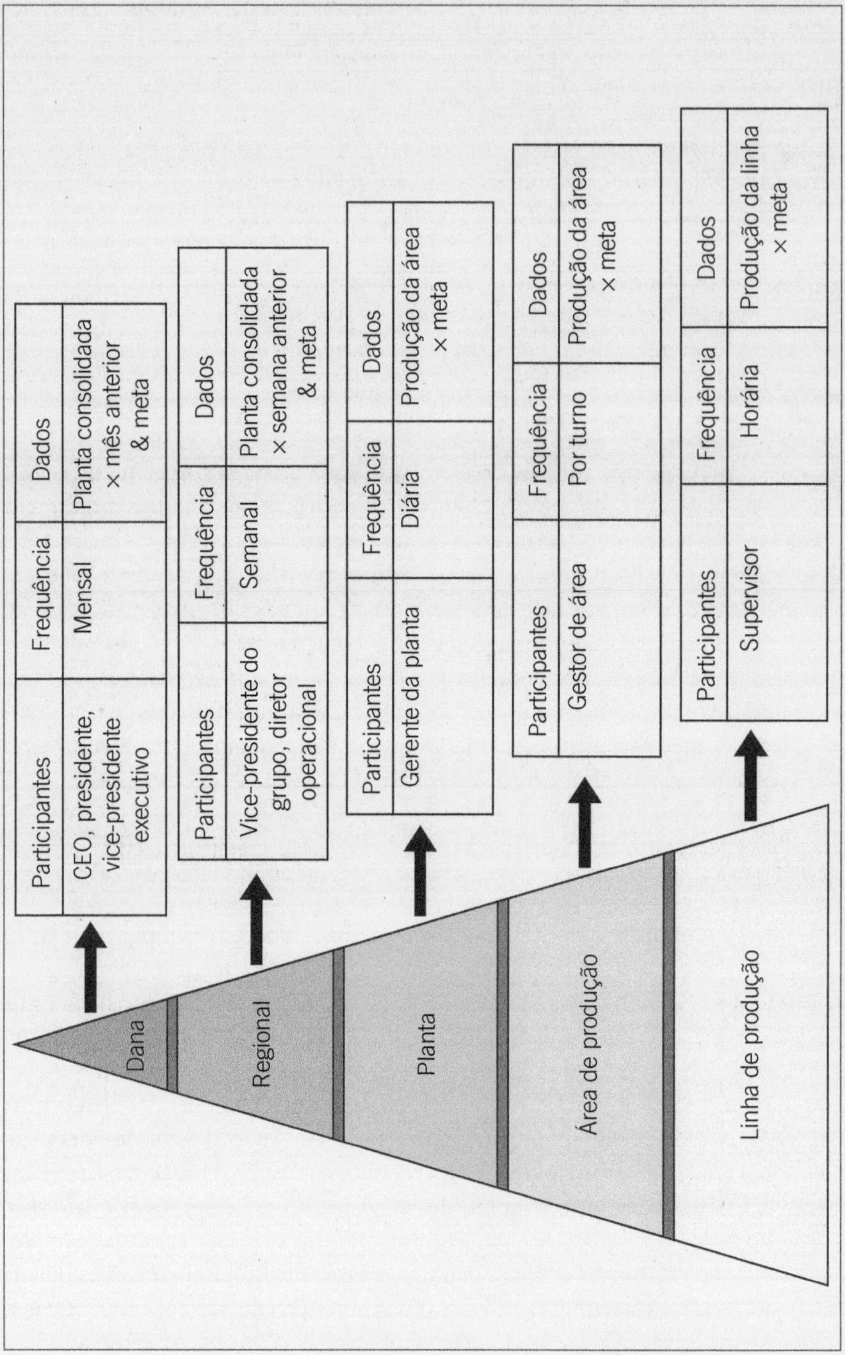

Participantes	Frequência	Dados
CEO, presidente, vice-presidente executivo	Mensal	Planta consolidada × mês anterior & meta

↑ Dana

Participantes	Frequência	Dados
Vice-presidente do grupo, diretor operacional	Semanal	Planta consolidada × semana anterior & meta

↑ Regional

Participantes	Frequência	Dados
Gerente da planta	Diária	Produção da área × meta

↑ Planta

Participantes	Frequência	Dados
Gestor de área	Por turno	Produção da área × meta

↑ Área de produção

Participantes	Frequência	Dados
Supervisor	Horária	Produção da linha × meta

↑ Linha de produção

Figura 6.3 KPI/Sistema de gestão visual na Dana.

A maior parte dessa avaliação foi feita por Gary, Marty e Brandt enquanto visitavam cada uma das fábricas da Dana distribuídas pelo mundo, percorrendo o chão de fábrica com gerentes e outros líderes locais. Gary e sua equipe ainda acreditavam no princípio Toyota do *genchi genbutsu* e, por isso, dispunham-se a empregar todo o tempo necessário para ir ao cenário das dificuldades e observá-lo com seus próprios olhos. Os KPIs apontavam para onde deveriam olhar, permitindo avaliar rapidamente quem estava disposto a aderir e aprender o novo sistema e quem precisava ser substituído. Logo ficava claro se o diretor de determinada fábrica estava avançando nas melhorias, e também quais eram seus pontos fracos. Os que sobreviviam eram aqueles que se mostravam dispostos a aprender e a aceitar os desafios para promover melhorias em segurança, qualidade e custos, a fim de garantir a sobrevivência da Dana, os quais eram contínuos e intermináveis. No total, 50% dos diretores das fábricas da América do Norte, onde começara o foco mais intensivo, pediram demissão ou foram demitidos.

Para reforçar a equipe de lideranças, Gary contratou mais de 20 executivos e gerentes, todos localizados pela sua rede de contatos. Alguns deles eram antigos líderes Toyota ou NUMMI, outros procediam de fornecedores da Toyota, e outros ainda não possuíam vínculos diretos com a Toyota, mas, em compensação, tinham a mentalidade aberta ao aprendizado e a capacidade de liderança para apresentar resultados. Deve-se acentuar que Gary não levou em consideração a experiência na Toyota como qualificação indispensável ou suficiente nessa sua nova e desafiadora função. Na verdade, ele tinha a convicção de que muitos gerentes que rendiam muito bem no âmbito da cultura Toyota não estariam adequadamente equipados para administrar a espécie de transformação que era indispensável no âmbito da Dana.

Mais ainda, nem todos os contratados na Toyota tiveram sucesso no novo empreendimento. Mesmo um líder bem-sucedido e capaz de produzir melhorias em um ambiente estável como o da Toyota pode revelar-se incapaz de comandar a mudança no ambiente estranho de uma empresa que está lutando pela própria sobrevivência. O estilo Toyota de decisões consensuais e de um prolongado e minucioso desenvolvimento das pessoas – não obstante o desejo de imitar semelhantes práticas no longo prazo – precisava ser um tanto limitado, pelo menos até que a companhia estivesse financeiramente estabilizada. Alguns dos novos contratados conseguiram tomar as "decisões difíceis", como substituir pessoas a uma velocidade vertiginosa, ao mesmo tempo em que mantinham a atenção voltada para a visão de longo prazo da empresa, que era criar uma cultura de melhoria contínua. Nem todos conseguiram isso, e alguns foram dispensados.

A Dana estava tentando fazer evoluir uma cultura híbrida que misturava o tradicional estilo de gestão norte-americano – linha-dura, buscando resultados a qualquer preço – com o ambiente mais sereno do desenvolvimento de líderes para a excelência operacional de longo prazo. Muitas companhias que passam por enxugamento e reestruturação temem acrescentar qualquer pessoa diferente às suas equipes, mesmo em posições para as quais seja mais que evidente essa necessidade. Compreendendo a carência de algumas capacidades fundamentais na Dana, Gary obteve a aprovação do conselho de administração para fazer algumas contratações. Especificamente, ele estabeleceu e contratou os integrantes de um grupo interno de treinamento e consultoria para ensinar o STP e um grupo de engenharia de processos para ajudar a redesenhar processos técnicos como parte da formação de alicerces para a excelência operacional e a liderança no Modelo Toyota. Como discutiremos posteriormente neste capítulo, ele também investiu na criação da função do líder de equipe horista, o que, em termos tradicionais, significava agregar "despesas gerais".

Prioridade 3: construir os alicerces para a excelência operacional e a liderança no Modelo Toyota

Em conjunto com o enxugamento e a redução de custos, o estabelecimento de novas métricas e a contratação de novos líderes, Gary estava adotando algumas medidas imediatas para construir os alicerces da excelência operacional. A reestruturação e os KPIs padronizados que eram visíveis em cada nível da empresa, desde o CEO até um departamento individual no chão de fábrica, concentraram as atenções das pessoas, mas havia mais a ser feito. Contar com métricas focadas nos objetivos adequados e apresentá-las visualmente são ações que não têm utilidade alguma, a menos que exista também a especialização necessária para concretizar essas métricas.

Ensinando o STP   As ferramentas para a concretização das métricas procediam do STP, e a única forma de ensiná-lo é pela prática. Ao assumir a responsabilidade pelo treinamento no STP, o primeiro princípio de Marty foi imitar o STP nos mínimos detalhes. Ele havia observado outros fornecedores que tentavam desenvolver suas próprias versões do sistema – sem sucesso, obviamente. A simplificação era realmente necessária nas ferramentas utilizadas. Marty sabia que a especialização em resolução de problemas se desenvolve apenas com o passar do tempo, e, por isso, tentar ensinar ferramentas em excesso para esse objetivo seria contraproducente. Ele decidiu então se concentrar em um subprocesso do STP e em ferramentas de resolução de problemas para concretizar ganhos rápidos e os resultados de que a Dana tinha necessidade, tais como trabalho padronizado, gráficos *yamazumi* e até mesmo revisões básicas e organização do local de trabalho (chamadas 5S).

O grupo de treinamento desenvolveu uma versão simplificada do processo de resolução de problemas da Toyota, e cada um dos líderes foi instruído não só a aprender, mas também a utilizar religiosamente esse processo. O "relatório A3" de uma página logo se tornou a principal ferramenta para comunicar o *status* atual dos processos e dos esforços de resolução de problemas empregados para concretizar melhorias. Relatórios de uma só página são facas de dois gumes. A supersimplificação é um risco real – na verdade, vários especialistas apontam para o formato do PowerPoint como causa de erros que vão desde o gerenciamento deficiente dos riscos na crise financeira até a queda de um dos robôs enviados ao planeta Marte pela NASA. Isso acontece quando o foco está no cumprimento da exigência de manter o relatório em uma única página, e não na qualidade do conteúdo dessa página. A razão pela qual o célere lançamento dos relatórios A3 funcionou na Dana foi a existência de número suficiente de novos líderes com experiência nessa ferramenta, os quais conheciam a diferença entre um "bom" A3 e outro capaz de provocar problemas – e esses líderes puderam orientar os membros das equipes e também outros líderes sobre a melhor maneira de usar os A3.

Além da gestão visual, a fábrica de Lima, no estado de Ohio, foi também escolhida como piloto para um curso rápido de aplicação do *kaizen*. Foi formado um grupo interfuncional de 28 pessoas provenientes de todo o mundo. O grupo maior foi dividido em equipes menores de *kaizen* destinadas a áreas específicas. O *workshop* era muito semelhante àqueles utilizados pela Toyota que descrevemos em capítulos anteriores, embora, ao invés de as equipes serem enviadas a um fornecedor, elas realizavam o *kaizen* na fábrica de Lima. Os primeiros dois dias foram concentrados na identificação de problemas. Então, as equipes passaram a trabalhar na investigação de soluções para os problemas que identificaram e a implementar suas ideias. Os *workshops kaizen* não eram de forma alguma aleatórios. Quando Marty lançou o *workshop*, ele anunciou uma regra pouco comum: nenhum dos integrantes da equipe poderia deixá-la antes de serem solucionados os problemas trabalhados por essa equipe e antes de o novo processo estar em pleno funcionamento. Como resultado, cerca de 40% do grupo de 28 pessoas não tiveram permissão para sair depois da primeira semana, porque seus projetos *kaizen* ainda não haviam sido implementados; alguns tiveram de permanecer por até cinco semanas adicionais.

Essa regra era mais uma lição objetiva sobre a responsabilidade e a disciplina exigidas pela excelência operacional. Historicamente, os *workshops* realizados na Dana se resumiam a algumas aulas, um pouco de *brainstorming* e, então, à volta à tradicional rotina dos negócios, com os participantes se dispersando por suas funções "reais". Marty pretendia modelar o comprometimento com a excelência exigido de uma nova geração de líderes Dana. Muito em breve essa regra se transformaria em parte inseparável da nova cultura: "Na Dana, você não volta para casa enquanto o problema não for resolvido". Tamanho foco atingiu resultados impressionantes: esses projetos iniciais de *kaizen* chegaram a gerar melhorias de produtividade de 100% ou mais.

De Lima, os *workshops* foram expandidos para outras fábricas. Marty e Brandt frequentemente os lideravam conforme preenchiam os grupos de treinamento e de consultoria Lean. Enquanto transcorria o ano de 2008, muitas fábricas da Dana em todo o mundo promoviam *workshops* e enviavam à matriz relatórios com os respectivos resultados. Os *workshops* proporcionaram ainda uma oportunidade de identificar os futuros líderes potenciais da excelência operacional. Como resultado dos *workshops kaizen*, muitas das fábricas atingiram suas metas de redução de custos e tiveram condições de expandir o escopo dos seus projetos *kaizen*.

Brandt McKee usou também as conversas telefônicas semanais sobre os KPIs como uma oportunidade para treinar um número sempre crescente de pessoas em matéria de STP e solução de problemas. Ele explicou:

> *Ensinei os participantes a fazerem perguntas sobre seus KPIs, e estava também atuando efetivamente como um "padrinho" em solução de problemas. Perguntava-lhes, por exemplo: por que sua produtividade está se comportando dessa forma nesta semana? O que houve? Tudo bem, a prensa foi fechada. Por que a prensa foi fechada?"Estávamos sem materiais." Muito bem, por que vocês ficaram sem materiais? Eu estava tentando conduzir o processo de pensamento dos Cinco Porquês.*

Por volta do final de 2008, a maioria das fábricas da Dana adquirira experiência no processo *kaizen*, havia construído um patamar e estava em condições de enfrentar 2009. O próximo passo seria estabelecer alvos específicos para melhorias ainda maiores, mas a liderança da fábrica ainda não estava suficientemente madura para enfrentar muito *catch-ball*. Os líderes de fábrica ainda não sabiam plenamente tudo o que eles ou suas equipes eram capazes de fazer. A equipe de executivos seniores estabeleceu três ou quatro metas fundamentais de melhoria e as implementou mundo afora; a principal dessas metas focalizava uma redução dos custos de conversão. Os diretores de operações que comandavam várias fábricas e seus gerentes foram encarregados de desenvolver um formato A3 capaz de satisfazer as metas de melhorias, incluindo métodos e metas provisórias. Esses planos foram apresentados a Gary, Marty e Brandt para aprovação. Começando no dia 17 de dezembro de 2008, o trio passou três dias em Lima, Ohio, preso ao telefone das 7h da manhã às 11h da noite com diretores de fábricas do mundo inteiro, que faziam relatórios dos seus dados e buscavam aprovação das metas para 2009 e dos planos para concretizá-las.

Os planos iniciais sobre como as metas deveriam ser cumpridas mostraram todo o longo caminho que a Dana ainda teria a percorrer. Os planos de cada um dos 112 diretores de fábricas no mundo inteiro foram classificados mediante a utilização das rubricas padronizadas da gestão visual – verde/amarelo/vermelho. Depois da primeira revisão, mais da metade das fábricas estava no vermelho. Gary e sua equipe registraram as deficiências que ouviram e imediatamente enviaram *e-mails* aos diretores das fábricas relatando quais seriam as áreas afetadas por tais deficiências. Os diretores das fábricas foram instruídos a utilizar esse *feedback* para criar novos planos até o dia 5 de janeiro. A seguir, eles conceberam um conjunto de relatórios mensais sequenciais aos executivos seniores e de relatórios semanais aos diretores regionais, e começaram a mensurar seu progresso no caminho do atingimento das metas.

Essa abordagem não deveria ser vista como uma forma pura de *hoshin kanri*. Era muito mais uma abordagem diretiva, do tipo "de cima para baixo", voltada à obtenção de resultados – e, nesse sentido, muito mais parecida com a tradicional Gestão por Objetivos. A diferença maior residia em que o foco não estava apenas na concretização de resultados. Igual importância era dada a ensinar aos líderes da Dana como focar seus esforços de melhoria em objetivos transparentes de negócios e na melhor maneira de desenvolver um plano bem estudado e avançado para a concretização desses objetivos. Não poderíamos deixar de destacar que, na preparação para 2010, foi posto em funcionamento um processo próximo do *hoshin kanri* que permitia determinado grau de *catch-ball* com as operações regionais. Tratava-se de um processo de maturação que começou rápido e agressivo e, então, à medida que a companhia se estabilizou, diminuiu seu ritmo a fim de se concentrar no longo prazo.

Construindo confiança Uma questão fundamental, ainda que não devidamente apreciada, da excelência operacional e da liderança no Modelo Toyota é a confiança. Para consolidar o tipo de comprometimento incondicional com a indispensável excelência operacional, todos os integrantes de uma fábrica precisam acreditar no processo e que ninguém será "recompensado" pelo avanço rumo ao Lean com a eliminação do respectivo emprego. Sem confiança, projetos *kaizen* rapidamente descambam da descoberta e da resolução de problemas críticos para confrontos internos em que uns tentam empurrar a culpa e a responsabilidade para outros. Da mesma forma, o modelo Toyota de liderança depende fortemente da confiança. Se um líder potencial ou em treinamento não acreditar que o autodesenvolvimento será recompensado, ele não dará os passos necessários para se tornar mestre em suas tarefas atuais e buscar novos desafios.

A confiança é inerente ao sistema Toyota, e ela só fez aumentar durante as três sucessivas crises por que passou a companhia (a recessão global, os *recalls* nos Estados Unidos e o grande terremoto japonês de 2011), quando os trabalhadores tiveram a oportunidade de comprovar em primeira mão que a Toyota trata as pessoas como ativos, jamais como custos a serem eliminados. Nenhum funcionário regular foi demitido no setor de produção, mesmo quando algumas fábricas interromperam suas atividades por causa da oferta excessiva durante a recessão ou por estarem sofrendo com a escassez de peças fundamentais em consequência do terremoto de 2011.[5] Mas a Dana enfrentava uma situação diferente. Como é possível reduzir os custos em pelo menos um terço utilizando uma agressiva gestão vertical e ao mesmo tempo construir confiança? Isso requer imensas concentrações de esforços e comunicação, mas quando você faz o melhor que pode, dentro das circunstâncias, para tratar as pessoas com respeito, as sementes da futura confiança podem ser lançadas.

Parte dessa construção de confiança consistiu em deixar claro que o *kaizen* não se confundia com a redução de pessoal. Nos *workshops kaizen*, uma das regras de Marty, além de "ficar até que o trabalho esteja pronto", era que todas as equipes deveriam contar sempre com trabalhadores temporários. Além disso, antes que uma equipe *kaizen* pudesse apresentar uma ideia à equipe de excelência em operações para ser aprovada, ela precisaria conquistar a aprovação do grupo de trabalhadores temporários. Em fábricas sindicalizadas, os líderes sindicais tinham que igualmente dar sua aprovação. Engajar a organização inteira no *kaizen* sempre foi um passo fundamental para construir não apenas capacidade, mas, igualmente, confiança.

Marty insistiu ainda em que os *workshops* focalizassem a eliminação do desperdício, e não a redução de pessoal. Há aí uma diferença sutil, porém fundamental. É frequente encontrar consultores em Lean vendendo seus serviços como meio especial de reduzir pessoal. Para proteger-se contra a tentação de cair na armadilha de ver o *kaizen* como um exercício de redução de pessoal, Marty não aceitou nenhuma redução de pessoal pedida nos primeiros dois *workshops* realizados em uma determinada fábrica. Em vez disso, ele queria que as equipes se concentrassem em identificar os processos mais eficientes e livres de desperdícios, e em colocar tais processos em prática. Naturalmente, eliminar desperdícios seguidamente leva a reduzir o número de pessoas necessárias em uma linha de produção. Nos primeiros momentos do *kaizen*, trabalhadores temporários deslocados pela redução de desperdício e reequilíbrio das linhas eram recolocados em outras partes da fábrica ou usados nas equipes de *kaizen*. Se a situação financeira exigisse mais demissões, esse processo seria conduzido inteiramente em separado dos projetos *kaizen*. Reconhecemos que se trata de uma diferença muito sutil, e pode até parecer que não exista diferença alguma. Quando você perde o emprego, você perde o emprego. Contudo, a diferença, ainda que sutil, é essencial. A realidade é que ninguém perdeu seu emprego por causa do *kaizen*. O indivíduo perdeu seu emprego porque a companhia determinou que precisava reduzir custos para poder continuar viva, e isso poderia ser claramente explicado e entendido.

Essa perspectiva de redução de desperdícios em vez de redução de pessoal foi incutida na mente dos gerentes na primeira semana do treinamento: "Se você se concentrar na redução de pessoal, acabará perdendo oportunidades para a redução de desperdícios". Quando os gerentes consideram necessário eliminar duas pessoas de um processo para fazer seus resultados financeiros parecerem bons, acabam tentando eliminar duas pessoas de uma linha de 10 e obter com isso uma melhoria de 20%. Mas se eles conseguirem mobilizar a equipe, obtendo uma melhoria de 25% nos resultados e mantendo aquelas 10 pessoas, obterão resultados bem melhores no longo prazo. Utilizando essa técnica, os *workshops kaizen* estavam frequentemente descobrindo melhorias de produtividade de 50 até 100%.

Embora houvesse realmente um intenso foco na redução de custos e os orçamentos de mão de obra sofressem constantes reduções mês após mês, outro aspecto da construção dos fundamentos da confiança e excelência operacional estava criando a função de líder de equipe nas fábricas da Dana. Isso constituiu realmente um conjunto adicional de posições, que, notavelmente, foram agregadas ao mesmo tempo em que se fazia uma radical redução de pessoal para que a companhia conseguisse manter-se na superfície. Gary e sua equipe entenderam o aspecto fundamental dessa função para o *kaizen* e continuaram reduzindo pessoal em número suficiente para permitir a implementação de líderes de equipe, absorvendo o golpe do curto prazo para assegurar o benefício do longo prazo. Nenhum dos líderes de equipe era funcionário novo. Todos eles eram assalariados que foram sendo liberados por meio do *kaizen*.

O caminho da conquistada confiança às vezes desencadeia conflitos Certamente, não temos a intenção de dar a impressão de que conquistar confiança foi fácil, mas preferencialmente que Gary e seus parceiros praticaram o respeito pelas pessoas tanto quanto possível, ao mesmo tempo fazendo o que fosse necessário para manter a Dana viva como uma empresa. Houve muitos conflitos tensos, mas mesmo alguns deles evoluíram para situações brilhantes. Um exemplo disso é a fábrica de Fort Wayne, no estado de Indiana.

Como vimos no Capítulo 1, a relação tradicional sindicatos-patrões na indústria automobilística é baseada em um modelo de conflito. A administração se concentra na lucratividade e na redução de custos, enquanto os sindicatos enfocam a preservação dos empregos e a proteção da segurança e do bem-estar social da força de trabalho. À medida que essa relação perde-ganha entre sindicatos e trabalhadores se desenvolveu, um dos campos de batalha centrais concentrou-se na regulamentação formal do trabalho e na classificação das funções.

Pode-se julgar a qualidade do relacionamento pela flexibilidade, ou ausência dela, nas regras de trabalho e classificações de função contidas nos acordos operacionais negociados entre a companhia e os sindicatos. Quando a administração e o sindicato estabelecem confiança entre si, os acordos operacionais dão à administração a flexibilidade para organizar equipes, promover treinamentos interfuncionais e relocar trabalhadores em nome da maximização da produtividade. Quando as relações entram em colapso, e o sindicato não confia na administração, as regras de trabalho e classificação de funções são usadas para resistir a toda e qualquer iniciativa da companhia e para proteger todo e qualquer privilégio dos trabalhadores sindicalizados.

Gary, na condição de vice-presidente da Dana, deu-se conta de que precisaria de muita flexibilidade, bem como da participação do sindicato na melhoria da produtividade, a fim de que a empresa tivesse alguma possibilidade de sobreviver. A meta da administração foi levar cada sindicato local a negociar um novo contrato de trabalho, similar aos acordos operativos já em vigor em algumas das fábricas da Dana, que ofereciam flexibilidade e permitiam que se criasse um ambiente no qual o sindicato trabalharia proativamente com a administração para implementar o Sistema de Operações Dana e reduzir os desperdícios. O incentivo que Gary e sua equipe forneciam aos sindicatos consistia em que, ao adotar o Sistema de Operações Dana, a companhia se tornaria mais competitiva, com isso atraindo novos negócios e criando mais empregos para os trabalhadores sindicalizados. Como tantas vezes acontece, o sindicato nem sempre vê favoravelmente novas ideias como essa, e foram necessárias algumas rodadas verdadeiramente duras de negociações para concretizar as mudanças.

O que é realmente importante depois da conclusão de negociações duras é o processo de conserto dos inevitáveis estragos. A administração e o sindicato continuam sendo adversários, ou começam enfim a trabalhar cooperativamente para o bem da empresa e dos seus funcionários? Na Dana, algumas das relações mais conflitantes se tornaram positivas à medida que o sindicato começou a perceber que o programa de excelência operacional de maneira geral tornava cada uma das funções mais fáceis e seguras para os trabalhadores. O diretor da fábrica de Fort Wayne, Bob Flynn, era um líder excepcional que sabia como construir um espírito de cooperação. Ali havia ocorrido algumas negociações verdadeiramente difíceis quando Gary era ainda o vice-presidente, mas quando ele retornou 18 meses mais tarde, depois de se afastar da Dana e assumir a função de consultor sênior, visitou a fábrica inteira e ficou encantado com o nível de cooperação que testemunhou.

Uma das ideias que Bob Flynn, o diretor da fábrica, teve para conquistar a confiança foi fazer os executivos da fábrica e os líderes do sindicato participarem juntos em exercícios de limpeza 5S uma vez por mês. Líderes de ambos os lados formavam uma equipe que passava duas horas entre os turnos limpando uma área da fábrica. Muitas vezes chegavam em áreas que não haviam passado por limpeza alguma durante 20 anos. As equipes de liderança, usando suas roupas mais velhas e sujas, saíam dessas sessões cobertas de sujeira, graxa e lama. Em uma de suas visitas à fábrica, Gary pôde participar de um desses exercícios. Por acaso, ele ficou ao lado do vice-presidente do sindicato. Logo, Denny Leazier, o presidente do sindicato, juntou-se a eles, e os três homens passaram a trabalhar lado a lado limpando e capinando – uma experiência verdadeiramente sem precedentes naquela fábrica.

Esse processo de trabalho conjunto – fazer o trabalho verdadeiramente sujo da restauração da fábrica – atingiu seus objetivos. Não apenas serviu de plataforma para a conquista da confiança, como começou a afetar a cultura da fábrica. Os membros das equipes puderam ver pessoalmente que a administração estava de fato empenhada em melhorar as coisas e não tinha medo de trabalhar duro e fazer sacrifícios. Esse gesto de comprometimento criou uma atmosfera muito positiva em torno da fábrica: pode-se imaginar seu efeito sobre um veterano sindicalista que chega para o trabalho e encontra sua área na fábrica novinha em folha e o gerente da fábrica ali parado, coberto de lama, com um balde e uma pá.

O respeito mútuo conquistado durante essas sessões começou a se fazer sentir nas negociações entre a administração e a liderança sindical. Cada vez que Gary visitava a fábrica, ele parava para conversar com o comitê em plena negociação. As mudanças na perspectiva do sindicato foram espetaculares. Em uma dessas visitas, o tópico em discussão no comitê girava em torno de trabalhadores sindicalizados que foram demitidos por causa de uma queda no volume dos negócios. Denny estava pressionando para que alguns desses trabalhadores fossem recontratados: "Preciso ter os meus garotos de volta", ele falou para Gary. E este respondeu: "Denny, você não pode fazer isso, nem eu". Denny, compreensivelmente irritado, perguntou: "O que você quer dizer com eu não posso?". Gary então disse: "Denny, as únicas pessoas que podem trazer os seus trabalhadores de volta são os nossos clientes, porque são eles e os seus pedidos que decidem quantos trabalhadores nós teremos aqui. Se continuarmos nesse caminho e nos tornarmos mais eficientes, poderemos conquistar novos negócios, e então conseguiremos recontratar os seus garotos. Nós queremos eles de volta tanto quanto você".

Em outra visita, Gary constatou que a equipe estava atingindo o ponto mais problemático sobre o que se exigia dos líderes das equipes. Sob o antigo sistema de classificação de funções, um líder de equipe era impedido de trabalhar na linha de produção; sua função se restringia a supervisionar os trabalhadores da linha. No sistema Toyota, como discutimos no Capítulo 2, os líderes de equipe frequentemente chegam juntos para ajudar a orientar trabalhadores na linha de produção e podem cobrir qualquer das funções da equipe em que houver necessidade para tanto. Gary trabalhou com Denny para ajudar a equipe do sindicato a ver que contar com líderes de equipe flexíveis tornava tudo melhor para todos os trabalhadores da linha: isso proporcionava maior flexibilidade para as férias, licenças por problemas de saúde, licenças para faltar, por exemplo, quando alguém era convocado a participar de um corpo de jurados, ou emergências familiares.

Esse tipo de via de mão dupla – e a evidência de que as mudanças que Gary e sua equipe estavam colocando em prática realmente facilitariam a vida de todos em vez de repetirem as habituais tentativas gerenciais de extrair mais dos sindicalizados em troca de uma menor remuneração – mudou por inteiro o ambiente na fábrica. Grande parte disso ficou por conta dos esforços da equipe de administração para fazer tudo certo pelos funcionários. Por exemplo, em uma de suas visitas à fábrica quando era presidente da divisão de veículos leves, Marty ouviu inadvertidamente uma conversa entre integrantes da equipe sobre as péssimas condições dos banheiros. Intrigado, foi imediatamente dar uma olhada neles. "Péssimas" era um qualificativo brando para descrever as condições que os encontrou. Os banheiros localizavam-se todos no segundo piso, acima dos equipamentos, o que dificultava seu acesso. O pior, contudo, é que, por estarem geralmente fora do alcance do sistema de controle de temperatura da fábrica, eram verdadeiros fornos no verão e geladeiras no inverno. E, claro, ocupavam há décadas o último lugar na lista de prioridades da manutenção. Marty prontamente autorizou os gastos necessários para reformá-los.

À medida que surgiam as propostas de orçamento para a reforma, Gary constatou que o encanamento estava todo acessível no primeiro andar e que, como todo o trabalho de *kaizen* para eliminar desperdícios e estoques havia liberado bastante espaço, havia muito lugar para os banheiros no andar térreo. Ele sugeriu a Bob Flynn que fizesse licitações para comparar os custos do reequipamento dos velhos banheiros com os custos necessários para construir banheiros totalmente novos no térreo, onde os integrantes das equipes realmente os queriam instalados. Chegou-se à conclusão de que os custos eram semelhantes. Com isso, existem agora sete novos banheiros no andar térreo.

Esse ato até mesmo corriqueiro gerou enorme satisfação. Os trabalhadores tiveram com isso provas tangíveis de que a administração não estava buscando reduzir custos com o propósito de prejudicá-los. Quando chegou a época de renovação do contrato de trabalho com o sindicato, os líderes sindicais e os executivos puderam trabalhar mais cooperativamente, a força de trabalho parecia mais feliz e o ambiente de trabalho se tornava muito mais positivo e produtivo. Denny Leazier passara a ser um líder sindical a ajudar na implementação do Sistema de Operações Dana. Gary recebeu naquele ano um cartão de Natal de Denny e da equipe de negociação. Foi a primeira vez na sua vida que recebeu semelhantes votos de Boas-Festas de uma organização sindical – um indício muito positivo da evolução do relacionamento. Por causa do sucesso representado pelo fato de a administração da fábrica e a liderança do sindicato trabalharem em conjunto, a Dana começou a reinvestir na fábrica, comprando novos equipamentos, aumentando a produção e o número de funcionários.

Formalizando a implementação do Sistema de Operações Dana

A onda inicial de *kaizen* e o desenvolvimento intensivo de lideranças foram bem-sucedidos ao ajudar a salvar a companhia da ruína. A tradicional reestruturação (isto é, demissões em massa, fechamento de fábricas e eliminação de benefícios para os trabalhadores assalariados) teve definitivamente os maiores efeitos de curto prazo. Mas, aliados a ela, o Sistema de Operações Dana e outros esforços visando à excelência operacional capacitaram as fábricas da Dana a reduzir os custos de conversão em US$ 200 milhões somente no ano de 2009.

Boa parte dessas melhorias operacionais iniciais que levaram a reduções significativas dos custos de produção pode ser creditada à liderança executiva de Marty e de um associado por ele recomendado, Mark Wallace. Marty foi contratado por Gary como vice-presidente para a excelência operacional global. O sucesso de Marty conduziu a uma rápida série de promoções; ele recomendou seu antigo chefe, Mark, para ocupar sua posição anterior na Dana. Posteriormente, quando as posições presidenciais foram consolidadas em duas, Marty tornou-se presidente da divisão de veículos leves, que servia ao mercado de caminhões automotivos, e Mark Wallace tornou-se presidente da área dos caminhões comerciais pesados. Eles reconheceram a necessidade de continuar a desenvolver a estrutura formal da excelência operacional para dar suporte à transformação da companhia e a organizaram com dois vice-presidentes como líderes. Um deles, Dave Gibson, era um veterano do STP que havia trabalhado com Gary na NUMMI e na TMMK. Dave assumiu a responsabilidade por todas as equipes de apoio à prática do *kaizen*. Ed Kopkowski, que já era então um executivo na Dana, tornou-se o vice-presidente responsável por todo o treinamento, planejamento, auditoria e orientação (*coaching*) de alto nível.

Dave Gibson foi uma das pessoas mais importantes contratadas por Gary em termos de colocar realmente em prática o Sistema de Operações Dana (SOD) em todas as fábricas da companhia. A história de Dave comprova que a liderança no STP depende mais da aptidão e da vontade de aprender do que da posição formal de alguém na hierarquia da organização. Ele começou sua carreira como eletricista e foi contratado pela NUMMI como temporário. Com o correr dos anos, suas capacidades de liderança o elevaram à condição de diretor da manutenção na montagem de picapes na NUMMI. A partir daí, ele também assumiu a liderança de todas as equipes *kaizen* na operação de montagem. Depois disso, Dave seguiu Gary para a TMMK, onde passou a exercer responsabilidades semelhantes. Quando Gary foi elevado a CEO da Dana, Dave o acompanhou mais uma vez, ascendendo com o tempo à posição de vice-presidente encarregado de supervisionar todas as equipes de excelência operacional.

Ed, por sua vez, não tinha qualquer experiência direta com o STP. Ele construiu uma longa carreira no setor de operações, com experiência em uma variedade de abordagens de melhoria de processos. Iniciou sua carreira na AlliedSignal, que figurou entre os pioneiros do Seis Sigma, e liderou a iniciativa de excelência operacional usando Seis Sigma para a divisão de freios. Ed também teve contato com uma abordagem mais centrada em Lean depois que a Bosch comprou a divisão de freios, e, então, com várias outras empresas da indústria automobilística; em todas essas companhias, ele exerceu funções relacionadas com a gerência de operações e a excelência operacional. Ed começou na Dana em 2006, como vice-presidente de operações, e em 2008 tornou-se vice-presidente global de excelência operacional da Dana.

Apesar de toda essa experiência, a primeira vez que Ed viu o STP e a abordagem Toyota realmente de perto foi quando Gary e Marty chegaram à Dana. Ele imediatamente notou que a abordagem deles era diferente daquela baseada em ferramentas que havia visto e liderado anteriormente:

> *O estilo de administração é a parte realmente diferente – o verdadeiro comprometimento com o fato de ir ao local e ver de perto e de estar no chão de fábrica. O foco em solução de problemas e desenvolvimento de lideranças. Os líderes precisam ensinar os outros na organização. Foram esses os fatores que eu entendi como verdadeiramente únicos no modelo com Gary e sua equipe.*

Ed precisou desenvolver uma estressante curva ascensional para autodesenvolver-se na abordagem Toyota. Esse aprendizado, porém, não foi seu único desafio, já que também precisou desenvolver e aplicar um plano formal de melhoria contínua em mais de 90 fábricas espalhadas pelo mundo, bem como as operações de suporte. Como ele enfrentou esse desafio? Conforme o próprio Ed:

> *No começo, estávamos focados nos resultados operacionais do dia a dia, semana a semana, mês a mês, indispensáveis para sobreviver. Ao mesmo tempo, esboçamos nosso plano de implementação de cinco anos do Sistema de Operações Dana e começamos a executá-lo. Assim, enquanto mantínhamos sob rígida vigilância cada dólar gasto, continuamos comprometidos e diligentes em relação ao desenvolvimento das pessoas e à realização de workshops. Mas, cada vez que promovíamos um evento Lean para criar aprendizado e avanço do Sistema de Operações Dana, sempre o fazíamos com a intenção de entregar resultados radicais.*

O Sistema de Operações Dana era representado como uma casa, muito similar àquela do Sistema Toyota de Produção (ver a Figura 6.4).[6] Como no STP, existem pilares gêmeos. O primeiro é o *just-in-time* (JIT), que tem a visão do Verdadeiro Norte de construir exatamente o que o cliente demanda, na quantidade certa, e quando este manifesta a necessidade. Esse pilar é sustentado por ferramentas como trabalho padronizado, células de fluxo único, eliminação de mudanças entre produtos e equipamento à prova de falhas. O segundo pilar é o *jidoka*, ou "construir com qualidade e sem erros". O *jidoka* exige a suspensão e imediata correção de qualquer problema detectado, função essa facilitada por ferramentas como o sistema de *andon*, a gestão visual e os instrumentos detectores de erros (*poka-yokes*).

SISTEMA DE OPERAÇÕES DANA
Busca incansável do ideal
(Sob demanda, Um a um, Sem defeito, Desperdício zero, Seguro)

↑ Valor para o acionista

JUST-IN-TIME
- Trabalho padronizado
- Produção em etapas
- Fluxo contínuo
- Nível cumprido
- Mudanças rápidas
- Manutenção TPM
- Produção puxada
- Mapa de agregação de valor

Ir e ver
Olhos *kaizen*
Eliminação do desperdício

↑ Desenvolvimento dos membros da equipe

Resolução de problemas
Gerenciar por fatos
Líder de equipe/grupo

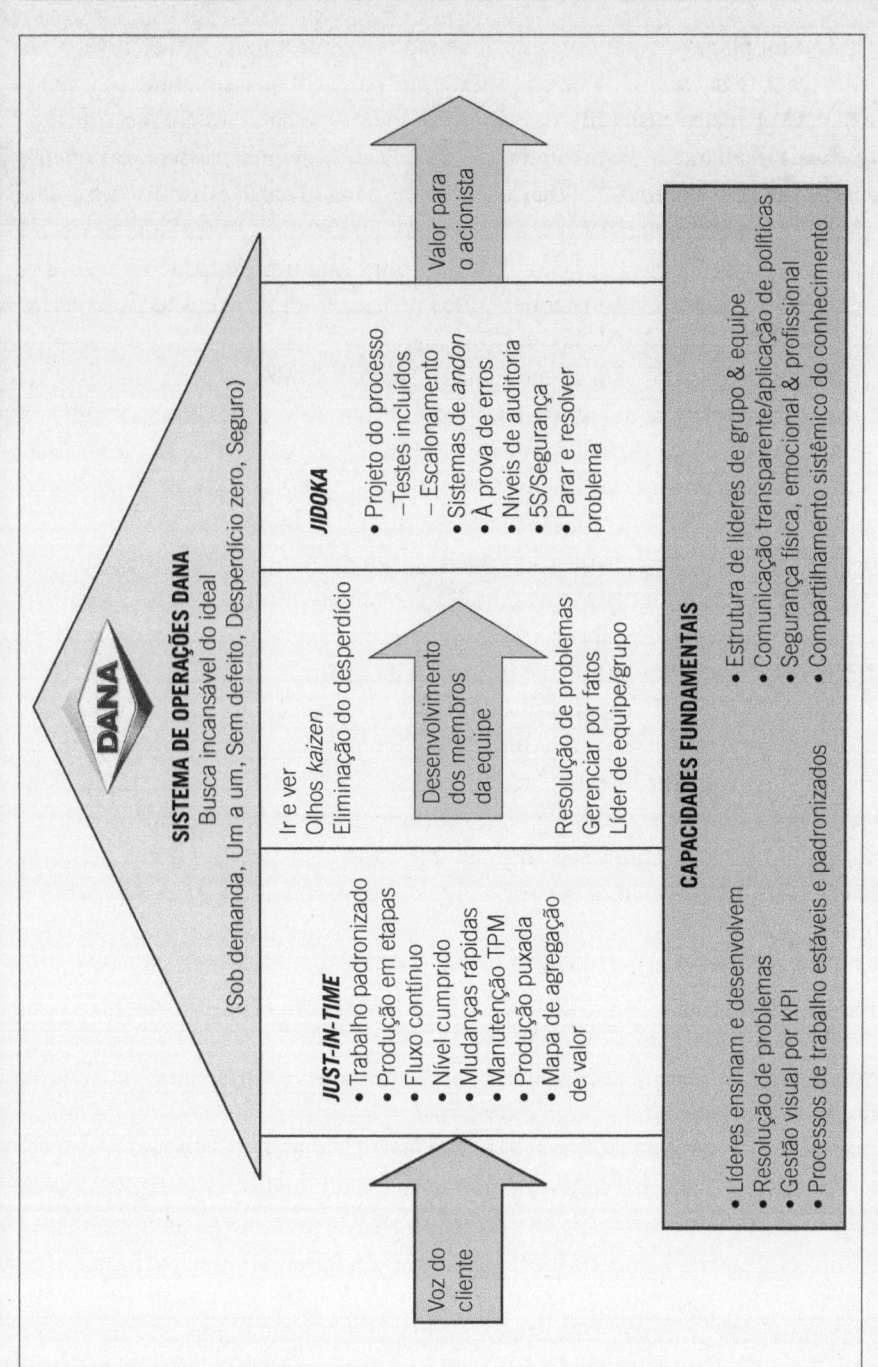

JIDOKA
- Projeto do processo
  – Testes incluídos
  – Escalonamento
- Sistemas de *andon*
- À prova de erros
- Níveis de auditoria
- 5S/Segurança
- Parar e resolver problema

CAPACIDADES FUNDAMENTAIS
- Líderes ensinam e desenvolvem
- Resolução de problemas
- Gestão visual por KPI
- Processos de trabalho estáveis e padronizados
- Estrutura de líderes de grupo & equipe
- Comunicação transparente/aplicação de políticas
- Segurança física, emocional & profissional
- Compartilhamento sistêmico do conhecimento

↑ Voz do cliente

Figura 6.4 Sistema de Operações Dana (SOD).

O SOD foi planejado para ser implementado em cinco anos. No seu nível mais elevado, trata-se de uma série de sete passos que parecem quase mecânicos (ver Figura 6.5). O primeiro passo, discutido anteriormente em detalhes, foi focar melhorias radicais mediante o desenvolvimento de KPIs que demonstrassem claramente a diferença entre o objetivo e a situação existente, usando então estrutura de resolução de problemas para preencher as lacunas que persistissem. O segundo passo era definir o SOD em detalhes mais amplos, pôr em prática um treinamento mais formal e desenvolver especialistas em assuntos referentes ao local em todas as ferramentas do SOD para cada fábrica globalmente.

Os sete passos não foram apenas generalizações de alto nível. Cada passo tinha um conjunto extremamente detalhado de planos e ações. Por exemplo, o Passo 3, "Implementar fluxo", e o Passo 4, "Estabilizar células" (que são intimamente inter-relacionados) foram divididos em 11 atividades mais discretas, como mostrado na Figura 6.5. Os passos anteriores eram, de alguma forma, desestabilizadores, pelo fato de constituírem necessariamente um rápido impulso para consertar com a maior presteza os grandes problemas: muita coisa foi modificada simultaneamente nas fábricas para concretizar os objetivos de redução de custos e aumento de produtividade indispensáveis à manutenção da solvência da companhia. Os 11 passos foram focados em uma revisão de todos os processos em um nível mais refinado e detalhado para encontrar desperdícios adicionais, removê-los, padronizar os processos aperfeiçoados, implementar a monitorização do acompanhamento dos progressos e implementar também a melhoria contínua. Naturalmente, auditorias diárias no *gemba* significavam que a gerência teria oportunidades adicionais para o autodesenvolvimento e para desenvolver os outros.

Um roteiro tão detalhado quanto esse parecerá familiar a muitos leitores e poderia assemelhar-se a uma abordagem da mudança altamente estruturada, orientada por ferramentas. Existem, no entanto, vários importantes aspectos intrínsecos que garantem o necessário equilíbrio entre a introdução dessas ferramentas, a obtenção de resultados e o desenvolvimento das pessoas.

Em primeiro lugar, o foco estava tanto no desenvolvimento de lideranças quanto no atingimento da mudança e na obtenção de resultados. Isso começou com Gary, Brandt, Marty e outros ao ensinarem líderes a escolher e fazer cumprir metas desafiadoras de KPIs. A padronização dos relatórios A3 foi parte importante desse processo, propiciando a executivos e *coaches* a oportunidade de compreender claramente o processo de raciocínio dos gerentes – e orientá-los a melhorar esses processos.

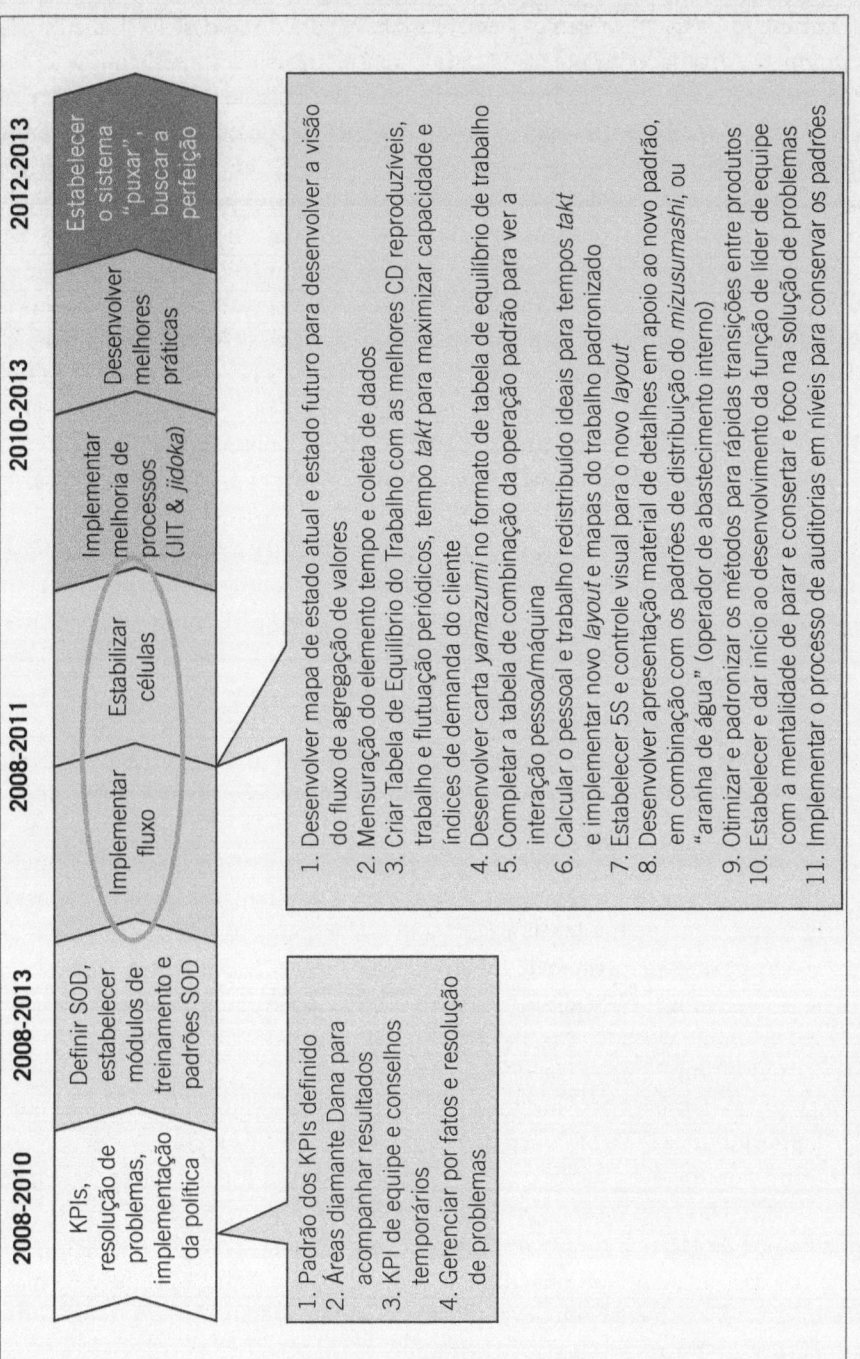

2008-2010	2008-2013	2008-2011	2010-2013	2012-2013
KPIs, resolução de problemas, implementação da política	Definir SOD, estabelecer módulos de treinamento e padrões SOD	Implementar fluxo → Estabilizar células	Implementar melhoria de processos (JIT & jidoka) → Desenvolver melhores práticas	Estabelecer o sistema "puxar", buscar a perfeição

1. Padrão dos KPIs definido
2. Áreas diamante Dana para acompanhar resultados
3. KPI de equipe e conselhos temporários
4. Gerenciar por fatos e resolução de problemas

1. Desenvolver mapa de estado atual e estado futuro para desenvolver a visão do fluxo de agregação de valores
2. Mensuração do elemento tempo e coleta de dados
3. Criar Tabela de Equilíbrio do Trabalho com as melhores CD reproduzíveis, trabalho e flutuação periódicos, tempo *takt* para maximizar capacidade e índices de demanda do cliente
4. Desenvolver carta *yamazumi* no formato de tabela de equilíbrio de trabalho
5. Completar a tabela de combinação da operação padrão para ver a interação pessoa/máquina
6. Calcular o pessoal e trabalho redistribuído ideais para tempos *takt* e implementar novo *layout* e mapas do trabalho padronizado
7. Estabelecer 5S e controle visual para o novo *layout*
8. Desenvolver apresentação material de detalhes em apoio ao novo padrão, em combinação com os padrões de distribuição do *mizusumashi*, ou "aranha de água" (operador de abastecimento interno)
9. Otimizar e padronizar os métodos para rápidas transições entre produtos
10. Estabelecer e dar início ao desenvolvimento da função de líder de equipe com a mentalidade de parar e consertar e foco na solução de problemas
11. Implementar o processo de auditorias em níveis para conservar os padrões

Figura 6.5 Roteiro de cinco anos de implementação do Sistema de Operações Dana.

O primeiro estágio forneceu os elementos-chave para o autodesenvolvimento dos líderes: metas desafiadoras, objetivos claros com métricas relevantes, educação nos processos adequados e *coaches* proporcionando frequente apoio e *feedback*. Os diretores das fábricas também tiveram a oportunidade de autodesenvolver-se orientando aqueles em nível hierárquico inferior ao deles. A expectativa em torno de cada diretor de fábrica era de que viesse a elevar o nível de suas equipes. O ponto mais importante aqui é que as ferramentas constituíam um meio para alcançar determinado fim, e não um fim em si mesmas. Elas proporcionaram uma estrutura bastante tangível para a obtenção de *feedback* e para divisar forças, fraquezas e oportunidades de melhoria para os novos líderes tanto quanto para os processos que eles estavam tentando aperfeiçoar. Uma abordagem focada nas ferramentas, e não nos líderes, poderia ter resultado em alguns ganhos de curto prazo, mas também poderia ter deixado de atingir a melhoria sustentável de que a Dana precisava para poder sobreviver.

Em segundo lugar, mesmo que o roteiro pareça sequencial, na verdade é possível ver, pelos intervalos das datas na Figura 6.5, que havia considerável superposição dos estágios. Ed e sua equipe não fixaram regras rígidas para a sequência de implementação das ferramentas. O roteiro que criaram era um conjunto de diretrizes para os diretores das fábricas, os quais estavam no *gemba* e tinham melhor noção daquilo que era necessário no contexto de cada uma delas. Fábricas diferentes aplicavam ferramentas diferentes em diferentes sequências, embora todas necessitassem do fundamento da primeira fase.

Em terceiro lugar, houve, nos primeiros três anos, um esforço extremamente consciente para manter tudo, especialmente as ferramentas, na maior simplicidade possível. Na visão de Gary, as ferramentas mais sofisticadas necessárias para consolidar os primeiros resultados vitais para a sobrevivência da Dana eram a resolução de problemas básicos conduzida pelos KPIs, os gráficos *yamazumi* para visualizar o equilíbrio entre o trabalho de valor agregado e o desperdício entre os processos, e por fim o mapeamento do fluxo de valor para visualizar o desperdício no seu estado presente e desenvolver o estado futuro para o processo. A implementação de sistemas "puxar" mais refinados e o nivelamento dos cronogramas foram empurrados mais para os últimos anos. Mas, desde o início, os olhos da equipe estavam postos no longo prazo. Por exemplo, mesmo na fase inicial, Gary convocou o Toyota Supplier Support Center (TSSC), braço de treinamento sem fins lucrativos focado nos fornecedores da Toyota, a fim de dar início ao piloto de um sistema "puxar" completo.[7] O TSSC enviou um de seus principais especialistas para trabalhar lado a lado com a equipe da Dana, a fim de implementar um sistema "puxar" usando *kanban* na fábrica da Dana em Gordonsville, no Tennessee. Gordonsville tornou-se mais tarde modelo de ensino e apoio, expandindo os sistemas "puxar" para todas as demais fábricas da Dana espalhadas pelo mundo.

Em quarto lugar, cada fábrica deveria ter uma linha piloto a fim de que houvesse uma oportunidade de experimentar e de aprender novas ferramentas e dar apoio a novas abordagens antes de serem expandidas por essas fábricas. Por exemplo, os líderes de novas equipes precisavam de treinamento para entender sua função, e isso foi providenciado na linha piloto. Essa abordagem permitiu a todos os envolvidos esclarecer quaisquer dúvidas porventura existentes e adquirir confiança na abordagem e nas ferramentas antes da difusão das mudanças para a fábrica em sua totalidade. A alternativa, que seria ampliar o alcance sem contar com esse profundo aprendizado, muitas vezes leva a uma implementação superficial das ferramentas, uma vez que não há defensores ferrenhos desse movimento e seus adeptos não estão plenamente treinados no uso delas.[8]

Em quinto lugar, peritos em cada especialidade foram formados com o desenvolvimento das ferramentas. Ed e sua equipe estavam cientes de que ainda tinham muito a aprender sobre cada uma das inúmeras ferramentas que estavam tentando implementar. *Experts* locais precisariam estar a postos em cada fábrica para dar a resposta rápida e a orientação imediata necessárias para a manutenção da dinâmica e do clima positivo. Assim, a equipe de excelência em operações empenhou-se em desenvolver esses *experts* locais para cada ferramenta (eles se reportavam aos gerentes de operações) em cada fábrica. O compromisso com a *expertise* local ficou evidente no fato de recursos locais terem sido comprometidos, mesmo os diretores das fábricas precisando cumprir agressivas metas de KPI de custos. Ed descreveu a forma como o treinamento dos *experts* locais foi realizado na Europa:

> *Realizávamos* workshops *com foco em diferentes ferramentas. No primeiro que realizamos, convidamos trabalhadores de cerca de metade das fábricas na Europa e pedimos a eles que identificassem um perito nas respectivas especialidades – alguém que tivesse capacidade técnica e fosse igualmente bom no chão de fábrica e melhor ainda trabalhando com pessoal. Criamos a expectativa de que eles viriam a participar ativamente de três* workshops *completos – no primeiro como participantes, no segundo em uma segunda corrente de valor, assumindo maior responsabilidade, e no terceiro como coparticipantes. A essa altura, nosso propósito era que, na quarta vez, eles já tivessem condições de realizar tudo aquilo sozinhos.*

Os resultados dos projetos do SOD falam por si mesmos. Já havíamos apontado um exemplo da economia de custos da conversão em 2009, mas é preciso destacar que as reduções gerais de custos, melhorias de produtividade, melhorias na qualidade e reduções de estoques foram espantosas. Boa parte disso foi atingida por meio de atividades diárias de *kaizen*, mas os *workshops* formais também geraram notáveis retornos em todos os KPIs (antes e depois de cada *workshop*), como está resumido na Tabela 6.1 para 2009 e 2010. O número muito maior de *workshops* completados em 2010 deveu-se à implementação do SOD, que, inicialmente focado quase que com exclusividade na América do Norte, continuou a expandir-se globalmente em 2010, com ainda mais amplo impacto. Esses resultados não incluem o grande aprendizado obtido pelos líderes das fábricas e membros das equipes em cada um desses ciclos de aprendizagem, aprendizagem que constitui enorme investimento na melhoria futura.

Tabela 6.1. Sistema de Operações Dana 2009 e Resumo Global de Workshops 2010 (melhoria média do KPI x situação anterior)

Ano	Workshops concluídos	Responsabilidade da segurança (kg x m)	Qualidade (PPM internos)	WIP	Espaço no chão de fábrica	Produtividade (peças/hora de trabalho)
2009	75	58%	62%	64%	36%	76%
2010	467	52%	51%	57%	34%	52%

WIP: produtos em processamento (work-in-progress).
PPM: peças (com defeito) por milhão.
Responsabilidade da segurança (kg x m de material movimentado).

Importante reconhecer que Ed, que capitaneava o ensino e o treinamento dessa implementação em caráter global, não havia ainda alcançado os padrões de um líder Toyota quando da chegada de Gary. Ele precisou mudar inteiramente a forma como concebia o Seis Sigma Lean – como um conjunto de ferramentas liderado por *experts* em melhoria de processos – e passar a vê-lo como um processo de melhoria contínua sob a liderança dos responsáveis diretos pelas operações. Por seu mérito, Ed conquistou a confiança de Gary (o que não era para qualquer um). Como relatou o próprio Ed:

> *Voltando a 1994, quando implantávamos o Seis Sigma na AlliedSignal, havia uma estrutura na qual, em nível de unidade de negócios, os recursos, a parte mais importante à época em cada fábrica da AlliedSignal, eram atribuídos aos campeões de cada categoria* (black belts). *Eu aprendi, desde que passei a trabalhar para Gary, que os recursos precisam ser subordinados aos gestores das fábricas e dos indivíduos que realizam o negócio. A expectativa, a razão pela qual você procedia da forma como a AlliedSignal impunha, era que com isso poderia garantir que todos seguissem as orientações, uma abordagem do tipo comando-*

-e-controle. Mas o certo é que ela não levava à sustentabilidade no longo prazo. Eu aprendi que é preciso manter os recursos, onde estão sendo pagos e onde funcionam, como responsabilidade do gestor de fábrica que é o responsável pela implementação e mudança de cultura que estamos tentando implementar.

Conclusão

Infelizmente, não há nenhuma varinha de condão no saco de truques mágicos da Toyota que possa ressuscitar uma empresa em seu leito de morte e trazê-la de volta à vida ativa sem qualquer sofrimento. A Dana teve de fechar fábricas e demitir muita gente. Ressalte-se, no entanto, que havia na Dana pessoas que não estavam qualificadas para as funções que exerciam, não ao menos pelos padrões que Gary e John Devine pretendiam que a empresa atingisse. Contudo, simplesmente atravessar uma recessão com uma empresa financeiramente viável não era então algo de grande valor, a menos que no outro extremo do túnel houvesse líderes e líderes de equipe fortes que pudessem tornar a Dana uma companhia de renome mundial por sua qualidade e eficiência. Sobreviver sem desenvolver líderes equivaleria simplesmente a retardar o inevitável.

Já em setembro de 2011, tornava-se evidente que a Dana havia saído da beira do abismo e rumava para um futuro saudável a longo prazo. A recuperação obtida em tão curto prazo pelo trabalho de Gary, John, Brandt, Marty, Ed e toda a equipe da Dana, incluindo o chão de fábrica, era notável. Em 2007, as vendas da empresa haviam chegado a US$ 8,7 bilhões, mas caído para US$ 8,1 bilhões em 2008, despencando para um nível anualizado de US$ 5,6 bilhões no primeiro trimestre de 2009. Apesar disso, os rendimentos avançaram do déficit de US$ 122 milhões em 2008 para uma previsão anualizada de lucros de US$ 93 milhões (livres de juros, impostos, depreciação, amortização e custos de reestruturação) em 2009. Em essência, esses números significavam que as despesas exigidas para conduzir os negócios haviam sofrido redução de um terço, inclusive uma redução de 51% em custos diretos do trabalho. A Dana conseguiria atingir o ponto do equilíbrio financeiro com US$ 6,5 bilhões em vendas, quando, no passado, mesmo um exercício com vendas de US$ 9 bilhões apresentava prejuízos. A maior parte da redução dos custos ficou por conta da reestruturação, o que significou que 13.500 de 35.500 trabalhadores perderam seu meio de vida. Mas a empresa continuou viva, e mais de 20 mil empregos foram salvos.

No momento crítico atingido em março de 2009, a cotação de cada ação da Dana estava em miseráveis 19 centavos de dólar. No decorrer do ano, a cotação em bolsa aumentou 68 vezes, chegando essa mesma ação a um pouco mais de US$ 13, o maior incremento no valor de bolsa de qualquer companhia automotiva no mundo. Em setembro de 2009, a Dana promoveu uma oferta de capital de extraordinário sucesso. Vendeu 36 milhões de ações, a demanda em muito excedendo o que a companhia pretendia vender, e por isso o preço superou em muito as mais otimistas expectativas. Isso foi suficiente para reduzir a dívida da Dana em US$ 100 milhões, tendo sobrado US$ 600 milhões em caixa para tocar os negócios. Mais ainda, a Dana já havia acertado contratos valendo mais de US$ 1 bilhão para os próximos quatro anos.

Em 2010, as receitas chegaram a US$ 6,1 bilhões, depois dos US$ 5,6 bilhões do ano anterior, e a empresa trabalhava com previsão de aumentos de receitas de outros 50% ao longo dos próximos cinco anos. E, no começo de 2011, a companhia apresentou um anualizado RSI (retorno sobre o investimento) de 17,6%. Esses sólidos resultados significavam que no começo de 2011 a Dana cconseguiu refinanciar seus débitos e saldar os compromissos impostos pelos credores quando emergiu da falência e durante a crise que a seguiu de imediato. Isso significava que a companhia não estava mais vivendo de trimestre em trimestre, à espera de uma decisão dos bancos sobre liquidá-la ou não. E comprovava, solidamente, que o custo do capital da companhia fora drasticamente reduzido, tornando os investimentos no futuro muito mais fáceis.

A Dana conseguiu assim emergir do modo de sobrevivência no curto prazo para uma estratégia mais agressiva de crescimento, particularmente em mercados emergentes como China e Índia. Por exemplo, realizou um acordo com a Axles India, LTC, para adquirir ativos selecionados de sua empresa fabricante de eixos de caminhões por US$ 13 milhões. O mercado indiano de veículos comerciais está crescendo a uma taxa anual composta de 8%. A transação deveria render cerca de US$ 50 milhões ao ano. Na China, a Dana abriu caminho em um centro técnico em Wuxi, na província de Jiangsu, que deveria estar plenamente em funcionamento no final de 2011. O centro juntou-se a sete outras instalações na China nas quais a companhia recém-recuperada tinha participação. A empresa teve condições também de ampliar seus investimentos no Brasil. Como resultado de suas operações no Brasil, as vendas anuais na América do Sul aumentaram para mais de US$ 1 bilhão.

Existem algumas semelhanças entre o modo como a Dana serviu-se de sua experiência de risco de vida para transformar a companhia e a forma pela qual a Toyota utilizou a Grande Recessão para reduzir custos, aumentar a qualidade e aprimorar o desenvolvimento de seu pessoal; mas a verdade é que as diferenças foram ainda maiores. A Toyota havia passado décadas desenvolvendo líderes que tinham o "estilo Toyota" arraigado em sua maneira de ser, e, como resultado de 50 anos de consecutivos resultados positivos e de uma abordagem conservadora das questões financeiras, dispunha de muito dinheiro e da capacidade de tomar empréstimos com taxas de juros reduzidas. A recessão foi uma oportunidade de ativar o melhor dessas capacidades, e a empresa usou a crise como catalisador para acelerar o desenvolvimento das pessoas até o nível das empresas associadas e conduzir a companhia para a autossuficiência em cada região. O modelo e a filosofia de liderança não mudaram; na verdade, ambos foram ampliados e acelerados.

A Dana não pôde simplesmente ativar as capacidades de liderança que já existiam na companhia, porque a maior delas não estava mais atuante. Ainda assim, o que Gary fez para liderar essa companhia assoberbada pelas crises deu-se muito ao Modelo Toyota. Em essência, ele trouxe para a Dana uma versão simplificada do Modelo Toyota de desenvolvimento de lideranças. A primeira passagem pelo ciclo precisava ser feita de uma forma que fosse rápida e simples, mas também que permitisse outras passagens por esse ciclo no futuro.

A Dana precisou estabelecer os alicerces da liderança Toyota e da excelência operacional praticamente do zero. Teve de voltar seus olhares para o Verdadeiro Norte – para o modo como a verdadeira liderança e a excelência operacional deviam ser. Naturalmente, a empresa não conseguiu alcançar o Verdadeiro Norte na primeira tentativa; afinal de contas, a própria Toyota só foi atingir o Verdadeiro Norte depois de mais de meio século de existência. Gary e sua equipe chegaram à conclusão de que a identificação "rápida e rasteira" daqueles que poderiam autodesenvolver-se e desenvolver outros, aplicar de imediato o *kaizen* diário e orientar objetivos e métricas comuns era necessária para levar a Dana ao ponto em que poderia realizar as grandes mudanças fundamentais para sua sobrevivência sem prejudicar permanentemente as capacidades centrais de uma poderosa companhia industrial. O resultado disso foi o alicerce que permitiria à Dana pensar seriamente em planos estratégicos de longo prazo para tornar-se a melhor do seu ramo de negócios.

A empresa contou com a ajuda de consultores externos, mas Gary agiu depressa para contratar os melhores deles como funcionários de tempo integral, a fim de que atuassem como líderes internos. Desde o começo, porém, deixou claro que a responsabilidade pelo atingimento das métricas mais desafiadoras, como reduções nos custos de transformação, seria totalmente atribuída aos diretores das fábricas e a seus colaboradores. Gary não queria que a responsabilidade pela melhoria ficasse nas mãos de consultores externos ou de departamentos de melhoria contínua.

Mesmo depois de Ed começar a formalizar o treinamento no Sistema de Operações Dana e a desenvolver o roteiro de cinco anos para a mudança, foi mantida a flexibilidade capaz de garantir que cada fábrica pudesse adaptar o plano ao seu respectivo contexto e necessidades. No conjunto, contudo, o foco era o mesmo: levar o SOP ao chão de fábrica e desenvolver grupos de trabalho capazes de realizar o *kaizen* diário. Ainda que tenham implantado uma radical redução de custos, Gary e os executivos que levou para a Dana insistiram em investir no desenvolvimento de lideranças para o futuro, tanto por meio do treinamento interno acelerado de pessoal da empresa quanto por contratações externas.

Um foco especial estava na criação do papel do líder de equipe, principalmente por meio de trabalhadores do setor de produção que tivessem sido liberados pelo *kaizen*. A equipe executiva insistiu igualmente em que os diretores de fábrica, mesmo que estivessem lutando para satisfazer as desafiadoras metas de redução de custos com pessoal reduzido, liberassem as pessoas para assumir a função de peritos nas respectivas especialidades, a fim de aprender as ferramentas Lean. Embora se tratasse de um projeto extremamente orientado por resultados, a equipe executiva tinha uma visão muito sólida da futura organização e de sua cultura, e fez investimentos para começar a alinhar os alicerces dessa organização. A cultura ia sendo firmemente mudada a partir do chão de fábrica. A melhoria passou gradativamente a ser parte integrante e incorporada do trabalho diário, em vez de constituir simples resposta esporádica a uma crise.

Estivemos com a atenção voltada, até aqui, aos esforços para melhorar as fábricas, mas cabe destacar os esforços similares que envolviam toda a companhia, inclusive na P&D, na retaguarda administrativa e no planejamento estratégico. Em todos os casos, os prazos foram reduzidos; o trabalho de equipe interfuncional foi muito exaltado; a resolução de problemas tornou-se muito mais transparente e sistemática pelo uso dos formatos A3; a gestão visual passou a ser rotina; os KPIs foram identificados; e os processos começaram a operar em níveis de eficiência nunca antes vistos na Dana. George Constand, escolhido por Gary nos quadros da Dana para a nova posição de diretor técnico executivo, começou a desenvolver líderes em Lean e a utilizar métodos Lean no desenvolvimento de produtos para gerar novas tecnologias com maior rapidez a fim de manter-se à frente da concorrência, sem deixar de lado a permanente redução de custos. Ele também assumiu o cargo de agregar e padronizar toda a engenharia global, ao combinar eixos leves e pesados em uma unidade e transmissões leves e pesadas em uma segunda unidade. Além disso, desenvolveu um processo de engenharia 24/7 ao construir um centro de projeto na Índia, o que lhe permitiu dar suporte a cada um dos negócios da empresa com capacidade de projeto em caráter ininterrupto, todos os dias da semana. Ao reduzir e compartilhar recursos, ele teve, ainda, condições de abrir um centro de suporte de engenharia na China para apoio ao cliente, à medida que a Dana se expandia nesse país.

Gostaríamos de dizer que todos esses fatores fariam parte de apenas mais um dia na vida de um líder Lean e que a Dana constitui um exemplo típico daquilo que as empresas concretizam em todo o mundo com a simples implementação das ferramentas e da filosofia Lean. Precisamos, no entanto, ressaltar que a "volta por cima" da Dana foi tudo menos comum. Infelizmente, as ferramentas Lean podem ser usadas para reduzir brutalmente os custos, reestruturar, enxugar e deixar qualquer empresa em um estado fragilizado. Esta é, tragicamente, a típica história que vimos. Em vez de criar companhias fortes, com capacidade de construir qualidade, desenvolver *kaizen* diário, reagir aos crescentes desafios dos clientes e do seu ambiente, e criar um fluxo contínuo de produtos inovadores, muitos consultores Lean esvaziam as empresas e proclamam vitória baseados em um conjunto de métricas de curtíssimo prazo. É provavelmente apropriado que essa abordagem seja reconhecida pelo termo *enxugamento* de uma empresa – porque ela realmente deixa a companhia enfraquecida e muitas vezes oscilando à beira do abismo.

A diferença fundamental na Dana foi o investimento na contratação e no desenvolvimento de líderes (um investimento tanto em tempo quanto em capital altamente escasso), mesmo durante os dias mais sombrios, quando a sobrevivência parecia algo extremamente duvidoso. Ainda que fosse preciso realizar métricas de curto prazo, Gary e a equipe procuraram garantir que as métricas de longo prazo em desenvolvimento de lideranças também continuassem em pauta. É por isso que a Dana tem hoje uma história positiva. No capítulo final, faremos uma reflexão sobre liderança Lean e os desafios para as organizações que verdadeiramente desejam realizar a jornada rumo a uma cultura de melhoria contínua.

Capítulo 7

Aprendendo com o Modelo Toyota de Liderança

> *Junte-se às pessoas. Viva com elas. Aprenda com elas. Comece por aquilo que elas sabem. Construa com aquilo que elas possuem. Com os melhores líderes, quando o trabalho estiver pronto, a tarefa completa, as pessoas dirão: "Nós fizemos tudo isso sozinhos".*
> — Lao-Tsu, fundador do taoísmo

Nosso objetivo neste livro foi apresentar e explorar um modelo de liderança Lean baseado no Modelo Toyota, a fim de ensinar a outras pessoas como poderão igualmente vir a ser líderes em excelência operacional nos seus respectivos segmentos empresariais. Insistimos em que, para a excelência operacional de longo prazo, essa abordagem de liderança, ou alguma similar a ela, é essencial; isso é ilustrado pelo sucesso de longo prazo da Toyota, apesar das drásticas mudanças enfrentadas no ambiente em que atua. Claro que a Toyota cambaleou entre 2008 e 2011, sob o peso dos golpes desferidos pela Grande Recessão, pela crise do *recall* nos Estados Unidos e pelo terremoto seguido de *tsunami* no Japão, mas em cada um desses episódios a empresa aproveitou o tempo ocioso para realizar treinamento e *kaizen* e, fazendo uso de profundas reflexões e contramedidas, recuperou-se rapidamente, saindo da crise ainda mais forte do que antes. A radical volta por cima da Dana após a falência ilustra que a liderança Lean que adere ao Modelo Toyota pode ajudar outras empresas a construírem um caminho para a verdadeira excelência operacional, mesmo ao enfrentarem as piores circunstâncias imagináveis.

O Modelo Toyota é ao mesmo tempo um sistema técnico e um sistema social. Requer líderes qualificados em ambas as áreas – capazes de utilizar as ferramentas disponíveis com profunda habilidade e mobilizar e desenvolver pessoas a fim de tornar a melhoria contínua uma realidade diária. Com um líder eficiente como professor e *coach* diário, a melhoria dos processos e o desenvolvimento das pessoas avançam simultaneamente.

Ninguém põe em dúvida a importância de uma liderança forte. Peça a alguém que faça uma lista de grandes lideranças, e essa pessoa facilmente relacionará quatro, cinco, ou até mesmo 10 exemplos. No entanto, se você perguntar a cidadãos ocidentais quais foram as características desses líderes que fizeram a sua grandeza, a conversa rapidamente se diluirá em abstrações. Abraham Lincoln tinha "convicção"; o sonho de Martin Luther King Jr. proporcionou uma inspiradora "visão"; Jack Welch atuou "decisivamente"; Michael Jordan tinha "intensidade". Tais afirmações, ainda que verdadeiras, oferecem um modelo um tanto dispersivo para alguém que esteja cultivando a liderança em uma organização. Haverá alguma empresa capaz de ensinar conceitos como convicção, visão, determinação ou intensidade?

É óbvio que isso não acontece em algum curso ou encontro fora do local de trabalho. Mas a empresa pode criar um ambiente em que as pessoas sejam empoderadas por meio de experiências concretas para desenvolver convicção, confiança em uma visão, enfrentar desafios e deles sair fortalecidas, e atuar com convicção em reação a uma mudança rápida? Sim, ela pode. Em grande parte, isso se resume a criar uma cultura e então reforçar constantemente práticas consistentes que possibilitem a lideranças *reais* desenvolver-se. Cultura e liderança são duas faces de uma mesma moeda, e ambas precisam ser constantemente – melhor dizendo, todos os dias – recriadas e reforçadas por meio de deliberada atenção e ação. A melhoria contínua dos processos exige contínua liderança.

Os ocidentais em geral consideram a cultura japonesa condescendente e avessa a conflitos. No entanto, embora os líderes da Toyota sejam responsáveis por viver o valor do respeito pelas pessoas, o comprometimento de um líder nem sempre é condescendente, certamente não quando se trata de resolver problemas para os clientes. Quando Gary foi convocado a reduzir os custos relacionados com a garantia da qualidade em 60%, o que recebera não foi uma sugestão bem-educada, mas uma determinação direta e desafiadora – um desafio gigantesco que lhe exigiria pôr em prática todas as habilidades em liderança que havia até então desenvolvido – e muito mais.

A Toyota mostra que desenvolver líderes dentro de novas culturas é algo que pode ser feito, mas não é fácil e nem acontece rápido. Por onde deveria uma companhia – ou até mesmo um indivíduo – começar?

Neste livro, descrevemos o caminho do desenvolvimento de líderes Toyota com base nas experiências de Gary e vários outros. O modelo de desenvolvimento da liderança Lean que foi projetado com base em nossas experiências na NUMMI e na Toyota começa com a tarefa verdadeiramente árdua do autodesenvolvimento. Mesmo líderes de comprovada capacidade precisam se olhar no espelho e refletir que "apesar do meu sucesso, eu tenho muitas fraquezas e muito ainda a aprender". Um líder Lean em desenvolvimento pode então começar a desenvolver outros; na verdade, ensinar outros é uma das melhores formas de autodesenvolver-se. Quando uma massa crítica de líderes que envolve inclusive o pessoal do chão de fábrica estiver desenvolvida, o líder poderá tornar-se o *coach* de uma dieta constante de *kaizen* diário e melhoria contínua, para finalmente criar o *hoshin kanri*, que alinha ações em todas as áreas da companhia para enfrentar os mais exigentes desafios do ambiente. Mas, como a Dana, muitas empresas se encontram naquilo que poderíamos denominar de um mundo de liderança pré-Lean.

Tais empresas podem estar em situação de crise. Ou sua cultura pode ser reativa demais e focada exclusivamente no curto prazo, muitas vezes orientada unicamente por transações como fusões e aquisições, ou por reduções de custos de curto prazo destinadas a produzir lucros trimestrais e a elevação do preço das ações. E, tendo sido promovidos já muitas vezes e sendo vistos como "bem-sucedidos", alguns líderes atuais não estão comprometidos com o autodesenvolvimento e não valorizam o desenvolvimento de terceiros. Alguns deles talvez vejam o ambiente como mais combativo do que colaborativo – a sobrevivência dos mais aptos. Nesse caso, pode ser difícil, para líderes potenciais que queiram seguir o exemplo de excelência da Toyota, saber até mesmo por onde começar.

Você pretende mesmo ser excelente?

A impressão mais viva de Gary em sua primeira visita à Toyota foi a comparação que fez com uma orquestra sinfônica consagrada, com músicos exímios em sua arte executando música da mais alta qualidade. Como comparar trabalhadores horistas no cumprimento de funções curtas, repetitivas, em uma linha de montagem, com músicos desse naipe? Isso é o que a Toyota chama de *monozukuri* – uma paixão sem limites pela inovação e por fazer bem tudo aquilo que se faz. A Toyota é, acima de tudo, uma empresa de produção. Seu valor reside nos produtos que elabora e fabrica, pelos quais precisa ter orgulho de construir e vender.

Seja a sua empresa um hospital atendendo pacientes, um escritório de advocacia representando clientes ou uma concessionária do setor energético iluminando uma cidade, é preciso que essa empresa tenha paixão pela entrega do respectivo valor. Apenas a partir de um ponto de paixão compromissada pode um líder, ou uma empresa, criar uma visão que venha realmente a incentivar e inspirar as lideranças, seja em um plano do tipo Visão Global 2020, de longo prazo, ou um mapa de orientação de prazo mais reduzido para a recuperação, como aquele de que a Dana precisava desesperadamente para sobreviver.

Se você quer começar a trilhar o caminho para a verdadeira liderança Lean, a pergunta mais importante que terá de fazer a si mesmo é: "Eu realmente quero ser excelente?". Se ter sucesso é o suficiente para você, não é preciso tomar a Toyota como modelo. Existem inúmeras formas de alcançar essa meta, obter resultados suficientes para ganhar dinheiro e sobreviver pelo tempo suficiente para conseguir uma aposentadoria digna. Esperamos, porém, que você ambicione um pouco mais que isso: que você esteja disposto a seguir em busca da maestria.

As artes marciais oferecem uma forte metáfora para o papel da maestria na Toyota. O autor Mike Rother usa o termo japonês *kata* para explicar como tornar-se mestre nas habilidades de realizar melhorias e fazer o *coaching* de melhorias em um nível profundo.[1] *Kata* significa literalmente "forma"; porém, em sentido mais amplo, refere-se aos padrões dos movimento precisamente coreografados que são vistos no teatro *kabuki*, no *karate* e na cerimônia do chá. Em todas essas disciplinas, há uma lógica e uma sequência que são seguidas em busca da maestria, sob os olhares vigilantes de um *sensei*. A perfeição, obviamente, é sempre ilusória e algo inalcançável na prática. Mesmo assim, esse deve ser o objetivo – o abandono da busca da perfeição leva sempre a uma espiral descendente.

À medida que as companhias multinacionais e as disciplinas empresariais formais evoluíram, parece que perdemos o desafio e a excitação da maestria pessoal. Embora existam muitos livros e consultores que assessoram empresas quanto à vantagem competitiva e à diferenciação como um conceito, o que parece é que perdemos a meta de incentivar as pessoas a fazer o máximo que puderem. George Leonard, um habilidoso praticante do *aikido*, escreve criticando a "guerra norte-americana contra a maestria", citando a era da televisão, na qual "o consumismo atingiu um domínio sem precedentes sobre nosso sistema de valores", com a vida sendo retratada como uma interminável série de "momentos climáticos", sem que se exija qualquer trabalho ou prática disciplinada nos intervalos para atingir esses resultados.[2]

Robert Thomas realizou uma pesquisa sobre os elementos que produzem líderes altamente eficientes e constatou que esses líderes passaram uniformemente por momentos de definição que desafiaram a convicção central de cada um deles.[3] Foi a forma como pessoalmente processaram esses "eventos essenciais" e aprenderam com eles que passou a diferenciá-los de líderes menos eficientes. Como atletas ou artistas de alto desempenho, eles treinam com o mesmo empenho com que atuam.

Desenvolveram "estratégias pessoais de aprendizado" que proporcionam um regime de treinamento disciplinado para capacitá-los a concretizar suas aspirações. Thomas considera que o principal atributo dos líderes bem-sucedidos é "a capacidade de adaptação: a habilidade de observar e estar sempre aberto a novos aprendizados". E é um "processo contínuo de desafio, adaptação e aprendizado que prepara [os líderes] para a próxima encruzilhada, quando o processo é repetido". A Toyota desenvolveu métodos deliberados para proporcionar essas oportunidades fundamentais de aprendizado e o *coaching* necessário para ajudar os líderes e os membros de suas equipes a atingir a maestria. Ainda assim, um ambiente inspirador não é o bastante – tudo ainda depende do "autodesenvolvimento", uma paixão por aprender e crescer na busca da maestria que é lamentavelmente escassa em muitas pessoas que aspiram a algum tipo de liderança.

Será realmente tão diferente a liderança Lean no Modelo Toyota?

Existe uma diferença fundamental entre a forma de desenvolver líderes que é profundamente enraizada no DNA da Toyota e aquela posta em prática por empresas ocidentais tradicionais. E da mesma forma que *A Máquina que Mudou o Mundo (The Machine that Changed the World)* identificou a "produção Lean" como um novo paradigma da produção, este livro apresentou um novo padrão para o desenvolvimento de lideranças. Resumimos as principais diferenças que observamos na Tabela 7.1, a partir de duas categorias: 1) aquelas relacionadas à forma pela qual os líderes tomam decisões de negócios e resolvem problemas; 2) aquelas relacionadas ao modelo e às motivações de liderança. A Toyota parte de um claro entendimento do "Verdadeiro Norte" e trabalha para aperfeiçoar processos. Um bom processo produzirá repetidamente bons resultados, mas um líder que força um mau processo a produzir os resultados ótimos por ele esperados passa a depender da sorte ou de medidas – como tentar inspecionar a qualidade – temporárias, nenhuma das quais pode ser mantida por um longo tempo. Ainda que muita gente com quem falamos entenda facilmente a diferença conceitual entre um bom processo e um processo ruim que produz resultados apenas a curto prazo, constatamos que poucos são os que realmente aceitam o conceito Toyota de um "bom processo". Muitos executivos ocidentais imediatamente supõem que um bom processo é aquele que não apresenta erros. Em contraste, um bom processo, pelo conceito Toyota, é aquele que antecipa e revela problemas, sem atribuir culpas, e não um processo isento de erros. As pessoas na Toyota aprendem pelo fato de serem repetitivamente confrontadas com problemas reais, não por meio de exercícios elaborados ou aprendizado em sala de aula.

Tabela 7.1 A liderança tradicional ocidental comparada com a liderança Toyota

Líder tradicional ocidental	Líder Toyota
Adoção de decisões e solução de problemas na empresa	
Trabalha para um plano de negócios financeiros	Alcance comandado pela visão do Verdadeiro Norte
Resultados acima de tudo	Processos adequados e objetivos bem definidos levarão aos resultados pretendidos
Gestão pelos números	Entender profundamente o processo no *gemba*
Resultados imediatos, pensamento de curto prazo	Entender profundamente os problemas e sua causa raiz antes de agir
Modelo de liderança e motivos pessoais	
Herói orgulhoso e conquistador	Humilde e disposto a aprender
Foco nos avanços: ascender rapidamente na escala hierárquica a fim de conquistar amplas recompensas e reconhecimento	Foco na maestria: aprender com profundidade e alcance, para então avançar assumindo responsabilidades pelo desenvolvimento próprio e de terceiros
Usar métricas somadas às recompensas e punições para controlar as pessoas	Métricas são objetivos para alinhar pessoas e equipes e motivá-las a atingir os objetivos que ajudaram a criar
Atingir os objetivos usando as pessoas	Desenvolver pessoas para trabalhar com eficiência em equipes voltadas para a resolução de problemas
Relacionamento transacional com a companhia: o que eu posso lucrar aqui?	Relação de comprometimento com a empresa: como poderemos construir algo verdadeiramente grande?

Isso leva naturalmente a diferenças nos papéis e motivos dos líderes. No modelo ocidental tradicional, parece haver uma suposição subjacente de que a maioria dos funcionários se interessa apenas pelas questões pessoais e não tem muita capacidade. Os líderes precisam assumir o peso de pensar pelas massas e manipular as pessoas para que façam as coisas certas por meio de métricas, incentivos e punições. Uma das perguntas com que mais frequentemente nos deparamos diz respeito ao sistema Toyota de incentivos. Essa pergunta subentende que todos, operários e gerentes da mesma forma, devem ser de algum modo subornados se quisermos que atinjam a excelência. Isso tende a ser uma profecia autorrealizável, pois vários estudos já mostraram que, uma vez havendo o domínio de motivadores extrínsecos, as pessoas deixarão de extrair satisfação do exercício de uma atividade, a menos que recebam alguma recompensa tangível e imediata.[4]

O Modelo Toyota, em contrapartida, supõe que as pessoas serão motivadas de muitas formas se tiverem uma clara visão do sucesso, passarem pelo aprendizado das ferramentas de resolução de problemas e participarem da definição de metas e do aprimoramento do seu trabalho. A suposição foi provada por várias décadas de melhoria contínua e por meio de pesquisa extensiva sobre a força motivacional da definição de metas.[5]

A Toyota não usa métricas prioritariamente como uma forma de levar os executivos a impor uma desejada atitude, mas, sim, como meio para que indivíduos e equipes contem com as ferramentas adequadas para avaliar seu próprio desempenho. As métricas são projetadas basicamente para o autodesenvolvimento, não tendo como objetivo principal a supervisão e o controle gerencial. Favorecem uma gestão diária consciente das metas de qualidade, custo e entrega no prazo. A diferença real não reside nas métricas, mas na execução dedicada, breve e repetitiva dos ciclos do PDCA (*Plan-Do-Check-Act*), e para isso os líderes devem atribuir responsabilidades tanto quanto oferecer apoio. Em contrapartida, muitas companhias com as quais já trabalhamos estabelecem um conjunto de métricas como instrumento para que os gerentes exerçam controle quando não estiverem entendendo exatamente o trabalho realizado pelas equipes sob sua supervisão – isso para não mencionar a inexistência de qualquer método sistemático voltado à melhoria desse trabalho.

Não é tão diferente assim dos melhores livros sobre liderança

Temos destacado as diferenças entre a liderança Toyota e aquilo que normalmente vemos nas empresas ocidentais, mas também podemos delimitar muitas similaridades entre a Toyota e as prescrições existentes na melhor literatura ocidental sobre liderança. No Capítulo 3, destacamos como Barry foi apresentado a livros contemporâneos sobre "liderança prestativa" para ajudá-lo a entender o que a liderança no Modelo Toyota realmente abrange. Você também pode ter passado a pensar sobre a liderança Nível 5 a partir da obra *Empresas Feitas para Vencer (Good to Great)*,[6] de Jim Collins, enquanto lia a respeito da liderança Toyota – existem inúmeros pontos em que os conceitos se superpõem, desde a humildade até a paixão por contar com as pessoas certas "a bordo".

Outros leitores podem ter lembrado do livro *Os Sete Hábitos das Pessoas Altamente Eficazes (Seven Habits of Highly Effective People)*,[7] de Stephen Covey. Se você mostrar os sete hábitos de Covey a qualquer líder Toyota, poderá ouvir: "Esses hábitos todos fazem sentido, e eu concordo que é isso que a Toyota sempre está tentando implementar". Entre os hábitos parecidos aos da Toyota que Covey identifica figuram estabelecer metas de longo prazo com base em uma visão do Verdadeiro Norte, usar a visualização, ouvir os outros com a maior atenção antes de emitir qualquer conselho e aplicar uma resolução eficiente de problemas para a cooperação com os outros.

Poderíamos nos alongar nesse sentido. A "liderança situacional"[9] de Ken Blanchard, que destaca a utilização da forma adequada de liderar na situação mais certa, é frequentemente ensinada no âmbito da Toyota da América do Norte para enfatizar que as pessoas precisam da medida certa de apoio e estrutura, um equilíbrio que se ajuste ao seu estágio de desenvolvimento momentâneo. A Toyota luta para ser uma organização de ensino de pensadores de sistemas que se adapte bem ao modelo estabelecido por Peter Senge em seu seminal trabalho *A Quinta Disciplina (The Fifth Discipline)*.[9] A organização do aprendizado de Senge possui cinco estágios: maestria pessoal, desenvolvimento de claros modelos mentais de sucesso, visão compartilhada, aprendizado em equipe e pensamento sistêmico. Esses conceitos são muito similares àqueles que a Toyota se empenha em desenvolver em cada um dos níveis da companhia.

A diferença está no valor cultural atribuído à capacidade em contraposição ao carisma

A Toyota é única não apenas em sua fórmula de liderança, mas também na execução dessa fórmula. Dois são os fatores que, para nós, mais se sobressaem nesse ponto. O primeiro é a notável consistência com que ano a ano, nível por nível, a companhia desenvolve líderes que vivem o Modelo Toyota. Poderíamos selecionar aleatoriamente um grupo de líderes Toyota de diferentes níveis e diferentes países, e com eles ver um forte conjunto de valores comuns em ação (embora certamente fosse manifestar-se alguma variação no nível de competência no Modelo Toyota).

Em segundo lugar, e parcialmente como resultado disso, a liderança Toyota vem evoluindo e se desenvolvendo como um sistema. No momento em que Senge prega tornar-se uma organização de aprendizado, a Toyota, como organização de aprendizado, assimila esses vários métodos e conceitos de liderança em um todo coerente que evolui em ritmo constante. A totalidade desse aprendizado é considerada o DNA da Toyota. Isso, é claro, impõe a pergunta: como foi que a Toyota enraizou seu DNA de maneira tão consistente mesmo passando por tantos diferentes líderes durante tanto tempo?

A maioria das empresas tem alguns líderes realmente eficientes, mas a variação entre diferentes líderes e diferentes pontos na história da companhia é considerável. A norma não é ver grandes companhias continuarem grandes, mas, pelo contrário, regredirem ao *status* comum. Em estatística, isso é chamado de "regressão para a média", e, sem a liderança do Verdadeiro Norte, um grau de reversões de mudanças Lean é quase certo. Por exemplo, o S&P 500 é incrivelmente dinâmico: apenas 86 companhias mantiveram um lugar nesse índice nos primeiros 50 anos (um aniversário que foi comemorado em 2007).

O modelo de desenvolvimento de liderança que explicamos neste livro é o mecanismo que a Toyota desenvolveu (e continua a fazer evoluir) para que o DNA Toyota seja profundamente enraizado em seus líderes. Isso começa com a cuidadosa seleção de novos contratados, os quais são, então, treinados na própria Toyota e selecionados para oportunidades mais desafiadoras com base na liderança demonstrada na prática e no modo como eles aprendem com essas oportunidades.

Uma coisa que a Toyota não seleciona é o carisma. Muitos dos seus melhores líderes, aos olhos de estranhos, certamente jamais passarão de seres humanos extremamente comuns. Praticamente nenhum deles ganharia eleições ou concursos de popularidade. Quando líderes Toyota, o presidente Akio Toyoda entre eles, foram convocados pelo Congresso dos Estados Unidos como parte das audiências sobre os problemas com a aceleração repentina não intencional ocorrida em fevereiro de 2010, eles não receberam cotações elevadas pelo carisma ao enfrentar as perguntas hostis que lhes foram desferidas. A Toyota não tem especial estima pelo carisma. A pessoa mais comum, desde que seja humilde, aceite responsabilidades, esteja disposta a trabalhar em equipe e se mostre aberta ao aprendizado, é a preferida. A empresa valoriza líderes altamente competentes que demonstrem repetidamente sua capacidade – desde que o façam no seu trabalho. É exclusivamente ao comprovar altos índices de competência que os membros das equipes da Toyota têm a oportunidade de avançar para uma posição de liderança. E o que precisam fazer para tanto?

Em primeiro lugar, entender profundamente o trabalho que precisa ser feito. Uma queixa comumente ouvida em muitas companhias é a de que o chefe não entende realmente o trabalho e não merece estar nessa condição. As fofocas no escritório sugerem que ele chegou a tanto em função de conexões políticas, ou por ter sido sempre bom de conversa, ou por ser leal e estar há muito tempo na empresa. A pessoa que se queixa a respeito de tudo isso pode não se dar conta de que assim está longe de se mostrar altamente competente, mas continua sentindo que existe alguma coisa errada. Quando líderes Toyota, como Gary e Marty, são transferidos para outras empresas, como vimos no caso da Dana, normalmente não demoram a encontrar gerentes e executivos que parecem muito aquém da competência exigida pelos padrões Toyota. E, no entanto, esses constituem a maioria dos líderes na maior parte das empresas – dedicados e competentes até certo ponto, mas aquém da excelência ou da maestria. Nunca tiveram o apoio ou a estrutura para aprender a ser algo mais do que isso. Uma companhia como a Toyota, com uma visão *monozukuri* do Verdadeiro Norte, precisa de líderes excelentes que sejam altamente competentes na compreensão do trabalho, e, por isso, ela investe muito tempo e recursos no desenvolvimento de líderes desse padrão, recursos esses que ultrapassam em muito qualquer retorno sobre o investimento (RSI) mensurável.

Em segundo lugar, ir além da compreensão superficial para alcançar a maestria extrema no pensamento Lean. Para adquirir e conservar a competência no Modelo Toyota de liderança, até mesmo executivos seniores precisam "imergir" no *gemba*. Mesmo para pessoas treinadas no Modelo Toyota, pode ser difícil compreender o que significa uma imersão no *gemba* e o que se espera do líder quando ali estiver. O próprio Gary enfrentou muitas dificuldades em seus primeiros anos na NUMMI. Na GM e na Ford, estava habituado a ir à fonte do problema, fazer uma avaliação *direta* de suas dimensões e até mesmo resolvê-lo por sua conta e risco; mas, definitivamente, não é isso que "imersão no *gemba*" significa na Toyota. Os executivos não vão ao *gemba* para resolver os problemas por sua conta e risco; isso seria contraproducente para o desenvolvimento das pessoas. Ir ao *gemba* significa, em vez disso, que o potencial líder vai ao local onde se realiza o trabalho para compreendê-lo a fundo, em primeira mão. Uma vez ali, oferece desafio, orientação e apoio.

Em contrapartida, a cultura ocidental de liderança muitas vezes oferece incentivos sutis para que os problemas sejam evitados. As recompensas pelo enfrentamento de um problema particularmente duro só se materializam quando o gerente obtém sucesso; os riscos e consequências de um fracasso são substanciais. E quando a cultura da companhia é a de "matar o mensageiro", sempre que portador de más notícias, os líderes conseguem, querendo, esconder problemas dos mais diversos tipos durante anos.

Aprofundar-se em uma questão até o ponto exigido para encontrar as causas raízes dos problemas pode ser tarefa estressante, que exige o estabelecimento de um diálogo paciente com os funcionários envolvidos, ao mesmo tempo em que se constrói o nível de confiança indispensável para que estes se disponham a falar honestamente sobre o problema, ainda que isso possa deixá-los em posição vulnerável. Isso não significa que tais conversas sejam abstratas ou evasivas. Qualquer líder na Toyota pode contar histórias sobre ocasiões em que teve seus erros ou fracassos criticados em detalhes dolorosos por um *sensei*.

O costume japonês de evitar situações embaraçosas para que outros possam "salvar as aparências" (*mentsu*) é muito forte nas ocasiões em que se lida com pessoas estranhas à organização, mas o fato é que existe um conjunto muito diferente de regras para tratar internamente com subordinados ou pessoas situadas no mesmo nível hierárquico. Observamos na Toyota que, quando uma questão "está em família", especialmente em reuniões privadas, as discussões podem ser muito diretas, especialmente quando um executivo de nível superior fala com um subordinado. Nessas situações, destacar os pontos fracos no desempenho de um subordinado é tido pelos envolvidos não como um conflito, mas como uma tentativa cuidadosa de ajudar o indivíduo a melhorar, algo semelhante a um "tapa de amor".[10]

Em terceiro lugar, está a paixão pelo Verdadeiro Norte. Trata-se de um conceito importante em tudo o que a Toyota faz, o qual proporciona ao aspirante a líder a fé indispensável para que possa avançar pelo terreno desconhecido de um novo desafio, sem contar com qualquer resposta prévia em vista. É preciso contar com anos de treinamento, orientação do *sensei* e experiência para compreender a fundo a visão de perfeição da Toyota. Além muito mais tempo ainda para aprender a avaliar a situação existente em relação ao Verdadeiro Norte – a lacuna – com sabedoria. A lacuna estará sempre presente porque a perfeição é algo inatingível, mas uma equipe bem orientada e bem liderada, por meio de um processo eficiente de solução de problemas, certamente chegará cada vez mais perto dessa visão.

A liderança Toyota é Gestão por Meios e Resultados

Outro aspecto fundamental da liderança Toyota, que exploramos no Capítulo 5, é o sistema *hoshin kanri*. Na verdade, descrevemos esse sistema como o estágio final da conjugação dos líderes capacitados desenvolvidos em todos os níveis com os objetivos de negócios da empresa, sempre flexíveis em função das mudanças no ambiente.

O *hoshin kanri* sai sempre ganhando em qualquer comparação com as amplamente criticadas práticas da Gestão por Objetivos – GPO (MBO – *Management By Objectives*).[11] O ideal da GPO é empoderar todos os participantes do empreendimento mediante a articulação de metas e objetivos transparentes e permitir que gerentes e trabalhadores, por delegação, saiam a imaginar a melhor maneira de cumprir essa missão. Mensurações concretas de resultados reais comparadas com os resultados planejados são usadas para a avaliação dos funcionários. A teoria é que essa abordagem empodera as pessoas, limita o microgerenciamento e incentiva a responsabilidade: metas positivas e caracterizadoras de uma gestão progressista; logo, metas as quais se deve atingir.

No entanto, por melhores que sejam as intenções, a GPO pode apresentar consequências negativas. Ao ignorar, quase que na totalidade, os caminhos pelos quais gerentes e trabalhadores atingem os objetivos determinados, a GPO cria amplos espaços para consequências não pretendidas. São inúmeros os casos em que a GPO tem como resultado pessoas tomando atalhos para cumprir seus objetivos. Em muitas empresas que utilizam a GPO, os resultados têm importância claramente maior que os métodos – e todo mundo, de um extremo a outro na cadeia de gestão, reage de acordo com essa convicção. (Ver "Por que um foco de curto prazo na redução de custos só serve para anular uma verdadeira transformação Lean".)

Muitas vozes na comunidade Lean já destacaram que a GPO ignora os meios pelos quais os objetivos são atingidos. Como um contrapeso a esse foco desequilibrado, porque centrado apenas em resultados, chegou-se ao desenvolvimento de uma nova tendência, chamada de "Gestão por Meios" – GPM (MBM – *Management By Means*), elaborada sobre a teoria de que, se os gerentes fizerem seu trabalho da maneira certa, os resultados positivos necessariamente aparecerão.[12] Alguns defensores da GPM chegam inclusive ao ponto de desenvolver o "trabalho de gestão padronizada", um conjunto de práticas indicadas para gerentes (como caminhadas diárias no *gemba*, em um percurso padrão pelas diversas funções, para fazer uma lista elaborada de perguntas e oferecer orientação) a fim de garantir que os "meios" adequados de gestão estejam sendo utilizados.[13]

A GPM é uma ideia nobre e reconhece corretamente que muitos executivos estão demasiado focados em alcançar os resultados, sem compreender a fundo os meios necessários para tal, mas na prática as suas limitações são tão sérias quanto as da GPO. Por quê? A resposta é simples: porque, se você não tiver objetivos para obter resultados, não haverá maneira de saber se está buscando esses objetivos da forma certa. A GPM busca refazer o desequilíbrio causado pelo enfoque exclusivo em resultados, mas ao mesmo tempo vai longe demais em direção ao outro extremo. Não estamos tentando justificar uma mentalidade de "resultados a qualquer custo", mas, pelo contrário, argumentando que objetivos e meios estão inseparavelmente interligados.

Não atingir as métricas é fonte de profundo embaraço para um líder Toyota. Você nunca ouvirá um deles dizer: "Não há problema em não termos alcançado os resultados previstos, pois o importante é que trabalhamos para isso da maneira certa". Jeff certa vez perguntou a um gerente geral Toyota que havia sido encarregado de reduzir pela metade o tempo para desenvolver determinada ferramenta de estamparia como ele se sentiria se conseguisse 49% de redução do tempo de entrega. A resposta foi: "Eu certamente perderia muitas noites de sono". Não se trata de meios *versus* objetivos, mas das duas coisas. Um verdadeiro líder Toyota persegue seus objetivos por resultados com toda a sua energia, mas agindo sempre de acordo com o Modelo Toyota.

Não há dúvida de que você poderia ter os objetivos errados, ou que as circunstâncias poderiam mudar, impossibilitando concretizá-los da forma certa. Mas isso se reflete no processo de definição de objetivos. A verdadeira gestão Lean reconhece que o processo de definição de objetivos e a busca desses objetivos não podem ser independentes. Se você não definir os objetivos da forma certa, e se as pessoas não tiverem as habilidades ou a motivação para elaborar um bom plano, não terá a menor relevância saber se sua abordagem de gestão é "por meios" ou "por objetivos".

Como vimos no Capítulo 5, a Visão Global 2010 tinha uma meta de aspirações baseada em seus valores: "Tornar-se a companhia automobilística mais admirada do mundo". Trata-se de um objetivo muito difícil de mensurar, e, por isso, foi traduzido em metas específicas, incluindo, entre outras, uma fatia do mercado global de 15%. Os objetivos do sistema *hoshin kanri* da Toyota sempre começam com resultados e os dividem nível por nível para fábricas (meios) específicas, com métricas destinadas a acompanhar o progresso dos meios, e, com isso, integrar objetivos e meios. A tradução da Visão Global 2010 na América do Norte era estabelecer metas em quatro áreas: desenvolvimento de fornecedores, redução dos custos, desenvolvimento das pessoas e satisfação dos clientes. Já examinamos em detalhes a forma como Gary abordou cada objetivo principal da meta da satisfação dos clientes: reduzir as reclamações relacionadas com a garantia da qualidade em 60%. Tal meta foi atingida por volta do final da década. Não há nada de errado com cada uma dessas metas, e elas foram buscadas em consonância com os valores da empresa.

Acreditamos que a gestão por meios é, de certa forma, uma compensação muito útil pelas décadas do foco exclusivo nos resultados, e que o trabalho padronizado de gestão tem algum valor, mas não o suficiente. Trata-se somente de um primeiro passo, muito pequeno, em direção à transformação de quem o realiza em um líder Lean. Argumentamos no Capítulo 2 que cada membro das equipes Toyota passa por um conjunto básico de passos de desenvolvimento em cada estágio de seu desenvolvimento, seguindo o processo do aprendizado básico ao copiar com exatidão (*shu*), dominar os fundamentos para que se tornem uma segunda natureza (*ha*) e fazer avançar esse domínio a ponto de poder ir além dos fundamentos e improvisar (*ri*).

A gestão do trabalho padronizado é apenas o estágio *shu* do aprendizado. A GPM é somente uma parte do estágio *ha*. Você não atinge o estágio *ri* como líder até que possa consistentemente usar os meios certos e atingir os resultados pelos quais se comprometeu.

No Capítulo 2, empregamos a analogia do trabalho padronizado de gestão como o equivalente funcional de usar rodinhas para aprender a andar de bicicleta. A gestão por equipes, que foca em monitorar pessoas para que sigam o processo adequado, e o trabalho padronizado de gestão cabem nessa metáfora. Eles são os próprios fundamentos de que você precisa se quiser começar alguma coisa. Começar é, naturalmente, necessário, e, portanto, essas ferramentas podem ser úteis e talvez comecem a desviar o foco da gestão voltado puramente para os resultados. Infelizmente, gerentes em números muito significativos não conseguem perceber que se encontram ainda no estágio *shu* do aprendizado, e, por isso, muito cedo deixam de desenvolver suas habilidades. Depois disso, ficam a se perguntar por que não estão vendo os resultados transformadores e revolucionários obtidos pela Toyota e outras companhias que passaram muitos anos desenvolvendo líderes Lean de verdade.

> **Por que um foco de curto prazo na redução de custos só serve para anular uma verdadeira transformação Lean?**
>
> Infelizmente, os executivos seniores de muitas companhias encararam a gestão Lean como um programa de redução de custos, pura e simplesmente. Em primeiro lugar, os encarregados do projeto Lean são dotados de certa liberdade de ação para desenvolver uma visão, elaborar módulos de treinamento, pensar a respeito daquilo que a excelência operacional poderia representar a longo prazo e talvez até dar início a um modelo de projeto. Então as coisas mudam – onde foram parar os dólares? Vimos casos em que essa mudança ocorreu já nos primeiros meses do projeto Lean, depois da realização do primeiro evento *kaizen* ou do início do primeiro programa de treinamento. O CEO deixa, então, muito claro que espera um retorno financeiro do projeto Lean até o final do ano.
>
> Como mencionamos, fazer o Lean da maneira certa e economizar dinheiro não são objetivos antiéticos – eles podem ser buscados simultaneamente. A palavra operacional é: *podem*. Com demasiada frequência, quando as ordens para economizar dinheiro são recebidas da alta gerência, os líderes Lean entram em pânico. Eles demitem o *sensei* e deixam de focar o desenvolvimento a longo prazo de pessoas – a ordem é: mãos à obra para cortas os custos. E corte de custos significa "dólares de fato", o que quase sempre resulta em corte de pessoal – realize eventos Lean para reduzir o pessoal. Ao longo deste livro, destacamos o desafio e os recursos exigidos para criar uma verdadeira cultura de melhoria contínua. Determinações da alta gerência para reduções de custos imediatas em geral eliminam esse investimento na cultura para o futuro e acabam arruinando a confiança do trabalhador. Como resultado, o Lean se transforma em mais um programa de ferramentas para cortar custos.

A liderança Lean é a força que permite à Toyota adaptar-se às grandes mudanças no ambiente

Liker e Ogden analisaram a resposta da Toyota às recentes crises detalhadamente em *A crise da Toyota*,[14] e nós resumimos a reação da Toyota à crise do *recall* no "Prólogo" deste livro. Mas *A crise da Toyota* discorre também sobre a Grande Recessão e, vale a pena notar, sobre a abordagem incomum e quase única utilizada pela Toyota para enfrentar ciclos econômicos como o colapso financeiro.

Durante os mais recentes *booms* econômicos, a mídia foi generosa em proliferar histórias sobre as ostentosas regalias proporcionadas pelas grandes empresas a seus funcionários. Fossem elas gratificações em dinheiro, opções em ações ou mesmo refeições gratuitas em restaurantes de luxo, o padrão não mudava: com os cofres abarrotados e enfrentando um mercado de trabalho reduzido, muitas eram as companhias que pregavam o valor de investir nos funcionários e de pagar-lhes gordas compensações. Muitos CEOs tornaram-se assunto de brilhantes perfis publicados em revistas da área de economia que destacavam seu compromisso com as pessoas e com uma liderança não convencional.

Então vieram os tempos difíceis. Funcionários que pouco antes tinham até cansado de ouvir que constituíam o ativo mais valioso das empresas viram-se repentinamente jogados na rua aos turbilhões. Muitos líderes "não convencionais" descobriram-se também convencionalmente eliminados do cronograma organizacional. Aqueles que conseguiram manter seus empregos foram os que mais rapidamente se transformaram em cortadores de custos padrão. Há sempre todas as razões para manifestar ceticismo em relação aos pronunciamentos laudatórios de liderança em uma companhia que se mostra bem-sucedida em uma década de lucratividade geral. É fácil falar de estilos de liderança que valorizam consenso, trabalho de equipe e paciente investimento no desenvolvimento de novos líderes quando uma empresa está ganhando dinheiro rapidamente.

Existe um antigo provérbio segundo o qual o caráter da pessoa revela-se na forma como ela age quando ninguém a está observando. Para líderes e empresas, de certa forma, dá-se o contrário. O caráter da liderança é revelado quando todos a estão observando – no resultado final. Os psicólogos nos dizem que os traços mais permanentes de nossa personalidade são revelados quando estamos sob pressão. Da mesma forma, o que uma empresa pensa realmente a respeito da liderança revela-se quando está sob pressão. A Grande Recessão, pois, é uma lente perfeita por meio da qual delimitar a abordagem de liderança da Toyota. Isso é particularmente verdadeiro porque a Toyota contava mais de 50 anos consecutivos de lucros em seu currículo quando foi obrigada a admitir seu primeiro prejuízo anual, no exercício fiscal de 2008. O Modelo Toyota de liderança se sustenta quando a companhia está sob pressão? Como a Toyota aborda a liderança durante uma crise? A resposta sucinta: quando os tempos são difíceis, a Toyota não se aferra à sua abordagem de liderança: ela coloca o pé no acelerador.

A Grande Recessão não foi a primeira experiência da Toyota com um ambiente desafiador, já que a companhia costuma fazer uso de desafios como uma oportunidade para cultivar líderes. O desafio é o primeiro dos cinco valores fundamentais do Modelo Toyota. E isso não ocorre por acidente.

Quando inventou um tear automático na empobrecida região rural do Japão, Sakichi Toyoda fundou a Toyota em um ambiente muito mais desafiador que aquele que enfrentaria na moderna recessão. Poucos anos depois de Sakichi ter pedido a seu filho, Kiichiro, para iniciar uma empresa automobilística, a inexperiente operação foi forçada a enfrentar a devastação da Segunda Guerra Mundial. Décadas mais tarde, a Toyota, como todas as companhias japonesas, foi severamente atingida pelo embargo do petróleo de 1973; o Japão era inteiramente dependente das importações de petróleo. De cada um desses desafios, contudo, a companhia emergiu mais forte do que antes.

Como temos insistido, o Sistema Toyota de Produção (STP) cria desafios todos os dias, propositalmente. Esses desafios diários ajudam a companhia a combater a complacência e oferecem oportunidades de treinamento para os líderes emergentes. Em outras palavras, a Toyota fala sério quando se dispõe a enfrentar os desafios com espírito criativo e muita coragem – somente os líderes que encaram os desafios como oportunidades (e, por causa do STP, eles têm inúmeras ocasiões para colocar isso em prática) ascendem na hierarquia organizacional. Um velho provérbio japonês diz que "cada erro é um tesouro", o que significa dizer que falhas e erros constituem repositórios de oportunidades para identificar a causa raiz de um problema e aprimorar o sistema a fim de prevenir que o mesmo problema se repita no futuro.

Desafios gerados internamente, sejam eles o resultado da liderança *kaizen* e do STP ou das metas de expansão delineadas pelo conselho de administração, como dobrar a participação de mercado para 15%, são muito diferentes das grandes mudanças ambientais, como as recessões globais. Durante as últimas duas décadas, a Toyota contou com uma margem de segurança nos desafios que enfrentou. Se a companhia não concretizou plenamente seus objetivos, mesmo assim ela manteve a liderança em sua indústria, ganhando fatias de mercado e lucros significativos e superando seus competidores em qualidade e produtividade. O desempenho da Toyota no tocante ao cumprimento de objetivos e à constante elevação do nível dos desafios é impressionante, sobretudo se levarmos em conta a tentação muito humana à complacência. Mas a verdade é que não há margem de segurança quando os preços do aço e do petróleo dobram em seis meses e, então, cada país desenvolvido do mundo entra em recessão profunda praticamente ao mesmo tempo.

Sobreviver e prosperar em meio a mudanças tão rápidas quanto essas exige mais do que líderes fortes na alta gerência da empresa. É que existem peças móveis demais em uma companhia global, mesmo em uma companhia com um décimo das proporções da Toyota, para que se possa depender de uma liderança vinda exclusivamente da alta gerência. Cada líder em toda a companhia precisar estar pronto e preparado para reagir depressa aos grandes desafios e a participar da mobilização da organização para adaptar-se a um ambiente em constante mutação.

Em certo sentido, é difícil escrever sobre o modo como a liderança Toyota se adapta aos desafios de uma grande crise, simplesmente porque a Toyota não reage aos grandes desafios pedindo aos líderes que passem a atuar de maneira diferente do habitual. Como um atleta campeão em sua categoria que reage a uma derrota eventual, a Toyota enfrenta um contratempo fazendo um pouco mais do que já fazia bem – só que um pouco melhor, e com um foco ainda mais intenso. Reagir rápido a grandes mudanças implica promover mais autodesenvolvimento, e não menos; exigir maior desenvolvimento de outros, e não apenas o sacrifício dos funcionários; oferecer mais apoio ao *kaizen* diário, e não cancelar as atividades *kaizen*; conduzir o *hoshin kanri* mais depressa e mais profundamente, a fim de olhar para o futuro, em vez de ficar fixado na crise do momento. Na verdade, os setores de engenharia e produção da Toyota não fecharam uma sequer de suas fábricas, não demitiram nenhum de seus trabalhadores regulares (ainda que os temporários tenham sido dispensados), continuaram a investir significativamente mais que seus concorrentes em P&D (embora tenha havido alguma contenção de custos) e aproveitaram a oportunidade para construir fundações mais sólidas para o futuro.

As fábricas da Toyota foram atingidas de forma mais grave pela recessão simplesmente porque havia menos trabalho a ser feito. Nos Estados Unidos, fábricas que produziam veículos maiores e de alto consumo de combustível foram especialmente atingidas, pois um grande aumento no preço dos combustíveis no verão de 2008 precedeu a recessão.

A fábrica da Toyota em Princeton, Indiana – a TMMI –, fora inaugurada em 1996 e logo se tornara a joia da coroa da lucratividade na América do Norte. A TMMI fabricava o grande SUV Sequoia, a *minivan* Sienna e os caminhões Tundra. Entre 2000 e 2008, conquistou os prêmios J. D. Power na categoria qualidade inicial em todos os anos, exceto 2003. A produção teve seu ponto alto em 2005, quando a fábrica finalizou 370 mil veículos. Quando a alta do preço dos combustíveis explodiu no final da primavera de 2008, o número das vendas dos veículos grandes desabou com maior rapidez do que em qualquer outra ocasião anterior. No verão, ficou claro que os estoques de Tundra e Sequoia estavam perigosamente elevados, levando à decisão (tomada tarde demais, segundo os padrões Toyota) de suspender a produção desses veículos, por completo, durante três meses, bem como de fechar uma das duas linhas de montagem da fábrica (a linha da *minivan* Sienna continuou ativa). Mesmo depois que a linha de montagem voltou a operar, quando o peso maior da recessão se fez sentir, a produção anualizada no final de 2008 havia declinado em 48% na comparação com o ano anterior.

Todavia, mesmo no período em que a linha de montagem permaneceu parada, a Toyota não demitiu qualquer de seus funcionários formais (foram suspensas as contratações temporárias e as horas extras). Durante aquele período de três meses, 1.800 membros das equipes compareceram ao trabalho na fábrica de Indiana sem que qualquer atividade se desenvolvesse em uma das duas linhas de montagem. Em vez disso, eles participaram de intenso treinamento e *kaizen*. Após o fechamento da fábrica, com a recessão reduzindo o volume das vendas em 50 a 60% relativamente aos níveis anteriores durante mais de oito meses, a fábrica foi dividida em dois grupos que se revezavam na linha de montagem realizando treinamento e *kaizen*.

Qualquer pessoa a quem já tivesse sido dada a oportunidade de realizar treinamentos organizacionais, deixada sozinha durante três meses por seus méritos, tenderia a perguntar como a Toyota sabia que investir no treinamento produziria algum tipo de retorno. Afinal de contas, exercícios de treinamento sem alvos concretos logo se tornam burocráticos e sem propósito – uma oportunidade para os funcionários tirarem uma soneca e bocejarem à vontade, não necessariamente para aprender qualquer coisa que possam algum dia pôr em prática.

A fim de combater essa tendência, a TMMI integrou o treinamento em sala de aula com *kaizen* direto em projetos dirigidos pelos integrantes das equipes com apoio de instrutores, e com isso adiantou seus objetivos *hoshin kanri* em um ano. A fábrica usou uma maquete de tamanho real de uma linha de montagem que funcionava continuamente para que as equipes pudessem contar com experiência de trabalho direto enquanto as linhas verdadeiras estavam paralisadas. Mais de 120 líderes de grupos e gerentes foram formados como instrutores no Modelo Toyota, em todas as ferramentas básicas do STP e em resolução de problemas. Membros das equipes foram incentivados a aplicar o treinamento em sala de aula imediatamente e a acompanhar os processos que estavam praticando com toda a rigidez. Dessa forma, estavam revisitando o estágio *shu* do aprendizado, em que a adesão irrestrita aos processos padrões deveria ser desenvolvida. Objetivos concretos foram estabelecidos para a melhoria da segurança, qualidade e produtividade ao final dos três meses, a fim de dar aos integrantes das equipes um objetivo com o qual pudessem comparar seu desempenho.

Uma das constatações formalizadas em relação a Indiana foi que o *hoshin kanri* não havia chegado com eficiência ao nível de grupo de trabalho. Líderes de grupos e líderes de equipes não haviam sido formalmente treinados em PNT antes da recessão, e embora os membros das equipes tivessem realizado bastante *kaizen*, nada dele era ligado aos objetivos *hoshin* da administração superior. Assim, um dos principais focos nesse período concentrou-se no desenvolvimento de um "sistema de desenvolvimento de gestão de chão de fábrica" para cada grupo (com base em um quadro de métricas visuais) que seria operacional em toda a fábrica e deveria elencar objetivos em todos os níveis.

Todo o investimento no desenvolvimento das pessoas acabou se pagando a curto prazo. A fábrica conseguiu muitos milhões de dólares em economia de custos; lançou um novo produto (o Highlander), fazendo ela mesma boa parte do trabalho que normalmente teria sido terceirizado; e elevou a qualidade, a segurança e o moral das equipes a um nível inteiramente novo. A TMMI estabeleceu um novo padrão de redução do número admissível de defeitos mínimos a cada centena de veículos produzidos em uma fábrica da América do Norte. Naturalmente, esse investimento todo ainda terá retornos mais significativos no longo prazo.

Quando a crise do *recall* se fez sentir e a demanda viu-se temporariamente reduzida, e mais tarde, quando o pior terremoto do século no Japão isolou a produção de fornecedores responsáveis por 500 das peças para a Toyota, a mesma receita foi seguida – *kaizen* e treinamento, bem como trabalho voluntário em projetos comunitários. Proteger os empregos durante épocas difíceis e contribuir para a comunidade parecem circunstâncias naturais para os líderes Toyota, que internalizaram profundamente as filosofias de contribuir para a sociedade e de assegurar o bem-estar dos integrantes das equipes da companhia.

Começando a jornada

Ao longo de várias décadas, a Toyota – e isto ninguém questiona – desenvolveu uma sólida cultura orientada por uma filosofia especial de liderança, mas o que isso significa para outras companhias com culturas muito diferentes? Vimos que a Toyota conseguiu ensinar e adaptar seus modelos de liderança à cultura norte-americana e, na verdade, às culturas de todos os países em que possui fábricas, P&D e operações de vendas. Pode ser igualmente reconfortante saber que a Toyota está longe de ser, e de se considerar, perfeita – de fato, esse é o ponto de partida de todo *kaizen*. Demos exemplos de deficiências ao longo deste livro, as quais existem inclusive na TMMK, cuja liderança e cultura Gary precisou reconstruir em um momento em que a fábrica tinha externamente a reputação de ser uma instituição modelar. Ninguém na Toyota acredita que a companhia tenha agido com perfeição em sua resposta à crise do *recall*. Uma profunda reflexão durante e depois dessa crise expôs sérios pontos fracos que teriam levado a grandes problemas no futuro. A Toyota se pôs a resolver essas fraquezas e suas causas raízes por meio de inúmeras contramedidas. Se a companhia, que, conforme argumentamos, dispõe de um excepcional sistema para o desenvolvimento de líderes e uma sólida cultura de melhoria contínua, sofreu com graves deficiências em várias épocas e locais, é provável que cada empresa venha a enfrentar desafios semelhantes, quando não maiores. A capacidade da Toyota no sentido de suplantar suas deficiências quando estas se fazem sentir é o motivo que nos leva a crer que vale a pena aprender alguma coisa com seu modelo de liderança.

Dessa forma, como poderá alguém que não faça parte da Toyota dar início à jornada rumo à adoção de uma abordagem sistemática para se transformar em verdadeiro líder e poder desenvolver outras pessoas no mesmo sentido? Sob muitos aspectos, você já deu início a essa jornada. O fato de ter lido este livro indica uma inclinação para o autodesenvolvimento e para a identificação de lacunas entre sua situação atual e aquela que pretende alcançar. Agora, é preciso determinar qual o desafio a ser enfrentado a seguir.

A identificação dos desafios adequados só pode começar quando você tem uma visão de intransigente excelência e uma avaliação muito honesta das condições atuais de sua empresa. A lacuna entre a visão ideal e a situação atual ajuda na identificação dos problemas em torno dos quais você e outros líderes poderão concentrar seus esforços para se autodesenvolverem, desenvolverem outros e promoverem a melhoria contínua mediante mudanças grandes e também pequenas. Esse processo de identificar a lacuna entre o estado atual e o estado ideal irá se repetir muitas vezes na vida de uma companhia e na carreira de um pretendente a líder.

Você pode então considerar de outra forma nosso modelo diamante de desenvolvimento de liderança e tratá-lo como um diagnóstico para a sua organização:

1. *Existe uma visão compartilhada do Verdadeiro Norte na sua organização?*
Acreditamos que, na maioria das empresas, a resposta a essa pergunta seja "não". O que existe é uma declaração de propósitos, ou documento parecido, em algum lugar, mas trata-se de algo tão geral que logo perde qualquer significado. A visão precisa ser algo em que se possa acreditar, praticar e reforçar em termos concretos, à medida que o trabalho for executado. Como salientamos no caso da Dana, a visão deveria enquadrar-se no nível de maturidade da organização. Quando a organização não conta com maturidade de liderança para sustentar visões sérias de 10 anos, um conjunto de princípios operacionais de curto prazo com objetivos claros para indicadores-chave de desempenho poderá representar um bom ponto de partida.

2. *Temos em nossos quadros líderes dispostos a assumir desafios com uma disposição proativa e prontos para seu autodesenvolvimento?*
A meta do longo prazo é ter todos os líderes – na alta gerência, na base e em todos os demais pontos da organização – envolvidos com o autodesenvolvimento. Como já destacamos, o autodesenvolvimento não significa que você tenha de fazer isso sozinho; essa é uma função fundamental que um *sensei* poderá ensinar e orientar. Infelizmente, poucas empresas de médio e grande portes contam com *senseis* em número suficiente para comandar o trabalho de orientação que seria necessário para dar início à missão em todos os lugares e ao mesmo tempo. Nesse caso, precisaremos de uma abordagem mais centralizada. Algumas companhias começaram orientando os líderes seniores e os fazendo passar pelo *kaizen* na prática. O modelo que Gary utilizou na TMMK, levando líderes de nível médio e superior aos fornecedores para conduzir eventos *kaizen* e em seguida responsabilizando-os pela aplicação do que haviam aprendido em seus departamentos profissionais, é uma abordagem diferente. Ainda assim, existem outras empresas que desenvolveram uma "linha piloto", que envolve a transformação de uma peça significativa em um fluxo de agregação de valor, ou até mesmo uma planta piloto que

sirva de exemplo de como proceder para outras plantas. Seja qual for o seu ponto de partida, o principal é perceber que se trata apenas de um começo na jornada para um ciclo de aprendizado que se aprofunda e se difunde.[15]

3. *Estarão os líderes em todos os níveis assumindo suas funções como instrutores, desenvolvendo outros para exercerem a liderança no futuro?*

   Começar o processo do autodesenvolvimento é um desafio, mas de certa forma trata-se de algo simples, comparado com o processo de transformar líderes que aprenderam durante décadas a tomar decisões em instrutores que devem orientar outros nesse caminho. Aprender a conter o impulso de propor soluções foi, talvez, a lição mais difícil para Gary, e é algo em que ele continua a trabalhar até hoje. E o que Barry estava realmente aprendendo com a "liderança prestativa" é que precisava focar em desenvolver os outros, em vez de fazer uso da sua autoridade para dar ordens. Isso exige maturidade e disciplina em altas proporções. O ponto de partida é deixar clara a expectativa de que os líderes desenvolverão outros e fazer disso parte da sua atual avaliação e *feedback* de desenvolvimento.

4. *Estão os líderes em todos os níveis fazendo uso de um rigoroso processo para resolver os problemas adequados, passo a passo?*

   Estamos falando aqui de algo mais que um processo intelectual de conhecer as etapas. A solução de problemas de causa raiz envolve tendências comportamentais fundamentais. É natural propor "soluções" para que você possa ver "resultados" imediatos. O processo PDCA (*Plan-Do-Check-Act*) concentra a maior parte dos esforços no planejamento e então passa a destacar que o processo não estará concluído enquanto não fizermos a Verificação ("*Check*") e começarmos o planejamento de ações complementares. "Fazer" ("*Do*") é no máximo um passo entre oito. Infelizmente, fazer para obter resultados é o que move a maioria dos líderes. Ensinar a solução de problemas que mantenha o "fazer" na perspectiva adequada precisa tornar-se o foco do treinamento e desenvolvimento em andamento em qualquer companhia que pretenda aprender alguma coisa com a Toyota.[16]

5. *A companhia dispõe de um ambiente em que metas comuns para a melhoria são fomentadas e boas ideias para atingir essas metas são compartilhadas em toda a organização?*

   Já destacamos que a natureza do *hoshin kanri* evoluirá à medida que a organização igualmente evoluir. No começo, como vimos no caso da Dana, a ênfase quase sempre precisa concentrar-se no modo como podemos estabelecer as metas adequadas na alta gerência e, a partir daí, mensurar e recompensar o atingimento dessas metas. O ponto mais importante a respeito do *hoshin kanri* é a relevância de ter bons planos para atingir as metas em cada um dos níveis da organização. Gary e sua equipe fizeram isso na Dana, ao insistir com os relatórios A3 dos planos de cada diretor de fábrica, para que pudessem avaliar e apresentar as devidas críticas a esses mesmos planos. O *hoshin kanri* é uma ferramenta de desenvolvimento de liderança, não apenas uma ferramenta para alcançar metas de negócios. Se os líderes desenvolverem e seguirem bons processos de solução de problemas, a realização dos objetivos empresariais se dará com maior naturalidade.

6. *Costumamos aproveitar os grandes desafios do nosso ambiente para fortalecer nossas lideranças e nossa empresa em função de uma visão de longo prazo?* Infelizmente, a maior parte das companhias que estudamos recentemente "desperdiçou uma boa crise", na definição de Rahm Emmanuel.[17] Elas entraram em pânico e começaram a desmembrar suas organizações, deixando-as, assim, em posição frágil demais para voltar aos negócios fortalecidas quando a economia como um todo se recuperar. O desafio reside no fato de que uma crise tende a salientar as tendências existentes, o que dificulta, para qualquer empresa, a tentativa de começar a construir uma cultura de excelência em meio a uma recessão. A Toyota aproveitou as crises da recessão, terremoto e *recall* como oportunidades para desenvolver ainda mais seu pessoal e a própria companhia. A Dana contratou líderes que já eram bem desenvolvidos no Modelo Toyota para transformar o que poderia ter sido quase que exclusivamente negativo em um começo positivo da construção de fundamentos para a excelência. Outras companhias têm agora uma oportunidade de construir a capacidade de enfrentar o próximo grande *tsunami* que atingir a economia mundial.

Necessidade de um *sensei*

Gostaríamos muito de entregar a você um mapa da jornada da liderança Lean. O trabalho padronizado de liderança parece um bom caminho, o que representa um alento. Como treinamos líderes? Quanto tempo leva esse treinamento? Qual é o *mix* ideal de treinamento em sala de aula e trabalho prático? De quantos eventos *kaizen* o CEO deveria participar pessoalmente? Poderíamos ir longe com perguntas semelhantes, para as quais a melhor resposta não vai além do insatisfatório "depende...".

Não existe livro de receitas capaz de fazer surgir uma liderança Lean no Modelo Toyota, mas sugerimos que as seis perguntas feitas na seção anterior deste livro venham a ser repetidas à medida que você avançar na sua jornada de desenvolvimento como líder. Seria muito bom não precisar de um *sensei*, mas a cultura, as convicções e os hábitos da administração no Modelo Toyota correm no sentido contrário ao dos valores centrais e comportamentos rotineiros das companhias que seguem o seu modelo, e por isso o *coaching* é necessário se você quiser realmente ser bem-

-sucedido na formação de uma nova cultura. Felizmente, na Toyota, existem guias para ajudar líderes novos e aspirantes a percorrerem todo esse processo. Esses guias são veteranos que vivem os princípios de liderança Toyota há 20 ou 30 anos. Na Dana, o número de pessoas com esse nível de capacidade de pensamento era escasso no começo, e por isso Gary teve de recrutar pessoal no mercado e agir ele mesmo como um *sensei*. Para muitas empresas, obter lideranças treinadas nesse estilo significará contratar um consultor como *sensei*, ou mesmo mais de um.

Isso talvez pareça um conselho interesseiro para que se contratem consultores Lean. Mas não estamos sugerindo nada disso. Na Dana, Gary limitou deliberadamente o número de consultores ao mínimo possível e concentrou seus esforços em contratar especialistas como gerentes e executivos. A utilização dos serviços de consultores foi principalmente uma forma de testar a capacidade desses especialistas antes de sua contratação.

Tradicionalmente, o papel dos consultores é elaborar um projeto e definir um plano de ação. Em resumo, o consultor está pensando pelo cliente. Muitos "consultores Lean" seguem essa prática: declaram ter experiência em métodos Lean e garantem que conseguem eliminar o desperdício, abordagem que poderá proporcionar rápidos benefícios financeiros e até mesmo certo grau de aprendizado. Mas, invariavelmente, a maior parte do aprendizado permanece com os consultores, e aquilo que eles deixam com quem os contratou é, no mínimo, muito frágil. Cuidado, portanto, com consultores espertos que exibam ostensiva confiança em entregar ao cliente em dificuldades uma agressiva "proposta de valor". Entregar essa proposta de valor em um curto período de tempo normalmente significa que os consultores precisam agir rapidamente – a antítese da boa prática Lean, que tem por base a descoberta das causas raízes e das melhores soluções, bem como o compartilhamento de lições para a melhoria contínua. O consultor de soluções rápidas não tem tempo para deixar o pessoal interno debater-se com um desafio e aprender as boas práticas. Já estivemos em muitas companhias que contrataram consultores externos para liderar eventos "relâmpago" que apresentaram ótimos resultados no curto prazo, embora os processos que colocaram em prática não fossem sustentáveis. Quando a ênfase é no Fazer (Do), o ciclo do PDCA sempre acaba se rompendo.

Um bom *sensei*, em contrapartida, atuará principalmente como os *coaches* internos na Toyota. Apresentará desafios e percorrerá o processo inteiro com os líderes, no qual os questionará, além de lhes fazer sugestões e deixar que travem seus próprios embates. Ele se recusará a assumir o controle e pensar pela companhia. Semeará o processo de desenvolvimento da liderança interna para encontrar um número razoável de pessoas capazes de desenvolver-se, além de as incentivar a aprender umas com as outras e então esperar que desenvolvam outras, as quais, por sua vez, deverão manter o ciclo do aprendizado. A medida do valor do *sensei* é quanto sua organização está aprendendo e como ela desenvolve seus líderes internos para que venham a se tornar instrutores. Se os executivos seniores contratarem o *sensei* e se entregarem à passividade, esperando que a organização apresente mudanças, o processo certamente fracassará. É impossível delegar o autodesenvolvimento. Somos seguidamente perguntados como uma companhia consegue "sustentar os ganhos" do Lean. Um bom *sensei* sabe que não são os ganhos o que você deseja sustentar; pelo contrário, são os processos interconectados do desenvolvimento de pessoas e do desenvolvimento de processos que precisam ser apoiados e sustentados.

Não é preciso esperar pelo CEO perfeito

O que acontece quando você se encontra em um nível intermediário da empresa? Ou quando o seu CEO acredita que a chave para motivar os funcionários é promover uma cultura de sobrevivência dos mais aptos, e não de desenvolvimento mútuo? Esta é, na verdade, a situação reinante na maioria das grandes organizações.

Nossa resposta é que, seja qual for a situação, você pode começar a agir. E é verdade: já vimos muitos diretores e gerentes se apaixonarem pelo Modelo Toyota e passarem a aplicar seus valores nas suas respectivas áreas de influência. No livro *O Modelo Toyota de Melhoria Contínua*,[18] figuram exemplos de dois líderes no nível de vice-presidente executivo que realizaram transformações culturais com êxito em suas respectivas partes da empresa sem contar com forte apoio do CEO ou do resto da companhia. Lembre que a boa resolução de problemas sempre reconhece as restrições existentes, e existem muitas contramedidas possíveis no âmbito dos seus limites, qualquer que seja a situação que está enfrentando. Sugerimos que você trabalhe com aquilo que controla e se transforme em modelo para os demais.

Tente. Reflita. Tente um pouco mais. Se tiver a oportunidade de recrutar um *sensei*, não o deixe escapar. Sempre há algo mais a aprender. E o sucesso geralmente desperta atenção e interesse positivos. Mesmo que um dia você deixe a empresa em que trabalha em troca de algo que entenda ser mais compatível com seus valores (como Gary fez quando trocou a Ford pela Toyota), você estará em melhores condições de seguir em frente pelo fato de ter trabalhado seu próprio entendimento como um líder.

Usar a Toyota como modelo exige um comprometimento de liderança além daquele que a maioria das empresas exige e proporciona. Não se trata de um programa com um ponto de partida e uma linha de chegada definidos. O autodesenvolvimento e o desenvolvimento de outros constituem uma jornada para toda a vida, uma jornada sem fim.

Você está pronto para o desafio?

Notas

Prólogo

1. Uma completa análise da reação da Toyota à Grande Recessão e à crise do *recall* pode ser encontrada em Jeffrey Liker e Timothy Ogden, *A Crise da Toyota: Como a Toyota Enfrentou o Desafio dos Recalls e da Recessão para Ressurgir Mais Forte* (Porto Alegre: Bookman, 2012).
2. Não é correto afirmar que não houve demissões em parte alguma da Toyota. Na Toyota Motor Sales, houve demissões de operadores de carga durante a recessão. E a NUMMI foi fechada, ainda que fosse uma afiliada, não uma fábrica Toyota.
3. Andrea Tse, "2010 U.S. Auto Recalls", *The Street*, 28/06/10.
4. A visão pode ser encontrada em <http://www.toyota-global.com/company/vision_philosophy/toyota_global_vision_2020.html>.

Introdução

1. Jesse Snyder, "Ford Scores Tumble, Toyota Rebounds in Initial Quality Survey", *Automotive News*, 23/06/11. Disponível em: <http://www.autoweek.com/article/20110623/CARNEWS/110629937>.
2. Jeffrey Liker e James Franz, *O Modelo Toyota de Melhoria Contínua* (Porto Alegre: Bookman, 2013).

3. Geert Hofstede, Gert Jan Hofsteede e Michael Minkov, *Culture and Organizations: Software for the Mind*, 3. ed. (Nova York: McGraw-Hill, 2010).
4. Samuel Smiles, *Self Help* (1859; West Valley City, Utah: Waking Lyon Press, 2006).
5. O nome da família Toyoda escreve-se com a letra *d*. Toyota Motor Company é escrito com *t* por vários motivos: quando se escrevem os símbolos japoneses para Toyota, a versão com um *t* leva oito pinceladas, e isso é um símbolo de sorte; essa fórmula é visualmente mais simples; inclui uma consoante muda em vez de uma aguda, o que parece mais agradável para o ouvido. Além disso, a família Toyoda quis manter certa distância da empresa automobilística.
6. Em 1971, o psicólogo E. L. Deci resumiu pesquisas que demonstraram esse efeito negativo aparentemente contraintuitivo das recompensas explícitas. [E. L. Deci, "Effects of Externally Mediated Rewards on Intrinsic Motivation", *Journal of Personality and Social Psychology 18* (1971); 105-115.] Um estudo mais recente examinou jogos de computador. As pessoas em um grupo de controle simplesmente se dedicavam aos jogos e se divertiam, e por isso continuavam a jogar. As pessoas no grupo experimental eram pagas para jogar e, logo que o pagamento cessava, paravam de jogar [Brian Tietje, "When Do Rewards Have Enhancement Effects?" *Journal of Consumer Psychology 12*, n. 4 (2002): 363-373].
7. Jeffrey Liker e Michael Hoseus, *A Cultura Toyota: A Alma do Modelo Toyota* (Porto Alegre: Bookman, 2009).

Capítulo 1

1. Esta história é extraída das memórias inéditas de Akira Yokoi, escritas vários anos antes de seu falecimento e intituladas "Fighting the Three River Kings: Project Files of Indonesia, Australia and Europe".
2. C. K. Prahalad, *A Riqueza na Base da Pirâmide* (Porto Alegre: Bookman, 2010).
3. Jeffrey Liker e Timothy Ogden, *A Crise da Toyota: Como a Toyota Enfrentou o Desafio dos Recalls e da Recessão para Ressurgir Mais Forte* (Porto Alegre: Bookman, 2012).
4. Os conceitos desta seção são extraídos de um documento interno da Toyota, intitulado *O Modelo Toyota 2011*. Ele foi criado sob a orientação de Fujio Cho, sendo também o primeiro documento impresso com os princípios do Modelo Toyota.
5. Jeffrey Liker e Michael Hoseus, *A Cultura Toyota: A Alma do Modelo Toyota* (Porto Alegre: Bookman, 2009).
6. Liker e Ogden, *A Crise da Toyota: Como a Toyota Enfrentou o Desafio dos Recalls e da Recessão para Ressurgir Mais Forte* (Porto Alegre: Bookman, 2012).

7. A Toyota já havia introduzido com sucesso o STP na TABC, uma fábrica do sul da Califórnia que fabricava assoalhos de caminhões, mas era uma operação muito menor e mais simples.

Capítulo 2

1. Esta e a citação da abertura foram retiradas de *The Doctrine of the Mean*, escrita pelo neto de Confúcio, Zisi. A tradução para o inglês é de William Theodore De Bary *et al.*, *Sources of Chinese Tradition*, vol. 1, 2. ed. (Nova York: Columbia University Press, 2000).
2. John H. Berthrong e Evelyn Nagao Berthrong, *Confucianism: A Short Introduction* (Oxford, Reino Unido: Oneworld Publications, 2000).
3. Malcolm Gladwell, *Outliers: The Story of Success* (Nova York: Little Brown, 2008).
4. Jeffrey Liker e Michael Hoseus, *A Cultura Toyota: A Alma do Modelo Toyota* (Porto Alegre: Bookman, 2009).
5. Geoff Calvin, *Talent Is Overrated: What Really Separates World-Class Peformers from Everybody Else* (Nova York: Portfolio, 2008).
6. Jeffrey Liker e David Meier, *O Talento Toyota: O Modelo Toyota Aplicado ao Desenvolvimento de Pessoas* (Porto Alegre: Bookman, 2008).
7. Dori Digenti, *Zen Learning: A New Approach to Creating Multiskilled Workers*, Center for International Studies, Massachusetts Institute of Technology, working paper MIT JP 96-29, 1996. Digenti analisou a abordagem zen do ensino no contexto da cultura japonesa, referindo-se a ele como "aprendizado zen".
8. Mike Rother, *Toyota Kata: Gerenciando Pessoas para Melhoria, Adaptabilidade e Resultados Excepcionais* (Porto Alegre: Bookman, 2010).
9. Uma detalhada descrição do processo de treinamento no chão de fábrica pode ser encontrada em Liker e Meier, *O Talento Toyota*, e em Calvin, *Talent Is Overrated*.
10. Ver, por exemplo, Gladwell, *Outliers*, e Calvin, *Talent Is Overrated*.
11. H. Dreyfus e S. Dreyfus, *Mind Over Machine* (Nova York: Free Press, 1982).
12. Cabe observar, de passagem, que aqueles que pensarem que podem fazer os sistemas de sugestão trabalharem melhor oferecendo pagamento cada vez maior por sugestões entenderam tudo errado. Pela perspectiva da Toyota, recompensas afastam o foco do autodesenvolvimento e o concentram em fazer o sistema trabalhar em benefício do ganho financeiro pessoal. Recompensas são uma forma de dar preponderância àqueles que trabalham para servir a si próprios, e não àqueles que trabalham pelo autodesenvolvimento.

13. Jeffrey Liker, *O Modelo Toyota: 14 Princípios de Gestão do Maior Fabricante do Mundo* (Porto Alegre: Bookman, 2005).
14. Em poucos casos, funcionários dos altos escalões do governo, como do Ministério de Comércio e Indústria Internacional (MITI), passaram a fazer parte da Toyota e do conselho de administração. De outra forma, os membros do conselho na Toyota são vice-presidentes executivos ou ocupam posições mais elevadas e que passaram a carreira toda com a companhia.
15. Liker e Meier, *O Talento Toyota: O Modelo Toyota Aplicado ao Desenvolvimento de Pessoas* (Porto Alegre: Bookman, 2008).
16. James Morgan e Jeffrey Liker, *Sistema Toyota de Desenvolvimento de Produto* (Porto Alegre: Bookman, 2008).

Capítulo 3

1. Para um excelente tratamento sobre a maneira correta de usar relatórios A3 para o *coaching* e o desenvolvimento de pessoas, ver John Shook, *Managing to Learn* (Cambridge, Mass.: Lean Enterprise Institute, 2009).
2. Atualmente, trata-se do Toyota Production System Support Center (Centro de Apoio ao Sistema Toyota de Produção), e em 2011 tornou-se um centro não lucrativo que destina metade de seus esforços a empresas do setor privado, a maioria das quais sem nenhuma relação com a Toyota, e metade a outras instituições filantrópicas nas áreas de assistência à saúde, educação e caridade.
3. Na verdade, mesmo no auge da crise do *recall*, os norte-americanos não se mostravam completamente autossuficientes – quase 25 anos depois do estabelecimento da NUMMI. Um resultado da crise do *recall* foi a decisão de apressar o processo da autossuficiência regional e instalar mais funcionários norte-americanos em funções de liderança nos altos escalões.
4. Robert Greenleaf, *The Power of Servant Leadership* (San Francisco: Berrett-Koehler, 1998).

Capítulo 4

1. Rensis Likert, *The Human Organization: In Management and Value* (Nova York: McGraw-Hill, 1967).
2. Jeffrey Liker, *O Modelo Toyota: 14 Princípios de Gestão do Maior Fabricante do Mundo* (Porto Alegre: Bookman, 2005).
3. Este almoxarifado de peças de reposição e grande parte da Toyota na América do Norte ficaram familiarizados com o conceito de "liderança situacional" ensinado

por Ken Blanchard [Ken Blanchard, Eunice Parisi-Carew e Donald Carew, *The One Minute Manager Builds High Performing Teams* (Nova York: William Morrow, 2009)]. O tipo certo de liderança precisa ser usado para a situação adequada. Nos primeiros estágios de um novo grupo, precisa-se de liderança proativa; à medida que o grupo evolui, a liderança vai se tornando mais de apoio; e, finalmente, grupos maduros podem operar com relativa autonomia.

Capítulo 5

1. Exemplos de formatos que podem ser usados para esse propósito são encontrados em Thomas L. Jackson, *Hoshin Kanri for the Lean Enterprise* (Nova York: Productivity Press, 2006), e Pascal Dennis, *Getting the Right Things Done: A Leader's Guide for Planning and Execution* (Cambridge, Mass.: Lean Enterprise Institute, 2006).
2. E, é claro, historicamente, o conselho foi quase inteiramente composto de japoneses do sexo masculino, algo que esperamos modificar no futuro.
3. Quando Gary era vice-presidente executivo de produção na América do Norte, foi o primeiro executivo norte-americano da produção a assumir uma posição executiva desse nível na Toyota Motor Corporation (TMC). Jim Press, o antigo presidente da Toyota Motor Sales North America, foi o primeiro norte-americano a se tornar membro do conselho de administração da TMC.
4. Uma descrição detalhada do FMDS e de como se relaciona com o planejamento *hoshin* na TMMK aparece no Capítulo 15 de Jeffrey Liker e Michael Hoseus, *A Cultura Toyota: A Alma do Modelo Toyota* (Porto Alegre: Bookman, 2009).
5. Ver, por exemplo, <http://www.resourcesystemsconsulting.com/blog/archives/102>.

Capítulo 6

1. Jeffrey Liker e Timothy Ogden, *A Crise da Toyota: Como a Toyota Enfrentou o Desafio dos Recalls e da Recessão para Ressurgir Mais Forte* (Porto Alegre: Bookman, 2012).
2. Compromissos são indicadores tipicamente financeiros negociados com os credores durante a etapa da falência. No caso da Dana, por exemplo, um dos compromissos estipulava que a empresa deveria gerar fluxo de caixa pelo menos duas vezes maior que os pagamentos de juros sobre sua impressionante dívida. E logo ficou evidente que, com a recessão, isso não seria possível na rapidez estabelecida nos compromissos.

3. Jeffrey Liker e David Meier, *O Modelo Toyota: Manual de Aplicação* (Porto Alegre: Bookman, 2007), Capítulo 4.
4. A organização matriz na produção é descrita em Jeffrey Liker e Michael Hoseus, *A Cultura Toyota: A Alma do Modelo Toyota* (Porto Alegre: Bookman, 2009), e, em desenvolvimento de produtos, em James Morgan e Jeffrey Liker, *Sistema Toyota de Desenvolvimento* (Porto Alegre: Bookman, 2008).
5. Liker e Ogden, *A Crise da Toyota: Como a Toyota Enfrentou o Desafio dos Recalls e da Recessão para Ressurgir Mais Forte* (Porto Alegre: Bookman, 2012).
6. Jeffrey Liker, *O Modelo Toyota: 14 Princípios de Gestão do Maior Fabricante do Mundo* (Porto Alegre: Bookman, 2005).
7. O TSSC é o Centro de Apoio do Sistema Toyota de Produção, um subproduto da Divisão de Consultoria de Gestão de Operações da Toyota no Japão. Esse foi o grupo que ajudou Gary a treinar gerentes da TMMK, como discutimos no Capítulo 3. O consultor que o TSSC enviou foi Jamie Bonini, subgerente geral do TEMA, que havia sido contratado por Gary na TMMK quando exercia ali a presidência.
8. Para uma discussão do papel da linha piloto e das vantagens da profundidade em relação ao alcance na implementação, ver a Seção Três de Jeffrey Liker e James Franz, *O Modelo Toyota de Melhoria Contínua* (Porto Alegre: Bookman, 2013).

Capítulo 7

1. Mike Rother, *Toyota Kata: Gerenciando Pessoas para Melhoria, Adaptabilidade e Resultados Excepcionais* (Porto Alegre: Bookman, 2010).
2. George Leonard, *Mastery: The Keys to Success and Long-Term Fulfillment* (Nova York: Penguin Books, 1991).
3. Robert J. Thomas, *Crucibles of Leadership: How to Learn from Experience to Become a Great Leader* (Cambridge, Mass.: Harvard Business School Press, 2008).
4. Daniel Pink, *Drive: The Surprising Truth about What Motivates Us* (Nova York: Riverhead Trade, 2011).
5. Edwin A. Locke e Gary P. Latham, *Goal Setting: A Motivational Technique That Works* (Englewood Cliffs, N.J.: Prentice-Hall Trade, 1984).
6. Jim Collins, *Good to Great: Why Some Companies Make the Leap... and Others Don't* (Nova York: HarperBusiness, 2001).
7. Stephen Covey, *The 7 Habits of Highly Effective People*, rev. ed. (Boston: Free Press, 2004).

8. Ken Blanchard, Eunice Parisi-Carew e Donald Carew, *The One Minute Manager Builds High Performance Teams* (Nova York: William Morrow, 1991).
9. Peter Senge, *The Fifth Discipline: The Art and Practice of the Learning Organization*, rev. ed. (Nova York: Crown Business, 2006).
10. Chun-Chi Lin e Susumu Yamaguchi, "Japanese Folk Concept of Mentsu: An Indigenous Approach from Psychological Perspectives", em G. Zheng, K. Leung e J. Adair (eds.), Documentos selecionados do 17º Congresso Internacional da *International Association for Cross-Cultural Psychology*, edição *on-line*, 2004; <http://ebooks.iaccp.org/xian/TOC.htm>.
11. George S. Odiorne, *Management by Objectives: A System of Managerial Leadership* (Nova York: Pitman Pub., 1965).
12. H. Thomas Johnson, *Profit beyond Measure* (Nova York: Free Press, 2008).
13. Joe Murli, "Integrating Leader Standard Work with Visual Management Tools", arquivo no formato PDF obtido do Lean Enterprise Institute, 2011; <http://www.lean.org/downloads/lei_dec_9_visual management.pdf>.
14. Jeffrey Liker e Timothy Ogden, *A Crise da Toyota: Como a Toyota Enfrentou o Desafio dos Recalls e da Recessão para Ressurgir Mais Forte* (Porto Alegre: Bookman, 2012).
15. Esse processo de aprofundamento e ampliação é detalhadamente debatido no Capítulo 18 de Jeffrey Liker e Michael Hoseus, *A Cultura Toyota: A Alma do Modelo Toyota* (Porto Alegre: Bookman, 2009).
16. Rother, *Toyota Kata: Gerenciando Pessoas para Melhoria, Adaptabilidade e Resultados Excepcionais* (Porto Alegre: Bookman, 2010).
17. Ex-chefe de gabinete do presidente Barak Obama; <http://online.wsj.com/article/SB122721278056345271.html>.
18. Jeffrey Liker e James Franz, *O Modelo Toyota de Melhoria Contínua* (Porto Alegre: Bookman, 2013). No Capítulo 8, um exemplo de um vice-presidente que transformou o laboratório clínico e patológico no Henry Ford Health System, e, no Capítulo 11, um exemplo de um vice-presidente que transformou uma organização de engenharia em um fornecedor da indústria automobilística.

Índice

5S, 188, 194, 199, 201

A

A3, solução de problemas, 84-85, 87-88, 103, 188-200, 208, 232
Aceleração repentina não intencional (SUA, xxix, xxx, xxxviii, 219 (*ver também* crise do *recall*)
Adaptabilidade, 14
Adaptador, controle de velocidade, xxxiv
Alinhamento de objetivos (*ver também hoshin kanri*; criação da visão)
    na liderança tradicional, 26-28
    visão geral, 35-37
AlliedSignal, 2-3, 197, 204
Ambientais, mudanças, 37-38, 226
Andon, 25, 99, 105, 111, 129, 198-199
Aprendizado, 44-52 (*ver também Shu ha ri*)
    ciclos de, 44-47, 67-69
    organizações de, 217-218
Assédio sexual, 92-93
Atitude, testes de, 44
Autodependência, 163-166
Autodesenvolvimento, 41-78
    a vontade do líder pelo, 43-44
    abordagem do "nadar ou afundar" *vs.*, 43-44
    e ciclos de aprendizagem repetidos, 44-47
    e confucianismo, 41-43
    e liderança na NUMMI, 72-75
    em liderança tradicional, 26-28
    importância do, 75-76, 213
    na Dana Holding Corporation, 200, 202-203
    o potencial do líder para o, 41-44
    shu ha ri no (*ver shu ha ri*)
    visão geral, 34-36
Automatização, 117

B

Bafunno, Norm, 155
Barker, Joel A., 135

Benchmarking, 163-166
Blanchard, Ken, 218
Bryant, Marty, 104-105, 184-185, 187-190, 192, 196-198, 200, 205, 219
Budismo, 39-47

C

Capacidade *vs.* carisma, 218-221
Capacidade, excesso, 178
Catch-ball, processo, 140-141, 153-154, 169, 190-191
Central Motors, 114-117, 120, 132, 164
Centro Técnico Toyota (TTC), 167
Centro Toyota de Apoio aos Fornecedores (TSSC), 89-90, 202-203
Cho, Fujio, 53, 106, 148-149
Clientes, queixas dos, xxxvii-xxxviii
Collins, Jim, 217
Confiança, 190-197
Confucianismo, 39, 42
Confúcio, 41-43
Congresso dos Estados Unidos, xxix, 219
Conselho de administração, 143-149
Constand, George, 207-208
Consultores, 232-234
Consumer reports, xxx, 2
Contratando, 68-69
Convis, Gary
   confrontação de problemas de qualidade por, 23-26
   contratação de, 72-75
   e autossuficiência, 163-164
   e conselho de administração, 144-145
   e desenvolvimento de liderança, 39-40
   e desenvolvimento no emprego, 65-66
   e *hansei*, 62-65
   e *hoshin kanri* interorganizacional, 166-168
   e *kaizen*, 35-36, 125-126, 128
   e *minomi*, 114-116, 120-121
   e modelos de liderança, 28-29
   e Stephen St. Angelo, 98-99
   e Yuri Rodrigues, 53-55
   engajamento no *catch-ball* por, 154-157
   na Toyota Motor Manufacturing Kentucky, 59, 88-90, 106-107
   primeira visita à fábrica eficiente da Toyota, 56-58
   primeiras experiências na NUMMI, 82-89, 95-96, 219-220
   rebaixamento na NUMMI, 12-110
   trabalho na Dana Holding Corporation (*ver* Dana Holding Corporation)
   tropeços na NUMMI, 61-62
Covey, Stephen, 217
Crise da Toyota, A (Liker e Ogden), 224
Crises, 28-30
Cultura, 3-5
   japonesa, 13-14, 40, 47-48, 50, 102, 147, 212
Curto prazo,
   mudanças de, 223-224
   redução de custos de, 8-9
Custo de conversão de fábrica, 183-184
Custos, redução de, 8-10

D

Dana Holding Corporation, 37-38, 171-209
   construindo confiança na, 190-197
   cultura da responsabilidade na, 180-183
   efeitos da recessão na, 172-174
   estabelecendo Sistema de Operações Dana, 179-181
   implementado Sistema de Operações Dana, 196-205
   indicadores-chave de desempenho na, 177-178, 182-187, 189-190, 202-204
   líderes em autodesenvolvimento na, 185, 187-188
   reestruturação na, 174, 176-177
   sobrevivência da, 176-179
   valor das ações da, 205-206
   visão geral, 172-173
   visão na, 179-181
Dedo, Jacqui, 176

Deming, W. Edwards, 39, 86, 142
Desafio(s)
　como valor central da Toyota, 153-154, 225-226
　constantemente avançando, 68-72
　espírito de, 31, 153
　fortalecendo liderança com, 231-231
　identificação de, 229-230
Desenvolvimento
　modelo de, 181, 212, 219
　no emprego, 64-68
Desperdício
　como algo inevitável, xxxviii-xxxix
　na Dana Holding Corporation, 192-193
　reduzindo o montante de, 80-81
Devine, John, 173, 176, 178, 205
"Diagnósticos de processos", 125-126, 128-131
Diamante, Modelo (desenvolvimento de liderança), 34, 230
Dreyfus, modelo de aprendizagem, 51-52
Drucker, Peter, 109, 120

E

Eficiência, 60
Emanuel, Rahm, 232
Empilhadeiras, 114-115, 118-119
Energia, 124-131
Engenharia, mudanças, xxxvii-xxxviii
Ensino no modelo tradicional, 50-52
Equipe de trabalho, 32-33
Equipes de Resposta Rápida às Análises do Mercado (SMART), relatórios de, xxxviii
Especializado, estágio de aprendizado, 51-52
Estágio
　avançado de aprendizado, 51-52
　competente de aprendizado, 51-52
　iniciante de aprendizado, 51-52
　proficiente de aprendizado, 51-52
Estamparia, 117-118, 136, 159, 222
Estoque, 79-82
Estrutura organizacional matricial, 181-183
Estruturas enxutas, 95
Excelência, 213-215
Expectativas, 102-107
Experts, opiniões de, 143-145, 203
Exponent, xxx

F

Fifth Discipline, The (Senge), 218
Filosofia operacional padrão, 177-178
Flynn, Bob, 194, 196
Focos, objetivos de, 11
Ford, 1-2, 11, 19, 23-26, 30, 36, 39, 64, 72-73, 75, 83, 102, 124, 173, 176, 220, 234
Ford, Henry, 39, 113
Fornecedores, xx, 118-119
Fracasso, aprendendo com o, xxv-xxvi
Funções redundantes, 177-178

G

Gates, Bill, 4
GE, 3
Gemba
　definida, 21
　identificando desperdício, 76
　imersão no, 219-220
　passando tempo no, xxxiii-xxxiv
　supervisão de caminhadas, 76-78
Genchi genbutsu, xx-xxxiv, 32, 59-60
　e o conselho de administração, 146-147
　garantindo a possibilidade de, xxxvii
　na Dana Holding Corporation, 187
　propósito do, 21
　valor do, 85-86
General Motors (GM), 16, 18, 25, 39, 56, 67 (*ver também* NUMMI – New United Motor Manufacturing, Inc.)
Gestão
　diária, 157-158
　horizontal, 90-95
　pela qualidade total, 3
　por Meios (GPM, ou MBM), 221-222

por Objetivos (GPO ou MBO), 138-143, 169-170, 220-222 (*ver também hoshin kanri*)
  reduzindo, 133
Gibson, Dave, 197
Gladwell, Malcolm, 43
Globalização, 39
GLs (líderes de grupos), 120-124
GM (*ver* General Motors)
Good to Great (Collins), 217
Gráficos, 103, 105, 139, 155, 157-158, 160, 171 (*ver também yamazumi*, gráficos)
Gráficos x, 160
Grupos de trabalho, 120-124
  autonomia dos, 135-136
  líder de grupo do, 120-121
  líderes de equipes em, 120-121
  membros de equipes em, 120-121
  no processo *hoshin kanri*, 141-143, 156-158

H

Hansei (reflexão), 62-64
Honda, 1
Hoshin kanri, 36-37, 135-170
  acordando alvos em, 153-157
  como processo poderoso, 168-169
  definido, 136-137
  e incentivos, 158
  evolução do, 231-232
  Gestão por Objetivos *vs.*, 138-143, 169-170, 220-222
  interorganizacional, 166-169
  na Dana Holding Corporation, 176-177, 190-191
  na Toyota Motor Manufacturing Indiana, 228-229
  objetivos em, 222-223
  planos intermediários em, 148-151
  processo de, 141-143
  timing para, 151-153
  Visão Global 2010, exemplo, 142-143, 147-152, 163-166
  visões de longo prazo em, 148-151

I

Iitaka, Rikio, 54
Ikebuchi, Kosuke, 83
Inaba, Yoshimi, xxii, xxxviii
Incentivos, 32-33, 158, 215-217
Independente, 177
Indicadores-chave de desempenho (KPIs)
  na Dana Holding Corporation, 177-178, 182-187, 189-190, 202-204
  padronização dos, 163-164
Indonésia, 21-23, 28, 30, 33,
Iniciativas do topo à base, 112-113, 136
Inovação, 115-117, 148, 152-153
Instrumentos à prova de erros, 198
Intel, 164
Intermediários, planos, 148-151
Interno, *benchmarking*, 163-166
Ir ao local e ver (*ver Genchi genbutsu*)
Ito, Fumitaka, 85

J

J. D. Power, 2, 94, 227
Jackson, Don, 92, 94
James, Wil, 125-126, 128-129, 131
Javid, Vahid (V. J.), 114-120, 123-124, 132, 164
Jidoka, 82-83, 198-199, 201
Jishuken, 76
Jobs, Steve, 43
Jones, Cheryl, 92-93
Just-in-time, produção
  e entrega, 118
  no Sistema de Operações Dana, 198
  no STP, 81-83
  processos na, 79-80
  risco com, 58-59

K

Kaizen, 109-133
  de processo, 89-90
  diário, 176-177
  do sistema, 89-90

e fracasso da liderança, xxxii-xxxiii
e *hoshin kanri*, 161
e trabalhadores temporários, 123-125
em grupos de trabalho, 120-124
em liderança tradicional, 26-27
em treinamento, 65-66
eventos, 76
inovação por meio do, 136
na Dana Holding Corporation, 176-179, 188-193, 195-196, 203
na Toyota Motor Manufacturing Indiana, 154-155, 228-229
na Toyota Motor Manufacturing Kentucky, 89-90
sobre, 31-32, 35-36, 110-114
suporte, 124-131
Kanban, 57, 99, 133, 202
Kata, 47, 214
Kato, Masayuki, 21, 32-33
Kijang, automóvel, 23, 28,
Kopkowski, Ed, 197-198

L

LaHood, Ray, xxx
Lao-Tsu, 211
Lean, liderança (*ver também* liderança no Modelo Toyota)
 importância da, xxxix-xl
 kaizen para, 121, 123
 métricas, 10-11
 outros modelos de liderança *vs.*, xxvi
 produção, 2-3
 Seis Sigma, 2-3
 focos, 6-9
Leazier, Denny, 194, 196
Leonard, George, 214
Levin, Marc, 176
Liderança
 definida, 21
 e *kaizen*, 119-125
 fracassos, xxv-xxvi
 papel da, 13-15
 prestativa, 99, 102-103, 217, 231
 situacional, 217-218
 tradicional, 24-29, 215-221
 treinamento de, 88-90
 vertical da base ao topo, 115, 136
 visão norte-americana da, 25-26
Liderança, desenvolvimento do modelo de (*ver também* componentes específicos do modelo, p. ex., autodesenvolvimento)
 métodos em, 174-175
 visão geral, 34-38
Liderança no Modelo Toyota, 21-40, 211-234
 adaptando-se à mudança ambiental com, 223-229
 aprendendo com, 38-40
 como gestão por meios e resultados, 220-225
 desenvolvimento da, 29-31 (*ver também* modelo de desenvolvimento de liderança)
 efeitos das crises sobre a, 28-30
 excelência como componente da, 213-215
 história da, 21-25, 38-39
 jornada inicial em direção à, 229-234
 liderança tradicional *vs.*, 24-29, 215-221
 necessidade de *sensei* em, 231-234
 norte-americana, gestão, 109, 119, 187, 216
 STP (*ver* Sistema Toyota de Produção)
 valores centrais da, 30-34
Líderes
 de equipes, 120-124
 de grupos, 120-124
 tipo T, 90-94, 146
Liker, Jeff, 3, 15-16, 39, 49-50, 57, 132, 139, 222
Likert, Rensis, 121
Linha piloto, 202-203
Longo prazo, visões de, 141-149, 179-181
Los Angeles Times, xxix

M

Manutenção, *kaizen* de, 35-36, 110-112
Marcin, Bob, 176

MBM (Gestão por Meios), 222
MBO (*ver* Gestão por Objetivos)
McKee, Brandt, 184-185, 187, 190, 200, 205
Mead, Margaret, 113
Meier, 77
Melhorando o *kaizen*, 35-36, 111-112
Melhores práticas, 143, 163-165, 201
Melhoria contínua, 135
Membros de equipes (grupos de trabalho), 120-124
Mentsu, 220
Metas da produtividade, 153-157
Métricas, 11-12 [*ver também* Indicadores--chave de desempenho (KPIs)]
   para a Dana Holding Corporation, 176, 181-188
   em Gestão por Objetivos, 138
   organização de, 157-159
   na liderança Modelo Toyota, 217
Mídias, 31-32
Minomi
   adoção de, 163-164
   desenvolvimento de, 113-115
   e objetivos compartilhados, 136
   elementos de, 115-119
   Lean, 10-11
Miyadera, Kazuhiko, 49-50, 52
Modelo de gerenciamento "pino de ligação", 121-123
Modelo Toyota 2001, O, 30-31, 106
Monozukuri, 148, 213, 219
Moralidade, 41-42
Motorola, 3

N

Nader, Ralph, 79
"Nade ou afunde", abordagem, 44, 79
NASA, xxix-xxx, xxxiii, 189
National Highway Traffic Safety Administration (NHTSA), xxix, xxx, xxxiii-xxiv
Negociação, 153-154
Nemawashi, 147

New United Motor Manufacturing, Inc. (*ver* NUMMI)
NHTSA (*ver* National Highway Traffic Safety Administration)
Niimi, Atsushi, 151
NUMMI (New United Motor Manufacturing, Inc.)
   "rebaixamento" de Gary Convis na, 109-110
   como baixa da crise econômica, 17-18
   contratempos na, 61-62
   desafios na, 112-114
   história da, 39-40
   lançamento do novo Corolla na, 166
   primeiras experiências de Gary Convis na, 82-89, 95-96, 114
   seleção de liderança para, 72-75, 77-78
   treinamento na, 66-68
   visão geral, 11, 24-25

O

Objetivos, 156-157, 231-232
Objetivos, compartilhados, 136 (*ver também* Gestão por Objetivos – MBO)
Ocidental, cultura, 50, 62-63
Ogden, Timothy, 224
Ohno, Taiichi
   criação do STP, 8-9
   e desafios, 70, 72
   papel de *sensei* de, 52-54
   sobre desperdício, xxxix
   sobre princípios do STP, 79-82, 107
Okamoto, Seizo, 64
Okuda, Hiroshi, 145, 149
Operações norte-americanas, 151-152, 163-164
Orientando (*coaching*) e desenvolvendo outros, 35-36, 79-108
   como responsabilidade compartilhada, 101
   comprometimento com, 95-101
   e líderes tipo T, 90-95
   e membros da equipe que agregam valor, 102-103

e o Sistema Toyota de Produção, 80-84
e solução de problemas A3, 84-85, 87-88
estrutura para, 88-90
gestão visual em, 103-106
Outliers (Gladwell), 43

P

PDCA (*Plan-Do-Check-Act*), *loops* de aprendizagem, 68-69
PDCA, ciclo (*ver* ciclo *Plan-Do-Check-Act*)
 peças, gestão de, 113-114 (*ver também minomi*)
 perfeição, 81-82, 111-112 (*ver também* Verdadeiro Norte)
Plan-Do-Check-Act (PDCA), ciclo, 39, 68-69, 107, 113, 120, 142-143, 164, 169, 217, 231, 233
Planos anuais, 141-142, 147, 151
Platt Brothers of England, 5-6
PNT (Práticas de Negócios Toyota)
 como competência central, 91
 visão geral, 84-87
Positivismo científico, 9-10
Power of Servant Leadership, The (Greenleaf), 102
"Prática profunda", 45-46
Práticas de Negócios Toyota (PNT)
 como competência central, 91
 visão geral, 84-87
Produção, líderes em, 52-53
Promoções
 e trabalho de equipe, 33
 processos para, 70, 72-73
Prusac, Conrad, 73

R

"Raízes profundas", 90-91
Recall, crise do, xxvii-xxxi, xxxvii-xxxix
 efeitos da, 228-229
 recuperação da, 29-30
 resposta à NHTSA, xxxii-xxxiv
Recessão
 e adaptação à mudança, 37-38

e respeito, 32-33
e superprodução, xxvii, xxxiii
efeitos da, xxvi-xxviii, 28-30, 206-207, 223-225
Recompensas, sistemas de, 10-11
Recursos humanos, 11-13
Reduções de garantias, 166-169
Reich, Mark, 160
Relações trabalhadores-administração, 11-12
Repetidos ciclos de aprendizagem, 44-47
Resolução de problemas
 A3, 84-89, 188-189, 200, 202
 na Dana Holding Corporation, 202-203
Respeito, 32-34, 194-196
Responsabilidade, 103-104, 180-181
 demonstração de, pela Toyota, 148-149
 expectativas em relação à, 109-110
 importância da, 45-46
 pelo desenvolvimento, 99, 101-102
Retorno sobre o investimento (RSI), 8-10
Retrocesso, 7
Revisões dos avanços, 141-143
Rodrigues, Yuri, 54-56, 131
Rother, Mike, 47, 214

S

S&P 500, 218
Seis Sigma, 3-4, 6, 26, 111, 123, 197, 204
Self Help (Smiles), 5
Senge, Peter, 218
Sensei
 atendimento individual pelo, 83-84
 confusão de conceitos sobre, 66-67
 e *hansei*, 62-63
 e liderança, 79-80
 e STP, 83-84
 estabelecimento de objetivos pelo, 83-84
 na Dana Holding Corporation, 176-177
 necessidade de, 231-234
 observação aprofundada pelo, 59-62
 papel do, 44-46, 50-52

supervisão de caminhadas no *gemba*, 77-78
Seven Habits of Highly Effective People (Covey), 217-218
Sharpe, Barry, 75, 102-103, 124, 217, 231
Shingo, Prêmio, 4
Shu ha ri, 47-73
   desafios firmemente crescentes em, 67-73
   e *hansei*, 62-65
   e liderança, 50-53
   e no desenvolvimento no emprego, 64-68
   e trabalho padronizado, 56-59
   exemplo de sucessos com, 53-57
   modelo Dreyfus *vs.*, 51-52
   no treinamento de liderança, 97-98
   possibilidade cultural de transferência do, 50-52
   prática do, 48-50
   processo de desenvolvimento em, 83-84, 222-224
   profunda observação do, pelo *sensei*, 59-62
   propósito do, 90
   sobre, 47-49
Sindicatos, 24, 193-194
Sistema de desenvolvimento de gestão de chão de fábrica (FMDS), 157-158, 228-229
Sistema Toyota de Produção (STP)
   adaptando o Sistema de Operações Dana a partir do, 180-181, 198
   criação de, 52-53
   desafios no, 225-226
   desenvolvimento do, xix, xxvi-xxvii, 3
   e *recalls*, xxviii-xxxi
   e treinamento de liderança, 88-90
   ensinando, 187-191
   gestão de peças e entrega na, 113-114
   implementação do, nos Estados Unidos, 39-40
   mudança pela implementação, 7-8
   na Toyota Motor Manufacturing Kentucky (TMMK), 95-96
   orientando (*coaching*) e desenvolvendo outros com, 79-84
   princípios do, 5-6, 107
   trabalho padronizado no, 49-50
Sistemas de sugestão, 59
SMART (Equipes de Resposta Rápida às Análises do Mercado), relatórios de, xxxviii
Smiles, Samuel, 5
Smith, Joel, 67, 73
Solução Prática de Problemas (*ver* Práticas de Negócios Toyota – TBP)
Spicer, Clarence, 172
St. Angelo, Stephen, 75, 98-99, 108

T

Talento Toyota, O (Liker e Meier), 47, 77
Takt
   em gráficos *yamazumi*, 155-156
   no Sistema Toyota de Produção, 79-81
Tanguay, Ray, 163
Taoísmo, 39
Taylor, Frederick Winslow, 9, 11
Terman, Lewis, 43
Terremoto no Japão, região leste xxx-xxxiii, 1, 8, 29-30, 33, 191-192, 211, 229, 232
Thomas, Robert, 214-215
TMMI (*ver* Toyota Motor Manufacturing Indiana)
TMMK (*ver* Toyota Motor Manufacturing Kentucky)
TMS (Toyota Motor Sales), 17, 133, 167-168
Toyoda, Akio, xxvi, xxxv-xxxix,
   e conselho de administração, 144-145
   e focando os elementos básicos, 17
   nomeação como presidente, 149-150
   sobre administração sênior, 1
   sobre *genchi genbutsu*, 21
   sobre líderes no exterior, xxxvi-xxxviii
Toyoda, Kiichiro, 6, 31, 82, 225

Toyoda, Sakichi
  e cultura Toyota, 3-7
  e desafio, 31
  e *jidoka*, 81-82
  e Visão Global 2010, 147-148
  fundação da Toyota, 225-226
Toyoda, Shoichiro, 145
Toyota Motor Manufacturing Indiana (TMMI)
  autonomia na, 164-166
  história da, 226-229
  hoshin kanri na, 153-158
Toyota Motor Manufacturing Kentucky (TMMK)
  adaptando *minomi* para, 115-117, 120
  assédio sexual na, 105-107
  e treinamento de liderança, 84-90
  hierarquia de posições na, 95-96
  posição de Gary Convis na, 59, 74-75
  posição de Marty Bryant na, 104-105
  sistema de desenvolvimento de chão de fábrica na, 157-158
  Sistema Toyota de Produção na, 125-126, 128
Toyota Motor Sales (TMS), 19, 167-168
Toyota, 1-20 (*ver também* títulos específicos)
  como modelo de liderança, 14-17
  desafios na, 17-19
  e a cultura japonesa, 12-14
  e aplicação de metodologia Lean, 11-12
  e redução de custos, 8-10
  fracasso de outras empresas na tentativa de copiar, 11-12
  história da, 1, 3-7, 225-226
  liderança única na, 4-7
  lucros da, 1-2
  métricas Lean na, 10-11
  mudanças na companhia, xxv-xxvi
  práticas da gestão de recursos humanos, 11-13
  prêmios de qualidade e segurança ganhos pela, xxxi
  registro do acompanhamento da qualidade na, 2-3
  focos de Lean na, 6-9
  sistemas de recompensas na, 10-11
  valores da, xxiii, xl
  visão mundial da, 9-11
Trabalho B, 124-125
Trabalho padronizado
  definido, 49-50
  durante o estágio *shu* do aprendizado, 223-224
  e *shu ha ri*, 56-59
  importância do, 76-77
  na Dana Holding Corporation, 188-189
Treinamento
  e ciclos repetidos de aprendizado
  e recessão, xxvii-xxviii
  kaizen no, 65-66
  liderança, 88-90
  programas para, 95-96
Treinamento na Indústria (TWI – *Training Within Industry*), 39
TSSC (Centro Toyota de Apoio aos Fornecedores), 89, 202
TTC (Centro Técnico Toyota), 167

U

Uchiyamada, Takeshi, 146

V

Verdadeiro Norte
  como objetivo final, 14-15, 17
  e bons processos, 215
  em sua empresa, 230
  estoque zero como parte do, 79-80
  importância do, 218-221
  perseguição do, 110-111, 136
  possibilidade de chegar ao, xxxix-xl
  visão geral, 35-36
Vertical, gestão, 90-95
Visão de médio prazo, 179-181

Visão Global 2010, 143, 148, 150-152, 163, 166, 222-223
Visão Global 2020, 143, 145, 214
Visão, criação (*ver também* Alinhamento de Objetivos; *hoshin kanri*)
em liderança tradicional, 28
longo prazo, 142-149, 179-181
visão geral, 35-37
Visual, acompanhamento, 156-162
Visual, gestão
na Dana Holding Corporation, 184-186, 198
para orientar e desenvolver outros, 102-107

W

Wallace, Mark, 197
Watanabe, Katsuaki, 41, 90, 149

Y

Yamazumi, gráficos, 156, 172, 188, 202
Yokoi, Akira, 21-23, 25, 28, 30, 33
Yokoi, Hideshi, 126
Yokoten, 164-166
Yost, James, 176

Z

Zen-budismo, 47
Zisi, 41